大学语文

主　编：贾剑秋

副主编：王　进　马建智　刘　波

编　委（以姓氏笔画为序）：

马建智　王　进　左志南　向　宁

刘　波　许良越　李　鑫　邱艳萍

邹华芬　张仲裁　贾剑秋　徐　杰

康　斌　熊　芳

责任编辑:黄蕴婷
责任校对:楼　晓
封面设计:原谋设计工作室
责任印制:王　炜

图书在版编目(CIP)数据

大学语文 / 贾剑秋主编. —成都：四川大学出版社，2016.8
ISBN 978-7-5614-9857-6

Ⅰ.①大…　Ⅱ.①贾…　Ⅲ.①大学语文课-高等学校-教材　Ⅳ.①H19

中国版本图书馆 CIP 数据核字（2016）第 213722 号

书名　**大学语文**

主　编	贾剑秋
出　版	四川大学出版社
地　址	成都市一环路南一段 24 号 (610065)
发　行	四川大学出版社
书　号	ISBN 978-7-5614-9857-6
印　刷	四川永先数码印刷有限公司
成品尺寸	185 mm×240 mm
印　张	29.25
字　数	525 千字
版　次	2016 年 8 月第 1 版
印　次	2023 年 8 月第 9 次印刷
定　价	40.00 元

◆ 读者邮购本书,请与本社发行科联系。
电话:(028)85408408/(028)85401670/
(028)85408023　邮政编码:610065
◆ 本社图书如有印装质量问题,请
寄回出版社调换。
◆网址:http://press.scu.edu.cn

再版前言

十年前，为提高民族高校大学生的人文素养水平，拓展其知识视野，训练其读写能力，培养良好思维习惯，我们结合民族高校学生实际情况，遵循民族高校教学实践规律，本着系统性、工具性、民族性、针对性的编写原则，编写了《大学语文》教材。

考虑到民族高校学生不少来自民族地区，有的曾接受的是双语教育，汉语文水平参差不齐，需要增强他们熟练运用汉语的能力以及提高汉语读写水平。于是，该教材强调实践性、训练性的教学效果，力求在体例安排上呈现知识结构的系统性、完整性；在选文编排时，强调文本的规范性、知识性、可读性和可教性；在知识体系建构上，突出教材思想内容和艺术风格的丰富性、审美性。

基于这一要求，本教材内容编排以史为经，以文为纬，以文学作品为主干，以语文知识、鉴赏知识、语法知识、写作知识为补充。希冀通过大学语文课学习，学生能把握中国文学的发展脉络，认识文学的内在规律和特点，进而由感性的浅表的文本解读，进入理性的深层的文学审美；由基础的读写能力训练进入高层的发散思维的培养，使其获得更为宽广的知识视野和较为深厚的文化素养。本教材选文尽量选择获得学生与教师认同的经典作品，以及有利于学生读写能力培养的知识内容；作品的注释、思考与练习题的设计也紧扣学生汉语读写能力的培养与训练。并且在“附录”中增加了汉语语法知识、写作知识与文学赏析知识，进一步补充、延伸和强化民族高校大学生的基础语文知识，提升民族大学生的汉语文水平。在作品遴选和知识体系的建构方面，针对民族高校学生的知识接受能力、学习基础、知识水平与学习兴趣，本教材不蹈旧辙，重视改变以往教材重古轻今、重理性思辨轻能力训练、重人文素质教育轻语文运用能力，甚至重复中学语文教材内容等倾向，力求教材内容的新颖、丰富，结构编排的科学、合理，知识层面的深浅适宜、实用有效。期望这种有针对性的教材内容，有助于改进民族高校学生的汉语文知识结构，提高汉语文知识水平。另外，由于文化背景和民族审美趣味的差异，很多少数民族学生对少数民族作家的创作和反映少数民族生活的作品有着强烈的阅读兴趣和认同感。为了激发学生的学习积极性和民族情感，本教材在选文时充分考虑民族性特点，除统筹兼顾中外古今的名篇佳作外，还注意收入少数民族作家的或反映少数民族生活的优秀作品，力求使大学语文课在非中文专业的教学对象和课时少的情况下，通过教与学两方面的努力，发挥出知识性、可读性兼备的效果。

另外，大学语文课担负着对大学生审美熏陶和人文情怀培养的任务。本教材的选材和思考练习题的设计以及“附录”内容的增设，都给予了这方面的考虑。选材注意文本人文精神内涵的深刻性；艺术手法的多样性，审美风格的丰富性等因素，努力使教材的思想内涵和艺术审美呈现较为丰富的知识立面和情感厚度，希翼接受者既能获得理性知识，又能获得审美愉悦。

经过十年的教学实践，我们的《大学语文》教材收到了预期的效果，获得了师生的肯定，也被许多大学生视为值得收藏的人文读物，放入他们毕业离校的行囊。这次修订，我们初心未改，依然延续了初版时的思路：教材编写的基本原则和方针未变，结构体例未变，只对教材的少数篇目进行了增删调整，对初版中存在的错讹缺漏给予了纠正校订。本教材编写分工为：古代诗歌、中国古代文学史述要——李鑫，古代散文、散文及其赏析——王进，古代小说、外国小说、小说及其赏析——马建智，现代诗歌、外国诗歌、诗歌及其赏析——贾剑秋，现代散文、外国散文——邹华芬，现代小说、中国现当代文学史述要——邱艳萍，汉语语法知识述要——许良越，应用文写作述要部分：行政文书——张仲裁，事务文书——徐杰，财经文书——熊芳，礼仪文书——刘波，学术论文与学位论文——康斌；资料支持——向宁。最后由贾剑秋统稿，并对部分文选的注释和思考与练习题作了增删修改。这次修订工作属于我校教学改革项目，由刘波教授主持并部署；诗歌《江上吟》和小说《阿宝》的相关内容由左志南博士编写。参加修订工作的专家学者还有：岳振国、张仲裁、赵红、苏利海、彭超、汤巧巧、王猛、刘虹利、邓鹏飞、徐杰等先生。

我们相信这次教材修订有助于民族高校大学语文课教材建设工作的推进，也是对民族高校大学语文课程教学改革的进一步探索。前方的路还长，《大学语文》教材的完善还有待时日，改进永无止境。对于我们工作存在的不足，还企盼得到专家、同行及使用者的批评指正与善意的意见和建议。对此，我们不胜感激！

本教材的编写和修订，一直得到西南民族大学校长曾明教授以及教务处领导、文学与新闻传播学院领导的重视、关心和支持；也得到了上述参加修订工作的诸位专家学者的热情支持和帮助；四川大学出版社的编辑楼晓女士的鼎力相助和卓有成效的工作，使得该教材能够在较短的时间里顺利修订完成和出版，在此一并致谢！

贾剑秋
2019 年 7 月于西南民族大学

目　录

先秦文学

兼　葭……（1）
采　薇……（3）
诸子语录（节选）……（6）
国语·召公谏厉王弭谤……（11）
左传·郑伯克段于鄢……（14）
庄子·秋水（节选）……（18）
战国策·庄辛谓楚襄王……（21）
橘　颂……屈　原（24）
国　殇……屈　原（27）

汉魏六朝文学

垓下之围……司马迁（29）
管晏列传……司马迁（33）
饮马长城窟行……（39）
饮酒（其五）……陶渊明（41）
归园田居（其二）……陶渊明（43）
与陈伯之书……丘　迟（44）
颜氏家训·涉务……颜之推（49）
世说新语三则……刘义庆（53）
李寄斩蛇……干　宝（56）
水经注·孟门山……郦道元（58）

唐宋文学

春江花月夜……张若虚（60）
临洞庭赠张丞相……孟浩然（62）
江上吟……李　白（64）
燕歌行……高　适（66）
登岳阳楼……杜　甫（68）

送李愿归盘谷序 …………………………………… 韩　愈（70）
种树郭橐驼传 …………………………………… 柳宗元（74）
长恨歌 …………………………………… 白居易（78）
安定城楼 …………………………………… 李商隐（84）
虬髯客传 …………………………………… 杜光庭（86）
相见欢·其二 …………………………………… 李　煜（93）
黄州新建小竹楼记 …………………………………… 王禹偁（94）
祭石曼卿文 …………………………………… 欧阳修（97）
望海潮·东南形胜 …………………………………… 柳　永（99）
答司马谏议书 …………………………………… 王安石（100）
墨池记 …………………………………… 曾　巩（104）
江城子·密州出猎 …………………………………… 苏　轼（107）
醉花阴·薄雾浓云愁永昼 …………………………………… 李清照（109）
念奴娇·过洞庭 …………………………………… 张孝祥（110）
水龙吟·登建康赏心亭 …………………………………… 辛弃疾（112）
双双燕·咏燕 …………………………………… 史达祖（114）

元明清文学

迈陂塘·雁丘 …………………………………… 元好问（116）
〔越调〕天净沙·春 …………………………………… 白　朴（118）
〔般涉调〕哨遍·高祖还乡 …………………………………… 睢景臣（119）
金缕曲·赠梁汾 …………………………………… 纳兰性德（122）
西湖七月半 …………………………………… 张　岱（124）
阿　宝 …………………………………… 蒲松龄（126）
左忠毅公逸事 …………………………………… 方　苞（131）

中国现当代文学

风　波 …………………………………… 鲁　迅（133）
炉中煤
——眷念祖国的情绪 …………………………………… 郭沫若（140）
故乡的野菜 …………………………………… 周作人（142）
桨声灯影里的秦淮河 …………………………………… 朱自清（145）
雪花的快乐 …………………………………… 徐志摩（152）
潘先生在难中 …………………………………… 叶圣陶（154）

雨　巷 …………………………………………………… 戴望舒（168）
龙　朱 …………………………………………… 沈从文（苗族）（171）
菱　荡 ……………………………………………………… 废　名（186）
菉竹山房 …………………………………………………… 吴组缃（191）
断魂枪 ……………………………………………… 老舍（满族）（198）
黄　昏 ……………………………………………………… 何其芳（205）
梦　痕 ……………………………………………………… 丰子恺（207）
雪落在中国的土地上 ……………………………………… 艾　青（211）
华威先生 …………………………………………………… 张天翼（215）
中国艺术表现中的虚和实 ………………………………… 宗白华（222）
钱 …………………………………………………………… 梁实秋（228）
窗 …………………………………………………………… 钱钟书（232）
夜莺飞去了 ………………………………………………… 闻　捷（236）
牧人的幻想 ……………………………………… 饶阶巴桑（藏族）（238）
哨所鸡啼 …………………………………………………… 李　瑛（241）
祖国，我生命的土壤 ……………… 铁依甫江·艾里耶夫（维吾尔族）（243）
相信未来 …………………………………………………… 食　指（246）
根 …………………………………………………… 牛汉（蒙古族）（248）
乡愁四韵 …………………………………………………… 余光中（250）
回　答 ……………………………………………………… 北　岛（252）
愁乡石 ……………………………………………………… 张晓风（254）
一棵开花的树 …………………………………… 席慕蓉（蒙古族）（258）
神女峰 ……………………………………………………… 舒　婷（260）
蝴蝶泉 …………………………………………… 晓雪（白族）（262）
《格萨尔王传》（降伏妖魔之部第二章之第一节）　…（藏族英雄史诗）（265）
拣麦穗 ……………………………………………………… 张　洁（269）
背　影 …………………………………………… 张承志（回族）（272）
静虚村记 …………………………………………………… 贾平凹（276）
受　戒 ……………………………………………………… 汪曾祺（280）
黑色的河流 ……………………………………… 吉狄马加（彝族）（296）
琥珀色的篝火 …………………………………… 乌热尔图（鄂温克族）（298）

外国文学

独立宣言 ……………………………………………… ［美］杰弗逊　等（310）

时　钟…………………………………［法］沙尔·波德莱尔（314）
蝉 ……………………………………［法］J·H·法布尔（316）
白　鹅…………………………………………［俄］叶·诺索夫（322）
致云雀……………………………………………［英］雪莱（327）
自然和艺术………………………………………［德］歌德（333）
我愿意是急流…………………………………［匈］裴多菲（335）
豹
——在巴黎动物园………………［奥］莱纳·马利亚·里尔克（338）
开会迷……………………………………［苏］马雅可夫斯基（340）
舞会以后…………………………………………［俄］托尔斯泰（343）
苦　恼
——我拿我的烦恼向谁诉说………………………［俄］契诃夫（352）
绳子的故事………………………………………［法］莫泊桑（358）
麦琪的礼物……………………………………［美］欧·亨利（365）
快乐王子………………………………［英］奥斯卡·王尔德（371）
第三只鸽子的故事……………………［奥］斯特凡·茨威格（379）
世界上最美丽的溺死者…………………………［哥］马尔克斯（383）

附录一　文学基础

散文及其赏析…………………………………………………（388）
诗歌及其赏析…………………………………………………（394）
小说及其赏析…………………………………………………（401）
中国古代文学史述要…………………………………………（408）
中国现当代文学史述要………………………………………（415）
汉语语法知识述要……………………………………………（421）

附录二　应用文写作述要

行政公文………………………………………………………（434）
事务文书………………………………………………………（439）
财经文书………………………………………………………（446）
礼仪文书………………………………………………………（450）
学术论文与学位论文…………………………………………（455）

先秦文学

蒹葭①

蒹葭苍苍[2]，白露为[3]霜。
所谓伊人[4]，在水一方。
溯洄从之[5]，道阻[6]且长。
溯游[7]从之，宛在水中央。

蒹葭萋萋[8]，白露未晞[9]。
所谓伊人，在水之湄[10]。
溯洄从之，道阻且跻[11]。
溯游从之，宛在水中坻[12]。

蒹葭采采[13]，白露未已[14]。
所谓伊人，在水之涘。
溯洄从之，道阻且右[15]。
溯游从之，宛在水中沚[16]。

【注释】

《诗经》是我国第一部诗歌总集，共收入自西周初年至春秋中叶大约五百多年的诗歌三百零五篇，共分风（160篇）、雅（105篇）、颂（40篇）三大部分。《诗经》关注现实，内容广泛，深刻反映了西周初至春秋中叶社会生活的各个方面。形式上以四言为主，常用赋、比、兴的表现手法。抒发现实生活触发的真情实感，具有强烈深厚的艺术魅力。显示出我国最早的诗歌作品在艺术上的巨大成就。

①选自《诗经·秦风》。这是一首抒情诗，意境朦胧，含蓄蕴藉。

②蒹葭（jiān jiā）：蒹：未长穗的芦苇；葭：初生的芦苇。此处泛指芦苇。苍苍：深青色，茂盛的样子。

③为：凝成。

④伊人：是人，这人。

⑤溯（sù）洄：逆流而上。从：追，寻求的意思。

⑥阻：险阻，道路难走。

⑦溯游：顺流而下。

⑧萋萋：青色，繁盛的样子

⑨晞：干。

⑩湄（méi）：岸边水和草交接的地方。

⑪跻（jī）：升，高起，指道路越走越高。

⑫坻（chí）：水中小洲或高地。

⑬采采：鲜亮众多的样子。

⑭已：止。

⑮右：迂回曲折。

⑯沚（zhǐ）：水中小沙滩，比坻稍大。

思考与练习题：

1. 这首诗通过怎样的艺术方式表达了对理想中的伊人的追求？

2. 有人说这首诗是中国最早的朦胧诗，你认为这首诗的朦胧美体现在哪些方面？

3. 背诵这首诗。

采　薇

采薇采薇[2]，薇亦作止[3]。
曰[4]归曰归，岁亦莫[5]止。
靡[6]室靡家，猃狁[7]之故。
不遑启居[8]，猃狁之故。

采薇采薇，薇亦柔[9]止。
曰归曰归，心亦忧止。
忧心烈烈[10]，载[11]饥载渴。
我戍[12]未定，靡使归聘[13]。

采薇采薇，薇亦刚[14]止。
曰归曰归，岁亦阳[15]止。
王事靡盬[16]，不遑启处[17]。
忧心孔疚[18]，我行不来[19]。

彼尔维何[20]，维常之华[21]。
彼路斯何[22]，君子[23]之车。
戎车[24]既驾，四牡业业[25]。
岂敢定居[26]，一月三捷[27]。

驾彼四牡，四牡骙骙[28]。
君子所依[29]，小人所腓[30]。
四牡翼翼[31]，象弭鱼服[32]。
岂不日戒[33]，猃狁孔棘[34]。

昔[35]我往矣，杨柳依依[36]。
今我来思[37]，雨雪霏霏[38]。
行道迟迟[39]，载饥载渴。
我心伤悲，莫知我哀。

【注释】

①选自《诗经·小雅》。这是一首征战归来的边防士兵所赋的诗。诗中反映了士兵的征战生活和内心感受。

②薇：野豌豆苗，可以食用。

③作：生，此指初生。止，语末助词。

④曰：说。一说为语首助词，无实义。

⑤莫：通“暮”。

⑥靡：无。

⑦猃（xiǎn）狁（yǔn）：我国古代西北边疆民族。时称“戎”或“狄”。

⑧不遑：没空，不暇。启：跪、危坐。居：安坐、安居。

⑨柔：柔嫩。

⑩烈烈：炽烈的样子。

⑪载：则，又。

⑫戍：防守。这里指防守的地点。

⑬使：使者。聘：问候。

⑭刚：坚硬。

⑮阳：农历十月为阳。即“十月小阳春”。

⑯盬（gǔ）：通“苦”。止息，了结。

⑰启处：同“启居”。

⑱孔：甚，很。疚：病，苦痛。

⑲来：归来。

⑳尔：假作“薾”，花开繁盛的样子。维何：是什么。维，句中语气词。

㉑常：通“棠”，即棠棣树。华：同“花”。

㉒路：同“辂”，大车。斯何：同“维何”。

㉓君子：指将帅。

㉔戎车：兵车。

㉕牡：雄马。业业：高大的样子。

㉖定居：安居。

㉗捷，通“接”。即接战、交战。三捷，指交战频繁。

㉘骙（kuí）：强壮，威武。

㉙依：指乘。

㉚小人：指兵士。腓（féi）：覆庇，掩护。

㉛翼翼：安闲的样子。此指马匹训练有素。

㉜弭（mǐ）：末端用骨做装饰的弓。象弭，以象牙装饰弓端的弭。鱼服，鱼皮制的箭袋。

㉝日戒：每天警惕戒备。

㉞棘：同“亟”，急。孔棘，很紧急。

㉟昔：往昔，指出征时。

㊱依依：茂盛的样子。一说，依恋的样子。

㊲思：语末助词，无实义。

㊳雨雪：下雪。霏霏，雪大的样子。

㊴迟迟：迟缓。

思考与练习题：

1. 古人评诗词有“乐景，哀情；哀景，乐情”之说。你认为这首诗的景与情的感情基调一致吗？请依据诗意鉴赏。

2. 作者以“采薇采薇”起兴，对表达思乡之情有何作用？

3. “昔我往矣，杨柳依依。今我来思，雨雪霏霏。”这几句被推崇为千古名句，请领略其妙处。

诸子语录（节选）

论语·里仁

子曰："富与贵，是人之所欲也，不以其道得之，不处也；贫与贱，是人之所恶也，不以其道得之，不去也。君子去仁，恶①乎成名？君子无终食之间违②仁，造次必于是，颠沛必于是。"

作者简介：

孔子（前551—前479），名丘，字仲尼，鲁国陬（zōu）邑（今山东省曲阜市东南）人。春秋末期著名思想家、教育家、政治家，儒家学说的创始人。他十五岁立志向学，三十岁左右设教为师，开私人讲学之风气。五十岁以后周游列国十余年。晚年回到鲁国，从事教育和古代典籍的整理。相传有"弟子三千，贤人七十"。

【注释】

《论语》为语录体散文，是孔子的门人和再传弟子辑录的孔子的言行录，比较全面地反映了孔子的哲学、政治、文化和教育思想。《论语》言简意赅，含蓄幽默，其中不少生动形象并富有哲理的语句，已成为成语、格言。

①恶（wū）：疑问词，何；怎。

②违：离开。

思考与练习题：

1. 怎样理解"仁"的含义？
2. 孔子的这段话在今天有何现实意义？
3. 将这段古文翻译成现代汉语。

孟子·梁惠王上

（孟子）曰："庖有肥肉，厩①有肥马，民有饥色，野有饿莩，此率兽而食人也。兽相食，且人恶之；为民父母，行政，不免于率兽而食人，恶[2]在其为民父母也？仲尼曰：'始作俑者[3]，其无后乎！'为其象人而用之也。如之何其使斯民饥而死也？"

作者简介：

孟子（约公元前372—前289），名轲，字子舆，战国中期邹国（今山东省邹县）人，著名的思想家、政治家、教育家。孔子之后儒家学派的主要代表。他曾游历列国，宣传"仁政"思想及治国之策，但其主张多不被采纳。晚年退居故乡，与弟子一道著书立说。孟子发展了孔子的仁学思想，提出了性善说，认为人皆具有仁义礼智的道德四善端，并在为政、道德、教育诸方面都有很多经典的言论。

【注释】

《孟子》跟《论语》一样，同属于记言为主的语录体散文，但与《论语》相比，《孟子》记述更详，说理酣畅，论辩笔带锋芒，善设机巧，步步紧逼，语言从容明快。

①厩（jìu）：马棚。

②恶（wū）：疑问词，何；怎。

③始作俑者：带头制作殉葬的土木偶的人。比喻第一个做某种坏事的人或首开恶劣风气者。俑（yǒng）：古代用于殉葬的木制或陶制的偶人。

思考与练习题：

1. 这段语录在说理方面有何特点？
2. 从这段文字中可以看出孟子怎样的为官之道？
3. 将这段话翻译成现代汉语并背诵这段话。

大学·经一章

古之欲明明德于天下者，先治其国；欲治其国者，先齐其家[1]；欲齐其家者，先修其身[2]；欲修其身者，先正其心；欲正其心者，先诚其意；欲诚其意者，先致其知[3]；致知在格物[4]。物格而后知至，知至而后意诚，意诚而后心正，心正而后身修，身修而后家齐，家齐而后国治，国治而后天下平。自天子以至于庶人[5]，壹是[6]皆以修身为本。其本乱而末治者否矣[7]，其所厚者薄，而其所薄者厚[8]，未之有也[9]！

【注释】

《大学》原是《礼记》中的一篇，大概作于战国时期，作者不祥。“大学”，指有关政治、哲理的博而深的学问。《大学》分“经”、“传”两部分，“经”一章，“传”十章。“经”是基本观点，“传”是对“经”的解释和阐述。《大学》依据孔、孟“仁政”的思想，阐明了“治国平天下”的理论。

①先齐其家：意为使家族齐心协力，平安和睦。齐：治理。家：家族。古代卿大夫有一定的地域被他统治，组成以血缘关系为纽带的家族，不同于现代意义上的“家”或“家庭”。

②修其身：修养自身的品德。

③先致其知：先使认识明确。致：至。知：认识。

④格物：据朱熹解释，指穷究物理，“言欲致吾之知，在即物而穷其理也。”（《四书集注》）

⑤庶（shù）人：西周以后称农业生产者。秦以后泛指没有官爵的平民。

⑥壹是：都是。

⑦“其本乱”句：本乱：意为本性败坏。末治：意为国家治理成功。

⑧其所厚者薄：厚：尊重。薄：轻蔑。

⑨未之有也：即未有之，意为从来没有过这样的事。之：代词。

思考与练习题：

1. 你怎样理解修身、齐家、治国、平天下四者的关系？
2. “修其身”对今天的我们有何启示？
3. 将这段话翻译成现代汉语并背诵这段话。

中庸·第二十章

或生而知之[1]，或学而知之，或困而知之，及其知之一也；或安而行之，或利而行之，或勉强而行之，及其成功一也。

……

博学之，审问之，慎思之，明辨之，笃行[2]之。有弗学，学之弗能弗措[3]也；有弗问，问之弗知弗措也；有弗思，思之弗得弗措也；有弗辨，辨之弗明弗措也；有弗行，行之弗笃弗措也；人一能之己百之，人十能之己千之。果能此道矣，虽愚必明，虽柔必强。

作者简介：

《中庸》原是《礼记》中的一篇，司马迁、郑玄、朱熹等人都认为是子思所作。子思，（公元前483—402），姓孔，名伋，孔子的孙子，战国初年哲学家，被后代尊为“述圣”。《汉书·艺文志》曾著录《子思》二十三篇，已佚。

【注释】

《中庸》篇旨在要求人们立足“中”道，凡事不偏不倚，在两极之间进行折中。其政治含义是恰当的处理好君臣、父子、夫妇、兄弟、朋友之间的关系，安分守己，不存非分之想，不怨天尤人，不偏激越位。中庸，有折中，中和之意。

①生而知之：生来就知道。“之”，指前文“天下之达道”。

②笃行：坚定的去做。笃——诚信、坚定。

③弗措：弗，不。措，废弃，终止。

思考与练习题：

1. 排比句的大量运用和长短句的交错有致，使得文章朗朗上口。背诵全文。

2. 短短一段文字竟用了二十一个“之”，说说它们的作用。

老子·道德经（节选）

曲①则全，枉②则直，洼则盈，敝则新，少则得，多则惑。是以圣人抱一③为

天下式④。不自见⑤，故明⑥；不自是，故彰；不自伐⑦，故有功；不自矜，故长。夫唯不争，故天下莫能与之争。古之所谓“曲则全”者，岂虚言哉！诚全而归之。（第二十二章）

为无为，事无事，味无味。大小多少。图难于其易，为大于其细；天下难事，必作于易，天下大事，必作于细。是以圣人终不为大⑧，故能成其大。夫轻诺必寡信，多易必多难。是以圣人犹难之，故终无难矣。（第六十三章）

作者简介：

老子，其生年略早于孔子。姓李，名耳，字聃，为春秋时期楚国苦县（今

河南鹿邑县）人，道家学派的创始人。老子哲学思想的核心是强调“道”是宇宙万物的本原，他强调“道”的本质是“无为而无不为”，并在此基础上提出了“无为而治”的政治主张和复归淳朴的社会理想。老子的文艺观是“法自然”，反华饰，追求“大巧若拙，大辩若讷”的境界。老子的思想经庄子的发展更臻完备。

【注释】

①曲：弯曲，委曲。

②枉：屈。

③抱一：守道。

④式：范式。

⑤自见：自现于众。

⑥明：彰明。

⑦伐：夸。

⑧不为大：不自以为大。

思考与练习题：

1. 第二十二章的第一句十八个字中蕴涵了怎样的哲理？

2. 以文中“是以圣人终不为大，故能成其大”为话题展开议论，写一篇八百字的短文。

3. 将这段话翻译成现代汉语并背诵之。

国语·召公谏厉王弭谤①

厉王虐②，国人谤王。召公告曰："民不堪命③矣!"王怒，得卫巫④，使监谤者⑤。以告⑥，则杀之。国人莫敢言，道路以目⑦。

王喜，告召公曰："吾能弭谤矣，乃不敢言。"召公曰："是障⑧之也。防民之口，甚于防川。川壅⑨而溃，伤人必多。民亦如之。是故为川者决之使导⑩，为民者宣⑪之使言。故天子听政，使公卿⑫至于列士⑬献诗⑭，瞽⑮献曲，史⑯献书，师箴⑰，瞍赋⑱，矇⑲诵，百工⑳谏，庶人传语㉑，近臣尽规㉒，亲戚补察㉓，瞽史教诲，耆艾修之㉔，而后王斟酌焉，是以事行而不悖㉕。民之有口，犹土之有山川也，财用于是乎出㉖；犹其有原隰衍沃也㉗，衣食于是乎生。口之宣言也，善败于是乎兴㉘。行善而备败㉙，其所以阜财用衣食者也㉚。夫民虑之于心而宣之于口，成而行之㉛，胡㉜可壅也？若壅其口，其与能几何㉝？"

王不听，于是国人莫敢出言。三年，乃流王于彘㉞。

【注释】

《国语》是我国第一部国别史，也是历史散文的汇编，作者不详。《国语》记载了从周穆王十二年（前990）至周贞定王十六年（前453）共五百余年有关周、鲁、齐、晋、郑、楚、吴、越等国的片段史实。所记各国史实，大都通过一些历史人物的言论、对话来表现。《召公谏厉王弭谤》一文，是记述召公劝阻周厉王打压民意的谏辞。言语简洁形象，论证有力，逻辑性强。

①弭（mǐ）：消除、阻止。谤：公开批评指责别人的过失。

②虐：暴虐。

③民不堪命：老百姓忍受不了暴虐的政令。堪，能忍受。

④卫巫：卫国的巫师。巫，以装神弄鬼替人祈祷为职业的人。

⑤使监谤者：让卫巫去监视批评国王的人。

⑥以告：把批评厉王的人告诉（厉王）。

⑦道路以目：路上相见，以目示意，不敢交谈。

⑧障：堵塞，阻隔。

⑨壅（yōng）：阻塞。

⑩为川者决之使导：治水的人疏通河道使它畅通。

⑪宣：疏通，疏导。

⑫公卿：三公九卿。

⑬列士：古代一般官员称“士”，此为总言之。列，众、各。

⑭诗：指采自民间的讽谏性歌谣。

⑮瞽（gǔ）：没有眼睛叫瞽。古代乐官都由盲人充任，这里指代乐官。

⑯史；史官。

⑰师箴（zhēn）；乐师向王进箴言，用来规谏王的过失。

⑱瞍（sǒu）赋：盲人朗读文辞。瞍：没有眸子的盲人。赋：诵读、吟咏。

⑲矇（méng）：盲人。此句与“瞍赋”意义相同。

⑳百工：从事各种技艺的人。

㉑庶人传语：老百姓的意见间接传达（给国王）。

㉒近臣尽规：在君王身边的大臣尽规谏之力。规，规劝、规谏。

㉓亲戚补察：国戚弥补、监督国王的过失。

㉔耆（qí）艾（ài）修之：年高望重的人修饬整理各种意见。耆：六十岁的人。艾：五十岁的人。这里指国王的师傅。修：修饬整理。

㉕不悖（bèi）：不违背事理。悖，违逆。

㉖于是乎出：从这里生产出来。于，从。是，这。乎，助词。

㉗犹其有原隰（xí）衍沃也：就好比土地有宽阔平坦、低洼潮湿、低下平沃的各种类型一样。

㉘口之宣言也，善败于是乎兴：百姓发表言论，国家政事的好坏就从这里体现出来。

㉙行善而备败：推行百姓认为好的，防范百姓认为坏的。

㉚其所以阜财用衣食者也：这是用来增多财物衣食的办法吧。阜：增多。

㉛成而行之：思考成熟后自然在言谈中表达出来。成：成熟。行：有“自然流露”的意思。

㉜胡：怎么，表疑问语气。

㉝其与能几何：能有多少人帮助你（厉王）呢？与：帮助。

㉞流王于彘（zhì）：把王放逐到彘。彘：晋国地名，在现在山西省霍县。

思考与练习题：

1. 从第一段中的“国人莫敢言”到最后一段的“国人莫敢出言”，国人前后看似相同的态度中，内在情绪有何变化？

2. 本文在记言的前提下，又要交代清楚事情的原委，仔细琢磨作者的用心。

3. 解释下列带横杠的字词：

(1) 国人<u>谤</u>王。

(2) <u>防</u>民之口，<u>甚</u>于防川。

(3) 是<u>故</u>为川者<u>决</u>之使导。

(4) 其<u>所以</u>阜财用衣食者也。

(5) 其与能<u>几何</u>？

左传·郑伯克段于鄢

初[①]，郑武公娶于申[②]，曰武姜[③]。生庄公及共[④]叔段。庄公寤生[⑤]，惊姜氏，故名曰寤生，遂恶之。爱共叔段，欲立之。亟[⑥]请於武公，公弗许。

及庄公即位，为之请制[⑦]。公曰："制，岩邑[⑧]也，虢叔[⑨]死焉，佗邑唯命[⑩]。"请京[⑪]，使居之，谓之京城大[⑫]叔。祭仲[⑬]曰："都城过百雉[⑭]，国之害也。先王之制：大都不过叁国之一[⑮]，中五之一；小九之一。今京不度[⑯]，非制也，君将不堪[⑰]。"公曰："姜氏欲之，焉辟[⑱]害？"对曰："姜氏何厌之有[⑲]？不如早为之所[⑳]，无使滋蔓[㉑]，蔓难图[㉒]也。蔓草犹不可除，况君之宠弟乎？"公曰："多行不义必自毙[㉓]，子姑待之。"

既而[㉔]大叔西鄙[㉕]、北鄙贰于己。公子吕[㉖]曰："国不堪贰，君将若之何[㉗]？欲与大叔，臣请事之；若弗与，则请除之。无生民心[㉘]。"公曰："无庸，将自及。"大叔又收[㉙]贰以为己邑。至于廪延[㉚]。子封[㉛]曰："可矣，厚[㉜]将得众。"

公曰："不义不暱[㉝]，厚将崩。"大叔完聚[㉞]，缮甲兵[㉟]，具卒乘[㊱]，将袭郑。夫人将启之[㊲]。公闻其期，曰："可矣！"命子封帅[㊳]车二百乘以伐京。京叛大叔段，段入于鄢[㊴]，公伐诸鄢。五月辛丑[㊵]，大叔出奔共。

书[㊶]曰："郑伯克段于鄢。"段不弟[㊷]，故不言弟。如二君[㊸]，故曰克。称郑伯，讥失教[㊹]也。谓之郑志[㊺]，不言出奔，难之也[㊻]。

遂寘[㊼]姜氏于城颍[㊽]，而誓之曰："不及黄泉[㊾]，无相见也！"既而悔之。颍考叔[㊿]为颍谷[51]封人[52]，闻之，有献於公，公赐之食，食舍[53]肉。公问之，对曰："小人有母，皆尝小人之食矣，未尝君之羹，请以遗[54]之。"公曰："尔有母遗，繄[55]我独无！"颍考叔曰："敢问何谓[56]也？"公语之故，且告之悔。对曰："君何患[57]焉？若阙[58]地及泉，隧[59]而相见，其谁曰不然？"公从之。公入而赋："大隧之中，其乐也融融！"姜出而赋："大隧之外，其乐也泄泄[60]。"

遂为母子如初。

君子[61]曰："颍考叔，纯孝也，爱其母，施及庄公。《诗》曰：'孝子不匮[62]，永锡尔类'[63]其是之谓乎。"

【注释】

《左传》是《春秋左氏传》的简称，相传为春秋时鲁国史官左丘明所著，是我国第一部体系完整的编年体史书，同时又是一部杰出的历史散文集。《左传》有较高的文学价值，其叙事详略适度，极富故事性和戏剧性，细节描写生动，人物个性突出，语言委婉有趣。对我国散文体裁的发展有很大的影响。

《郑伯克段于鄢》选自《左传·隐公元年》。记叙的是春秋初期，郑庄公母子、兄弟之间为争权夺利而相互争斗的故事。文章叙事完整，尤其重人物形象的刻画。

①初：从前。

②郑武公：姬姓，名掘突；申：国名，姜姓，故城在今河南南阳市北。

③武姜：郑武公妻姜氏。

④共（gōng）：卫国邑名，今河南省辉县。

⑤寤生（wù）：难产。

⑥亟：多次，屡次。

⑦制：又名虎牢，今河南荥阳市汜水镇。

⑧岩邑：险要的城邑。

⑨虢（guó）叔：东虢君，为郑武公所灭。

⑩佗邑唯命：佗通“他”，佗邑，别的地方。唯命：“唯命是听”的省略语。

⑪京：郑邑名，在今河南荥阳市东南。

⑫大：同“太”。

⑬祭仲：郑国大夫。

⑭都城过百雉：都：都邑；雉：古代度量单位，长三丈、高一丈为一雉。

⑮参（sān）国之一：国都的三分之一。参：三。

⑯不度：不合法度。

⑰不堪：受不了，即控制不住。

⑱辟：同“避”。

⑲何厌之有：倒装句，有何满足的。

⑳为之所：给他安排地方。

㉑滋蔓：滋长蔓延。

㉒图：对付。

㉓毙：同“踣”，原意倒下，此处指倾覆、灭亡。

㉔既而：不久。

㉕鄙：边邑。

㉖公子吕：字子封，郑大夫。

㉗若之何：拿他怎么办。若：同“如”

㉘无生民心：不要使人民产生贰心。

㉙收：取。

㉚廪延：在今河南延津县北。

㉛子封：即公子吕。

㉜厚：土地扩大。

㉝昵：亲近。

㉞完聚：修治城郭，聚集百姓。

㉟缮甲兵：缮：修理；甲：盔甲；兵：兵器。

㊱具卒乘：具：准备；卒：步兵；乘：四匹马拉的战车。古时兵车一乘，配七十五人。上有甲士三人，后随步卒七十二人。

㊲夫人将启之：夫人：指武姜。启：开城门。

㊳帅：同“率”。

㊴鄢：郑邑，在今河南 鄢陵县西北。

㊵五月辛丑：五月二十三日。

㊶书：指《春秋》。

㊷不弟：不守弟道。

㊸如二君：庄公和叔段之间的战争，如同两个敌国国君间的斗争。

㊹失教：失去管教。

㊺郑志：指郑庄公蓄意杀弟的意图。

㊻不言出奔，难之也：《春秋》书法，凡记某人出奔，表示这人犯了罪。难之：

难以用笔记下叔段出奔共这件事。

㊼寘（zhì）：同“置”，安置，实为放逐。

㊽城颍：郑邑，在今河南临颍县西北。

㊾黄泉：地下。

㊿颍考叔：郑大夫。

51颍谷：郑边邑。

52封人：镇守边境的地方官。

53舍：放在一边。

54遗（wei）：赠送。

㊺繄（yī）；叹词，噫。

㊻何谓：谓何，说的是什么意思.

㊼何患：何必担心。

㊽阙：同“掘”。

㊾隧：动词，通过隧道。

㊿泄泄：舒畅貌。

61君子：《左传》作者自指。

62不匮：指孝心没有竭尽的时候。

63永锡尔类：永远赐福给你的同类。

思考与练习题：

1. 文章是怎样刻画郑庄公这一人物形象的?
2. 复述整个故事情节，并背诵全文。
3. 分析下列带横杠字词的语法特点：

(1) 惊姜氏

(2) 大都不过参国之一

(3) 今京不度

(4) 若阙地及泉，隧而相见。

(5) 其是之谓乎

庄子·秋水（节选）

秋水时至，百川灌河，泾流[1]之大，两涘渚崖之间[2]，不辩牛马。于是焉河伯欣然自喜，以天下之美为尽在己。顺流而东行，至于北海，东面[3]而视，不见水端[4]，于是焉河伯始旋[5]其面目，望洋向若而叹曰[6]："野语[7]有之曰：'闻道百，以为莫己若[8]'者，我之谓[9]也。且夫我尝闻少仲尼之闻而轻伯夷之义者[10]，始吾弗信，今我睹子之难穷也，吾非至于子之门则殆[11]矣，吾长见笑于大方之家[12]。"

北海若曰："井蛙不可以语于大海者，拘于虚也[13]；夏虫不可以语于冰者，笃于时也[14]；曲[15]士不可以语于道者，束于教也。今尔出于崖涘，观于大海，乃知尔丑，尔将可与语大理矣。天下之水，莫大于海，万川归之，不知何时止而不盈；尾闾[16]泄之，不知何时已而不虚[17]；春秋不变，水旱不知。此其过江河之流，不可为量数[18]。而吾未尝以此自多[19]者，自以比形[20]于天地而受气于阴阳，吾在天地之间，犹小石小木之在大山也，方存乎见少，又奚以自多！计四海之在天地之间也，不似礨空[21]之在大泽乎？计中国之在海内，不似稊米[22]之在大仓乎？号[23]物之数谓之万，人处一焉；人卒九州[24]，谷食之所生，舟车之所通，人处一焉；此其比万物也，不似豪末之在马体乎？五帝之所连[25]，三王[26]之所争，仁人之所忧，任士[27]之所劳，尽此矣。伯夷辞之以为名[28]，仲尼语之以为博[29]，此其自多也，不似尔向[30]之自多于水乎？[31]"

作者简介：

庄子（约前369—前286），名周，战国时思想家。宋国蒙（今安徽蒙城，一说今河南商丘东北）人。庄子是老子之后道家主要代表，与老子并称"老庄"。主张顺应自然，提倡无为而无不为。即承认事物的相对性，又否认客观事物的差别。其文章汪洋恣肆，想象丰富，辞藻瑰丽，多采用寓言形式，富有浪漫色彩，对后代文学有重要影响。《庄子》在唐代被奉为道教经典，称《南华真经》。

【注释】

本文选自《庄子·秋水》的第一部分。文章阐述了庄子认为的一切事物的价值判断都是相对的观点。在论证上援譬设喻，善用排比和反诘，逐层推进，论辩有力。

①径流：水流，泾，直流的水。

②涘：岸；渚，洲，水中的陆地。渚崖：指水中陆地的岸边。

③东面：面向东方。名词作状语。

④端：尽头。

⑤旋：转变、改变。

⑥望洋：仰视的样子；若：海神的名字。

⑦野语：俗语。

⑧莫己若：倒装句“莫若己”。

⑨我之谓：倒装句“谓我”。

⑩少：轻视、看不起。伯夷：商孤竹君的儿子，周武王灭商后，耻食周粟，饿死在首阳山，后被人推崇为守节义的典型。

⑪殆：危险。

⑫长：永远；见：被；大方之家：懂大道的人。

⑬拘：局限。虚：今作“墟”，指井蛙居住的地方。

⑭笃：限；时：时节。

⑮曲士：乡曲之人，指囿于一隅的孤陋寡闻者。

⑯尾闾：传说中大海排泄海水的地方。

⑰已：止；虚：空虚，竭尽。

⑱量数：以数计量。

⑲自多：自满，自我夸耀；多，赞美。

⑳比形：受形，具形。

㉑礨空：蚁穴。

㉒稊米：一种属于稗类的细小米粒。

㉓号：名号，号称。

㉔卒：同“萃”，萃集；九州：天下。

㉕连：连续统治。

㉖三王：指夏启、商汤和周武王，三人皆弑君自立。

㉗任士：指以天下为己任的贤能之士。

㉘辞之以为名：以辞让君位来获取名声。

㉙语之以为博：以谈论天下事来炫耀知识渊博。

㉚向：以前。

㉛自多于水：以水量大而自满。

思考与练习题：

1. 本文阐述的观点对我们治学有否启发？为什么？
2. 找出文中的排比和反诘句子，分析它们在句中的作用。
3. 分析下列带横杠字词的语法特点：

(1) 秋水时至，百川灌河。

(2) 东面而视，不见水端。

(3) 望洋向若而叹曰。

(4) 少仲尼之闻而轻伯夷之义。

(5) 吾长见笑于大方之家。

(6) 拘于虚，笃于时，束于教。

战国策·庄辛谓楚襄王

庄辛谓楚襄王曰："君王左州侯，右夏侯，辇从鄢陵君与寿陵君，专淫逸侈靡，不顾国政，郢都必危矣！"襄王曰："先生老悖乎？将以为楚国袄详乎？"庄辛曰："臣诚见其必然者也，非敢以为国袄[①]祥也。君王卒幸四子者不衰，楚国必亡矣！臣请辟于赵，淹留以观之。"庄辛去，之赵，留五月，秦果举鄢、郢、巫、上蔡、陈之地。

襄王流揜于城阳，于是使人发驺，征庄辛于赵。庄辛曰："诺。"庄辛至，襄王曰："寡人不能用先生之言，今事至于此，为之奈何？"

庄辛对曰："臣闻鄙语曰：'见兔而顾犬，未为晚也；亡羊而补牢，未为迟也。'臣闻昔汤、武以百里昌、桀、纣以天下亡。今楚国虽小，绝长续短，犹以数千里，岂特百里哉！

"王独不见夫晴蛉乎？六足四翼，飞翔乎天地之间，俯啄蚊虻而食之，仰承甘露而饮之，自以为无患，与人无争也。不知夫五尺童子，方将调饴[②]胶丝，加己乎四仞[③]之上，而下为蝼蚁食也。晴蛉其小者也，黄雀因是以！俯噣[④]白粒，仰栖茂树，鼓翅奋翼，自以为无患，与人无争也。不知夫公子王孙，左挟弹，右摄丸，将加己乎十仞之上，以其类为招，昼游乎茂树，夕调乎酸咸。倏忽之间，坠于公子之手。

"夫黄雀其小者也，黄鹄因是以！游于江海，淹乎大沼，俯噣鳝鲤，仰啮蔆[⑤]衡，奋其六翮，而凌清风，飘摇乎高翔，自以为无患，与人无争也。不知夫射者方将修其碆[⑥]卢，治其缯缴[⑦]，将加己乎百仞之上，被礛磻[⑧]，引微缴，折清风而抎[⑨]矣。故昼游乎江湖，夕调乎鼎鼐[⑩]。

"夫黄鹄其小者也，蔡灵侯[⑪]之事因是以！南游乎高陵，北陵乎巫山，饮茹溪之流，食湘波之鱼，左抱幼妾，右拥嬖[⑫]女，与之驰骋乎高蔡[⑬]之中，而不以国家为事。不知夫子发方受命乎宣王，系己以朱丝而见之也[⑭]。

"蔡灵侯之事，其小者也，君王之事因是以！左州侯，右夏侯，辇从鄢陵君与寿陵君，饭封禄之粟[⑮]，而载[⑯]方府[⑰]之金，与之驰骋乎云梦之中，而不以天下国家为事。不知夫穰侯[⑱]方受命乎秦王，填黾塞[⑲]之内，而投己乎黾塞之外。"

襄王闻之，颜色变作，身体战栗。于是乃以执珪[20]而授之为阳陵君，与淮北之地也。

【注释】

《战国策》是战国时代的史料汇编和历史散文著作。编者不止一人，成书不在一时，西汉刘向重新编校为三十三篇，定名《战国策》。《战国策》上承《左传》而又有所发展，在记述策士游说、论辩之辞方面尤为出色。长于雄辩夸饰，铺张扬厉，巧于委曲达情，委婉见意，重于分析利弊，降服人心。写人记事，惟妙惟肖，绘声绘色。《庄辛谓楚襄王》是《战国策》中运用比喻进行说理的代表作。庄辛用一连串层层深入的比喻对楚襄王进行讽谏，使其终于有所觉悟。

①祆：同妖。

②饴：糖浆。

③仞：八尺为一仞。

④啁：同啄。

⑤蔆：同菱，菱角。

⑥碆：石制的箭头。

⑦缯缴：系着丝绳的箭。

⑧礛𥔲：磨玉的石头。

⑨抎：同“陨”。

⑩鼐（nài）：大鼎。鼎鼐：泛指炊具

⑪蔡灵侯：春秋时蔡国国君，被楚灵王所杀。

⑫嬖（bì）：宠爱。

⑬高蔡：今河南省上蔡县。

⑭系己以朱丝而见之也：系：栓；见（xiàn）：使……见。

⑮饭封禄之粟：饭：吃；封禄之粟：从封邑所得的作俸禄的粮食。

⑯载：车载。

⑰方府：四方贡纳于国库。

⑱穰（ráng）侯：即秦相魏冉，因封在穰（今河南省邓州市），故称。

⑲黾（méng）塞：古关塞名，即今河南省信阳市西南的平靖关。

⑳执珪：楚国爵位名。

思考与练习题：

1. 具体分析庄辛的说理技巧。

2. 庄辛两次进谏旨意同而方式不同，试比较两次进谏所用方式的特点和效果。

3. 将此文翻译成现代汉语。

橘　颂

屈　原

后皇嘉树[2]，橘徕服兮[3]。
受命不迁[4]，生南国兮。
深固难徙[5]，更壹志[6]兮。
绿叶素荣[7]，纷其可喜兮。
曾枝剡棘[8]，圆果抟[9]兮。
青黄杂糅，文章烂兮[10]。
精色内白[11]，类任道[12]兮。
纷缊宜修[13]，姱而不丑兮[14]。

嗟尔幼志，有以异兮。
独立不迁，岂不可喜兮。
深固难徙，廓[15]其无求兮。
苏[16]世独立，横而不流兮[17]。
闭心[18]自慎，不终失过[19]兮。
秉德无私，参天地兮。
愿岁并谢[20]，与长友兮。
淑离不淫[21]，梗其有理兮[22]。
年岁虽少，可师长兮。
行比伯夷[23]，置以为像[24]兮。

作者简介：

屈原（约前340—约前275），名平，字原，战国楚人。初辅佐怀王，学识渊博，主张彰明法度，举贤授能，联齐抗秦。后被谗去职，顷襄王时被放逐。他深感无力挽救楚国的危亡，又感政治理想无法实现，遂投汨罗江自尽。有《离骚》《九歌》《天问》等作品传世。内容上多以表现高尚的人格情操、热爱祖国的真挚情怀以及正直不阿的抗争精神为主，创立了“楚辞”这一新的文学样式，构思奇特，想象丰富，充满积极浪漫主义精神。

【注释】

①选自《楚辞·九章》。这首诗借吟咏橘树，赞美坚贞不移的品格。作者用拟人的手法塑造了橘树的美好形象，从各个侧面描绘和歌颂橘树，用以激励自己坚守节操。

②后皇：皇天后土。嘉：美好。

③徕：同“来”。服，习惯。

④受命：禀性、天性。不迁：不能移植。传说橘树只长在南方，一过淮河就变为枳（zhǐ），味道也变得艰涩难吃。

⑤深固：根深蒂固。难徙：难以迁移。

⑥壹志：志向专一。

⑦素荣：白花。

⑧曾：同“层”，重重叠叠。剡（yǎn）棘：锐利的刺。剡：尖、锐利。棘：刺。

⑨抟（tuán）：圆。

⑩文章：纹理色彩，指橘子的皮色。烂：灿烂，有光彩的样子。

⑪精色内白：指橘瓣上的筋络色泽洁白纯净。

⑫类任道：像是可担当道义的。

⑬纷缊（yùn）：茂盛，充沛饱满。宜修：修饰的恰到好处。

⑭姱（kuā）：美好。不丑：指出类拔萃，与众不同。丑，类。

⑮廓（kuò）：空阔，此指心胸宽广。

⑯苏：清醒。

⑰横：立。流：随波逐流。

⑱闭心：坚守心志。

⑲失过：有过失，犯错误。

⑳岁：年年岁岁。并：共同。

㉑淑：善，指好的品质。离：通“丽”，美丽，指外貌。不淫：不改变。

㉒梗：梗直，刚强。理：纹理，指法度。

㉓行：品行。伯夷：殷商末年孤竹君的长子，他和弟弟叔齐反对周武王灭殷，殷亡后，他们饿死在首阳山。伯夷、叔齐被后人视为品行高洁、坚守节操的榜样。

㉔像：楷模，榜样。

思考与练习题：

1.《橘颂》是屈原对理想的高尚人格与情操的描绘与赞美，你认为这篇作品是怎样体现这种情操的？

2. 有人说，《橘颂》是我国最早的咏物抒情诗。试分析作者用怎样的手法把咏物和抒情融为一体的。

3. 划出诗中托物言志的诗句并说明其妙处。

国　殇[1]

屈　原

操吴戈兮被犀甲[2]，车错毂兮[3]短兵接。
旌蔽日兮敌若云，矢交坠兮士争先。
凌余阵兮躐余行[4]，左骖殪兮右刃伤[5]。
霾两轮兮絷四马[6]，援玉枹兮击鸣鼓[7]。
天时怼兮威灵怒[8]，严杀[9]尽兮弃原野。
出不入兮往不反，平原忽[10]兮路超远。
带长剑兮挟秦弓，首身离兮心不惩[11]。
诚既勇兮又以武[12]，终刚强兮不可凌。
身既死兮神以灵[13]，子魂魄兮为鬼雄。

【注释】

①《国殇》是《九歌》中的一篇。《九歌》原为战国时期楚地民间的祭歌，屈原将其加工改造后，成为追悼为国捐躯将士的挽歌，也是咏唱国殇战士的爱国精神与英雄主义气势的颂歌。

②操：持，拿。被：同“披”，穿着。犀甲：犀牛皮制的甲。

③错：交错。毂（gǔ）：车轮。

④凌：侵犯。阵：军阵，阵地。躐（liè）：践踏。行：行列。

⑤骖（cān）：驾在战车两旁的马。殪（yì）：死，杀死。刃伤：被刀剑砍伤。

⑥霾（mái）：同“埋”。絷（zhí）：绊住。

⑦援：拿起。枹（fú）：鼓槌。鸣鼓：声音很响的鼓。

⑧天时：天象。怼（duì）：怨愤。威灵：神灵。

⑨严杀：肃杀。

⑩忽：缥渺而萧索。

⑪惩：恐惧。

⑫诚：副词，的确。勇：指精神上的气势、勇敢精神。武：孔武有力。

⑬神以灵：指为国捐躯的将士死后成神，神灵显赫。意谓他们精神不死。

思考与练习题：

1. 分析《国殇》叙赞相结合的表达方式。

2. 举例说明本诗在语言节奏上的特点，分析此特点对场面、气氛的营造起了什么作用？

3. 解释下列带横杠的字词：

(1) 出不入兮往不反

(2) 平原忽兮路超远

(3) 终刚强兮不可凌

汉魏六朝文学

垓下之围

司马迁

项王军壁垓下，兵少食尽，汉军及诸侯兵围之数重。夜闻汉军四面皆楚歌，项王乃大惊曰："汉皆已得楚乎？是何楚人之多也[①]！"项王则夜起，饮帐中。有美人名虞，常幸从；骏马名骓[②]，常骑之。于是项王乃悲歌慷慨，自为诗曰："力拔山兮气盖世，时不利兮骓不逝[③]。骓不逝兮可奈何，虞兮虞兮奈若何[④]！"歌数阕[⑤]，美人和之。项王泣数行下，左右皆泣，莫能仰视。

于是项王乃上马骑，麾下壮士骑从者八百余人，直[⑥]夜溃围南出，驰走。平明，汉军乃觉之，令骑将灌婴以五千骑追之。项王渡淮，骑能属[⑦]者百余人耳。项王至阴陵，迷失道，问一田父[⑧]，田父绐[⑨]曰"左"。左，乃陷大泽中。以故汉追及之。项王乃复引兵而东，至东城，乃有二十八骑。汉骑追者数千人。项王自度不得脱。谓其骑曰："吾起兵至今八岁矣，身七十余战，所当者破，所击者服，未尝败北，遂霸有天下。然今卒[⑩]困于此，此天之亡我，非战之罪也。今日固决死，愿为诸君快战[⑪]，必三胜之，为诸君溃围，斩将，刈[⑫]旗，令诸君知天亡我，非战之罪也。"乃分其骑以为四队，四向[⑬]。汉军围之数重。项王谓其骑曰："吾为公取彼一将。"令四面骑驰下，期山东为三处。于是项王大呼驰下，汉军皆披靡[⑭]，遂斩汉一将。是时，赤泉侯为骑将，追项王，项王瞋目而叱之，赤泉侯人马俱惊，辟易[⑮]数里。与其骑会为三处。汉军不知项王所在，乃分军为三，复围之。项王乃驰，复斩汉一都尉，杀数十百人，复聚其骑，亡其两骑耳。乃谓其骑曰："何如？"骑皆伏曰："如大王言。"

于是项王乃欲东渡乌江。乌江亭长檥[⑯]船待，谓项王曰："江东虽小，地方千里，众数十万人，亦足王也。愿大王急渡。今独臣有船，汉军至，无以渡。"项王笑曰："天之亡我，我何渡为[⑰]！且籍与江东子弟八千人渡江而西，今无一人还，纵江东父兄怜而王我，我何面目见之？纵彼不言，籍独不愧于心乎？"乃谓亭长曰："吾知公长者。吾骑此马五岁，所当无敌，尝一日行千里，不忍杀之，以赐公。"乃令骑皆下马步行，持短兵接战。独籍所杀汉军数百人。

项王身亦被[18]十余创。顾见汉骑司马吕马童，曰："若非吾故人[19]乎?"马童面之[20]，指王翳曰："此项王也。"项王乃曰："吾闻汉购[21]我头千金，邑万户，吾为若德[22]。"乃自刎而死。王翳取其头，余骑相蹂践争项王，相杀者数十人。最其后，郎中骑杨喜，骑司马吕马童，郎中吕胜、杨武各得其一体[23]。五人共会其体，皆是。故分其地为五：封吕马童为中水侯，封王翳为杜衍侯，封杨喜为赤泉侯，封杨武为吴防侯，封吕胜为涅阳侯。

项王已死，楚地皆降汉，独鲁不下。汉乃引天下兵欲屠之，为其守礼义，为主死节[24]，乃持项王头视[25]鲁，鲁父兄乃降。始，楚怀王初封项籍为鲁公，及其死，鲁最后下，故以鲁公礼葬项王穀城。汉王为发哀，泣之而去。

诸项氏枝属[26]，汉王皆不诛。乃封项伯为射阳侯。桃侯、平皋侯、玄武侯皆项氏，赐姓刘。

太史公曰：吾闻之周生曰"舜目盖重瞳子"[27]，又闻项羽亦重瞳子。羽岂其苗裔[28]邪？何兴之暴[29]也！夫秦失其政，陈涉首难，豪杰蜂起，相与并争，不可胜数。然羽非有尺寸[30]，乘执起陇亩之中[31]，三年，遂将五诸侯灭秦[32]，分裂天下，而封王侯，政由羽出，号为"霸王"，位虽不终[33]，近古以来未尝有也。及羽背关[34]怀楚，放逐义帝而自立，怨王侯叛己，难矣。自矜功伐[35]，奋其私智而不师古[36]，谓霸王之业，欲以力征[37]经营天下，五年卒亡其国，身死东城，尚不觉寤[38]而不自责，过[39]矣。乃引[40]"天亡我，非用兵之罪也"，岂不谬哉！

作者简介：

司马迁（前145—前86）西汉史学家、文学家。字子长，太史令司马谈长子。元封三年，子承父职任太史令，开始编写《史记》。《史记》是我国第一部纪传体通史，同时又是一部文学巨著。后世的传记文学、历史散文都深受其影响。

【注释】

本文选自《史记·项羽本纪》。《史记》体例共五种：本纪——以朝代或帝王为主的编年史、大事记十二篇；表——大事年表和人物年表十篇；书——系统记载典章制度类情况的分类史八篇；世家——记封国诸侯事迹的史实三十篇；列传——著名人物的传记或对外国、少数民族的记载。《项羽本纪》是《史记》中最具代表性的篇章之一。文章以飞扬的文采，充沛的感情，壮阔的场面，紧张的故事情节，成功地塑造了项羽这一历史人物。

①何楚人之多：怎么楚人这么多。

②骓（zhuī）：毛色苍白相杂的马。

③逝：跑。

④奈若何：把你怎么办。

⑤阕：乐曲每终了一次叫一阕。“数阕”就是几遍。

⑥直：同“值”，当，趁。

⑦属：连接，这里指跟上。

⑧田父（fǔ）：老农。

⑨绐：欺骗。

⑩卒：终于。

⑪快战：痛快地打一仗。

⑫刈（yì）：割，砍。

⑬四向：面向四方。

⑭披靡：原指草木随风倒伏，这里比喻军队溃败。

⑮辟易：倒退的样子。

⑯檥（yǐ）：移船靠岸。

⑰何渡为：还渡江干什么。

⑱被：遭受。

⑲故人：旧友。

⑳面之：跟项王面对面。吕马童原在后面追赶项王，项王回过头来看见他，二人才正面相对。

㉑购：悬赏征求。

㉒为若德：意思是送给你点儿好处。德：恩德。

㉓体：身体的部分，四肢加头合称五体。

㉔死节：为节操而死。

㉕视：同“示”，给……看。

㉖枝属：宗族。

㉗周生：《正义》引孔文祥说以为是汉代儒者，姓周。盖：大概。重瞳子：一只眼睛有两个瞳仁儿。

㉘苗裔：后代。

㉙何兴之暴：怎么起来得这么突然。

㉚尺寸：形容很少。一说“尺寸”指尺寸之地。

㉛陇亩之中：田野之中，指民间。“陇”，同“垄”。

㉜将：率领；五诸侯：指战国时的齐、赵、韩、魏、燕五个诸侯国，此处指除了楚以外的各路起义军。

㉝位：指王位。不终：指没有维持下来。终：到最后。

㉞背关：舍弃关中。背：弃。

㉟矜：夸。功伐：功劳，“伐”与“功”同义。

㊱奋：振，这里有极力施展的意思。师古：效法古人。

㊲力征：以武力征伐。

㊳寤：同“悟”。

㊴过：错。

㊵乃：竟然。引：拿过来，这里有找词儿的意思。

思考与练习题：

1. 找出文中词类活用的字词，分析其用法。
2. 你怎样看太史公对项羽的评价?
3. 司马迁从哪些方面来刻画项羽这个悲剧形象的?
4. 解释下列带横杠的词：

(1) 项王军<u>壁</u>垓下

(2) 有美人名虞，常<u>幸从</u>

(3) <u>期</u>山东为三处

(4) 纵江东父兄怜而<u>王</u>我

(5) 欲以力征<u>经营</u>天下

管晏列传

司马迁

管仲夷吾者，颍上人也。少时常与鲍叔牙游[①]，鲍叔知其贤。管仲贫困，常欺[②]鲍叔，鲍叔终善遇之，不以为言。已而鲍叔事齐公子小白，管仲事公子纠[③]。及小白立，为桓公，公子纠死，管仲囚焉[④]。鲍叔遂进[⑤]管仲。管仲既用，任政于齐，齐桓公以霸[⑥]，九合诸侯[⑦]，一匡[⑧]天下，管仲之谋也。

管仲曰："吾始困时，尝与鲍叔贾[⑨]，分财利多自与，鲍叔不以我为贪，知我贫也。吾尝为鲍叔谋事而更穷，鲍叔不以我为愚，知时有利不利也。吾尝三仕三见逐于君[⑩]，鲍叔不以我为不肖，知我不遭[⑪]时也。吾尝三战三走[⑫]，鲍叔不以我为怯，知我有老母也。公子纠败，召忽死之[⑬]，吾幽囚受辱，鲍叔不以我为无耻，知我不羞小节而耻功名不显于天下也[⑭]。生我者父母，知我者鲍子也。"

鲍叔既进管仲，以身下之。子孙世禄[⑮]于齐，有封邑者十余世，常为名大夫。天下不多[⑯]管仲之贤而多鲍叔能知人也。

管仲既任政相[⑰]齐，以区区之齐在海滨，通货积财，富国强兵，与俗[⑱]同好恶。故其称曰[⑲]："仓廪实而知礼节，衣食足而知荣辱，上服度则六亲固[⑳]。四维[㉑]不张，国乃灭亡。下令如流水之原[㉒]，令顺民心。"故论卑[㉓]而易行。俗之所欲，因而予之；俗之所否，因而去[㉔]之。

其为政也，善因祸而为福，转败而为功。贵轻重[㉕]，慎权衡[㉖]。桓公实怒少姬，南袭蔡[㉗]，管仲因而伐楚，责包茅不入贡于周室[㉘]。桓公实北征山戎，而管仲因而令修召公之政[㉙]。于柯之会，桓公欲背曹沫之约，管仲因而信之，诸侯由是归齐[㉚]。故曰："知与之为取，政之宝也[㉛]。"

管仲富拟[㉜]于公室，有三归、反坫[㉝]，齐人不以为侈[㉞]。管仲卒，齐国遵其政，常强于诸侯。后百余年而有晏子焉。

晏平仲婴者，莱之夷维人也。事齐灵公、庄公、景公，以节俭力行重于齐[㉟]。即相齐，食不重肉[㊱]，妾不衣[㊲]帛。其在朝，君语及之[㊳]，即危言[㊴]；语不及之，即危行。国有道，即顺命[㊵]；无道，即衡命[㊶]。以此三世显名于诸侯。

越石父贤，在缧绁[㊷]中。晏子出，遭之涂[㊸]，解左骖[㊹]赎之，载归。弗谢[45]，入闺[46]。久之，越石父请绝。晏子戄然[47]，摄[48]衣冠谢曰："婴虽不仁，免子于厄[49]，何子求绝之速也?"石父曰："不然。吾闻君子诎于不知己而信于知己者。方吾在缧绁中，彼不知我也。夫子既已感寤[50]而赎我，是知己；知己而无礼，固不如在缧绁之中。"晏子于是延入为上客，

晏子为齐相，出，其御之妻从门间而窥其夫[51]。其夫为相御[52]，拥[53]大盖，策驷马，意气扬扬，甚自得也。既而归，其妻请去[54]。夫问其故。妻曰："晏子长不满六尺，身相齐国，名显诸侯。今者妾观其出，志念[55]深矣，常有以自下者。今子长八尺，乃为人仆御，然子之意自以为足，妾是以求去也。"其后夫自抑损[56]。晏子怪[57]而问之，御以实对。晏子荐以为大夫。

太史公曰：吾读管氏《牧民》《山高》《乘马》《轻重》《九府》[58]，及《晏子春秋》[59]，详哉其言之也。既见其著书，欲观其行事，故次[60]其传。至其书，世多有之，是以不论，论其轶事。

管仲，世所谓贤臣，然孔子小之[61]。岂以为周道衰微，桓公既贤，而不勉之至王，乃称霸哉？语曰[62]："将顺[63]其美，匡救[64]其恶，故上下[65]能相亲也。"岂管仲之谓乎？

方晏子伏庄公尸哭之，成礼然后去[66]，岂所谓"见义不为无勇"者邪？至其谏说，犯君之颜[67]，此所谓"进思尽忠，退思补过"者哉[68]！假令晏子而在，余虽为之执鞭，所忻[69]慕焉。

【注释】

《史记·管晏列传》是齐国两位贤相管仲和晏婴的合传，作者在文中叙写了管、晏的治国的才干与功绩，以及鲍叔让贤、晏子礼贤等事迹，对他们褒扬有加，并充满怀念和敬意。

①游：交游，来往。

②欺：此意为占便宜。指下文"分财利多自与。"

③"已而"二句：齐襄公立，政令无常，数欺大臣，又淫于妇人，诛杀屡不当，鲍叔担心齐国将大乱。为避难，管仲、召忽奉襄公弟公子纠出奔鲁国，鲍叔奉襄公弟小白出奔莒国。见卷三十二《齐太公世家》、《左传·庄公八年》。

④"及小白"三句：公元前686年襄公被杀。前685年，鲁国派兵保护公子纠赶回齐国争夺王位，先由管仲领兵扼守莒、齐要道，以防小白先行入齐争位。两相遭遇，管仲射中小白带钩。小白佯死，使鲁国延误了公子纠的行程。小白率先入齐，立为桓公。桓公以军拒鲁，大败鲁军。鲁国被迫杀死公子纠，

召忽自杀，管仲请囚。详见卷三十二《齐太公世家》。

⑤进：保举，推荐。

⑥霸：称霸。

⑦合：会盟。

⑧匡：匡正，纠正。

⑨ 尝：曾经。贾：做买卖。

⑩ 三：泛指多次。见：被。

⑪ 遭：遇，逢。

⑫ 走：逃跑。

⑬ 死之：为公子纠而死。

⑭ 羞：以……为羞。耻：以……为耻。

⑮ 世禄：世代享受俸禄。

⑯ 多：推重，赞美。

⑰ 相：出任国相。

⑱ 俗：指百姓。

⑲ 其称曰：他自己称述说。以下引语是对《管子·牧民》篇有关论述的节录，其"仓廪实"三句和"四维不张"两句见于"国颂"一节，"下令如流水之原"两句见于"士经"一节。

⑳ 上：国君。一说居上位者。服：行，施行。度：节度。或特指礼度、制度。六亲：《管子·牧民》有"六亲五法"一节，刘向注云："以家为家，一亲也。以乡为乡，二亲也。以国为国，三亲也。以天下为天下，四亲也。毋曰不同生，远者不听；毋曰不同乡，远者不行；毋曰不同国，远者不从。如地如天，何私何亲，五亲也。如月如日，唯君之节，六亲也。天地日月，取其耀临，言人君亲下，当如天地日月之无私也。"由此可知，这里所谓"六亲"，非指一般意义上的六亲，即非《正义》所云外祖父母、姊妹、妻兄弟之子、从母之子、女子，亦非王弼所云父、母、兄、弟、妻、子，或其他各种指谓。固：安固，稳固。

㉑ 四维：《管子·牧民·四维》云："国有四维，一维绝则倾，二维绝则危，三维绝则覆，四维绝则灭。倾可正也，危可安也，覆可起也，灭不可复错也。何谓四维？一曰礼，二曰义，三曰廉，四曰耻。"维，纲，即网上的总绳，此引申为纲要、原则。

㉒ 原：通"源"，水的源头。

㉓ 论卑：指政令平易符合下边的民情。

㉔ 去：废除。

㉕ 轻重："轻重"一语原是《管子》中的一个特殊经济概念，是管子经济思想、经济理论中的一个重要组成部分，其核心问题，是用货币和谷物来调节、控制国家经济。但从本段所举史实来看，太史公不是谈管子的经济思想。所以"轻重"一语还应理解为通常意义的"轻重"，即事物的轻重缓急。

㉖ 权衡：比较利弊得失。

㉗"桓公实怒"二句：是说少姬（即蔡姬）曾荡舟戏弄桓公，制止不听，因怒，遣送回国。蔡君将其改嫁，所以桓公怒而攻蔡。见卷三十二《齐太公世家》、《左传·僖公三年》(伐蔡在"僖公四年")。

㉘"管仲"二句：《左传·僖公四年》载：齐桓公伐楚，使管仲责之曰："尔贡包茅不入，王祭不共，无以缩酒，寡人是征。"古代祭祀，用裹束成捆的菁茅过滤去渣。包：裹束。茅：菁茅。按：责楚包茅不入贡于周室，这是齐伐楚的借口。

㉙"桓公实北征"两句：齐桓公二十三年（前663），山戎（北狄）伐燕，燕告急于齐，桓公因伐山戎，至于孤竹而还。燕庄公送桓公进入齐境。桓公说："非天子，诸侯相送不出境，吾不可以无礼于燕。"于是分沟割燕君所至之地与燕，并让燕君重修召公之政，纳贡于周。召公，是燕国的始祖，周成王时为三公，"治西方，甚得兆民和。"见卷三十二《齐太公世家》、卷三十四《燕召公世家》。

㉚"于柯之会"四句：齐桓公五年（前681），伐鲁，鲁将曹沫三战三败，鲁庄公请献遂邑求和，桓公许，与鲁会柯而盟。将盟，曹沫以匕首劫持桓公于坛上，威胁桓公归还"鲁之侵地"，桓公先是被迫答应，继而"欲无与鲁地而杀曹沫。"这时，管仲劝桓公不要图一时"小快"而"弃信"于诸侯，"失天下之援"。于是尽"与曹沫三败所亡地于鲁"。"诸侯闻之，皆信齐而欲附焉"。见卷三十二《齐太公世家》、卷八十六《刺客列传》。

㉛"知与之为取"二句：语出《管子·牧民》。与：给予。

㉜ 拟：比拟，类似。

㉝ 三归：建筑华丽的台。另有多种说法，如三姓女子；三处家庭、采邑、府库等。反坫（diàn，店）：堂屋两柱间放置供祭祀、宴会所有礼器和酒的土台。按"礼"，只有诸侯才能设有三归和反坫。管仲是大夫，本不该享有。然而，齐以管仲而强，故下文说"齐人不以为侈。"

㉞ 侈：放纵，放肆。这里有过分的意思。

㉟ 力行：努力工作。重：重视。

㊱ 重肉：两味肉食。

㊲ 衣：穿。

㊳ 语及之：问到他。

㊳ 危言：正直地陈述己见。危，高耸貌。引申为正直。

㊴ 顺命：服从命令去做。

㊵ 衡命：斟酌命令的情况去做。

㊶ 缧绁：拘系犯人的绳子。引申为囚禁。

㊷ 涂：同“途”。

㊸ 骖：古代一车三马或四马，左右两旁的马叫骖。

㊹ 谢：道歉。

㊺ 闺：内室。

㊻ 戄然：惶遽的样子。

㊼ 摄：整理。

㊽ 厄（è）：灾难。

㊾ 诎：通“屈”，委屈。信：通“伸”，伸展，伸张。

㊿ 感寤：感动醒悟。寤，通“悟”。

51 御：车夫。门间：门缝。窥：暗中偷看。

52 御：驾车。

53 拥：遮、障。

54 去：离开。此指离婚。

55 志念：志向、抱负。

56 抑损：谦恭、退让。抑，谦下。损，退损。

57 怪：感到奇怪。

58《牧民》《山高》《乘马》《轻重》《九府》：都是《管子》篇名。

59《晏子春秋》：旧题春秋齐晏婴撰，实际上是后人依托并采缀晏子言行而作。

60 次：编次、编列。

61 小之：认为他器量狭小。《论语·八佾》有“管仲之器小哉”的话。

62 语引自《孝经·事君》。

63 将顺：顺势助成。

⑭ 匡救：纠正、挽救。

⑮ 上下：指君臣百姓。

⑯“晏子伏庄公尸”二句：齐国大夫崔杼因齐庄公与他新娶棠公的寡妻私通，设谋杀死庄公。晏婴到崔家，枕庄公尸而哭之，完成君臣之礼而去。见卷三十二《齐太公世家》、《左传·襄公二十五年》

⑰ 犯：冒犯。颜：面容、脸色。

⑱ 引语出自《孝经·事君》。

⑲ 忻（xīn）：同“欣”。慕：羡慕，向往。

思考与练习题：

1. 此文叙事总述与分述结合，别具一格，试作分析。

2. 作者在管、晏身世行为的评赞中，是如何寄寓自己“知己难逢”的感慨的？

3. 将第五和第十自然段翻译成现代汉语。

饮马长城窟行①

青青河畔草，绵绵②思远道。
远道不可思，宿昔③梦见之。
梦见在我傍，忽觉在他乡。
他乡各异县，展转④不相见。
枯桑知天风，海水知天寒。
入门各自媚⑤，谁肯相为言⑥？
客从远方来，遗我双鲤鱼⑦。
呼儿烹鲤鱼，中有尺素书⑧。
长跪⑨读素书，书中竟如何？
上言加餐饭，下言长相忆⑩。

【注释】

此为汉乐府诗，最早见于《昭明文选》，题为“乐府古辞”，李善注云：“言古诗，不知作者姓名，他皆类此。”题目的含义，《文选》五臣注说：“长城，秦所筑以备胡者。其下有泉窟，可以饮马。征人路出于此而伤悲矣。言天下征役，军戎未止，妇人思夫，故作是行。”

①“行”是乐府诗体的一种，此类作品大多放情长歌。这首诗描写在外游子的思念之情，体现了汉乐府“感于哀乐，缘事而发”的特征。

②绵绵：延续不断，以对草的形容来比喻对于远方人的相思。

③宿昔：夜里。《文选》李善注阮籍诗：“携手等欢爱，宿昔同衣裳。”引《广雅》：“宿，夜也。”吕向注：“昔，夜也。”

④展转：亦作“辗转”，不定。

⑤媚：爱。

⑥言：问讯。

⑦遗：送。双鲤鱼：指藏书信的函，就是刻成鲤鱼形的两块木板，一底一盖，把书信夹在里面。一说将上面写着书信的绢结成鱼形。

⑧尺素：素：生绢，古人用绢写信。

⑨长跪：伸直了腰跪坐，汉代人席地而跪坐，坐时两膝着地，臀部压在脚后跟上。

⑩“上”、“下”指书信的前部与后部。

思考与练习题：

1. 有人认为，自“客从远方来”以下为另外一首诗，你认为应该是两首诗还是一首诗？为什么？

2. 这首诗多用比兴手法，结合主题，你认为这样做的好处是什么？

饮酒①（其五）

陶渊明

结庐②在人境，而无车马喧。
问君何能尔③，心远地自偏。
采菊东篱下，悠然见南山。
山气日夕④佳，飞鸟相与还⑤。
此中有真意，欲辨已忘言⑥。

作者简介：

陶渊明（365—427），浔阳柴桑（今江西九江市）人，东晋著名诗人。字元亮，别号五柳先生，晚年更名潜，友人私谥靖节征士。出生于一个衰落的世家，父亲陶逸早死。曾几次出仕做过小官，因看不惯官场黑暗，于40岁时“不为五斗米折腰”，归隐田园。归田后是他创作高峰期。其作品多写田园躬耕，感情真挚，朴素自然，时有逃避现实，乐天知命的老庄思想，有“田园诗人”之称。流传的作品有诗一百二十余首及文、赋等十余篇。后人辑有《陶渊明集》。

【注释】

①陶渊明有《饮酒》共二十首，都是酒后偶然的题咏，此为其五。此诗以平淡悠远的语句，通过对自然景物的描写，点明万物各得其所、委运任化的哲理，表达了诗人崇尚自然、虚静淡远的心态。

②结庐：建造房屋。

③尔：如此。

④日夕：黄昏之时。

⑤相与还：成群结伴而还。

⑥真意：自然意趣。忘言：不可言说。后两句的意思是，自己从大自然中得到的意趣，不可言说。

思考与练习题：

1. 这首诗体现了作者怎样的人生态度？

2. “采菊东篱下，悠然见南山”，是千年以来脍炙人口的名句。你认为这两句好在哪里？为什么？

3. 这首诗怎样体现了情、景、理的统一？

归园田居①（其二）

陶渊明

野外罕人事②，穷巷寡轮鞅③。
白日掩荆扉④，虚室⑤绝尘想。
时复墟曲⑥中，披草⑦共来往。
相见无杂言，但道桑麻长。
桑麻日已长，我土日已广。
常恐霜霰⑧至，零落同草莽⑨。

【注释】

①陶渊明归隐田园后写了描写田园生活的组诗《归园田居》，此为其二。诗人通过对隐居生活的描写，抒发了归隐的愉悦心情。

②罕人事：少交游。

③穷巷：僻巷。寡轮鞅：少车马。轮：车轮。鞅：驾车时马颈上套用的皮带。轮鞅：指车马。

④荆扉，木条编的门。

⑤虚室：《庄子·人间世》："瞻彼阕者，虚室生白。"司马彪注："室比喻心，心能空虚，则纯白独生也。"白，真理。此句意谓使心灵一片空灵，断绝一切世俗杂念。

⑥墟曲：山村偏僻的地方。

⑦披草：拨开草。

⑧霰（xiàn）：小冰粒。

⑨莽：丛生的野草。

思考与练习题：

1. 作者以平常语写平常事，有着怎样深刻的情感内蕴？
2. 陶渊明崇尚自然，这首诗以怎样的笔法描述了人与自然的融洽关系？
3. 从这首诗中你能体会到陶渊明怎样的人生态度？
4. 背诵此诗。

与陈伯之书

丘　迟

迟顿首，陈将军足下[①]：无恙[②]，幸甚，幸甚！将军勇冠三军[③]，才为世出[④]，弃燕雀之小志，慕鸿鹄以高翔[⑤]。昔因机变化，遭遇明主[⑥]，立功立事，开国称孤[⑦]。朱轮华毂[⑧]，拥旄[⑨]万里，何其壮也！如何一旦为奔亡之虏，闻鸣镝而股战[⑩]，对穹庐[⑪]以屈膝，又何劣邪！寻君去就[⑫]之际，非有他故，直以不能内审诸己[⑬]，外受流言，沈迷猖蹶，以至于此。

圣朝赦罪责功[⑭]，弃瑕[⑮]录用，推赤心于天下，安反侧于万物[⑯]。将军之所知，不假[⑰]仆一二谈也。朱鲔涉血於友于[⑱]，张绣剚刃於爱子[⑲]，汉主不以为疑，魏君待之若旧。况将军无昔人之罪，而勋重於当世！夫迷涂知返，往哲是与[⑳]，不远而复[㉑]，先典攸高[㉒]。主上屈法申恩，吞舟是漏[㉓]；将军松柏不剪[㉔]，亲戚安居，高台未倾[㉕]，爱妾尚在；悠悠尔心，亦何可言！今功臣名将，雁行[㉖]有序，佩紫怀黄[㉗]，赞帷幄之谋[㉘]，乘轺建节[㉙]，奉疆埸[㉚]之任，并刑马[㉛]作誓，传之子孙[㉜]。将军独靦颜[㉝]借命，驱驰毡裘之长[㉞]，宁不哀哉！

夫以慕容超[㉟]之强，身送东市[㊱]；姚泓[㊲]之盛，面缚西都[㊳]。故知霜露所均[㊴]，不育异类[㊵]；姬汉旧邦[㊶]，无取杂种[㊷]。北虏僭盗中原[㊸]，多历年所[㊹]，恶积祸盈，理至燋烂[㊺]。况伪孽昏狡[㊻]，自相夷戮[㊼]，部落携离[㊽]，酋豪猜贰[㊾]。方当系颈蛮邸[㊿]，悬首藁街[51]，而将军鱼游於沸鼎之中，燕巢於飞幕之上[52]，不亦惑乎？

暮春三月，江南草长，杂花生树，群莺乱飞。见故国之旗鼓，感平生于畴日，抚弦登陴，岂不怆悢[53]！所以廉公之思赵将[54]，吴子之泣西河[55]，人之情也，将军独无情哉？想早励良规[56]，自求多福。

当今皇帝盛明，天下安乐。白环西献[57]，楛矢[58]东来；夜郎滇池[59]，解辫请职[60]；朝鲜昌海[61]，蹶角受化[62]。唯北狄野心，掘强沙塞之间，欲延岁月之命耳[63]！中军临川殿下[64]，明德茂亲[65]，揔兹戎重[66]，吊民洛汭[67]，伐罪秦中[68]，若遂[69]不改，方思仆言。聊布往怀[70]，君其详之。丘迟顿首。

作者简介：

丘迟（464—508），字希范，南朝吴兴乌程（今浙江吴兴）人。八岁便能属文。初仕齐，以秀才迁殿中郎；入梁后，以文才为武帝所器重，官至永嘉太守、司徒从事中郎。所作《与陈伯之书》为世传名篇。今传明人所辑《丘司空集》。

【注释】

《与陈伯之书》是一篇文、情、理并茂的骈体书信，也是一封特别的劝降书。文章动之以情，晓之以理，言辞恳切，句句攻心，文辞优美简净，这在浮艳之风正盛六朝时期是一篇难得的骈体文。陈伯之：梁时为江州刺史，后叛降北魏。天监四年，梁临川王萧宏率军北伐，陈伯之领军抗拒。丘迟奉命作书与陈伯之，晓以理义乡情，陈伯之遂率八千兵士归降。

①顿首：叩拜。这是古人书信开头和结尾常用的客气语。足下，书信中对对方的尊称。

②无恙：古人常用的问候语。恙，病；忧。

③“将军”句：语出李陵《答苏武书》：“陵先将军功略盖天地，义勇冠三军。”此喻陈英勇为三军之首。

④才为世出：语出苏武《报李陵书》：“每念足下才为世生，器为时出。”此喻陈才能杰出于当世。

⑤“弃燕”二句：语出《史记·陈涉世家》：“陈涉太息曰：嗟乎！燕雀安知鸿鹄之志哉!”此喻陈伯之有远大的志向。

⑥“昔因”二句：指陈伯之弃齐归梁，受梁武帝赏爱器重。

⑦“立功”二句，《梁书·陈伯之传》：“力战有功”，“进号征南将军，封丰城县公：邑二千户。”开国：梁时封爵，皆冠以开国之号。孤，王侯自称。此指受封爵事。

⑧毂（gǔ）：原指车轮中心的圆木，此处指代车舆。

⑨旄（máo）：用牦牛尾装饰的旗子。此指旄节。拥旄，古代高级武将持节统治一方之谓。

⑩鸣镝（dí）：响箭。股战：大腿颤抖。

⑪穹庐：原指少数民族居住的毡帐。这里指代北魏政权。

⑫去就：指陈伯之弃梁投降北魏事。

⑬内审：内心反复考虑。诸，“之于”的合音。

⑭赦罪责功：赦免罪过而求其建立功业。

⑮瑕：玉的斑点，此指过失。弃瑕，即不计较过失。

⑯“推赤”二句：《后汉书·光武帝纪》：降者更相语曰：“萧王推赤心置人腹中，安得不投死乎?”又：汉兵诛王郎，得吏人与郎交关谤毁者数千章烧之曰：“令反侧子自安。”反侧于：指心怀鬼胎，疑惧不安的人。此谓梁朝以赤心待人，对一切都既往不咎。

⑰不假：不借助，不需要。

⑱“朱鲔”句。朱鲔（wěi）是王莽末年绿林军将领，曾劝说刘玄杀死了光武帝的哥哥刘伯升。光武攻洛阳，朱鲔拒守，光武遣岑彭前去劝降，转达光武之意说，建大功业的人不计小恩怨，今若降，不仅不会被杀，还能保住官爵。朱鲔乃降。涉血，同“喋血”，谓杀人多流血满地，脚履血而行。友于，即兄弟。《尚书·君陈》：“惟孝友于兄弟。”此指刘伯升。

⑲“张绣”句。据《三国志·魏志·武帝纪》载：“建安二年，公（曹操）到宛。张绣降，既而悔之，复反。公与战，军败，为流矢所中。长子昂、弟子安民遇害。”建安四年，“冬十一月，张绣率众降，封列侯。”剚（zì自）刃，用刀刺入人体。

⑳往哲：以往的贤哲。与，赞同。

㉑不远而复：指迷途不远而返回。《易·复卦》：“不远复，无祇悔，元吉。”

㉒先典：古代典籍，指《易经》。攸高：嘉许。

㉓“主上”二句：桓宽《盐铁论·刑德》：“明王茂其德教而缓其刑罚也。网漏吞舟之鱼。”吞舟，这里指能吞舟的大鱼。

㉔松柏：古人常在坟墓边植以松柏，这里喻指陈伯之祖先的坟墓。不剪：谓未曾受到毁坏。

㉕“高台”句：桓谭《新论》云：雍门周说孟尝君曰：“千秋万岁后，高台既已倾，曲池又已平。”此指陈伯之在梁的房舍住宅未被焚毁。

㉖雁行：大雁飞行的行列，比喻尊卑排列次序。

㉗紫：紫绶，系官印的丝带。黄：黄金印。

㉘赞：佐助。帷幄：军中的帐幕。《史记·留侯世家》：“运筹策帷幄中，决胜千里外。”

㉙轺（yáo）：用两匹马拉的轻车，此指使节乘坐之车。建节：将皇帝赐予的符节插立车上。

㉚疆埸（yì），边境。

㉛刑马：杀马。古代诸侯杀白马饮血以会盟。

㉜传之子孙：这是梁代的誓约，指功臣名将的爵位可传之子孙。

㉝靦（miǎn）颜：厚着脸。

㉞毡裘：以毛织制之衣，北方少数民族服装，这里指代北魏。长，头目。这里指拓跋族北魏君长。

㉟慕容超：南燕君主。晋末宋初曾骚扰淮北，刘裕北伐将他擒获，解至南京斩首。

㊱东市：汉代长安处决犯人的地方。后泛指刑场。

㊲姚泓：后秦君主。刘裕北伐破长安，姚泓出降。

㊳面缚：面朝前，双手反缚于后。西都，指长安。

㊴霜露所均：霜露所及之处，即天地之间。

㊵异类：古代汉族对少数民族带侮辱性的称呼。

㊶姬汉：即汉族。姬，周天子的姓。旧邦：指中原周汉的故土。

㊷杂种：古代汉族对少数民族带侮辱性的称呼。

㊸北虏：指北魏。虏是古代汉族对少数民族带侮辱性的称呼。僭（jiàn）：假冒帝号。

㊹“多历”句：拓跋珪 386 年建立北魏，至 505 年已一百多年。年所，年代。

㊺燋烂：溃败灭亡。燋，通“焦”。

㊻伪孽（bì）：这里指北魏统治集团。昏狡：昏聩狡诈。

㊼自相夷戮：指北魏内部的自相残杀。501 年，宣武帝的叔父咸阳王元禧谋反被杀。504 年，北海王元祥也因起兵作乱被囚禁而死。

㊽携离：四分五裂。携，离。

㊾酋豪：部落酋长。猜贰：猜忌别人有二心。

㊿蛮邸：外族首领所居的馆舍。

51藁（gǎo）街：汉代长安街名。是少数民族居住的地方。蛮邸即设于此。

52“而将军”二句：李善注引袁崧《后汉书》朱穆上疏曰：“养鱼沸鼎之中，栖鸟烈火之上，用之不时，必也焦烂。”飞幕，动荡的帐幕，此喻陈伯之处境之危险。

53“见故国”四句：语出李善注引袁晔《后汉记·汉献帝春秋》臧洪报袁绍书：“每登城勒兵，望主人之旗鼓，感故交之绸缪，抚弦搦矢，不觉涕流之复面也。”陴（pí），城上女墙。怆悢，悲伤。

54“所以”句，事见《史记·廉颇蔺相如列传》：“廉颇居梁久之，魏不能信用。赵以数困于秦兵，赵王思复得廉颇，廉颇亦思复用于赵”思赵将，即想复为赵将。

㊿“吴子”句：据《吕氏春秋·观表》吴起为魏国守西河（今陕西韩城市一带）。魏武侯听信谗言，使人召回吴起。吴起预料西河必为秦所夺取，故车至于岸门，望西河而泣。后西河果为秦所得。

56励：勉励，引申为作出。良规，妥善的安排。

57白环西献：李善注引《世本》载：“舜时，西王母献白环及佩。”

58楛（hù）矢：用楛木做的箭。《孔子家语》载：武王克商，“于是肃慎氏贡楛矢石砮”。肃慎氏，东北的少数民族。

59夜郎：今贵州桐梓县一带。滇池：今云南昆明市附近。均为汉代西南方国名。

60解辫请职：解开盘结的发辫，请求封职。即表示愿意归顺。

61昌海：西域国名。即今新疆罗布泊。

62蹶角：以额角叩地。受化：接受教化。

63“掘强”二句：《汉书·伍被传》记伍被说淮南王曰：“东保会稽，南通劲越，屈强江、淮间，可以延岁月之寿耳。”掘强，即倔强。

64中军临川殿下：指萧宏。时临川王萧宏任中军将军。殿下，对王侯的尊称。

65茂亲：至亲。指萧宏为武帝之弟。

66揔：通“总”。戎重：军事重任。

67吊民：慰问老百姓。汭（ruì）：水流隈曲处。洛汭，洛水汇入黄河的洛阳、巩义市一带。

68秦中：指北魏。今陕西中部地区。

69遂：因循。

70聊布：聊且陈述。往怀：往日的友情。

思考与练习题：

1. 这篇文章大量使用了对比手法，试找出五组由对比手法形成的对应关系。

2. 你认为这篇文章说理的成功之处主要体现在哪几方面？

3. 文中的“暮春三月，江南草长，杂花生树，群莺乱飞”，已成为描写江南景色的名句。谈谈它们在句中的作用。

颜氏家训·涉务

颜之推

士君子之处世，贵能有益于物[1]耳，不徒高谈虚论，左琴右书，以费人君禄位也。国之用材，大较[2]不过六事：一则朝廷之臣，取其鉴达治体[3]，经纶博雅[4]；二则文史之臣，取其着述宪章，不忘前古；三则军旅之臣，取其断决有谋，强干习事[5]；四则藩屏之臣[6]，取其明练[7]风俗，清白爱民；五则使命之臣，取其识变从宜[8]，不辱君命；六则兴造之臣，取其程[9]功节费，开略有术[10]，此则皆勤学守行[11]者所能辨也。人性有长短，岂责具美于六涂哉[12]？但当皆晓指趣[13]，能守一职，便无愧耳。

吾见世中文学之士，品藻[14]古今，若指诸掌，及有试用，多无所堪[15]。居承平[16]之世，不知有丧乱之祸；处庙堂之下，不知有战陈之急[17]；保俸禄之资，不知有耕稼之苦；肆[18]吏民之上，不知有劳役之勤，故难可以应世经务[19]也。

晋朝南渡[20]，优借士族；故江南冠带，有才干者[21]，擢为令、仆[22]已下尚书郎、中书舍人已[23]上，典[24]掌机要。其余文义之士，多迂诞[25]浮华，不涉世务；纤微过失，又惜行捶楚[26]，所以处于清名，盖护[27]其短也。至于台阁令史，主书监帅，诸王签省[28]，并晓习吏用，济办时须，纵有小人之态，皆可鞭杖肃督，故多见委使[29]，盖用其长也。人每不自量，举世[30]怨梁武帝父子爱小人而疏士大夫，此亦眼不能见其睫[31]耳。

梁世士大夫，皆尚褒[32]衣博带，大冠高履，出则车舆，入则扶侍，郊郭之内，无乘马者。周弘正为宣城王所爱，给一果下马，常服御之[33]，举朝以为放达。至乃尚书郎乘马，则纠劾[34]之。及侯景之乱[35]，肤脆骨柔，不堪行步，体羸[36]气弱，不耐寒暑，坐死仓猝[37]者，往往而然。建康令王复性既儒雅，未尝乘骑，见马嘶喷陆梁，莫不震慑，乃谓人曰“正是虎，何故名为马乎？”其风俗至此。

古人欲知稼穑之艰难，斯盖贵谷务本之道也。夫食为民天[38]，民非食不生矣。三日不粒，父子不能相存[39]。耕种之，鉏获之[40]，刈获之，载积之，打拂之，簸扬之，凡几涉手，而入仓廪，安可轻农事而贵末业[41]哉？江南朝士，因晋中兴，南渡江，本为羁旅[42]，至今八九世，未有力田，悉资俸禄而食耳[43]。

假令有者，皆信[14]僮仆为之，未尝目观起一坺[15]土，耘一株苗；不知几月当下，几月当收，安识世间余务乎？故治官则不了[16]，营家则不办，皆优闲之过也。

作者简介：

颜之推（529？—591）字介，祖籍琅玡（今山东临沂）人。生逢乱世，宦海浮沉，学无不通，为当时著名学者。著有《颜氏家训》《颜黄门集》。《颜氏家训》写成于隋初。其写作的初衷是为了教育自己的子孙，但书中内容涉及的知识面很广，且内容丰富，有较高的学术价值。

【注释】

本文选自《颜氏家训·涉务篇》。“涉务”是指涉及实际事务，不高谈阔论，注重务本。文章强调人们应以“应世经务”之才贡献于国家、社会，而不应崇尚空谈、养尊处优。文风朴实平易，亲切自然，与当时浮艳空泛的文风迥然不同。

①物：事、人物。

②大较：大概。

③治体：治国的原则。

④经纶：治国的谋略。博雅：广博、雅正。

⑤习事：这里指熟悉军事。

⑥藩屏之臣：指地方官，其职责是藩屏（卫护）朝廷。

⑦明练：熟悉。

⑧识：认识。变：变化的形势。宜：恰当。

⑨程：标准。

⑩开；开创。略：谋略。

⑪守行：保持操行。

⑫责：要求。具：全。

⑬指趣：同“旨趣”。

⑭品藻：品评。

⑮堪：胜任。

⑯承平：太平。

⑰庙堂：指朝廷。陈：通“阵”

⑱肆：盘踞。

⑲应世经务：应付世态，处理事务。

⑳晋朝南渡：指西晋灭亡后，于公元317年司马睿在江南建立东晋。

㉑优：优厚；借：奖励；冠带：指士大夫。

㉒擢：提拔。令：尚书令、中书令。仆：仆射。

㉓已：通“以”。

㉔典：掌管。

㉕迂诞：指言语不合情理。

㉖捶：用木棍打。楚：用荆条打。惜行：不忍、不愿施加。

㉗护：掩饰。

㉘台阁：指中央机构。令史：指在枢府供职的属吏。主书：管理文书的官。监帅：一种名位卑微的官。诸王：指藩王。签：签帅，诸王的顾问官。省：省事，也是一种卑微的官。

㉙吏用：官吏的职责。济办时须：做好当时应该做的事情。肃督：严厉监督。多见委使；多被委任。

㉚举世：整个世界。

㉛眼不能见其睫：比喻昧于己见，没有自知之明。

㉜褒：宽大。

㉝周弘正：齐梁之际的清谈家；宣城王：梁简文帝之子，封宣城郡王。果下马：一种矮小的马，能乘之行于果树下。服御：骑。

㉞纠劾：监察、揭发。

㉟侯景之乱：侯景原是北朝武人，后降梁朝。梁武帝太清二年，侯景叛乱，攻破梁朝都城建康，梁武帝被困台城饿死。

㊱羸：瘦。

㊲仓猝：仓促。

㊳食为民天：语出《汉书·郦食其传》，“王者以民为天，而民以食为天。”天为最高象征。

㊴不粒：不吃粮食。相存：相互保全对方。

㊵茠（hāo）：除草。鉏：同“锄”。

㊶末业：指商贾一类的事。

㊷羁旅：寄居。

㊸力田：致力于耕作。资：依靠。

㊹信：任凭。

㊺坺（bō）：一垅。

㊻不了：办不了。

思考与练习题：

1. 本文中作者以南朝豪门贵族养尊处优，不涉世务，以及侯景之乱为例，对证明自己的观点有何作用？

2. 谈谈文中“记”与“论”的关系。

3. 将第一自然段翻译成现代汉语。

世说新语三则

刘义庆

过江诸人

过江诸人①，每至美日，辄相邀新亭②，藉卉③饮宴。周侯④中座而叹曰："风景不殊⑤，正自有山河之异⑥！"皆相视流泪。唯王丞相愀然变色曰⑦："当共戮力⑧王室，克复神州⑨，何至作楚囚⑩相对！"

作者简介：

刘义庆（403—444），南北朝时宋朝彭城（今江苏徐州）人，宋武帝刘裕的侄子，袭封临川王。刘义庆性简素，爱好文学。著作有《世说新语》《幽明录》，均为我国小说发轫时期的重要作品。

【注释】

《世说新语》，不仅是"志人"小说的代表作，而且是"魏晋风度"的主要载体，对其后世士大夫文化有很大影响。文笔简洁传神。此三则，其一重在记言语。寥寥百余字，场景、气氛、人物表情跃然纸上。其二三重在记事述人，反映豪门贵族的奢侈骄纵、毫无人性。文字省净生动，意味丰富深长，广为流传。

①过江诸人：西晋、东晋之际，北方的部分士族官吏南渡，与南方的士族合作建立新的政权，过江诸人即是指这部分南渡士族。

②新亭：故址在今江苏省南京南，三国时吴所建。

③藉卉：坐在草地上。卉：草。

④周侯：周顗（yǐ），字伯仁，汝南安城（今属河南）人，官至尚书左仆射，后在王敦之乱中被害。

⑤不殊：没有不同。

⑥山河之异：山河不同于故乡。

⑦王丞相：王导，字茂弘，临沂（今山东临沂）人，东晋元帝时为相。愀

(qiǎo) 然：严肃不快的样子。

⑧戮力：尽力。

⑨神州：此指沦于异族之手的中原地区。

⑩楚囚：春秋时楚人钟仪为晋所俘，晋人称他为楚囚。后世用泛指囚徒，或处于困境中的人。

石崇与王恺争豪

石崇与王恺争豪[①]，并穷绮丽以饰舆服[②]。武帝，恺之甥也，每[③]助恺。尝以一珊瑚树高二尺许赐恺，枝柯扶疏[④]，世罕其比。恺以示崇，崇视讫[⑤]，以铁如意[⑥]击之，应手而碎。恺既惋惜，又以为疾[⑦]己之宝，声色甚厉。崇曰："不足恨[⑧]，今还卿。"乃命左右悉取珊瑚树，有三尺、四尺，条干绝世，光彩溢目者六七枚[⑨]，如恺许比甚众[⑩]。恺惘然自失[⑪]。

【注释】

①石崇：字季伦，历任刺史、卫尉等重要官职，是当时富豪，后为赵王伦所杀。王恺：字君夫，父名肃。姊嫁司马昭，生司马炎（即晋武帝）。官至骁骑将军、散骑常侍。争豪：比赛富有。

②并穷绮丽以饰舆服：双方都尽力用最华丽的东西来装饰车辆衣冠。穷：极，尽。舆服：车辆和衣冠。

③每：每每，常常。

④枝柯扶疏：枝叶茂盛分披的样子。柯：树枝。

⑤视讫：看过后。讫（qì）：终了，完毕。

⑥如意：器物名，用玉、石、骨、竹、木或金属制成，供指划或玩赏用。

⑦疾：通"嫉"，妒忌。

⑧不足恨：不值得懊恨。

⑨条干绝世：枝条美好，世间绝无仅有。光彩：明亮而华丽。溢目：耀眼。

⑩如恺许比甚众：像王恺这样同等的珊瑚树很多。

⑪惘然自失：心中怅然若有所失的样子。

石崇要客燕集

石崇每要[①]客燕[②]集，常令美人行酒[③]；客饮酒不尽者，使黄门交[④]斩美人。王丞相与大将军[⑤]尝共诣[⑥]崇，丞相素不能饮，辄自勉强，至于沉醉。每至大将军，固[⑦]不饮，以观其变，已斩三人，颜色[⑧]如故，尚不肯饮。丞相让[⑨]之，大将军曰："自杀伊家人，何预卿事！"

【注释】

①石崇：字季论，西晋贵族，以素奢著名。要：同"邀"约请。

②燕：同"宴"饮酒，宴会。

③行酒：斟酒劝客。

④黄门交：即黄门校侍者之称。

⑤大将军：姓王，名敦，字处仲，元帝时为征南大将军。

⑥诣（yì）：到。

⑦固：坚持。

⑧颜色：脸色。

⑨让：责备。

思考与练习题：

1. "新亭对泣"这个成语的意义是什么？
2. 试析《石崇与王恺争豪》中的铺垫、对比手法。
3. 以这三篇笔记小说为例，试谈《世说新语》"简洁而传神"的特点。

李寄斩蛇

干　宝

东越闽中有庸岭[①]，高数十里。其西北隰中，有大蛇，长七八丈，大十余围。土俗常惧。东冶都尉及属城长吏，多有死者。祭以牛羊，故不得祸。或与人梦，或下谕巫祝，欲得啖童女年十二三者。都尉、令、长，并共患之。然气厉[②]不息。共请求人家生婢子[③]，兼有罪家女养之。至八月朝[④]祭，送蛇穴口，蛇出吞啮之。累年如此，已用九女。

尔时预复募索[⑤]，未得其女。将乐县李诞，家有六女，无男。其小女名寄，应募欲行。父母不听。寄曰："父母无相，惟生六女，无有一男，虽有如无。女无缇萦[⑥]济父母之功，既不能供养，徒费衣食，生无所益，不如早死。卖寄之身，可得少钱，以供父母，岂不善耶!"父母慈怜，终不听去。寄自潜行，不可禁止。

寄乃告请好剑及咋[⑦]蛇犬。至八月朝，便诣庙中坐，怀剑将犬。先将数石米糍，用蜜麨灌之[⑧]，以置穴口。蛇便出，头大如囷[⑨]，目如二尺镜，闻糍香气，先啖食之。寄便放犬，犬就啮咋，寄从后斫得数创。疮痛急，蛇因踊出，至庭而死。寄入视穴，得九女髑髅，悉举出，咤言曰："汝曹怯弱，为蛇所食，甚可哀愍。[⑩]"，于是寄乃缓步而归。

越王闻之，聘寄女为后，拜其父为将乐令，母及姊皆有赏赐。自是东冶无复妖邪之物，其歌谣至今存焉。

作者简介：

干宝（？—336)，字令升，新蔡（今属河南新蔡县）人。东晋的史学家、文学家、志怪小说的创始人。年轻时以才学出名，召为著作郎。平杜弢叛乱有功，赐爵关内侯。晋元帝时，领国史。著述极富。集古今怪异之事写了《搜神记》，时人因此称干宝为"鬼之董狐"。《搜神记》原为三十卷，后散佚，明人胡应麟辑二十卷。通行本有今人汪绍楹校注《搜神记》二十卷。

【注释】

选自《搜神记》。小说通过主人公大胆应募，计杀大蛇的故事，塑造了不信鬼邪、智勇双全的小女孩李寄的形象。文中的环境渲染、氛围的制造、悬念的设置都对李寄的形象刻画起到了良好的作用。是我国小说发展初级阶段的优秀作品。

①东越：西汉小国，为越王勾践之后，在今浙江东南及福建一带。闽中：郡名，治所在东冶（今福州市）为东越国辖境。庸岭，又名乌岭，在今福建省郡武县西北。

②气厉：指疾疠灾疫。厉，同“疠”。

③家生婢子：家中奴婢所生之女。

④朝：每月的初一。

⑤尔时：此时；预复募索：又提前寻求（女孩）。

⑥缇（tí）萦：人名。姓淳于，汉临淄人。其父仅五女无男，获罪下狱，当受肉刑，她随父至长安，上书自愿入宫为婢，以赎父罪。汉文帝怜之，诏除肉刑，其父得免。

⑦咋（zé）：咬。

⑧糍：用糯米蒸制的食品。麨（chǎo）：炒麦磨成的粉。

⑨囷（jūn）：圆形的谷仓。

⑩咤言：悲哀地说。咤：哀叹；愍：同“悯”。

思考与练习题：

1. 鲁迅把唐以前的小说称为“古小说”。所谓古小说，即不够成熟的小说。请以本篇小说为例，谈谈“古小说”与以后的小说在小说形态上的差异。

2. 试分析这篇小说蕴含的人文意义。

3. 小说是怎样刻画李寄形象的？

水经注·孟门山

郦道元

河水南径北屈县①故城西，西四十里有风山②，上有穴如轮，风气萧瑟，习常不止。当其冲飘也，略无生草，盖常不定，众风之门故也。风山西四十里，河南孟门山③，与龙门山④相对。《山海经》曰："孟门之山，其上多金玉，其下多黄垩、涅石⑤。"《淮南子》曰："龙门未辟，吕梁⑥未凿，河出孟门之上，大溢逆流，无有丘陵，高阜灭之，名曰洪水。大禹疏通，谓之孟门。"故《穆天子传》曰："北登孟门，九河之隥⑦。"孟门，即龙门之上口也。实为河之巨阸⑧，兼孟门津⑨之名矣。

此石经始⑩禹凿，河中漱广⑪，夹岸崇深，倾崖返捍⑫，巨石临危，若坠复倚⑬。古之人有言："水非石凿，而能入石。"信哉！其中水流交冲，素气⑭云浮，往来遥观者，常若雾露沾人，窥深悸魄⑮。其水尚崩浪万寻⑯，悬流千丈，浑洪赑怒⑰，鼓若山腾⑱，浚波颓叠⑲，迄于下口。方知慎子⑳下龙门，流浮竹，非驷马之追也。

作者简介：

郦道元（？—527），字善长，范阳涿鹿（今河北涿州市）人，北魏地理学家、文学家。著有《水经注》四十卷，《本志》十三卷。郦道元少年时，曾随父宦游山东，成年后，好学不倦，博览奇书。无论做官还是做学问，皆态度谨严。

【注释】

《水经注》不仅是研究我国古代地理、历史、文化的重要文献，也是一部很有文学价值的著作。不少篇章文笔优美传神，语言简洁清丽，实为不错的游记体散文。本篇描写了黄河经过孟门山地段的壮观景象。

①北屈县：在今山西省吉县北。

②风山：在今山西省吉县西北。

③孟门山：在今山西省吉县西北。

④龙门山：在今山西省河津市北。

⑤黄垩（è）：黄色石灰质的土壤。涅石：一种黑色石。

⑥吕梁：吕梁山，在今山西省西部地区，南与龙门山相接。

⑦隥：同“磴”，险峻的山坡。

⑧阸：阻塞的地势。

⑨孟门津：在今陕西省宜川县东南。

⑩经始：开始。

⑪漱：冲击；广：开阔。

⑫返：回冲。捍：摇动。

⑬倚：依靠。

⑭素气：白气。

⑮窥：看。深：深处。魄：心魂。悸：惊动。

⑯寻：古代八尺为一寻。

⑰浑洪：水势浩大。赑（bì）怒：发怒。

⑱鼓：鼓荡。山腾：象山腾起。

⑲浚（jùn）波：深大的波涛。颓叠：水势平缓。

⑳慎子：慎到，战国时人，著有《慎子》一书。

思考与练习题：

1. 文中第一自然段先引《山海经》，再引《淮南子》，后又引《穆天子传》，所引内容在文中起何作用？

2. 请勾出文中描写黄河水势的句子，并翻译成现代汉语。

唐宋文学

春江花月夜[1]

张若虚

春江潮水连海平，海上明月共潮生。
滟滟[2]随波千万里，何处春江无月明。
江流宛转绕芳甸[3]，月照花林皆似霰[4]。
空里流霜[5]不觉飞，汀[6]上白沙看不见。
江天一色无纤尘，皎皎空中孤月轮。
江畔何人初见月？江月何年初照人？
人生代代无穷已，江月年年只相似。
不知江月待何人，但[7]见长江送流水。
白云一片去悠悠，青枫浦上不胜[8]愁。
谁家今夜扁舟子[9]？何处相思明月楼？
可怜楼上月徘徊，应照离人妆镜台。
玉户[10]帘中卷不去，捣衣砧上拂还来。
此时相望不相闻，愿逐月华流照君[11]。
鸿雁长飞光不度[12]，鱼龙潜跃水成文[13]。
昨夜闲潭[14]梦落花，可怜[15]春半不还家。
江水流春去欲尽，江潭落月复西斜。
斜月沉沉藏海雾，碣石潇湘无限路[16]。
不知乘月几人归，落月摇情满江树。

作者简介：

张若虚，生卒年不详。扬州（今属江苏）人。汉族。初唐诗人。曾任兖州兵曹。以文辞俊秀驰名京都，与贺知章、张旭、包融并称“吴中四士”。诗作仅存二首于《全唐诗》中。其中《春江花月夜》是一篇脍炙人口的名作。该诗抒写真挚动人的离情别绪及富有哲理意味的人生感慨，语言清新优美，韵律宛转悠扬，给人以澄澈空明、清丽自然的感觉。

【注释】

①《春江花月夜》为乐府旧题，属《清商曲辞·吴声歌曲》，据传为南朝后主陈叔宝所创。张若虚借此旧题创造出了新意境。

②滟滟：波光闪烁的样子。

③芳甸：花草遍地的原野。

④ 霰（xiàn）：小冰珠，俗称雪子。

⑤流霜：飞霜。此处形容月色如霜，飞泻而下。

⑥汀：水边的滩地。

⑦但：只，仅。

⑧不胜：经不起，受不了。

⑨ 扁舟子：飘荡江湖的客子。扁舟：小舟。

⑩ 玉户：闺房。

⑪ 逐：跟随。月华：月光。

⑫ 鸿雁：大雁。古人有鸿雁传书的说法，见《汉书·苏武传》，此指信使。长飞：远飞。光不度：无法逾越月光。度：通“渡”。

⑬ 鱼龙：此指鲤鱼，代指书信。古人有鲤鱼传书的说法，见《汉乐府·饮马长城窟行》。文：通“纹”，波纹。此句指音讯难通。

⑭ 闲潭：清寂安静的水潭。

⑮ 可怜：可惜。

⑯ 碣石：山名，在今河北省昌黎县北渤海边上，现已沉没。潇湘：水名。潇水在湖南零陵县汇入湘江称潇湘。这里碣石、潇湘泛指天南地北。

思考与练习题：

1. 诗中有对人生短暂的感叹与惋惜，有人说这首诗的基调是“哀而不伤”，对此你有何看法？

2. 作者怎样把情感的抒发和景物的描写完美地融合在一起？试分析该诗意境创造的特点。

3. 诗人是怎样将诗中的景物统一在月光上的？试作分析。

临洞庭赠张丞相①

孟浩然

八月湖水平，涵虚混太清②。
气蒸云梦泽③，波撼岳阳城。
欲济④无舟楫，端居⑤耻圣明。
坐观垂钓者，徒有羡鱼情⑥。

作者简介：

孟浩然（689—740），襄州襄阳（今湖北襄樊）人，世称孟襄阳。汉族。唐代诗人。早年有志用世，但终不为朝廷所用，以隐士终身。其诗歌绝大部分为五言，多写山水田园和隐逸、行旅等内容。和王维并称王孟，是开盛唐田园山水诗派之先声者。其诗不事雕饰，清淡简朴。有《孟浩然集》四卷。

【注释】

①孟浩然南游洞庭时，面对波澜壮阔的湖水，激起自己用世的壮志，遂写了此诗给张九龄，是一首充满比兴意味的求荐诗。全诗气象恢宏，比兴巧妙。张丞相：指张九龄。

②涵虚：包含天空，指天倒映在水中。混太清：与天混成一体。

③云梦泽：古时云泽和梦泽指湖北南部，湖南北部一代低洼地区。

④济：渡。

⑤端居：安居。

⑥羡鱼情：《淮南子·说林训》："临河而羡鱼，不如归家织网。"这里用垂钓者比喻执政者，用羡鱼情比喻自己出仕的愿望。

思考与练习题：

1. 这是一首"干禄"诗。所谓"干禄"，即是向达官贵人呈献诗文，以求引荐录用。有人评论这首诗"以望洞庭托意，不露干乞之痕"，试分析这首诗里所体现出来的作者的态度。

2. “气蒸云梦泽，波撼岳阳城”一联反映出作者怎样的情怀？

3. 背诵此诗。

江上吟①

李　白

木兰之枻沙棠舟②，玉箫金管③坐两头。
美酒樽中置千斛④，载妓随波任去留。
仙人有待乘黄鹤⑤，海客⑥无心随白鸥。
屈平⑦辞赋悬日月，楚王台榭⑧空山丘。
兴酣落笔摇五岳⑨，诗成笑傲凌沧洲⑩。
功名富贵若长在，汉水亦应西北流⑪。

作者简介：

李白（701—762），字太白，号青莲居士，唐代杰出的浪漫主义诗人。生于碎叶城（今吉尔吉斯斯坦境内）。幼时随父迁居绵州彰明（今四川江油）。李白既是天才的诗人，又兼有游侠、刺客、隐士、道人、策士的气质。其诗善于汲取民歌、神话素材，构成瑰丽绚烂的独特色彩。诗风雄奇豪放，想象丰富，语言流畅自然，音律和谐多变，是盛唐社会现实和精神生活面貌的艺术写照。今存诗九百余首，有《李太白集》。

【注释】：

①江上吟：李白自创之歌行体。江，指汉江。此诗宋本、王本题下俱注云：一作“江上游”。

②木兰：即辛夷，香木名。枻（yì）：同“楫”，即船桨。《九歌·湘君》：“桂棹兮兰枻。”沙棠：木名。南朝梁任昉《述异记》：“汉成帝与赵飞燕游太液池，以沙棠木为舟。其木出昆仑山，人食其实，入水不溺。”木兰枻、沙棠舟，此处用以形容船、桨之名贵。

③玉箫金管：用金玉装饰的箫笛。此处指吹箫笛等乐器的歌妓。

④樽：盛酒的器具。置：盛放。斛（hú）：古时十斗为一斛。千斛，形容船中置酒极多。

⑤乘黄鹤：用黄鹤楼的神话传说。黄鹤楼故址在今湖北省武汉市武昌西黄

鹤山上，下临江汉。旧传仙人王子安曾驾黄鹤过此，因而得名。一说是费文祎乘黄鹤登仙，曾在此休息，故名。

⑥海客：海边的人。《列子·黄帝篇》："海上之人有好沤鸟者，每旦之海上，沤鸟之至者百住而不止。其父曰：'吾闻沤鸟皆从汝游，汝取来，吾玩之。'明日之海上，沤鸟舞而不下也。"

⑦屈平：屈原名平，战国末期楚国诗人，著有《离骚》《天问》等。《史记·屈原贾生列传》评价《离骚》："自疏濯淖污泥之中，蝉蜕于浊秽，以浮游尘埃之外，不获世之滋垢，皭然泥而不滓者也。推此志也，虽与日月争光可也。"

⑧榭：台上建有房屋叫榭。台：泛指楼台亭阁。楚灵王有章华台，楚庄王有钓台，均以豪奢著名。

⑨兴酣：诗兴浓烈。五岳：指东岳泰山，西岳华山，南岳衡山，北岳恒山，中岳嵩山。此处泛指山岳。

⑩凌：凌驾，高出。沧洲：江海。

⑪汉水：发源于陕西省宁强县，东南流经湖北襄阳，至汉口汇入长江。汉水西北倒流，此用以比喻不可能之事。

思考与练习题：

1. 这首诗反映了作者怎样的思想感情？

2. 分析这首诗在遣词用句上独具匠心之处。

3. 此诗多处运用典故，这在作者的感情抒发中起到了怎样的作用，试作分析。

燕歌行①

高　适

汉家烟尘在东北②，汉将辞家破残贼③。
男儿本自重横行④，天子非常赐颜色⑤。
摐金伐鼓下榆关⑥，旌旗逶迤⑦碣石间。
校尉羽书飞瀚海⑧，单于猎火照狼山⑨。
山川萧条极边土，胡骑凭陵杂风雨⑩。
战士军前半死生，美人帐下犹歌舞。
大漠穷秋塞草腓⑪，孤城落日斗兵稀。
身当恩遇恒轻敌⑫，力尽关山未解围。
铁衣⑬远戍辛勤久，玉箸⑭应啼别离后，
少妇城南欲断肠，征人蓟北⑮空回首。
边庭飘飖⑯那可度，绝域⑰苍茫更何有？
杀气三时作阵云⑱，寒声一夜传刁斗⑲。
相看白刃血纷纷，死节⑳从来岂顾勋？
君不见沙场征战苦，至今仍忆李将军㉑。

作者简介：

高适（约702—765），字达夫，渤海（今河北景县）人。唐代著名边塞诗人。少孤贫，早期仕途不得意。安史之乱起，随哥舒翰守潼关。后官至散骑常侍，进封渤海县侯。世称高常侍。其诗以写军旅生活最具特色，粗犷豪放，遒劲有力，是唐代边塞诗派的代表之一，与岑参齐名，并称“高岑”。有《高常侍集》十卷。

【注释】

①燕歌行：乐府相和歌平调曲旧题，多咏东北征戍之情。本诗有序云：“开元二十六年（738），客有从御史大夫张公出塞而还者，作《燕歌行》以示适，感征戍之事，因而和焉。”（《全唐诗》）

② 汉家烟尘在东北：汉：代指唐。烟：即烽火，战火。开元十八年契丹可突干杀其国王李绍固，胁迫奚族叛唐降突厥，此后与唐战争连年。

③ 残贼：指叛奚余部。

④ 横行：纵横驰骋疆场。

⑤ 颜色：脸面，此指恩荣。

⑥ 摐（chuāng）：撞击。金：钲，一种铜制军乐器。伐：击。榆关：山海关。

⑦逶迤：连绵不断。

⑧ 校尉：武职名。羽书：插有鸟羽的军用紧急文书。瀚海：沙漠，此处指与敌交战的边塞之地。

⑨ 单于：指敌酋。猎火：古游牧民族战前举行大规模的校猎，等同军事演习。

⑩ 骑：一人一马，凭陵：冲击。

⑪ 穷秋：深秋。腓：病黄、枯萎。

⑫ 恩遇：天子的恩顾。恒：常。

⑬ 铁衣：铁甲。

⑭ 玉箸：玉制的筷子，喻指思妇的眼泪。

⑮ 蓟北：今河北蓟州以北地区，借指征人所在处而非确指。

⑯ 飘飖：飘渺辽远。

⑰ 绝域：极远的边陲之地。

⑱ 三时：整日。一说指春、夏、秋三季。阵云：密布的战云。

⑲ 刁斗：军中所用的铜镬，夜间作报更器用。

⑳ 死节：为国事而死。节：节义。

㉑ 李将军：汉将李广守右北平，匈奴称之为“汉之飞将军”，数年不敢入扰。李广爱惜将士，平时宽缓不苛，赏赐与士卒分享。

思考与练习题：

1. 诗中写景的作用是什么？
2. 分析诗中对比手法的运用及其作用。
3. 该诗作为唐代边塞诗的代表，其艺术上有何特征？

登岳阳楼①

杜　甫

昔闻洞庭水，今上岳阳楼。
吴楚东南坼②，乾坤日夜浮③。
亲朋无一字④，老病有孤舟。
戎马关山北⑤，凭轩⑥涕泗流。

作者简介：

杜甫（712—770），字子美，唐代杰出的现实主义诗人。原籍湖北襄阳，生于河南巩县。曾任检校工部员外郎。后世称为杜拾遗、杜工部。杜甫和李白齐名，世称“李杜”。其诗真实深刻地反映了安史之乱前后唐代社会政治时事和广阔的生活画面，被称为一代“诗史”。诗歌风格沉郁顿挫，语言锤炼精纯，篇章结构富于变化，诗歌兼备众体，艺术手法多样，是唐诗思想艺术的集大成者。今存诗一千四百多首，有《杜工部集》。

【注释】

①这首诗是杜甫晚年漂泊到岳阳时所写，全诗通过对眼前气魄宏伟的洞庭湖秋景的描写，抒发了诗人年迈多病、感时伤世和寄寓异乡的悲凉。岳阳楼，即岳阳城西门楼。

②坼（chè）：分裂，这里引申为划分。

③乾坤日夜浮：日月星辰和大地昼夜都飘浮在洞庭湖上。《水经注》卷三十八：“湖水广圆五百余里，日月若出没于其中。”

④无一字：音讯全无。字，指书信。

⑤戎马关山北：北方边关战事又起。这年八月，吐蕃以十万人进攻灵武（今宁夏中卫以北），以两万人进攻邠州（今陕西旬邑西）。戎马，借指战争。关山：泛指关隘山川。

⑥轩：楼殿前檐下有栏杆的平台。

思考与练习题：

1. 这首诗在艺术表现上有哪些特点？

2. 这首诗可以分为几层？分别写什么？

3. 将该诗与孟浩然《临洞庭赠张丞相》一诗比较，谈谈两诗在用词造境上的异同。

4. 杜甫的诗以格律严谨著称，试以该诗为例分析其格律特点。

送李愿归盘谷序

韩　愈

太行之阳[①]有盘谷。盘谷之间，泉甘[②]而土肥，草木丛茂，居民鲜少[③]。或曰："谓其环两山之间，故曰盘。"或曰："是[④]谷也，宅幽[⑤]而势阻[⑥]，隐者之所盘旋[⑦]。"友人李愿居之。

愿之言曰："人之称大丈夫者，我知之矣。利泽[⑧]施于人，名声昭于时。坐于庙朝[⑨]，进退[⑩]百官，而佐[⑪]天子出令。其在外，则树旗旄[⑫]，罗[⑬]弓矢，武夫前呵[⑭]，从者塞途[⑮]。供给之人[⑯]，各执其物，夹道而疾驰。喜有赏，怒有刑。才畯[⑰]满前，道古今[⑱]而誉盛德[⑲]，入耳而不烦。曲眉丰颊[⑳]，清声而便体[㉑]，秀外而惠中[㉒]，飘轻裾[㉓]，翳[㉔]长袖，粉白黛绿[㉕]者，列屋而闲居[㉖]，妒宠[㉗]而负恃[㉘]，争妍[㉙]而取怜[㉚]。大丈夫之遇知[㉛]于天子，用力于当世者之为也。吾非恶此而逃之，是有命焉，不可幸而致[㉜]也。

"穷居而野处[㉝]，升高而望远，坐茂树以终日，濯清泉[㉞]以自洁。采于山，美可茹；钓于水，鲜可食。起居无时，惟适之安[㉟]。与其有誉于前[㊱]，孰若无毁于其后[㊲]？与其有乐于身，孰若无忧于其心。车服不维[㊳]，刀锯不加[㊴]，理乱不知，黜陟[㊵]不闻。大丈夫不遇于时者之所为也，我则行之。伺候于公卿之门，奔走于形势之途，足将进而趑趄，口将言而嗫嚅，处污秽而不羞，触刑辟而诛戮，侥幸于万一，老死而后止者，其于为人，贤不肖何如也？"

昌黎韩愈，闻其言而壮之，与之酒而为之歌曰："盘之中，维子之宫[㊶]；盘之土，维子之稼[㊷]；盘之泉，可濯可沿；盘之阻，谁争子所[㊸]？窈而深[㊹]，廓其有容[㊺]；缭而曲[㊻]，如往而复[㊼]。嗟盘之乐兮，乐且无央[㊽]！虎豹远迹[㊾]兮，蛟龙遁藏[㊿]；鬼神守护兮，呵禁[51]不祥；饮且食兮寿而康，无不足兮奚所望[52]？膏吾车[53]兮秣吾马[54]，从子于盘兮，终吾生以徜徉。"

作者简介：

韩愈（768—824），字退之，河南河阳（今河南孟州市）人。唐代著名文学家。二十五岁中进士，官至吏部侍郎。韩愈推尊儒学，排斥佛老，以继承儒家道统并使之发扬光大为己任。在文学上，韩愈是唐代古文运动的倡导者，主张在先秦两汉古文的基础上加以创新和发展，要求建立一种内容丰，语言新，文气畅的散体古文，意义深远。其诗歌和散文创作都自成一家，对宋诗的发展影响很大。

【注释】

本文选自《昌黎先生集》。李愿，中唐隐者，号盘谷子，生平不详。盘谷，在河南济源县城北二十里。写此序文时，韩愈34岁，到京城谋职。自中进士以来，韩愈一直为仕途奔波近十年，始终不得重用，心情抑郁。因此，借送友人李愿归隐之机，写下此序，一泻胸中不快。

①太行之阳：太行山的南边。

②泉甘：泉水甜美。

③鲜少：稀少。

④是：这个。

⑤宅幽：处在幽深偏僻的地方。宅，位于、处。

⑥势阻：地势险阻。

⑦盘旋：盘桓，流连。

⑧利泽：利益恩泽。

⑨坐于庙朝：指在朝廷做官。庙，宗庙。朝，朝廷。

⑩进退：升降，任免。

⑪ 佐：辅助。

⑫ 树旗旄：树起饰有旄牛尾的旗帜。这是高官出行的仪仗。

⑬ 罗：罗列。

⑭ 武夫前呵：勇士在前面吆喝开路。

⑮ 从者塞途：跟随的侍从塞满道路。

⑯ 供给之人：指供差遣的人。

⑰ 才畯（jùn）：有才能的人士，指幕僚。畯，通“俊”。

⑱ 道古今：说古论今。

⑲ 誉盛德：颂扬大德。

⑳ 曲眉丰颊：弯弯的眉毛，丰满的面颊。

㉑ 清声而便（pián）体：清脆甜美的声音，轻盈姣好的体态。

㉒ 秀外而惠中：外貌秀丽，内心聪慧。惠，通“慧”。

㉓ 裾（jū）：衣襟。

㉔ 翳（yì）长袖：用长袖遮蔽着身体，形容舞蹈时长袖掩映的姿态。翳，遮蔽。

㉕ 粉白黛绿：脸搽着白粉，眉毛画成青绿色。黛，古代妇女画眉用的青黑色的颜料。

㉖ 列屋而闲居：在一排排房间里悠闲无事。

㉗ 妒宠：忌妒别人得宠。

㉘ 负恃：仗着（自己的美貌）。负：自负。恃：倚仗。

㉙ 争妍：比美。妍，美丽。

㉚ 取怜：争取怜爱。

㉛ 遇知：被赏识重用。

㉜ 幸而致：侥幸得到。

㉝ 穷居而野处：住在偏僻穷困的山野之地。

㉞ 濯清泉：用清泉洗涤。

㉟ 起居无时，惟适之安：作息不受时间限制，只求安适。

㊱ 有誉于前：当面受到称赞。

㊲ 无毁于其后：背后不受毁谤。

㊳ 车服不维：不受官职的约束。古代因官职的高低，车的装饰有所不同。这里用车服代指官职。服，装饰。维，维系、约束。

㊴ 刀锯不加：刑罚落不到身上。刀锯，刑具，这里泛指刑戮。

㊵ 黜陟（zhì）：指官位的升降。黜：降。陟：升。

㊶ 维子之宫：是你的房屋。维：是。宫，房屋。

㊷ 稼：种谷物。

㊸ 盘之阻，谁争子所：盘谷阻塞，谁来争夺你的住所？

㊹ 窈而深：幽静而深广。窈：幽深。

㊺ 廓其有容：空阔而包容广大。其：句中助词。

㊻ 缭而曲：环绕而曲折。缭：缭绕、回环。

㊼ 如往而复：好像往前走，却不知不觉地返回原地。

㊽ 无央：无穷无尽。一作“殃”。无殃：没有灾祸。

㊾ 远迹：远：形容词用为动词，跑到远方，不见踪迹。

㊿ 遁藏：逃避躲藏。

51 呵禁：呵斥禁止。

52 奚所望：还有什么向往的？奚：何、什么。

㊸ 膏（gào）吾车：给我的车轴加上油。膏：名词用为动词，把油加在车轴上。

㊹ 秣吾马：喂（饱）我的马。秣，饲料，这里用为动词，意为喂饲料。

思考与练习题：

1. 体会文中“而”的作用。
2. 文章借李愿之口描绘了哪三种人？
3. 作者歌颂隐者有什么积极意义，谈谈你的看法。
4. 归纳该文的主题思想。

种树郭橐驼传

柳宗元

郭橐驼[①]，不知始何名。病偻[②]，隆然伏行[③]，有类橐驼者[④]，故乡人号之[⑤]“驼”。驼闻之曰：“甚善。名我固当[⑥]。”因舍其名，亦自谓“橐驼”云[⑦]。其乡曰丰乐乡，在长安西。驼业种树[⑧]，凡长安豪富人为观游[⑨]及卖果者，皆争迎取养[⑩]。视驼所种树，或移徙，无不活；且硕茂，蚤实以蕃[⑪]。他植者虽窥伺效慕[⑫]，莫能如也。

有问之，对曰：“橐驼非能使木寿且孳[⑬]也，以能顺木之天，以致其性焉尔[⑭]。凡植木之性，其本欲舒，其培欲平，其土欲故，其筑欲密[⑮]。既然已[⑯]，勿动勿虑，去不复顾。其莳也若子，其置也若弃[⑰]，则其天者全，而其性得矣。故吾不害其长[⑱]而已，非有能硕而茂之[⑲]也。不抑耗其实[⑳]而已，非有能蚤而蕃之也。他植者则不然。根拳而土易[㉑]。其培之也，若不过焉则不及[㉒]。苟有能反是者[㉓]，则又爱之太殷[㉔]，忧之太勤。旦视而暮抚，已去而复顾；甚者爪其肤[㉕]以验其生枯，摇其本[㉖]以观其疏密，而木之性日以离矣。虽曰爱之，其实害之；虽曰忧之，其实仇之，故不我若[㉗]也，吾又何能为哉？”

问者曰：“以子之道，移之官理，可乎？[㉘]”驼曰：“我知种树而已，官理非吾业也。然吾居乡，见长人者好烦其令[㉙]，若甚怜焉，而卒以祸[㉚]。”旦暮，吏来而呼曰：“官命促尔耕，勖[㉛]尔植，督尔获，蚤缫而绪[㉜]，蚤织而缕[㉝]，字[㉞]尔幼孩，遂而鸡豚[㉟]。鸣鼓而聚之，击木[㊱]而召之。吾小人辍[㊲]飧饔以劳吏者，且不得暇，又何以蕃吾生而安吾性[㊳]耶？故病且殆[㊵]。若是，则与吾业者其亦有类乎？”

问者曰：“嘻，不亦善夫![㊶]吾问养树，得养人术[㊷]。”传[㊸]其事以为官戒也。

作者简介：

柳宗元（773—819），字子厚，河东（今山西永济市）人。唐代著名的思想家、散文家和诗人。柳宗元推崇儒家思想，主张诸子百家兼容并纳，具有唯物主义的天道观和无神论思想。他积极支持韩愈倡导的古文运动，并以自己的作品树立了新“古文”的威望，世人并称“韩柳”。柳文体裁多样，论说类褒善贬恶，词庄理备；传记类个性鲜明，描写细腻；游记类文笔洗练，清新秀美；寓言类短小警策，耐人寻味。

【注释】

《种树郭橐驼传》是柳宗元的一篇寓言色彩浓厚的传记体散文，同时也是一篇假托故事阐明道理的政论文。文章以种树为喻，把治理民政的道理讲得生动明了，由“养树”的经验自然引出“养人”的道理，读来亲切自然，颇有哲理。

①橐（tuó）驼：即骆驼。这里是别人给种树人郭某起的外号。

②病偻：有驼背的缺陷。偻，曲背。

③隆然：形容脊背高耸而起的样子。伏行：弯腰而行。

④有类橐驼者：有点像骆驼的样子。

⑤号之：给他起个绰号。

⑥名我固当：叫我这个名字很恰当。

⑦云：语末助词，无义。

⑧业种树：以种树为业。业：动词，从事。

⑨为观游：种植花木以供玩赏。

⑩争迎取养：大家争相雇佣（郭橐驼），取养，雇佣。

⑪“视驼”二句：看郭橐驼所种植或所移栽的树木。移徙：指移植。硕茂：指树身大而壮，枝叶茂盛。蚤实以蕃：结果早，结得多。蚤，同“早”。以：而。

⑫他植者：其他种树的人。窥伺效慕：观察仿效。

⑬寿且孳（zī）：活得长，繁殖快。

⑭“能顺”句，能够顺应树木本身发育的规律，使它生长罢了。天，指天性。致其性，使其尽性发展。

⑮凡植”五句：一般来说，人工种植的树木的要求是：树根要伸展，培土要平，要用旧土，填土要坚实。筑：指在树根处填土，使之坚实。

⑯既然已：这样种完之后。

⑰“其莳（shì）”二句：大意是，种的时候，小心翼翼像对待幼儿；种完了就放下不管，好像遗弃掉一样。莳，原指移植，这里泛指种植。

⑱不害其长：不妨害它生长。

⑲非有能硕而茂之：并没有什么特殊的办法使它长得高大而繁茂。硕、茂：在这里用作使动词。

⑳抑耗其实：遏止，减少它结果。

㉑根拳：树根拳曲。土易：更换新土。

㉒“其培”三句：培土不是太多，就是不够。

㉓“苟有”句：即使有不这样做的人。

㉔殷：深厚。

㉕爪其肤：用指甲划破树皮。爪：用作动词。

㉖本：指树干。

㉗不我若：不如我。

㉘“以子”三句：把你所说种树的道理，转而用到做官治民上去，可以吗？

㉙好烦其令；喜欢多发号令。

㉚“若甚”二句：好像很爱护百姓，可是结果却给百姓带来灾难。卒，终于。

㉛勖（xù）：勉励。

㉜绪：丝头。

㉝缕：线。

㉞字：养育。

㉟遂：成功，引申为“养大”，这里用作使动词。豚：小猪，泛指猪。

㊱木：梆子。

㊲辍：停止。

㊳蕃吾生：丰富我们的生活。安吾性：使我们的情绪安定。

㊵病：困乏。怠：疲倦。

㊶不亦善夫：不也很好吗！

㊷养人术：治国理民的方法。

㊸传（zhuàn）：文字记载，这里用作动词。

思考与练习题：

1. “顺木之天以致其性”跟治国理民有何联系？

2. 文中“而”和“之”特别多，但并不显得累赘。把带“而”和“之”的句子勾出来，体会这样用的好处。

3. 作者以对比手法写郭橐驼的种植态度和他植者的种植态度，使“顺木之天以致其性”的道理彰显透彻。试作分析。

4. 解释下列句中带横杠的字词：

(1)“甚善，名我固当”。

(2) 所当者破，所击者服，未尝败北，遂霸有天下。

(3) 若阙地及泉，隧而相见，其谁曰不然。

(4) 若不过焉则不及。

(5) 闻道百，以为莫己若者。

长恨歌[1]

白居易

汉皇[2]重色思倾国，御宇[3]多年求不得。
杨家有女[4]初长成，养在深闺人未识。
天生丽质难自弃，一朝选在君王侧。
回眸一笑百媚生，六宫粉黛[5]无颜色。
春寒赐浴华清池，温泉水滑洗凝脂[6]。
侍儿扶起娇无力，始是新承恩泽时。
云鬓花颜金步摇[7]，芙蓉帐暖度春宵。
春宵苦短日高起，从此君王不早朝。
承欢侍宴无闲暇，春从春游夜专夜。
后宫佳丽三千人，三千宠爱在一身。
金屋[8]妆成娇侍夜，玉楼宴罢醉和春。
姊妹弟兄皆列土[9]，可怜[10]光彩生门户。
遂令天下父母心，不重生男重生女。

骊宫[11]高处入青云，仙乐风飘处处闻。
缓歌慢舞凝丝竹，尽日君王看不足。
渔阳鼙鼓动地来[12]，惊破霓裳羽衣曲。
九重城阙烟尘生，千乘万骑西南行。
翠华[13]摇摇行复止，西出都门百余里。
六军不发无奈何，宛转蛾眉马前死。
花钿委地无人收，翠翘金雀玉搔头[14]。
君王掩面救不得，回看血泪相和流。
黄埃散漫风萧索，云栈萦纡登剑阁[15]。
峨嵋山[16]下少人行，旌旗无光日色薄。
蜀江水碧蜀山青，圣主朝朝暮暮情。
行宫见月伤心色，夜雨闻铃肠断声[17]。

天旋日转回龙驭[18]，到此踌躇不能去。
马嵬坡[19]下泥土中，不见玉颜空死处。
君臣相顾尽沾衣，东望都门信马归。

归来池苑皆依旧，太液芙蓉未央柳[20]。
芙蓉如面柳如眉，对此如何不泪垂！
春风桃李花开日，秋雨梧桐叶落时。
西宫南内多秋草[21]，落叶满阶红不扫。
梨园弟子[22]白发新，椒房阿监青娥老[23]。
夕殿萤飞思悄然，孤灯挑尽[24]未成眠。
迟迟钟鼓初长夜，耿耿星河欲曙天[25]。
鸳鸯瓦冷霜华重[26]，翡翠衾寒谁与共？
悠悠生死别经年，魂魄不曾来入梦。

临邛道士鸿都客[27]，能以精诚致魂魄。
为感君王辗转思，遂教方士殷勤觅。
排空驭气奔如电，升天入地求之遍。
上穷碧落下黄泉[28]，两处茫茫皆不见。
忽闻海上有仙山，山在虚无缥缈间。
楼阁玲珑五云起，其中绰约[29]多仙子。
中有一人字太真，雪肤花貌参差是[30]。
金阙西厢叩玉扃[31]，转教小玉报双成[32]。
闻道汉家天子使，九华帐[33]里梦魂惊。
揽衣推枕起徘徊，珠箔银屏迤逦开[34]。
云髻半偏新睡觉，花冠不整下堂来。
风吹仙袂飘飘举，犹似霓裳羽衣舞。
玉容寂寞泪阑干[35]，梨花一枝春带雨。
含情凝睇[36]谢君王，一别音容两渺茫。
昭阳殿[37]里恩爱绝，蓬莱宫[38]中日月长。
回头下望人寰处，不见长安见尘雾。
唯将旧物表深情，钿合金钗寄将去[39]。
钗留一股合一扇，钗擘[40]黄金合分钿。

但教心似金钿坚，天上人间会相见。
临别殷勤重寄词，词中有誓两心知。
七月七日长生殿[41]，夜半无人私语时。
在天愿作比翼鸟[42]，在地愿为连理枝[43]。
天长地久有时尽，此恨[44]绵绵无绝期。

作者简介：

白居易（772—846），字乐天，太原（今属山西）人。唐代著名诗人。曾任左拾遗、江州司马及忠州、苏州、同州刺史。晚居洛阳，号香山居士。其诗政治倾向鲜明，重视讽喻作用，崇尚坦易晓畅，主张“文章合为时而著，歌诗合为事而作”，强调继承我国古典诗歌的现实主义优良传统，是新乐府运动的倡导者，对后世影响很大。著有《白氏长庆集》，今存诗近三千首。有《白氏长庆集》七十一卷。

【注释】

①白居易于元和元年（806）在盩厔县（今陕西周至）任县尉。他和友人陈鸿、王质夫同游仙游寺，有感于唐玄宗、杨贵妃的故事而创作此诗。作者以精练的语言，优美的形象，叙事和抒情结合的手法，叙述了唐玄宗、杨贵妃的爱情悲剧。

②汉皇：诗人不便说当朝之事，以汉代唐。

③御宇：统治天下。

④杨家有女：杨贵妃是蜀州司户杨玄琰的女儿，小名玉环。开元二十三年，册封为寿王（玄宗的儿子李瑁）妃。二十八年玄宗使她为道士，住太真宫，改名太真。天宝四年册封为贵妃。

⑤粉黛：本是妇女的化妆品，这里用作妇女的代称。

⑥凝脂：形容皮肤白嫩而柔滑。

⑦步摇：古代妇女的一种首饰，插在发髻上，行走时随步摇动，故称“步摇”。

⑧金屋：用汉武帝典故，据汉·班固《汉武故事》载：“胶东王数岁，公主抱置膝上，问曰：‘儿欲得妇否？’长主指左右长御百余人，皆云‘不用’。指其女：‘阿娇好否？’笑对曰：‘好！若得阿娇作妇，当作金屋贮之。’长主大悦，乃苦要上，遂成婚焉。”

⑨姊妹弟兄：指杨氏一家。杨玉环受册封后，她的大姐封为韩国夫人，三姐封为虢国夫人，八姐封为秦国夫人。伯叔兄弟杨銛官鸿胪卿，杨锜官侍御史，杨钊赐名国忠，天宝十一年（752）为右丞相，所以说“皆列土”（分封土地）。

⑩可怜：可爱，可羡。

⑪骊宫：华清宫。

⑫渔阳：天宝元年，河北道的蓟州改称渔阳郡，属平卢、范阳、河东三镇节度使安禄山管辖。鼙鼓：古代军中所用小鼓。

⑬翠华：皇帝仪仗中用翠鸟羽毛装饰的旗子。

⑭翠翘：翠翘、金雀、玉搔头：皆为首饰名。

⑮云栈：高插入云的栈道。萦纡：回环曲折。剑阁：即剑门关，在今四川省剑阁县北。

⑯峨嵋山：在今四川省峨眉县境。唐玄宗入蜀，不曾到过峨眉山，此处泛指四川的高山。

⑰据《明皇杂录》载：“明皇既幸蜀，西南行，初入斜谷，属霖雨涉旬，于栈道雨中闻铃音，隔山相应。上既悼念贵妃，采其声为《雨淋铃曲》以寄恨焉。”

⑱天旋日转：指安史之乱平息。回龙驭：指玄宗由蜀中回到长安。

⑲马嵬坡：在今陕西省兴平市西。杨贵妃之死地。

⑳太液：池名。未央：宫名。两者皆为汉代名称。此处借指唐朝的池苑和宫廷。

㉑西宫：太极宫。南内：天子宫禁称“大内”。此指兴庆宫。唐玄宗退位后即居此处。

㉒梨园弟子：指唐玄宗过去所训练的一批乐工声伎。

㉓椒房：宫殿名称，后妃所居。以椒（花椒）和泥涂壁，取其温暖而芳香。阿监：宫廷中的近侍，唐代六七品女官名。青娥：指年轻貌美的宫女。

㉔孤灯挑尽：古时用灯草点油灯，过一会儿就要把灯草往前挑一挑，让它好燃烧。挑尽：是说夜已深，灯草也将挑尽。

㉕耿耿：明亮。星河：银河。欲曙天：天快要亮的时候。

㉖鸳鸯瓦：屋瓦一俯一仰扣合在一起叫“鸳鸯瓦”。霜华：即霜花。重：指霜厚。

㉗临邛：今四川省邛崃市。鸿都：洛阳北宫门名，此指京城长安。

㉘穷：穷尽。碧落：指天上。黄泉：指地下。

㉙绰约：美好的样子。

㉚参差是：仿佛是。

㉛扃（jiōng）：本指门闩或门环，这里指门扇。

㉜小玉：作者《霓裳羽舞歌》自注："吴王夫差女小玉。"双成：《汉武帝内传》载：西王母命玉女董双成吹云和之笙。此借小玉、双成作为杨贵妃在仙境的侍婢。

㉝九华帐：用九华图案绣成的彩帐。据传是西王母所有之物。

㉞珠箔：珠帘。屏：屏风。迤逦：连接不断。

㉟阑干：纵横交错；泪阑干：形容泪流满面的样子。

㊱凝睇：凝视。

㊲昭阳殿：汉宫名，汉代赵飞燕居住过的地方。此借指杨贵妃旧居处。

㊳蓬莱宫：传说中的海上仙山。这里代指仙境。

㊴钿合：镶嵌金花的首饰盒。寄将去：托请捎去。

㊵擘（bò）：分开。

㊶长生殿：在骊山上，名"集灵台"，祀神所用。一说唐代后妃所居寝宫，统称为长生殿。

㊷比翼鸟：本名鹣鹣，飞翔时雌雄相随，比翼齐飞。

㊸连理枝：异本草木，两树根不同，而树干结合在一起。

㊹恨：遗憾。

思考与练习题：

1. 分析该诗叙事与抒情的关系。
2. 该诗采用了大量修辞手法，请分析运用了修辞手法的诗句。
3. 辨析下列诗句的正确意思，找出正确的选项。

(1) 六宫粉黛无颜色：

A. 后宫的嫔妃没有了脸面。

B. 六座宫殿黯然失色。

C. 后宫的嫔妃显得不美了。

(2) 惊破霓裳羽衣曲：

A. 破坏了霓裳羽衣曲的美好音乐。

B. 惊扰了霓裳羽衣曲的演奏。

C. 惊扰破坏了终日欣赏霓裳羽衣曲的生活。

(3) 落叶满阶红不扫：

A. 树叶落满台阶小红不打扫。

B. 红叶落地铺满台阶不打扫。

C. 落叶堆满台阶变成红色了也无人扫。

(4) 云鬓半偏新睡觉：

A. 云鬓半偏睡觉刚醒来。

B. 云鬓半偏刚睡觉。

C. 云鬓半偏重新睡觉。

安定城楼①

李商隐

迢递②高城百尺楼，绿杨枝外尽汀洲③。
贾生年少虚垂涕④，王粲⑤春来更远游。
永忆江湖归白发⑥，欲回天地⑦入扁舟。
不知腐鼠成滋味，猜意鹓雏⑧竟未休。

作者简介：

李商隐（812—858），字义山，号玉谿生，怀州河内（今河南沁阳市）人。晚唐著名诗人。一生抑郁不得志。诗名与杜牧齐，世称“小李杜”。他的诗多抒写时代离乱的感慨，个人失意的心情，较多怀古与爱情诗作。善用象征手法，艺术风格独特，给人以强烈的美感。对诗的艺术形式发展有重大贡献。有《李义山诗集》三卷。

【注释】

①这首诗抒发了作者不同于世俗的理想与抱负，对猜忌、打击他的那些嫉贤者进行了辛辣的嘲讽。

②迢递：极高的样子。

③汀洲：指安定城东泾水岸边的沙洲。

④贾生：贾谊（前200—前168），西汉政治家。年20余为博士，因权贵诋毁，贬为长沙王太傅。后世成为才高遭贬之士的代称。虚垂涕：白白痛哭流涕而不起作用。

⑤王粲（177—217），汉末文学家。17岁避长安之乱到荆州，于春日登当阳城楼，作《登楼赋》，抒写去国远游，感世伤时的慨叹。此联两句以贾谊、王粲自比。

⑥江湖归白发：年老辞官，归隐江湖。

⑦回天地：建立回天转地的显赫功绩。

⑧鹓雏（yuān chú）：古代传说中凤凰一类的鸟。《庄子·秋水》：“惠子相

梁，庄子往见之。或谓惠子曰：‘庄子来，欲代子相。’于是惠子恐，搜于国中，三日三夜。庄子往见之，曰：‘南方有鸟，其名为鹓雏，子知之乎？夫鹓雏发于南海，而飞于北海，非梧桐不止，非练食不食，非醴泉不饮。于是鸱得腐鼠，鹓雏过之，仰而视之曰：吓！今子欲以子之梁国而吓我邪’！”两句诗借庄子寓言表示自己不屑功名利禄，正告他人不要妄加猜测。

思考与练习题：

1. 这首诗表达了作者怎样的思想感情？

2. 有人认为此诗的成功，在一定的程度上得力于用典。请谈谈你的看法。

虬髯客传

杜光庭

隋炀帝之幸江都也，命司空杨素守西京[①]。素骄贵，又以时乱，天下之权重望崇者，莫我若也[②]，奢贵自奉，礼异人臣[③]。每公卿入言，宾客上谒，未尝不踞床[④]而见，令美人捧出，侍婢罗列，颇僭于上[⑤]。末年愈甚，无复知所负荷[⑥]，有扶危持颠之心[⑦]。

一日，卫公李靖[⑧]以布衣上谒，献奇策，素亦踞见。公前揖曰："天下方乱，英雄竞起。公为帝室重臣，须以收罗豪杰为心，不宜踞见宾客。"素敛容而起[⑨]，谢公；与语，大悦，收其策而退。

当公之骋辩[⑩]也，一妓有殊色，执红拂[⑪]，立于前，独目公。公即去，而执拂者临轩指吏曰："问去者处士第几[⑫]？住何处？"公具以对，妓诵而去。

公归逆旅[⑬]。其夜五更初，忽闻叩门而声低者，公起问焉，乃紫衣带帽人，杖揭一囊。公问谁。曰："妾，杨家之红拂妓也。"公遽延入。脱去衣帽，乃十八九佳丽人也，素面画衣而拜[⑭]。公惊答拜。曰："妾侍杨司空久，阅天下之人多矣，无如公者。丝萝[⑮]非独生，愿托乔木[⑯]，故来奔耳。"公曰："杨司空权重京师，如何？"曰："彼尸居余气[⑰]，不足畏也。诸妓知其无成，去者众矣。彼亦不甚逐也。计之详矣，幸无疑焉。"问其姓，曰："张。"问其伯仲之次[⑱]，曰："最长。"观其肌肤、仪状、言辞气性[⑲]，真天人也。公不自意获之，愈喜愈惧，瞬息万虑不安。而窥户者无停履[⑳]。数日，亦闻追讨之声，意亦非峻[㉑]。乃雄服[㉒]乘马，排闼[㉓]而去，将归太原[㉔]。

行次灵石[㉕]旅舍，既设床，炉中烹肉且熟。张氏以发长委地，立梳床前。公方刷马，忽有一人，中形[㉖]，赤髯而虬，乘蹇驴[㉗]而来。投革囊于炉前，取枕欹卧，看张梳头。公怒甚，未决[㉘]，犹刷马。张熟视其面，一手握发，一手映身摇示公[㉙]，令勿怒。急急梳头毕，敛衽[㉚]前问其姓。卧客答曰："姓张。"对曰："妾亦姓张，合是妹。"遽拜之。问第几，曰"第三。"因问妹第几，曰："最长。"遂喜曰："今昔多幸逢一妹。"张氏遥呼："李郎且来见三兄！"公骤拜之。遂环坐。曰"煮者何肉？"曰："羊肉，计已熟矣。"客曰："饥。"公出市胡饼[㉛]。客抽腰间匕首，切肉共食。食竟，余肉乱切送驴前食之，甚速。客曰："观李郎之行，贫士也，何以致斯异人[32]？"曰："靖虽贫，亦有心者焉。他人见问，故不言；兄之问，则不隐耳。"具言其由。曰："然则将何之？"曰："将避地太原。"曰："然吾故非君所致也。"曰："有酒乎？"曰[33]："主人[34]西，则酒肆也。"公取酒一斗。既巡[35]。客曰："吾有少下酒物，李郎能同之乎？"曰："不敢。"于是开革囊，取一人头并心肝。却头囊中[36]，以匕首切心肝，共食之。曰："此人天下负心者，衔之十年，今始获之，吾憾释矣。"又曰："观李郎仪形器宇[37]，真丈夫也，亦闻太原有异人乎？"曰："尝识一人，愚谓之真人[38]也。其余，将帅而已。"曰："何姓？"曰："靖之同姓。"曰"年几？"曰："仅二十。"曰："今何为？"曰："州将之子[39]。"曰："似矣，亦须见之。李郎能致吾一见乎？"曰："靖之友刘文静者[40]，与之狎。因文静见之可也。然兄何为？"曰："望气者[41]言太原有奇气，使访之。李郎明发，何日到太原？"靖计之日。曰："达之明日，日方曙，候我于汾阳桥[42]。"言讫，乘驴而去，其行若飞，回顾已失。公与张氏且惊且喜，久之，曰："烈士[43]不欺人，固无畏。"促鞭而行。及期，入太原，果复相见。大喜，偕诣刘氏。诈谓文静曰："有善相者思见郎君[44]，请迎之。"文静素奇其人[45]，一旦闻有客善相，遽致使迎之。使回而至[46]，不衫不履[47]，裼裘[48]而来，神气扬扬，貌与常异。虬髯默居末座，见之心死。饮数杯，招靖曰："真天子也！"公以告刘，刘益喜，自负。既出，而虬髯曰："吾得十八九矣。然须道兄见之。李郎宜与一妹复入京。某日午时，访我于马行[49]东酒楼下。下有此驴及瘦驴，即我与道兄俱在其上矣。到即登焉。"又别而去。公与张氏复应之。

及期访焉，宛见[50]二乘。揽衣登楼。虬髯与一道士方对饮，见公惊喜，召坐。围饮数十巡，曰："楼下柜中有钱十万，择一深隐处驻一妹。某日复会我于汾阳桥。"如期至，即道士与虬髯已到矣。俱谒文静。时方弈棋[51]，揖而话心焉。文静飞书迎文皇[52]看棋。道士对弈，虬髯于公傍侍焉。俄而文皇到来，精采惊人，长揖而坐。神气清朗，满座风生，顾盼炜如[53]也。道士一见惨然，下棋子曰："此局全输矣！于此失却局哉！救无路矣，复奚言！"罢弈而请去。既出，谓虬髯曰："此世界非公世界[54]，他方可也。勉之，勿以为念。"因共入京。虬髯曰："计李郎之程，某日方到。到之明日，可与一妹同诣某坊曲[55]小宅相访。李郎相从一妹[56]，悬然如磬[57]。欲令新妇祗谒[58]，兼议从容[59]，无前却[60]也。"言毕，吁嗟而去。

公策马而归。即到京，遂与张氏同往。乃一小版门子[61]，叩之，有应者，拜曰："三郎令候李郎、一娘子久矣。"延入重门。门愈壮。婢四十人，罗列廷前。奴二十人，引公入东厅。厅之陈设，穷极珍异，箱中、妆奁、冠镜、首饰之盛，非人间之物。巾栉[62]妆饰毕，请更衣，衣又珍异。即毕，传云："三郎来！"乃虬髯纱帽裼裘而来，亦有龙虎之状[63]，欢然相见。催其妻出拜，盖易天人耳。遂延[64]中堂，陈设盘筵之盛，虽王公家不侔也。四人对馔讫，陈女乐[65]二十人，列奏于前，似从天降，非人间之曲。食毕，行酒。家人自堂东舁出二十床，各以锦绣帕覆之。既陈，尽去其帕，乃文簿钥匙耳。虬髯曰："此尽宝货泉贝[66]之数。吾之所有，悉以充赠。何者？欲于此世界求事，当或龙战[67]三二十载，建少功业。今既有主，住亦何为？太原李氏，真英主也。三五年内，即当太平。李郎以奇特之才，辅清平之主，竭心尽善，必极人臣[68]。一妹以天人之姿，蕴不世之艺[69]，从夫之贵，以盛轩裳[70]。非一妹不能识李郎，非李郎不能荣一妹。起陆[71]之贵，际会如期[72]，虎啸风生，龙吟云萃，固非偶然也[73]。持余之赠，以佐真主，赞功业也，勉之哉！此后十年，当东南数千里外有异事，是吾得事之秋也。一妹与李郎可沥酒东南相贺。"因命家童列拜，曰："李郎，一妹，是汝主也！"言讫，与妻从一奴，乘马而去。数步遂不复见。公据其宅，乃为豪家，得以助文皇缔构[74]之资，遂匡[75]天下。

贞观十年[76]，公以左仆射平章事[77]。适东南蛮[78]入奏曰："有海船千艘，甲兵十万，入扶余国[79]，杀其主自立。国已定矣。"公心知虬髯得事也。归告张氏，具衣[80]拜贺，沥酒东南祝拜之。

乃知真人之兴也，非英雄所冀[81]。况非英雄者乎？人臣之谬思乱者，乃螳臂之拒走轮[82]耳。我皇家垂福万叶[83]，岂虚然哉。或曰："卫公之兵法[84]，半乃虬髯所传耳。"

作者简介：

杜光庭（850—933），字宾圣（一说宾至），号东瀛子，处州缙云（今属浙江）人。唐末五代著名道教人物。唐懿宗时，应举不第，入天台山为道士。中和元年（881）随僖宗入蜀，出仕做内廷供奉。后留成都事前蜀王建，赐号广成先生。晚年隐居青城山白云溪，自号东瀛子。其人能诗善文，著书甚多。

【注释】

小说写侠士虬髯客义助李靖、红拂，望其辅佐李世民成就功业的故事。其中被称为"风尘三侠"的三位主要人物各有特色。小说的结尾，作者直接点出题旨："人臣之谬思乱者，乃螳臂之拒走轮耳。"这种思想虽属君权神授的正统观念，但作者身处唐末藩镇割据、战乱不断的晚唐，体现了作者希望维护唐王朝统治的用意。

①隋炀帝之幸江都也二句：隋炀帝杨广在位期间（605—618），曾三次巡江都（今江苏省扬州市），此应指第一次，为大业元年（605），因此年杨素已死。但此时李世民方七岁，与后文“年二十”不合。可见这是小说家信笔之言，不足为据。杨素，字处到，华阴（今陕西省华阴市）人。隋时，封越公，改封楚公，官至太师。隋朝建都大兴城（今陕西省西安市）。炀帝以洛阳为东京，故称大兴称为西京。

②天下之权重望崇者二句：杨素自以为：天下掌握大权，有众望的人，没有谁比得上自己。

③礼异人臣：礼节派场异乎还臣子所有的。

④距床：两脚岔开坐在椅子上，表示傲慢的态度。

⑤僭（jiàn）于上：排场享用比拟皇帝。僭，超过本分。《隋书·杨素传》：“家僮数千，从斤妓妾曳绮丽者以千数。第宅华侈，制拟宫禁。”

⑥负荷：负担的责任。

⑦有扶危持颠之心：承上句“无复”，再没有拯救艰危局势的用心。《论语·季氏》：“危尔不持，颠尔不扶，则焉用彼相矣?”

⑧卫公李靖：李靖字药师，三原（今陕西省三原县）人。辅佐高祖平定天下。唐太宗时累积战功，官至尚书右仆射，封卫国公。

⑨敛容：面容转为严肃，尊敬。

⑩骋辩：议论滔滔不绝。

⑪拂：拂尘。

⑫处士：没有做官的读书人。此指李靖。第几：再兄弟辈中排行第几。六朝、隋、唐时人称谓多用排行，如下文“一妹”、“三郎”等。

⑬逆旅：旅馆。

⑭素面：脸上不施脂粉。画衣：花衣。

⑮丝萝：兔萝，女萝，两种蔓生草本，必须依附木本始能生长。语中用以自比。

⑯愿托乔木：表示愿意托身（嫁）李靖。

⑰彼尸居余气：指垂死的人（比死人多一口气)。《晋书·宣帝纪》载李胜告曹爽曰：“司马公彼居余气，形神已离，不足虑矣。”

⑱伯仲之次：在兄弟姊妹间的排行。

⑲仪状：仪表，仪态。气性：脾气，性情。

⑳窥户者无停履：不断窥察门外是否有人追踪而至。无停从，脚步不停。一说，到房门口窥视红佛女的人往来不绝。

㉑意亦非峻：没有严厉追索之意。

㉒雄服：男装。

㉓排闼（tà）：推开门。

㉔太原：隋郡名，唐改府，治所在今山西省太原市。

㉕灵石：今山西省县名。

㉖中形：中等身材。

㉗蹇驴：跛脚的驴子。

㉘未决：还没有发作。决，决裂。

㉙一手映身摇示公：一双手放在背后（不让虬髯客看见），向李靖打手势示意。《文选》颜延年《应诏观北湖田收》诗："金驾映松山。"李善注："映，独蔽也。"

㉚敛衽（rèn）：整理衣襟，表示敬意。后称妇女下拜为敛衽。

㉛胡饼：烧饼。

㉜致斯异人：得到这样的美妇人。

㉝曰：仍为客曰。

㉞主人：客店主人。此指客店。

㉟既巡：斟过一遍酒。

㊱却头囊中：把头放回皮袋里。

㊲仪形：仪表。器宇：胸襟，气度。

㊳真人：旧时俗称真命天子。

㊴州将之子：指唐太宗李世民。其父唐高祖李渊当时为太原留守，故称。

㊵刘文静：子肇仁，武功人（今陕西武功县）人。隋末为晋阳（今山西省太原市）令。李渊起兵，文静参预机密，有军功。后以心怀怨望，被杀。

㊶望气者：通过观望云气以窥测王气所在的术士。

㊷汾阳桥：在太原城东汾河上。

㊸烈士：豪侠之士。

㊹以：一作"有"。郎君：指李世民。

㊺文静素奇其人：《新唐书·刘文静传》载文静见李世民，谓裴寂曰："唐公子，非常人也，豁达神武，汉高帝、魏太祖之徒欤！殆天启之也。"

㊻使回而至：使者回时李世民也到了。

㊼不衫不履：服装不整齐（表示洒脱不拘的态度）。

㊽裼（xī）裘：披着裘衣，毛皮露在外面。

㊾马行：西京（大兴城）街名。

㊿宛见：宛然可见。有形貌可见者曰宛。

51时方奕棋：刘文静正与道士下棋。

52文皇：唐太宗初谥文，故称文皇。

53炜（wěi）如：光彩照人貌。

54此世界：指中国。

55坊曲：里巷。

56李郎相从一妹：李靖有张女相从成家。

57悬然如磬：家里贫穷，如悬空器，一无所有。《国语·鲁语上》："室如悬磬。"

58新妇：自称其妻。祗谒：拜见。

59从容：指生活上的妥善安排。

60无所却：不要推辞。却，退。

61小版门子：小板门。

62巾栉：包头巾，梳头发。

63龙虎之状：形容状貌不凡。犹言"龙行虎步"。

64延：引进。

65女乐：歌舞女。

66泉贝：货币。

67龙战：《周易·坤》："龙战于野，其血玄黄。"后称群雄割据，争夺天下的战争为龙战。

68极人臣：做最高级的官。

69不世之艺：非常的才艺。

70从夫之贵二句：随夫而贵，可以享受荣华富贵的生活。轩，车乘。裳，衣服。

71起陆：乘机而起，争夺天下。《阴符经》上篇："天发杀机，龙蛇起陆；人发杀机，天地反覆。"此以蛰伏的龙蛇起于陆，比喻群雄争霸，为帝为王。

72际会如期：君臣的遇合，如有约在先。

73虎啸生风三句：用比喻说明君臣遇合，声气相求的不是偶然的。《周易·乾文言》:“云从龙，风从虎。”孔颖达书：“龙是水畜，云是水气，故龙吟则景云出，是云从龙也。虎是威猛之兽，风是震动之气，此亦是同类相感，故虎啸则谷风生，是风从虎也。”

⑭缔构：创业。

⑮匡：统一，平定。

⑯贞观十年：唐太宗贞观十年，即公元636年。

⑰左仆射（yè）平章事：唐制，以三省长官为宰相。尚书左右仆射，尚书省长官。平章事，为“同中书门下平章事”的简称，即参预朝政的意思。《新唐书·宰相表上第一》载李靖于贞观二年（628）为检校中书令，四年（630）为尚书右仆射，八年（634）“诏靖三两日一至门下中书平章政事”，不久“难为特进”。与本文所载略有不符。

⑱南蛮：古代称南方少数民族为南蛮。

⑲扶余国：古国名，辖地载今辽宁，吉林一带，唐代以前为高句丽所灭。本文谓国载东南，当系故作玄虚以为奇。

⑳具衣：穿着礼服。

㉑真人之兴也二句：真命天子的出现，乃受命于天，不是所谓英雄能妄想得到的。

㉒螳臂之拒走轮：比喻不自量力，终归失败。《庄子·人世间》：“汝不知夫螳螂乎？怒其臂以当车辙，不知其不胜任也。”（《庄子·天地》篇所载与此意同。）走轮，转动的车轮。

㉓万叶：万世。

㉔卫公之兵法：李靖精通兵法。《新唐书·李靖传》：“其舅韩擒虎每与论兵，辄饮曰：‘可与语孙、吴者，非斯人尚谁哉？’”著有《六军镜》三卷，已佚。今传《李卫公问对》（伪书）、《卫公兵法辑本》。

思考与练习题：

1. 小说描写红拂女，李靖，虬髯客分别使用了哪些描写方法，比较其中异同。

2. 总结小说主要人物的语言特点。

3. 与你之前读过的唐代传奇相比较，这篇小说有何特点。

相见欢[1]·其二

李 煜

无言独上西楼，月如钩，寂寞梧桐深院锁清秋[2]。

剪不断，理还乱，是离愁[3]。别是一番[4]滋味在心头。

作者简介：

李煜（937—978），字重光，南唐后主。文艺造诣颇高，懂音律，能书画，前期词主要反映宫廷生活，风情绮丽，清靡婉转。后期词则多追忆往事，伤怀故国。风格沉郁苍凉，语言自然精练，境界开阔，词风疏朗，扩大了词的题材范围，丰富了词的艺术手段。今存词三十余首，与其父李璟的作品汇刻为《南唐二主词》。

【注释】

①此调原为唐教坊曲，又名《乌夜啼》《秋夜月》《上西楼》。

②锁清秋：深深被秋色所笼罩。

③离愁：指去国之愁。

①别是一番：另有一种。

思考与练习题：

1. 帝王的亡国之痛，为什么会引起普通人的共鸣？
2. 在描写愁情方面，这首词有何高妙之处？
3. 背诵该词。

黄州新建小竹楼记

王禹偁

黄冈[1]之地多竹，大者如椽[2]。竹工破之，刳[3]去其节，用代陶瓦[4]，比屋[5]皆然，以其价廉而工省[6]也。

子城[7]西北隅，雉堞圮毁[8]，榛莽荒秽[9]，因作小楼二间，与月波楼[10]通。远吞山光，平挹江濑[11]，幽阒[12]辽夐，不可具状[13]。夏宜[14]急雨，有瀑布声；冬宜密雪，有碎玉声。宜鼓琴，琴调虚畅[15]；宜咏诗，诗韵清绝[16]；宜围棋，子声丁丁[17]然；宜投壶[18]，矢声铮铮然：皆竹楼之所助也。

公退[19]之暇，披鹤氅[20]，戴华阳巾[21]，手执《周易》一卷，焚香默坐，消遣世虑[22]。江山之外，第[23]见风帆沙鸟、烟云竹树而已。待其酒力醒，茶烟[24]歇，送夕阳，迎素月，亦谪居之胜概[25]也。

彼齐云、落星[26]，高则高矣！井干、丽谯[27]，华则华矣止于贮妓女，藏歌舞，非骚人[28]事，吾所不取。

吾闻竹工云："竹之为瓦，仅十稔[29]，若重覆之，得二十稔。"噫！吾以至道乙未岁，自翰林出滁上[30]；丙申，移广陵[31]；丁酉，又入西掖[32]。戊戌岁除日，有齐安之命[33]。己亥[34]闰三月到郡。四年之间，奔走不暇；未知明年又在何处，岂惧竹楼之易朽乎？后之人与我同志，嗣而葺之[35]，庶斯楼之不朽也。

咸平二年八月十五日记。

作者简介：

王禹偁（chèng）（954—1001），字元之，济州巨野（今山东巨野县）人。诗人、散文家，北宋古文运动先驱之一。曾任右拾遗，翰林学士等职。为人正直，遇事敢言，因而多次遭贬。他反对晚唐五代以来浮靡绮艳的文风，力倡继承和发扬"韩柳"古文的优良传统。他以自己的创作努力实践自己的主张，关心民间疾苦，揭露黑暗现实。有《小畜集》《小畜外集》传世。

【注释】

本篇选自《小畜集》。写于第二次贬官期间。公元999年的中秋佳节，身在黄州的王禹偁见景生情，禁不住思绪万千，挥笔写下了这篇“黄州小竹楼记”，借以表达他此时的心境。

①黄冈：今湖北省黄冈市。

②椽（chuán）：椽子，房椽。

③刳（kū）：剖，削。

④陶瓦：用泥土烧成的瓦。

⑤比屋：意即家家户户。比：连、并。

⑥工省：省力。

⑦子城：大城所附属的小城，附筑于内城门外，方形或半月形，用来加强城防。

⑧圮（pǐ）毁：坍塌。

⑨榛（zhēn）莽荒秽：榛莽：丛生的草木。荒秽：荒芜污秽。

⑩月波楼：黄州的西北角城楼。

⑪平挹（yì）江濑：挹：汲取。濑：流经沙石上的急水。江濑：指江波。

⑫幽阒（qù）：幽静。阒：静无人声。

⑬具状：一一描述出来。

⑭宜：适合。

⑮虚畅：清虚和畅。

⑯诗韵清绝：韵：韵味。绝：极。

⑰丁丁（zhēngzhēng）：拟声词。

⑱投壶：古人的一种游戏，在宴会间举行，宾主向一个像瓶样的壶中投矢（箭），投中的为胜。

⑲公退：公事完毕回来。

⑳鹤氅（chǎng）：用鸟羽编织的外套。氅：外套。

㉑华阳巾：曹魏时，韦节隐居华山，自称华阳子，他所制的头巾样式，称为华阳巾。

㉒消遣世虑：排除世俗的思虑。

㉓第：但，只。

㉔茶烟：指烹茶炉火的烟气。

㉕胜概：美景。概：景象。

㉖齐云、落星：都是楼名。齐云楼，在吴县治子城上，唐曹恭王所建。落星楼，在建邺（现在江苏南京）东北，吴嘉禾（孙权年号）元年（232）建。

㉗井干（hán）、丽谯（qiáo）：都是楼名。井干楼，在长安，汉武帝时所建。丽谯，出自《庄子·徐无鬼》："君亦必无盛鹤列于丽谯之间。"郭象注："丽谯，高楼也。"魏武帝曾筑一楼，名叫"丽谯"。

㉘骚人：即诗人。

㉙稔（rěn）：谷子一熟叫作一稔，引申指一年。

㉚吾以至道乙未岁，自翰林出滁上：至道乙未，宋太宗至道元年（995）。出，这里是贬谪的意思。滁，即滁州（今安徽滁州）。至道元年，王禹被召入翰林为学士，诏令有不便者，多所论奏。这一年孝章皇后卒，丧礼不够隆重，为议论此事，王禹被贬滁州。

㉛丙申，移广陵：丙申，至道二年（996）。广陵，今江苏扬州。王禹出知滁州，闽人郑褒徒步来谒，王禹爱其儒雅，为郑褒买一马，有人说他买马亏价，皇帝没有听信，但改派他知扬州。

㉜丁酉，又入西掖：丁酉：至道三年（997）。西掖：指中书省，中央政府的行政机构。这一年宋太宗死，真宗（赵恒）即位，因作者上疏言事，恢复知制诰之职。

㉝戊戌岁除日，有齐安之命：戊戌：宋真宗咸平元年（998）。岁除日，农历腊月最后一天。齐安，即黄州。作者因参加编写《太祖实录》，直书赵匡胤篡夺的事，被贬知黄州。

㉞己亥：咸平二年（999）。

㉟嗣而葺（qì）之：继续修建它。葺：修建。

思考与练习题：

1. 找出文中意在言外的景物描写，谈谈这种写法的好处。

2. 小竹楼非名山大川，一般人是难以下笔的。想想作者是从哪些方面去开拓意境的？

3. 背诵第二自然段。

祭石曼卿文①

欧阳修

维治平四年七月日，具官欧阳修，谨遣尚书都省令史李敭至于太清[②]，以清酌庶羞[③]之奠，致祭于亡友曼卿之墓下，而吊之以文。曰：

呜呼曼卿！生而为英[④]，死而为灵[⑤]。其同乎万物生死，而复归于无物者，暂聚之形[⑥]；不与万物共尽，而卓然其不朽者，后世之名。此自古圣贤，莫不皆然。而著在简册[⑦]者，昭如日星。

呜呼曼卿！吾不见子久矣，犹能仿佛子之平生。其轩昂磊落[⑧]，突兀峥嵘[⑨]，而埋藏于地下者，意其不化为朽壤，而为金玉之精[⑩]。不然，生长松之千尺，产灵芝而九茎[⑪]。奈何荒烟野蔓，荆棘纵横，风凄露下，走磷[⑫]飞萤；但见牧童樵叟，歌吟而上下，与夫惊禽骇兽，悲鸣踯躅而咿嘤[⑬]！今固如此，更千秋而万岁兮，安知其不穴藏狐貉与鼯鼪[⑭]？此自古圣贤亦皆然兮，独不见夫累累乎旷野与荒城！

呜呼曼卿！盛衰[⑮]之理，吾固知其如此，而感念畴昔[⑯]，悲凉凄怆，不觉临风而陨[⑰]涕者，有愧乎太上之忘情[⑱]。尚飨[⑲]！

作者简介：

欧阳修（1007—1072）字永叔，号醉翁，晚年号六一居士，北宋吉州庐陵（今江西吉安）人。唐宋八大家之一。他是范仲淹革新运动的支持者。为文提倡学习儒家经典，反对雕琢、艰涩之弊，继承和发展了韩愈“文从字顺”的精神。其散文风格平易自然，婉转流畅。记人、叙事、状物、说理，从容不迫，得心应手，堪称一代文宗，对后世影响很大。有《欧阳文忠公集》和主修的《新唐书》传世。

【注释】

这是一篇哀悼亡友的祭文，文章写得缠绵凄清，情深语痛，颇具感染力。是同类抒情散文中的佳作。

①作者是石延年（字曼卿）的旧友，对他的高才未得施展，深表惋惜。这

篇祭文是石延年死后二十六年祭墓之作。

②尚书都省：官署名。令史：官名。敭：读作 yáng。太清：地名，石氏祖坟所在。

③清酌：祭奠时所用的酒。庶羞：多种珍肴，这里指祭品。

④英：英杰

⑤灵：神灵。

⑥形：身体。

⑦简册：史书。

⑧轩昂：形容气度不凡。磊落：形容仪态俊伟。

⑨突兀峥嵘：都是形容山势高耸的样子，这里比喻才能突出。

⑩金玉之精：金玉中之最好者。

⑪灵芝：灵芝草。古人认为是仙草。九茎灵芝，更被认为祥瑞。

⑫磷：磷火，迷信说法为鬼火。

⑬咿嘤：鸟鸥声。

⑭鼯（wú）：形似松鼠。鼪（shēng）：黄鼠狼。

⑮盛衰：指人的生和死。

⑯畴昔：过去。

⑰陨：落、掉。

⑱太上：最高之意，亦指圣人。忘情：指超脱人世之情。

⑲尚：语助词。飨：享用。尚飨：为祭文套语。

思考与练习题：

1. 石曼卿的一生是悲剧的一生，他满腹才华，愤世嫉俗，始终不得重用，四十八岁便郁郁而终。他的去世留给作者的痛是双重的，一是失友之痛，一是失才之痛。文中是怎样表达这一情感的？

2. 分析这篇文章的写作特点。

望海潮·东南形胜①

柳 永

东南形胜，三吴②都会，钱塘③自古繁华。烟柳画桥，风帘翠幕，参差十万人家。云树绕堤沙，怒涛卷霜雪，天堑无涯。市列珠玑，户盈罗绮，竞豪奢。

重湖叠巘④清嘉，有三秋桂子，十里荷花。羌管弄晴，菱歌泛夜，嘻嘻钓叟莲娃。千骑拥高牙⑤，乘醉听箫鼓，吟赏烟霞。异日图将好景，归去凤池⑥夸。

作者简介：

柳永（？—约1053），原名三变，后改名永，字耆卿，排行第七，北宋词人。崇安（今属福建）人。为人放荡不羁，屡举不第，终身潦倒。其词多描绘市井风光和歌妓生活，长于抒写羁旅行役之情。柳永创作慢词较多。善铺叙，语言通俗，音律谐婉，在当时流传很广，对宋词的发展有巨大影响。诗仅存数首，有《乐章集》。

【注释】

①《望海潮》词调始见于《乐章集》，为柳永所创的新声。这首词写的是杭州的富庶与美丽。

②三吴：指吴兴郡、吴郡、会稽郡，此处泛指今江苏南部和浙江的部分地区。五代吴越建都于此。

③钱塘：即杭州，古属吴郡。

④重湖叠巘（yǎn）：西湖以白堤为界，分里湖和外湖，故称重湖。叠巘：指层层叠叠的山峦。

⑤高牙：原指军前大旗，因旗杆以象牙为饰而得名。此代指高官。

⑥凤池：即凤凰池，为皇帝禁苑中池沼。此泛指朝廷。

思考与练习题：

1. 体会、理解本词的以赋为词手法。
2. 本词是怎样体现柳永慢词的铺叙技巧的？
3. 分析本词中采用白描手法写西湖胜景的句子，指出其妙意何在？。

答司马谏议书

王安石

某启[1]：昨日蒙教[2]，窃以为与君实游处[3]相好之日久，而议事每不合，所操之术多异故也[4]。虽欲强聒[5]，终必不蒙见察[6]，故略上报[7]，不复一自辨[8]。重念蒙君实视遇厚[9]，于反复不宜卤莽[10]，故今具道所以[11]，冀君实或见恕也[12]。

盖儒者[13]所争，尤在名实，名实[14]已明，而天下之理得[15]矣。今君实所以见教者[16]，以为侵官、生事、征利、拒谏[17]，以致天下怨谤也。某则以为受命于人主[18]，议法度[19]而修之于朝廷，以授之于有司[20]，不为[21]侵官；举先王之政[22]，以兴利除弊，不为生事；为天下理财，不为征利；辟[23]邪说，难壬人[24]，不为拒谏。至于怨诽之多，则固前知[25]其如此也。人习于苟且[26]非一日，士大夫多以不恤[27]国事、同俗自媚[28]于众为善，上乃[29]欲变此，而某不量敌之众寡，欲出力助上以抗之，则众何为而不汹汹然[30]？盘庚之迁[31]，胥[32]怨者民也，非特[33]朝廷士大夫而已。盘庚不为怨者故改其度[34]，度义而后动，是而不见可悔故也[35]。

如君实责我以在位久，未能助上大有为，以膏泽斯民[36]，则某知罪矣；如曰今日当一切不事事[37]，守前所为而已，则非某之所敢知[38]。

无由会晤，不任区区向往之至[39]。

作者简介：

王安石（1021—1086），字介甫，临川（今江西临川）人，北宋政治家、文学家。官至宰相。政治上，竭力推行改变宋王朝“积贫积弱”现状的新法，在革除弊政，促进生产，限制特权等方面取得了一定的成果。但也得罪了某些既得利益者，因而屡遭排斥，被迫去职，变法宣告失败。在文学上，王安石主张“以适用为本”“词简而精，义深而明”。其散文创作说理透辟，语言简劲，风格刚毅。有《临川先生文集》传世。

【注释】

王安石实施变法后不久，司马光就不断写信给他，对新政横加指责。本文是接到司马光第二封信后的答书，是一篇书信体的说理散文。文章言简意深，三言两语便直指要害。作者采用驳论手法，针对对方攻击新政的各种理由逐一驳斥，气势雄盛，富有逻辑，且措辞得体，刚柔结合。

① 某启：即王安石启。某：虚指代词，这里代作者自己。旧时书信格式，写信人在开头先写自己的名字。但起草时常用“某”字代姓名。启：说，陈述。

②昨日：泛指前些天。蒙教：承蒙您的指教，意即收到您的来信。这是旧时通信中的客套话。

③窃以为：即个人认为。窃：私下。君实：司马光的字。游处：来往相处。

④“所操”句：这是所持的政治主张大多不一致的缘故。

⑤强聒（guō）：原指声音扰耳聒噪，这里意为啰唆，吵嚷。

⑥见察：被了解。

⑦略：简略。上报：指回信，旧时书信中的客套话。司马光先给王安石写了，一封长信，王安石只作了简单的答复。司马光又写了第二封，王安石才回了这封信。

⑧辨：同“辩”，辩解。

⑨重念：又一想。视遇厚：“看重”的意思。

⑩反复：指书信往来。卤莽：即“鲁莽”，冒失，草率。

⑪具道：详细说明。具：通“俱”。所以：所以变法的种种理由。

⑫冀：希望。见恕：得到谅解，谅解我。

⑬儒者：原指信奉儒家学说的人，也泛指读书人，士大夫。

⑭名实：指名义和实际是否符合的问题。下文提出在侵官，生事，征利、拒谏四个名目上和司马光有不同的理解，而要与之辩论。

⑮得：获得，弄清楚。

⑯“今君实”句：现在您用来指责我的。

⑰“侵官”句：司马光诬蔑它侵夺了原有官吏的职权。生事：王安石派人到各地推行新法，司马光攻击这是生事扰民。征利：新法的推行触犯了大地主大官漆的某些经济利益，司马光指责为“横征暴敛”“与民争利”。拒谏：王安石批驳反对派攻击变法的谬论，司马光诽谤他拒不接受反对意见。

⑱受命：接受命令。人主：皇帝。

⑲法度：法令制度。

⑳有司：负有专职的官吏。司：主管。

㉑不为：不算是。

㉒举先王之政：推行先王的政事。这里的“先王”，指历史上贤明的君王。

㉓辟：排除、批驳。

㉔难（nàn）：诘责，拒绝。壬（rén）：巧言善辩的人。

㉕固：本来。前知：早就知道。

㉖苟且：得过且过。

㉗恤：顾，关心。

㉘同俗：随大流。媚：讨好。

㉙乃：却。

㉚何为：为何，怎么能。汹汹然：大吵大闹的样子。

㉛盘庚之迁：指商朝的一个国君盘庚，强迫贵族和民众迁都到殷（今河南安阳）的事情。

㉜胥：相。

㉝非特：不只。

㉞度：这里可解作计划、作法、决定。

㉟“度（duó）义”二句；这是因为他经过考虑，认为合理，然后才采取行动，看不出有什么可后悔的缘故。度，揣度。

㊱膏泽斯民：施加恩惠给这些人民。膏，油。泽，雨露。“膏泽”：在这里用作动词。

㊲事事：做事。前一“事”字，作动词用，做的意思。

㊳所敢知：所敢领教的。

㊴“不任”句：客套话，意思是我对你仰慕的心情不能尽言。不任：不胜，区区：自谦之词。

思考与练习题：

1. 司马光写给王安石的信长达三千余字，而王安石的复信只有三百余言，可谓以一当十。仔细体会本文的说理技巧。

2. 作者举“盘庚之迁”的例子，对支撑自己的观点有何作用？

3. 指出下列句中带横杠词的语法特点：

（1）冀君实或见恕也。

（2）难壬人，不为拒谏。

(3) 不为怨者改其度，度义而后动。

(4) 是而不可改悔故也。

(5) 今日当一切不事事。

墨池记

曾 巩

临川[①]之城东，有地隐然[②]而高，以临于溪，曰新城。新城之上，有池窪然而方以长[③]，曰王羲之之墨池者[④]，荀伯子[⑤]《临川记》云也。羲之尝慕张芝，临池学书，池水尽黑，此为其故迹，岂信然邪[⑥]？

方羲之之不可强以仕[⑦]，而尝极东方[⑧]，出沧海[⑨]，以娱[⑩]其意于山水之间，岂有徜徉肆恣[⑪]，而又尝自休[⑫]于此邪？羲之之书晚乃善[⑬]，则其所能[⑭]，盖亦以精力自致[⑮]者，非天成[⑯]也。然后世未有能及者，岂其学[⑰]不如彼邪？则学固岂可以少哉！况欲深造道德[⑱]者邪？

墨池之上，今为州学舍[⑲]。教授王君盛恐其不章也[⑳]，书"晋王右军墨池"之六字于楹间以揭之[㉑]，又告于巩曰："愿有记。"推王君之心，岂爱人之善，虽一能[㉒]不以废，而因以及乎其迹[㉓]邪？其亦欲推[㉔]其事以勉其学者邪？夫人之有一能，而使后人尚[㉕]之如此，况仁人庄士[㉖]之遗风余思，被[㉗]于来世者何如哉！

庆历[㉘]八年九月十二日，曾巩记。

作者简介：

曾巩（1019—1083），字子固，建昌南丰（今江西南丰县）人，"唐宋八大家"之一，也是著名的书法家。他的文学观与创作更接近欧阳修。曾巩既写散文又写诗，但主要成就在散文。其文以古朴典雅、笔力稳健见称，清代桐城派散文家多以他为榜样。有《元丰类稿》传世。

【注释】

墨池在江西临川县，相传是东晋大书法家王羲之洗笔砚的地方。曾巩仰慕王羲之已久，于庆历八年九月专程来此凭吊，并写下了这篇《墨池记》。

①临川：宋代抚州临川郡，今江西临川县。

②隐然：突起的样子。

③窪然：又低又深的样子。方以长：方而长。

④王羲之：字逸少，琅琊临沂（今山东临沂）人，晋穆帝时为右军将军、会稽内史，故世称王右军。工书法，被尊为“书圣”。墨池：相传为王羲之洗笔的水池。

⑤荀伯子：南朝宋颍阴（今河南许昌市）人，曾任临川内史。

⑥张芝：东汉敦煌酒泉（今甘肃酒泉市）人，工章草，创今草；被尊为“草圣”。信：真。邪：同“耶”。

⑦方：当。强（qiǎng）：勉强。仕：做官。

⑧极：穷尽。东方：指浙东，浙中诸郡。

⑨出沧海：出游东海。

⑩娱：舒展。

⑪徜徉：徘徊。肆恣：任情放纵。

⑫休：休息。

⑬晚乃善：晚年才趋于精妙。

⑭能：擅长。

⑮致：达到。

⑯天成：天然所致。

⑰学：指学习的精神。

⑱深造道德：在道德方面达到很高成就。

⑲州学舍：指抚州官学的校舍。

⑳教授：官名，宋朝路、府、州学中主管教育的官员。彰：显扬。

㉑楹：房屋前面的柱子。揭：揭示，悬挂。

㉒一能：一技之长。

㉓迹：遗迹。

㉔推：推崇。

㉕尚：尊敬。

㉖仁人庄士：品德高尚学问渊深者。

㉗被：影响。

㉘庆历：宋仁宗年号。庆历八年：公元1048年。

思考与练习题：

1. 记叙和议论是本文的主要表达方式，说明作者是怎样处理二者关系的？
2. 熟读全篇，想想这篇文章在构思上有哪些特点？

3. 将下列句子翻译成现代汉语：

(1) 此为其故迹，岂信然邪？

(2) 岂有徜徉肆恣，而又尝自休于此邪？

(3) 然后世未有能及者，岂其学不如彼邪？

(4) 则学固岂可以少哉！况欲深造道德者邪？

(5) 推君之心，岂爱人之善，虽一能不以废，而因以及乎其迹邪？

(6) 其亦欲推其事以勉其学者邪？

江城子·密州出猎[①]

苏轼

老夫聊发少年狂。左牵黄，右擎苍[②]。锦帽貂裘[③]，千骑卷平冈。为报倾城[④]随太守，亲射虎[⑤]，看孙郎。

酒酣胸胆尚开张。鬓微霜，又何妨。持节[⑥]云中，何日遣冯唐，会挽雕弓如满月[⑦]，西北望，射天狼[⑧]。

作者简介：

苏轼（1037—1101），字子瞻，号东坡居士。宋代眉州（今四川省眉山市）人。其诗、词和散文代表北宋文学最高成就。诗风豪迈清新，长于比喻。与黄庭坚并称“苏黄”。其词题材广泛，对严格的音律束缚也有所突破，开豪放词先河，与辛弃疾并称“苏辛”。其议论文汪洋恣肆，记叙文结构谨严，与欧阳修并称“欧苏”，是“唐宋八大家”之一。并擅长书法，与黄庭坚、米芾、蔡襄并称“宋四家”。诗文有《苏东坡集》，词有《东坡乐府》等。

【注释】

①此为苏轼于熙宁八年在密州作的一首记射猎的词，词中描写了打猎时的壮阔场景，同时也表现了他要为国杀敌的雄心壮志。是一首典型的豪放词。密州：今山东诸城。

②黄：黄犬。苍：苍鹰。

③锦帽貂裘：锦缎帽与貂鼠裘。为汉代羽林军服装，此处形容随猎者戎装鲜明。

④报：告诉，说。倾城：指全城观猎的士兵。

⑤射虎：孙权曾亲自射虎于凌亭。

⑥节：符节。苏轼此处以魏尚自比。典出《史记·冯唐列传》，汉文帝时，魏尚为云中太守，与匈奴作战后，因报功文书上所载杀敌之数与实际不符被削职。后文帝派冯唐“持节”赦免魏尚之罪，复职云中太守。苏轼以魏尚自许，希望重新得到朝廷任用。

⑦会：当。如满月：把弓拉足，表示有力。

⑧天狼：古时以天狼星主侵掠，这里以天狼喻西夏。

思考与练习题：

1. 结合这首词分析豪放派词作的主要特点。
2. “持节云中，何日遣冯唐”一句，体现了作者怎样的理想？
3. 分析该词是如何进行自我形象塑造的？

醉花阴·薄雾浓云愁永昼[1]

李清照

薄雾浓云愁永昼，瑞脑消金兽[2]。佳节又重阳，玉枕纱橱，半夜凉初透。

东篱[3]把酒黄昏后，有暗香[4]盈袖。莫道不消魂，帘卷西风[5]，人比黄花瘦。

作者简介：

李清照（1084—约1151），南宋女词人。号易安居士，齐州章丘（今属山东）人。早期生活优裕，金兵入据中原后，她流寓南方，遭受国破夫丧之痛，在颠沛流离中度过晚年。李清照工诗能文，尤擅作词，前期多写其悠闲生活，后期多悲叹身世，情调感伤，流露出对中原的怀念。形式上善用白描手法，自辟蹊径，语言清丽。有《漱玉词》。今人有《李清照集》。

【注释】

①这首词是李清照的婚后早期作品，通过悲秋伤别来抒写词人的寂寞与相思情怀，构思巧妙，比喻形象。

②瑞脑：即龙脑，香料名。金兽：刻有兽形的铜香炉。

③东篱：典出陶渊明《饮酒》（其五）：“采菊东篱下，悠然见南山。”

④暗香：指菊花淡雅的香气。

⑤帘卷西风：“西风卷帘”的倒装。西风，这里指秋风。

思考与练习题：

1. 结合本首词分析婉约词的特点。
2. 分析这首词含蓄蕴藉而委婉曲折的表现手法。
3. “莫道不消魂”三句妙在何处？
4. 背诵该词。

念奴娇·过洞庭①

张孝祥

洞庭青草②，近中秋、更无一点风色。玉鉴琼田③三万顷，着我扁舟一叶。素月分辉，明河共影，表里俱澄澈。怡然心会，妙处难与君说。

应念岭表④经年，孤光自照，肝胆皆冰雪。短发萧骚襟袖冷⑤，稳泛沧浪空阔。尽挹西江⑥，细斟北斗，万象为宾客。扣舷独啸，不知今夕何夕！

作者简介：

张孝祥（1132—1170），南宋爱国词人。字安国，号于湖居士，历阳乌江（今安徽和县东北）人。高宗绍兴二十四年（1154）进士第一。先后为秘书省正字，累迁起居舍人、权中书舍人。孝宗即位，知平江府。召为中书舍人，迁直学士院兼都督府参赞军事。领建康留守。主张恢复中原，反对隆兴和议。其作品多以抗敌恢复为主旨，气势豪迈，淋漓痛快。有《于湖集》四十卷。

【注释】

①宋孝宗乾道元年（1165）张孝祥出任静江府（治所在今广西桂林），兼广南西路经略安抚使，七月到任。次年六月，遭谗降职北归，途经湖南洞庭湖，时近中秋，诗人作此词，写景抒情言志，巧妙地融合为一体。

②洞庭青草：洞庭湖在岳阳市西南，青草湖在洞庭之南，二湖相通，总称洞庭湖。

③玉鉴琼田：形容月下湖水晶莹如玉。

④岭表：五岭之外，今广东广西一带。

⑤短发萧骚：头发稀少。襟袖冷：谓两袖清风，廉洁清贫。

⑥“尽挹西江”三句：舀尽长江水当酒浆，以北斗做酒器盛酒，大地万物当做宾客。西江：指长江。

思考与练习题：

1. 试分析这首词情境交融的艺术特色。
2. 本词写景的艺术特点是什么？
3. 本词的语言运用有何特点？

水龙吟·登建康赏心亭①

辛弃疾

楚天千里清秋，水随天去秋无际。遥岑②远目，献愁供恨，玉簪螺髻③。落日楼头，断鸿④声里，江南游子⑤。把吴钩⑥看了，栏杆拍遍，无人会，登临意。

休说鲈鱼堪脍，尽西风，季鹰归未⑦？求田问舍，怕应羞见，刘郎才气⑧。可惜流年⑨，忧愁风雨，树犹如此。倩⑩何人、唤取红巾翠袖，揾英雄泪⑪？

作者简介：

辛弃疾（1140—1207），南宋著名词人。字幼安，号稼轩，历城（今山东省济南市）人。历任多职，曾多次上疏，主张北伐，因与主和派意见不合，两次落职，闲居近二十年。辛弃疾继承了苏轼的豪放词风和南宋前期爱国词人的传统，进一步扩大了词的表现范围，境界更阔大，手法更多样，是豪放词的集大成者，推动了词风的转变，在词史上具有重要意义。有《稼轩长短句》。

【注释】

①这首词写于作者南归后任建康通判之时，上片写景抒情，下片则是直接言志。有极强的艺术感染力。建康：今江苏南京。

②遥岑：远山。

③玉簪螺髻：皆形容远山秀美。

④断鸿：离群失侣的孤雁。

⑤江南游子：作者自称。

⑥吴钩：一种兵器，出自吴国。

⑦鲈鱼：《晋书·张翰传》载："因见秋风起，乃思吴中菰菜、莼羹、鲈鱼脍，曰：'人生贵得志，何能羁宦数千里，以要名爵乎？'遂命驾而归"。意指弃官归乡。季鹰：张翰字。

⑧求田问舍句：《三国志·魏书·陈登传》：刘备曰"君有国士之名，今天下大乱，帝主失所，望君忧国忘家，有救世之意，而君求田问舍，言无可采，

是元龙所讳也，何缘当与君语。”表示自己不愿意求田问舍，做富家翁。刘郎：指刘备。

⑨流年：流逝的时光。

⑩倩：请托。

⑪红巾翠袖：代指美人。揾：擦拭。

思考与练习题：

1. 这首词表现了作者什么样的思想感情？
2. 分析典故在表达作者情感方面的作用。
3. 具体分析本词的结构特点？

双双燕·咏燕①

史达祖

过春社②了，度③帘幕中间，去年尘冷。差池④欲住，试入旧巢相并⑤。还相⑥雕梁藻井，又软语、商量不定。飘然快拂⑦花梢，翠尾分开红影。

芳径，芹泥⑧雨润。爱贴地争飞，竞夸轻俊。红楼归晚，看足柳昏花暝⑨。应自栖香正稳，便忘了天涯芳信⑩。愁损翠黛双蛾⑪，日日画阑独凭⑫。

作者简介：

史达祖，生卒年不详，南宋词人。字邦卿，号梅溪，汴京（今河南开封）人。汉族。曾于韩侂胄府中任职，颇得倚重，韩败，坐受黥刑。其词多抒写闲情逸致，咏物寄情，用笔细腻工巧，以描摹物象生动逼真著称。有《梅溪词》。

【注释】

①双双燕：词牌名。此词双调共九十八字，上阕为五仄韵，下阕为七仄韵。疑为史达祖首创此调。始见于《梅溪集》。这首词借咏燕抒情，观察仔细，描写生动。

②春社：古时在立春后第五个戊日祭祀土神，称为春社。在春分前后。

③度：穿过。

④差池：参差不齐，尾翼舒张的样子。有犹豫不决之意。《诗经·风·燕燕》："燕燕于飞，差池其羽。"

⑤相并：相互依偎。

⑥相：查看。

⑦拂：掠过，擦过。

⑧芹泥：燕子筑巢所用之草泥。杜甫《徐步》："芹泥随燕嘴"。燕子喜欢用湿泥筑巢。

⑨柳昏花暝：昏、暝，皆为隐约不明之意。

⑩天涯芳信：天涯游子托燕子带给闺中人的书信。

⑪ 翠黛：青黑色的颜料，古代女子以之画眉。蛾：即蛾眉。

⑫ 凭：倚。

思考与练习题：

1. 试分析词中拟人手法的运用。
2. 本词末两句对表现题旨的作用？

元明清文学

迈陂塘·雁丘

元好问

泰和五年乙丑岁，赴试并州。道逢捕雁者，云：今日获一雁，杀之矣。其脱网者，悲鸣不能去，竟自投于地而死。予因买得之，葬之汾水之上，累石为识，号曰雁丘。时同行者多为赋诗，予亦有《雁丘词》。旧所作无宫商，今改定之。

问世间，情是何物？直教生死相许。天南地北双飞客，老翅几回寒暑①。欢乐趣，离别苦，就中更有痴儿女②。君应有语，渺万里层云，千山暮雪，只影③向谁去？

横汾路④，寂寞当年萧鼓。荒烟依旧平楚⑤。招魂楚些何嗟及，山鬼⑥暗啼风雨。天也妒，未信与，莺儿燕子俱黄土。千秋万古，为留待骚人，狂歌痛饮，来访雁丘处。

作者简介：

元好问（1190—1257），金代著名诗人。字裕之，号遗山山人，太原秀容（今山西忻州）人。系出北魏鲜卑族拓跋氏，唐诗人元结后裔。七岁能诗。金宣宗兴定五年（1221）进士，曾任镇平、南阳、内乡县令。后受诏入都，除尚书省掾、左司都事，转员外郎。金亡不仕，多著述存史。工诗词散文，尤其以诗的成就最高，其作品多反映社会现实，悲壮苍凉，风格沉雄，意境阔远。有《遗山集》。

【注释】

①几回寒暑：多少年。指大雁已双飞多年。

②痴儿女：痴情男女。

③只影：孤单的身影。

④横汾路：横渡汾水的路上，指葬雁处。汾：汾水。

⑤平楚：平林，平原上的树林。

⑥山鬼：指山中之神，化用《楚辞·九歌·山鬼》中："杳冥冥兮羌昼晦，东风飘兮神灵雨"句。

思考与练习题：

1. 本文歌颂了一对大雁生死不渝的爱情，你认为写得最好的是哪一句？为什么？

2. 下阕由雁及人，表达了作者怎样的思想情感？

〔越调〕天净沙[①]·春

白 朴

春山暖日和风，阑干楼阁帘栊，杨柳秋千院中。啼莺舞燕，小桥流水飞红[②]。

作者简介：

白朴（1226—约1306），元代戏曲家、词人。字太素，号兰谷。山西河曲人，客居真定（今河北正定县）。蒙古灭金后，白朴终生不仕。作杂剧16种，今存三种。其散曲卓有成就，多为叹世、咏景和闺怨之作。曲词秀丽清新，部分小令颇有民歌特点。其词多为怀古、闲适、咏物、应酬之作，豪放婉约兼而有之。今存《天籁集》词2卷。散曲存小令37首，套曲4首，今人隋树森《全元散曲》收录。

【注释】

①天净沙：原作天净纱，越调的常用曲。体段短小，近于六言绝句，宜于写即景抒情的小诗。白朴原作共四首，分写四时景色。这首写春景，给人一种和煦明丽的感觉。

②飞红：飞花。

思考与练习题：

1. 体会作者名词连用的艺术手法特点及其效果。

2. 将此小令与马致远的《天净沙·秋思》比较，试分析二者在写景设色与烘托情绪上的异同。

〔般涉调〕哨遍·高祖还乡①

睢景臣

〔哨遍〕　社长排门告示②，但有的差使无推故③。这差使不寻俗；一壁厢纳草除根④，一边又要差夫，索⑤应付。又言是车驾，都说是銮舆⑥，今日还乡故。王乡老执定瓦台盘⑦，赵忙郎抱着酒葫芦⑧。新刷⑨来的头巾，恰糨⑩来的绸衫，畅好是妆幺大户⑪。

〔耍孩儿〕瞎王留⑫引定火乔男女，胡踢蹬⑬吹笛擂鼓。见一彪人马到庄门，匹头里几面旗舒。一面旗白胡阑套住个迎霜兔⑭，一面旗红曲连打着个毕月乌⑮，一面旗鸡学舞⑯，一面旗狗生双翅⑰，一面旗蛇缠葫芦⑱。

〔五煞〕　红漆了叉，银铮了斧⑲，甜瓜苦瓜黄金镀⑳。明晃晃马镫㉑枪尖上挑，白雪雪鹅毛扇上铺㉒。这几个乔人物，拿着些不曾见的器仗，穿着些大作怪衣服。

〔四煞〕　辕条上都是马，套顶㉓上不见驴，黄罗伞柄天生曲。车前八个天曹判㉔，车后若干递送夫㉕。更几个多娇女，一般穿着，一样妆梳。

〔三煞〕那大汉下的车，众人施礼数；那大汉觑得人如无物。众乡老展脚舒腰拜，那大汉挪身着手扶。猛可里㉖抬头觑，觑多时认得，险气破我胸脯！

〔二煞〕　你身须姓刘，你妻须姓吕㉗，把你两家儿根脚㉘从头数：你本身做亭长耽几盏酒㉙，你丈人教村学，读几卷书。曾在俺庄东住，也曾与我喂牛切草，拽坝扶锄。

〔一煞〕　春采了桑，冬借了俺粟，零支了米麦无重数。换田契，强秤了麻三秤；还酒债，偷量了豆几斛。有甚胡突处？明标着册历㉚，见放着文书。

〔尾声〕　少我的钱，差发内旋拨还㉛；欠我的粟，税粮中私准除㉜。只道刘三，谁肯把你揪捽住？白甚么改了姓，更了名、唤做汉高祖！

作者简介：

睢景臣，生卒年不详。元散曲家。一作舜臣，字景贤，又作嘉贤，扬州人（今属江苏）。心性聪明，酷嗜音律，而仕途不得志。著有杂剧《屈原投江》等三种，今不传。散曲尚存三套，其中《高祖还乡》制作新奇，这一套曲构思巧妙，幽默诙谐，结构紧凑而有层次，形象鲜明，语言本色生动，有较高的艺术成就。被人推为绝唱。

【注释】

①高祖还乡：高祖，汉高帝刘邦。汉十二年公元前195年十月，刘邦平定淮南王英布后，归途经过故乡沛县。曲中所写是他刚回到家乡时的场面。

②社长排门告示：社长挨家通知。元代乡村组织，五十家为一社，选年老有地位的人为社长。

③无推故：不得借故推托。

④一壁厢：一壁厢，一边，一方面。纳草，交纳草料。除根，除去草根。

⑤索：与“须”同。

⑥车驾：车。舆：车；銮：皇帝车上的铃。此处皆代指皇帝。

⑦瓦台盘：陶制的托盘。

⑧酒葫芦：装酒的葫芦。

⑨刷：洗。

⑩糨（jiàng）：衣服洗净后涂一层米汁在上面。这样处理过的衣服，晒干后可熨得特别平直。

⑪畅好是：真正是。妆玄大户：装模作样的大户，妆：通“装”。

⑫瞎王留：乡民的诨名。

⑬胡踢蹬：乱七八糟。

⑭白胡阑套住个迎霜兔：此句写月旗。胡阑，连读即“环”。迎霜兔，白色的兔。

⑮红曲连打着个毕月乌：此句写日旗。曲连，连读即“圈”。毕月乌，近代星历家以七曜日月火水木金土配二十八宿，又以各种鸟兽配二十八宿，“毕月乌”即指乌鸦。传说日中有三足乌鸦，所以用红圈套住乌鸦代表日。

⑯一面旗鸡学舞：此句写飞凤旗。

⑰一面旗狗生双翅：此句写飞虎旗。

⑱一面旗蛇缠葫芦：此句写蟠龙旗。

⑲银铮了斧：镀银的斧。

⑳甜瓜苦瓜黄金镀：指金瓜锤。

㉑马镫：鞍镫。

㉒白雪雪鹅毛扇上铺：指鹅毛宫扇。

㉓套项：套车的绳。

㉔天曹判：天庭的判官。指侍从人员如泥塑木雕。

㉕递送夫：奔走服侍的人。

㉖猛可里：突然间。

㉗你妻须姓吕：刘邦的妻子叫吕雉。

㉘根脚：根底。

㉙亭长：秦时十里为一亭，十亭为一乡，亭有亭长。耽：嗜好。据《史记》记载，刘邦年轻时曾做过泗水亭长，喜欢喝酒。

㉚册历：账册。

㉛差发内旋拨还：在官差钱里扣除。差发：当官差。

㉜私准除：暗中扣除。

思考与练习题：

1. 分析本曲的讽刺艺术和喜剧色彩。

2. 元末戏曲家钟嗣成在其专记元曲作家生平及著作目录的《录鬼簿》中强调，《般涉调·哨遍·高祖还乡》“制作新奇”。对此说法你是如何理解的？

金缕曲·赠梁汾①

纳兰性德

德②也狂生耳！偶然间、缁尘京国③，乌衣门第④。有酒惟浇赵州土⑤，谁会成生⑥此意？不信道、遂成知己。青眼⑦高歌俱未老，向樽前、拭尽英雄泪。君不见，月如水。

共君此夜须沉醉，且由他、娥眉谣诼⑧，古今同忌。身世悠悠何足问，冷笑置之而已。寻思起、从头翻悔。一日心期千劫在⑨，后身缘⑩、恐结他生里。然诺重⑪，君须记。

作者简介：

纳兰性德（1655—1685），清词人。原名成德，字容若，号楞伽山人，满洲正黄旗人。大学士明珠之子。康熙进士，官一等侍卫。善骑射，好读书。词以小令见长，多感伤情调，间有雄浑之作。有诗集《通志堂集》，词集《饮水词》。

【注释】

①金缕曲：词调名，又名《贺新郎》。这是纳兰性德赠好友顾贞的一首词，词意率真，披肝沥胆。

②德：作者自称。

③淄尘京国：淄尘：黑尘，喻污垢。淄，通“缁”，黑色。京国，京城。表达身居北京之无奈。

④乌衣门第：名门高第。东晋王、谢大族多居金陵乌衣巷，后世遂以巷名指称世家大族。作者出身满洲贵族，父明珠官至武英殿大学士，累加太傅、晋太子太师。故云。

⑤赵州土：平原君墓土。浇，浇酒祭祀。李贺《浩歌》有“买丝绣作平原君，有酒唯浇赵州土”句。表示愿学战国时赵国平原君，虚己下士，广结宾客。

⑥成生：自称。作者原名成德，后避太子讳改性德。

⑦青眼：尊重之眼光。典出《世说新语》，据说阮籍能为青白眼，“嵇康赍酒挟琴造之，籍大悦，乃见青眼。”

⑧娥眉谣诼：指有人对顾贞观造谣诬构。语出屈原《离骚》：“众女嫉余之娥眉兮，谣诼谓余以善淫。”娥眉，亦作“蛾眉”，喻才能。谣诼，造谣毁谤。

⑨心期：心心相印，情投意合。千劫在：经久历险而不变。

⑩后身缘：来生情缘。

⑪然诺重：即重然诺，守信用。此指作者许诺竭力救助顾贞观落难朋友吴兆骞的事。

思考与练习题：

1. 纳兰性德的作品“特以性灵胜”，在这首词中体现在什么地方？
2. 这首词上下两阕分别从哪些方面描写了二人的知己之情？
3. 本词语言上有何特点？

西湖七月半

张 岱

西湖七月半，一无可看，止可看看七月半之人。看七月半之人，以五类看之：其一，楼船箫鼓，峨冠盛筵，灯火优傒[①]，声光相乱，名为看月而实不见月者，看之；其一，亦船亦楼，名娃闺秀，携及童娈[②]，笑啼杂之，环坐露台，左右盼望，身在月下而实不看月者，看之；其一，亦船亦声歌，名妓闲僧，浅斟低唱，弱管轻丝，竹肉相发，亦在月下，亦看月，而欲人看其看月者，看之；其一，不舟不车，不衫不帻[③]，酒醉饭饱，呼群三五．跻入人丛，昭庆、断桥，嘄呼嘈杂，装假醉，唱无腔曲，月亦看，看月者亦看，不看月者亦看．而实无一看者，看之；其一，小船轻幌，净几暖炉，茶铛旋[④]煮，素瓷静递，好友佳人，邀月同坐，或匿影树下，或逃嚣里湖，看月而人不见其看月之态，亦不作意看月者，看之。

杭人游湖，巳出酉归，避月如仇，是夕好名，逐队争出，多犒门军酒钱，轿夫擎燎，列俟岸上。一入舟，速[⑤]舟子急放断桥，赶入胜会。以故二鼓以前，人声鼓吹，如沸如撼，如魇如呓，如聋如哑，大船小船一齐凑岸，一无所见，止见篙击篙，舟触舟，肩摩肩，面看面而已。少刻兴尽，官府席散，皂隶喝道去，轿夫叫船上人，怖以关门，灯笼火把如列星，一一簇拥而去。岸上人亦逐队赶门，渐稀渐薄，顷刻散尽矣。

吾辈始舣舟近岸，断桥石磴始凉，席其上，呼客纵饮。此时，月如镜新磨，山复整妆，湖复颒[⑥]面。向之浅斟低唱者出，匿影树下者亦出，吾辈往通声气，拉与同坐。韵友来，名妓至，杯箸安，竹肉发。月色苍凉，东方将白，客方散去。吾辈纵舟，酣睡于十里荷花之中，香气拍人，清梦甚惬。

作者简介：

张岱（1597—1689），字宗子、石公，号陶庵。浙江山阴（绍兴）人。明亡后隐居剡溪山中，谢客著书，其文取公安、竟陵之长，自成一家。其小品文创作文字清越，描写生动，造句新奇。著有《陶庵梦忆》《西湖梦寻》《石匮书》等。

【注释】

本文选自《陶庵梦忆》，该文描写明末杭人七月半游西湖的景况，用生动的笔墨勾勒了各类游者的神情意态，显出文人雅士清高脱俗的情趣。笔调轻松随意，描写生动传神。

①优傒：优，乐伎；傒，奴仆

②童娈：美貌的儿童，娈，美好。

③不衫不帻：名词活用，不穿长衫，不戴头巾。

④旋：随即。

⑤速：催促。

⑥頮：洗脸。

思考与练习题：

1. 试分析作者对五类游人赏月行为所表现的态度？

2. 作者在营造氛围时，如何巧于用字和安排句式的？

阿宝

蒲松龄

粤西[①]孙子楚，名士也。生有枝指[②]。性迂讷，人诳之，辄信为真。或值座有歌妓，则必遥望却走。或知其然，诱之来，使妓狎逼之，则赪颜[③]彻颈，汗珠珠下滴。因共为笑。遂貌[④]其呆状，相邮传作丑语[⑤]，而名之"孙痴"。

邑大贾某翁，与王侯埒富[⑥]。姻戚皆贵胄。有女阿宝，绝色也。日择良匹，大家儿争委禽妆[⑦]，皆不当翁意。生时失俪[⑧]，有戏之者，劝其通媒。生殊不自揣，果从其教。翁素耳其名，而贫之。媒媪将出，适遇宝，问之，以告。女戏曰："渠去其枝指，余当归之[⑨]。"媪告生。生曰："不难。"媒去，生以斧自断其指，大痛彻心，血益倾注，滨死。过数日，始能起，往见媒而示之。媪惊。奔告女。女亦奇之，戏请再去其痴。生闻而哗辨，自谓不痴；然无由见而自剖。转念阿宝未必美如天人，何遂高自位置如此？由是曩念顿冷。

会值清明，俗于是日，妇女出游，轻薄少年，亦结队随行，恣其月旦[⑩]。有同社数人，强邀生去。或嘲之曰："莫欲一观可人[⑪]否？"生亦知其戏己；然以受女揶揄故，亦思一见其人，忻然随众物色之。遥见有女子憩树下，恶少年环如墙堵。众曰："此必阿宝也。"趋之，果宝也。审谛之，娟丽无双。少顷，人益稠。女起，遽去。众情颠倒，品头题足，纷纷若狂。生独默然。及众他适[⑫]，回视，生犹痴立故所，呼之不应。群曳之曰："魂随阿宝去耶？"亦不答。众以其素讷，故不为怪，或推之、或挽之以归。至家，直上床卧，终日不起，冥如醉，唤之不醒。家人疑其失魂，招[⑬]于旷野，莫能。效[⑭]强拍问之，则蒙眬应云："我在阿宝家。"及细诘之，又默不语。家人惶惑莫解。

初，生见女去，意不忍舍，觉身已从之行，渐傍其衿带间，人无呵者。遂从女归，坐卧依之，夜辄与狎，甚相得；然觉腹中奇馁[⑮]，思欲一返家门，而迷不知路。女每梦与人交，问其名，曰："我孙子楚也。"心异之，而不可以告人。生卧三日，气休休若将澌灭[⑯]。家人大恐，托人婉告翁，欲一招魂其家。翁笑曰："平昔不相往还，何由遗魂吾家？"家人固哀之，翁始允。巫执故服、草荐[⑰]以往。女诘得其故，骇极，不听他往，直导入室，任招呼而去。巫归至门，生榻上已呻。既醒，女室之香奁什具，何色何名，历言不爽[⑱]。女闻之，益骇，阴感其情之深。生既离床寝，坐立凝思，忽忽若忘。每伺察阿宝，希幸一再遘之。

浴佛节[19]，闻将降香水月寺，遂早旦往候道左，目眩睛劳。日涉午，女始至，自车中窥见生，以掺手[20]搴帘，凝睇不转。生益动，尾从之。女忽命青衣来诘姓字。生殷勤自展，魂益摇。车去，始归。归复病，冥然绝食，梦中辄呼宝名。每自恨魂不复灵。家旧养一鹦鹉，忽毙，小儿持弄于床。生自念：倘得身为鹦鹉，振翼可达女室。心方注想，身已翩然鹦鹉，遽飞而去，直达宝所。女喜而扑之，锁其肘，饲以麻子。大呼曰："姐姐勿锁！我孙子[21]楚也！"女大骇，解其缚，亦不去。女祝曰："深情已篆中心[22]。今已人禽异类，姻好何可复圆?"鸟云："得近芳泽，于愿已足。"他人饲之，不食；女自饲之，则食。女坐，则集其膝；卧，则依其床。如是三日。女甚怜之，阴使人瞷[23]生，生则僵卧，气绝已三日，但心头未冰耳。女又祝曰："君能复为人，当誓死相从。"鸟云："诳我!"女乃自矢。鸟侧目若有所思。少间，女束双弯[24]，解履床下，鹦鹉骤下，衔履飞去。女急呼之，飞已远矣。女使妪往探，则生已寤。家人见鹦鹉衔绣履来，堕地死，方共异之。生既苏，即索履。众莫知故。适妪至，入视生，问履所在。生曰："是阿宝信誓物。借口相覆：小生不忘金诺[25]也。"妪反命。女益奇之，故使婢泄其情于母。母审之确，乃曰："此子才名亦不恶，但有相如之贫[26]。择数年得婿若此，恐将为[27]显者笑。"女以履故，矢不他。翁媪从之。驰报生。生喜，疾顿瘳。翁议赘诸家。女曰："婿不可久处岳家。况郎又贫，久益为人贱。儿既诺之，处蓬茅而甘藜藿[28]，不怨也。"生乃亲迎[29]成礼，相逢如隔世欢。

自是家得奁妆，小阜，颇增物产。而生痴于书，不知理家人生业；女善居积，亦不以他事累生。居三年，家益富。生忽病消渴[30]，卒。女哭之痛，泪眼不晴，至绝眠食。劝之不纳，乘夜自经。婢觉之，急救而醒，终亦不食。三日，集亲党，将以殓生。闻棺中呻以息，启之，已复活。自言："见冥王，以生平朴诚，命作部曹[31]。忽有人白：'孙部曹之妻将至。'王稽鬼录，言：'此未应便死。'又白：'不食三日矣。'王顾谓：'感汝妻节义，姑赐再生。'因使驭卒控马送余还。"由此体渐平。值岁大比[32]，入闱之前，诸少年玩弄之，共拟隐僻之题七，引生僻处与语，言："此某家关节[33]，敬秘相授。"生信之，昼夜揣摩，制成七艺[34]。众隐笑之。时典试者[35]虑熟题有蹈袭弊，力反常经[36]。题纸下，七艺皆符。生以是抡魁[37]。明年，举进士，授词林[38]。上闻异，召问之。生具启奏。上大嘉悦。后召见阿宝，赏赉有加焉。

异史氏曰："性痴则其志凝[39]，故书痴者文必工，艺痴者技必良；世之落拓而无成者，皆自谓不痴者也。且如粉花荡产，卢雉倾家[40]，顾痴人事哉，以是知慧黠而过，乃是真痴，彼孙子何痴乎！"

作者简介：

蒲松龄（1640—1715），又名柳泉居士，聊斋先生，字留仙，一字剑臣，别号柳泉居士，世称聊斋先生，山东淄川（今淄博）人。早岁即有文名，深为施闰章、王士禛所重。屡应省试，皆落第，年七十一岁始成贡生。除中年一度作幕于宝应，居乡以塾师终老。家境贫困，接触底层人民生活。能诗文，善作俚曲。曾以数十年时间，写成短篇小说集《聊斋志异》，并不断修改增补。其书运用唐传奇小说文体，通过谈狐说鬼方式，对当时的社会、政治多所批判。《聊斋志异》是一部优秀的文言短篇小说集，是我国文言短篇小说的高峰。

【注释】

选自《聊斋志异》卷二。本文通过孙子楚痴情追求阿宝的故事，赞颂了爱情的伟大与美好，同时又对孙子楚专一赤诚的品质予以了高度评价。作品继承了我国志怪小说中离魂爱情故事的传统，并有创新拓展，离魂的主人公由传统的女性变而为男性，离魂的形式奇异生动，令人耳目一新。

①粤西：约当今广西壮族自治区。粤，古百粤之地，辖今广东、广西地区。

②枝（qí）指：歧指，骈指。俗称"六指"。

③赪（chēng）颜：脸红。赪，红色。

④貌：形容。

⑤相邮传作丑语：互相传扬，当作丑话。邮传，古时传递文书的驿站，此指传播。

⑥埒（liè）富：同样富有。埒，相等。

⑦委禽妆：致送订婚聘礼。委，送。禽，指雁。古时纳采用雁，因称"委禽"或"委禽妆"。《左传·昭公元年》："郑，徐吾犯之妹美，公孙楚聘之矣；公孙黑又使强委禽焉。"杜预注："禽，雁也，纳采用雁。"委，据 二十四卷抄本，底本作"为"。

⑧失俪：丧妻。

⑨ 归之：嫁给他。古时女子出嫁曰归。

⑩ 恣其月旦：肆意评论。《后汉书·许劭传》：东汉许劭与其堂兄许靖，“好共覈论乡党人物，每月辄更其品题，故汝南俗称‘月旦评’焉”。后因称品评人物为月旦评，或省作“月旦”。

⑪ 可人：意中人。

⑫ 适：据二十四卷抄本补。

⑬ 招：招魂。

⑭ 效：据二十四卷抄本补。

⑮ 馁：饿。

⑯ 休休（xū xū）：同“咻咻”，喘气声。澌灭：停止；尽。

⑰ 故服、草荐：平日穿的衣服和卧席，均是招魂的迷信用具。

⑱ 历言不爽：说来，毫无差错。

⑲ 浴佛节：即佛诞节，纪念释迦诞生的节日。佛寺届时举行诵经 法会，并根据佛降生时龙喷香雨的传说，以各种名香浸水浴洗佛像，并供养 香花灯烛茶果珍馐。中国汉族地区，一般以农历四月初八日为释迦诞辰。

⑳ 掺（xiān）手：犹纤手。《诗·魏风·葛屦》：“掺掺女手，可以缝裳。”掺，纤细。

㉑ 子：据二十四卷抄本补。

㉒ 已篆中心：深记于内心。篆，铭刻。

㉓ 瞷，同瞷（jiàn）：看视。

㉔ 束双弯：指缠足。

㉕ 金诺：对别人诺言的敬称。金：表示珍贵。

㉖ 相如之贫：喻贫穷而有才华。汉代司马相如有才名，与富人之女卓文君结好，卓父却嫌憎相如贫穷，事见《史记·司马相如列传》。

㉗ 为：据二十四卷抄本，底本作“得”。

㉘处蓬茅而甘藜藿：住茅舍，吃野菜，都甘心情愿。蓬茅，茅屋。甘，乐意。藜藿，野菜，指粗茶淡饭。

㉙ 亲迎：古婚礼之一，新婿亲至女家迎娶，见《仪礼·士昏礼》。《清通礼》：“迎亲日，婿公服率仪从、妇舆等至女家。奠雁毕，乘马先竣于门。妇至，降舆，婿引导入室，行交拜合卺礼。”

㉚ 病消渴：患糖尿病。

㉛ 部曹：古时中央各部分科办事，其属官泛称部曹。此指冥府某部属官。

㉜ 大比：明清两代每三年举行一次乡试，称“大比”。

㉝ 关节：应试者行贿主考谋求考中，称“关节”。这里指贿买得到的试题。

㉞ 七艺：此指七篇应试文章。乡试初场考试有七道试题，包括“四书”义三道，“五经”义四道。

㉟ 典试者：主考官员。典，掌管。

㊱ 力反常经：极力打破常规。经，常，常道。

㊲ 抡魁：选为第一。抡，选拔。魁，首，指榜首。

㊳ 授词林：授官翰林。词林，即翰林。明初建翰林院，额曰“词林”，故以之为翰林院的别称。

㊴ 凝：据二十四卷抄本，原作“痴”。

㊵ 粉花荡产，卢雉倾家：意谓因嫖赌而倾家荡产。粉花，脂粉烟花，指女色。卢雉，呼卢喝雉，指赌博。卢和雉都是古代博戏中的胜彩。

思考与练习题：

1. 作品充分运用了想象，对孙子楚追求阿宝痴情作了十分细致的描写和渲染，离魂的主人公由传统的女性变而为男性，这对于凸显孙子楚的性格及表达主题思想有何作用？

2. 蒲松龄《聊斋志异》云：“集腋为裘，妄续幽冥之录；浮白载笔，仅成孤愤之书；寄托如此，亦足悲矣！嗟乎！惊霜寒雀，抱树无温；吊月秋虫，偎阑自热。知我者，其在青林黑塞间乎！”试结合蒲松龄的生平遭遇谈谈作者塑造孙子楚形象的用意。

左忠毅公逸事

方苞

先君子[①]尝言：乡先辈左忠毅公视学京畿[②]，一日，风雪严寒，从数骑出微行，入古寺，庑下[③]一生伏案卧，文方成草；公阅毕，即解貂[④]覆生，为掩户。叩之寺僧，则史公可法[⑤]也。及试，吏呼名至史公，公瞿然[⑥]注视，呈卷，即面署第一。召入，使拜夫人，曰："吾诸儿碌碌，他日继吾志者，惟此生耳。"

及左公下厂狱[⑦]，史朝夕狱门外，逆阉防伺甚严，虽家仆不得近。久之，闻左公被炮烙[⑧]，旦夕且死；持五十金，涕泣谋于禁卒，卒感焉。一日，使史更敝衣草屦，背筐，手长镵[⑨]，为除不洁者。引入，微指左公处，则席地倚墙而坐，面额焦烂不可辨，左膝以下，筋骨尽脱矣。史前跪，抱公膝而呜咽。公辨其声而目不可开，乃奋臂以指拨眦，目光如炬，怒曰："庸奴！此何地也？而汝来前！国家之事，糜烂至此。老夫已矣，汝复轻身而昧[⑩]大义，天下事谁可支柱者！不速去，无俟奸人构陷，吾今即扑杀汝！"因摸地上刑械，作投击势。史噤不敢发声，趋而出。后常流涕述其事，以语人曰："吾师肺肝，皆铁石所铸造也！"

崇祯末，流贼张献忠出没蕲、黄、潜、桐间[⑪]。史公以凤庐道奉檄守御[⑫]。每有警，辄数月不就寝，使壮士更休，而自坐幄幕外。择健卒十人，令二人蹲踞而背倚之，漏鼓移[⑬]，则番代[⑭]。每寒夜起立，振衣裳，甲上冰霜迸落，铿然有声。或劝以少休，公曰："吾上恐负朝廷，下恐愧吾师也。"

史公治兵，往来桐城，必躬造[⑮]左公第，候太公、太母起居[⑯]，拜夫人于堂上。

余宗老涂山[⑰]，左公甥也，与先君子善，谓狱中语，乃亲得之于史公云。

作者简介：

方苞（1668—1749）字凤九，号灵皋，桐城（今安徽桐城市）人。康熙年间进士，官至礼部侍郎。方苞是清代桐城派散文的创始人，并以自己的创作实践，奠定了桐城派的基础。他主张文章的内容应要尊经载道，文章的形式技巧要合规矩法度，认为内容和形式应完美结合，用词要“雅洁”。著有《方望溪全集》、《春秋通论》等。

【注释】

《左忠毅公逸事》是一篇传记体散文，文中所写的左忠毅，即左光斗，万历进士，官至左佥都御史。天启四年，因反魏忠贤被诬下狱，死于狱中。后追谥“忠毅”。文章叙事简洁，人物传神，内容感人。

①先君子：作者称已去世之父亲方仲舒。

②视学京畿：负责京城附近地区的学政。京畿，指京城所辖地区。

③庑（wǔ）下：廊屋下。

④解貂：脱下貂皮外衣。

⑤史可法：字宪之，明末祥符（今河南开封）人。崇祯年间进士，历任西安府推官、右佥都御史、南京兵部尚书。南明弘光时，赴扬州抗清，以身殉城。

⑥瞿然：惊视貌。

⑦厂狱：明代东厂监狱。东厂是明代特务机构，多由太监掌管。

⑧炮烙：用烧红的铁烙犯人的酷刑。

⑨手长镵（chǎn）：手持长柄铲子。镵，同“铲”。

⑩昧：不明，糊涂。

⑪张献忠：明末农民起义领袖。清顺治三年战死。蕲（qí）：今湖北蕲春。黄：今湖北黄冈。潜：今安徽潜山。桐：今安徽桐城。

⑫凤庐道：统辖凤阳府、庐州府的道员。檄：用于讨伐或征召的文书。

⑬漏鼓移：指过了一个更次。漏，计时的漏壶。鼓，军中报时的更鼓。

⑭番代：替换。

⑮躬造：亲自拜访。躬，身体，引申为亲身。造，拜访。

⑯“候太公”句：指问候左光斗父母饮食寝兴等日常生活状况。

⑰宗老：同宗中的前辈。涂山：方文，字尔止，号涂山，明遗民。方苞族祖父。

思考与练习题：

1. 作者是从哪几个方面来刻画人物的？
2. 找出文中的几处细节描写，谈谈它们在文中所起的作用？
3. 分析本文的结构特点。

中国现当代文学

风　波①

鲁　迅

临河的土场上，太阳渐渐的收了他通黄的光线了。场边靠河的乌桕树叶，干巴巴的才喘过气来，几个花脚蚊子在下面哼着飞舞。面河的农家的烟突里，逐渐减少了炊烟，女人孩子们都在自己门口的土场上泼些水，放下小桌子和矮凳；人知道，这已经是晚饭的时候了。

老人男人坐在矮凳上，摇着大芭蕉扇闲谈，孩子飞也似的跑，或者蹲在乌桕树下赌玩石子。女人端出乌黑的蒸干菜和松花黄的米饭，热蓬蓬冒烟。河里驶过文人的酒船，文豪见了，大发诗兴，说，"无思无虑，这真是田家乐呵！"

但文豪的话有些不合事实，就因为他们没有听到九斤老太的话。这时候，九斤老太正在大怒，拿破芭蕉扇敲着凳脚说：

"我活到七十九岁了，活够了，不愿意眼见这些败家相，——还是死的好。立刻就要吃饭了，还吃炒豆子，吃穷了一家子！"

伊的曾孙女儿六斤捏着一把豆，正从对面跑来，见这情形，便直奔河边，藏在乌桕树后，伸出双丫角的小头，大声说，"这老不死的！"

九斤老太虽然高寿，耳朵却还不很聋，但也没有听到孩子的话，仍旧自己说，"这真是一代不如一代！"

这村庄的习惯有点特别，女人生下孩子，多喜欢用秤称了轻重，便用斤数当作小名。九斤老太自从庆祝了五十大寿以后，便渐渐的变了不平家，常说伊年青的时候，天气没有现在这般热，豆子也没有现在这般硬；总之现在的时世是不对了。何况六斤比伊的曾祖，少了三斤，比伊父亲七斤，又少了一斤，这真是一条颠扑不破的实例。所以伊又用劲说，"这真是一代不如一代！"

伊的儿媳②七斤嫂子正捧着饭篮走到桌边，便将饭篮在桌上一摔，愤愤的说，"你老人家又这么说了。六斤生下来的时候，不是六斤五两么？你家的秤又是私秤，加重称，十八两秤；用了准十六，我们的六斤该有七斤多哩。我想便是太公和公公，也不见得正是九斤八斤十足，用的秤也许是十四两……"

“一代不如一代!”

七斤嫂还没有答话，忽然看见七斤从小巷口转出，便移了方向，对他嚷道，“你这死尸怎么这时候才回来，死到那里去了！不管人家等着你开饭!”

七斤虽然住在农村，却早有些飞黄腾达的意思。从他的祖父到他，三代不捏锄头柄了；他也照例的帮人撑着航船，每日一回，早晨从鲁镇进城，傍晚又回到鲁镇，因此很知道些时事：例如什么地方，雷公劈死了蜈蚣精；什么地方，闺女生了一个夜叉之类。他在村人里面，的确已经是一名出场人物了。但夏天吃饭不点灯，却还守着农家习惯，所以回家太迟，是该骂的。

七斤一手捏着象牙嘴白铜斗六尺多长的湘妃竹烟管，低着头，慢慢地走来，坐在矮凳上。六斤也趁势溜出，坐在他身边，叫他爹爹。七斤没有应。

“一代不如一代!”九斤老太说。

七斤慢慢地抬起头来，叹一口气说，“皇帝坐了龙庭了。”

七斤嫂呆了一刻，忽而恍然大悟的道，“这可好了，这不是又要皇恩大赦了么!”

七斤又叹一口气，说，“我没有辫子[3]。”

“皇帝要辫子么?”

“皇帝要辫子。”

“你怎么知道呢?”七斤嫂有些着急，赶忙的问。

“咸亨酒店里的人，都说要的。”

七斤嫂这时从直觉上觉得事情似乎有些不妙了，因为咸亨酒店是消息灵通的所在。伊一转眼瞥见七斤的光头，便忍不住动怒，怪他恨他怨他；忽然又绝望起来，装好一碗饭，搡在七斤的面前道，“还是赶快吃你的饭罢！哭丧着脸，就会长出辫子来么?”

太阳收尽了他最末的光线了，水面暗暗地回复过凉气来；土场上一片碗筷声响，人人的脊梁上又都吐出汗粒。七斤嫂吃完三碗饭，偶然抬起头，心坎里便禁不住突突地发跳。伊透过乌桕叶，看见又矮又胖的赵七爷正从独木桥上走来，而且穿着宝蓝色竹布的长衫。

赵七爷是邻村茂源酒店的主人，又是这三十里方圆以内的唯一的出色人物兼学问家；因为有学问，所以又有些遗老的臭味。他有十多本金圣叹批评的《三国志》[4]，时常坐着一个字一个字的读；他不但能说出五虎将姓名，甚而至于还知道黄忠表字汉升和马超表字孟起。革命以后，他便将辫子盘在顶上，像道士一般；常常叹息说，倘若赵子龙在世，天下便不会乱到这地步了。七斤嫂眼睛好，早望见今天的赵七爷已经不是道士，却变成光滑头皮，乌黑发顶；伊便知道这一定是皇帝坐了龙庭，而且一定须有辫子，而且七斤一定是非常危险。因为赵七爷的这件竹布长衫，轻易是不常穿的，三年以来，只穿过两次：一次是和他呕气的麻子阿四病了的时候，一次是曾经砸烂他酒店的鲁大爷死了的时候；现在是第三次了，这一定又是于他有庆，于他的仇家有殃了。

七斤嫂记得，两年前七斤喝醉了酒，曾经骂过赵七爷是"贱胎"，所以这时便立刻直觉到七斤的危险，心坎里突突地发起跳来。

赵七爷一路走来，坐着吃饭的人都站起身，拿筷子点着自己的饭碗说，"七爷，请在我们这里用饭！"七爷也一路点头，说道"请请"，却一径走到七斤家的桌旁。七斤连忙招呼，七爷也微笑着说"请请"，一面细细的研究他们的饭菜。

"好香的菜干，——听到了风声了么？"赵七爷站在七斤的后面七斤嫂的对面说。

"皇帝坐了龙庭了。"七斤说。

七斤嫂看着七爷的脸，竭力陪笑道，"皇帝已经坐了龙庭，几时皇恩大赦呢？"

"皇恩大赦？——大赦是慢慢的总要大赦罢。"七爷说到这里，声色忽然严厉起来，"但是你家七斤的辫子呢，辫子？这倒是要紧的事。你们知道：长毛⑤时候，留发不留头，留头不留发……"

七斤和他的女人没有读过书，不很懂得这古典的奥妙，但觉得有学问的七爷这么说，事情自然非常重大，无可挽回，便仿佛受了死刑宣告似的，耳朵里嗡的一声，再也说不出一句话。

"一代不如一代，——"九斤老太正在不平，趁这机会，便对赵七爷说，"现在的长毛，只是剪人家的辫子，僧不僧，道不道的。从前的长毛，这样的么？我活到七十九岁了，活够了。从前的长毛是——整匹的红缎子裹头，拖下去，拖下去，一直拖到脚跟；王爷是黄缎子，拖下去，黄缎子；红缎子，黄缎子，——我活够了，七十九岁了。"

七斤嫂站起身，自言自语的说，"这怎么好呢？这样的一班老小，都靠他养活的人……"

赵七爷摇头道，"那也没法。没有辫子，该当何罪，书上都一条一条明明白白写着的。不管他家里有些什么人。"

七斤嫂听到书上写着，可真是完全绝望了；自己急得没法，便忽然又恨到七斤。伊用筷子指着他的鼻尖说，“这死尸自作自受！造反的时候，我本来说，不要撑船了，不要上城了。他偏要死进城去，滚进城去，进城便被人剪去了辫子。从前是绢光乌黑的辫子，现在弄得僧不僧道不道的。这囚徒自作自受，带累了我们又怎么说呢？这活死尸的囚徒……”

村人看见赵七爷到村，都赶紧吃完饭，聚在七斤家饭桌的周围。七斤自己知道是出场人物，被女人当大众这样辱骂，很不雅观，便只得抬起头，慢慢地说道：

“你今天说现成话，那时你……”

“你这活死尸的囚徒……”

看客中间，八一嫂是心肠最好的人，抱着伊的两周岁的遗腹子，正在七斤嫂身边看热闹；这时过意不去，连忙解劝说，“七斤嫂，算了罢。人不是神仙，谁知道未来事呢？便是七斤嫂，那时不也说，没有辫子倒也没有什么丑么？况且衙门里的大老爷也还没有告示……”

七斤嫂没有听完，两个耳朵早通红了；便将筷子转过向来，指着八一嫂的鼻子，说，“阿呀，这是什么话呵！八一嫂，我自己看来倒还是一个人，会说出这样昏诞胡涂话么？那时我是，整整哭了三天，谁都看见；连六斤这小鬼也都哭……”六斤刚吃完一大碗饭，拿了空碗，伸手去嚷着要添。七斤嫂正没好气，便用筷子在伊的双丫角中间，直扎下去，大喝道，“谁要你来多嘴！你这偷汉的小寡妇！”

扑的一声，六斤手里的空碗落在地上了，恰巧又碰着一块砖角，立刻破成一个很大的缺口。七斤直跳起来，捡起破碗，合上检查一回，也喝道，“入娘的！”一巴掌打倒了六斤。六斤躺着哭，九斤老太拉了伊的手，连说着“一代不如一代”，一同走了。

八一嫂也发怒，大声说，“七斤嫂，你‘恨棒打人’……”

赵七爷本来是笑着旁观的；但自从八一嫂说了“衙门里的大老爷没有告示”这话以后，却有些生气了。这时他已经绕出桌旁，接着说，“‘恨棒打人’，算什么呢。大兵是就要到的。你可知道，这回保驾的是张大帅[6]，张大帅就是燕人张翼德的后代，他一支丈八蛇矛，就有万夫不当之勇，谁能抵挡他，”他两手同时捏起空拳，仿佛握着无形的蛇矛模样，向八一嫂抢进几步道，“你能抵挡他么！”

八一嫂正气得抱着孩子发抖，忽然见赵七爷满脸油汗，瞪着眼，准对伊冲过来，便十分害怕，不敢说完话，回身走了。赵七爷也跟着走去，众人一面怪八一嫂多事，一面让开路，几个剪过辫子重新留起的便赶快躲在人丛后面，怕他看见。赵七爷也不细心察访，通过人丛，忽然转入乌桕树后，说道“你能抵挡他么！”跨上独木桥，扬长去了。

村人们呆呆站着，心里计算，都觉得自己确乎抵不住张翼德，因此也决定七斤便要没有性命。七斤既然犯了皇法，想起他往常对人谈论城中的新闻的时候，就不该含着长烟管显出那般骄傲模样，所以对七斤的犯法，也觉得有些畅快。他们也仿佛想发些议论，却又觉得没有什么议论可发。嗡嗡的一阵乱嚷，蚊子都撞过赤膊身子，闯到乌桕树下去做市；他们也就慢慢地走散回家，关上门去睡觉。七斤嫂咕哝着，也收了家伙和桌子矮凳回家，关上门睡觉了。

七斤将破碗拿回家里，坐在门槛上吸烟；但非常忧愁，忘却了吸烟，象牙嘴六尺多长湘妃竹烟管的白铜斗里的火光，渐渐发黑了。他心里但觉得事情似乎十分危急，也想想些方法，想些计画，但总是非常模糊，贯穿不得：“辫子呢辫子？丈八蛇矛。一代不如一代！皇帝坐龙庭。破的碗须得上城去钉好。谁能抵挡他？书上一条一条写着。入娘的！……”

第二日清晨，七斤依旧从鲁镇撑航船进城，傍晚回到鲁镇，又拿着六尺多长的湘妃竹烟管和一个饭碗回村。他在晚饭席上，对九斤老太说，这碗是在城内钉合的，因为缺口大，所以要十六个铜钉，三文一个，一总用了四十八文小钱。

九斤老太很不高兴的说，“一代不如一代，我是活够了。三文钱一个钉；从前的钉，这样的么？从前的钉是……我活了七十九岁了，——”

此后七斤虽然是照例日日进城，但家景总有些黯淡，村人大抵回避着，不再来听他从城内得来的新闻。七斤嫂也没有好声气，还时常叫他“囚徒”。

过了十多日，七斤从城内回家，看见他的女人非常高兴，问他说，“你在城里可听到些什么？”

“没有听到些什么。”

“皇帝坐了龙庭没有呢？”

“他们没有说。”

“咸亨酒店里也没有人说么？”

“也没人说。”

“我想皇帝一定是不坐龙庭了。我今天走过赵七爷的店前，看见他又坐着念书了，辫子又盘在顶上了，也没有穿长衫。”

“…………”

“你想，不坐龙庭了罢?”

“我想，不坐了罢。”

现在的七斤，是七斤嫂和村人又都早给他相当的尊敬，相当的待遇了。到夏天，他们仍旧在自家门口的土场上吃饭；大家见了，都笑嘻嘻的招呼。九斤老太早已做过八十大寿，仍然不平而且健康。六斤的双丫角，已经变成一支大辫子了；伊虽然新近裹脚，却还能帮同七斤嫂做事，捧着十八个铜钉[⑦]的饭碗，在土场上一瘸一拐的往来。

一九二〇年十月。[⑧]

作者简介：

鲁迅（1881—1936）原名周树人，字豫才，浙江绍兴人。中国现代文学的奠基人。青年时代留学日本，后弃医从文，开始文学创作和翻译活动。1918年5月，首次用“鲁迅”的笔名，在《新青年》上发表第一篇白话小说《狂人日记》。有小说集《呐喊》《彷徨》《故事新编》，散文诗集《野草》、散文集《朝花夕拾》以及十多部杂文集。

【注释】

《风波》借张勋复辟为背景，以鲁镇七斤家里的一场小小风波，写出了乡村社会的死水微澜，深刻地揭示了一群“愚弱的国民”的精神面貌：七斤没有辫子后的惶恐与茫然；赵七爷的幸灾乐祸；九斤老太的陈腐、保守和狭隘等。

①本篇最初发表于1920年9月《新青年》月刊第八卷第一号，后收入《呐喊》。

②伊的儿媳：从上下文看，这里的“儿媳”应是“孙媳”。

③辫子：清朝初年统治者曾强令各民族按满族习俗，男子剃发留辫，即剃去头顶前部头发，后部结辫子垂在脑后。辛亥革命后，这一习俗逐渐改变。

④金圣叹批评的《三国志》：指小说《三国演义》。金圣叹（1609—1661），明末清初文人，曾批注《水浒》、《西厢记》等书，他把所加的序文、读法和评语等称为“圣叹外书”。《三国演义》是元末明初罗贯中所著，后经清代毛宗岗改编，附加评语，卷首有假托为金圣叹所作的序，首回前亦有“圣叹外书”字

样，通常就都把这评语认为金圣叹所作。

⑤长毛：指太平天国起义军。他们不剃发不留辫，表示对清朝的反抗，被称为“长毛”。

⑥张大帅：指张勋（1854—1923），江西奉新人，北洋军阀之一。原为清朝军官，辛亥革命后，他和所部官兵仍留着辫子，表示忠于清王朝，被称为辫子军。一九一七年七月一日他在北京扶持清废帝溥仪复辟，七月十二日即告失败。

⑦十八个铜钉：据上文应是“十六个”。作者在一九二六年十一月二十三日致李霁野的信中曾说：“六斤家只有这一个钉过的碗，钉是十六或十八，我也记不清了。总之两数之一是错的，请改成一律。”

⑧根据《鲁迅日记》，本篇应该写于一九二〇年八月五日。

思考与练习题

1. 分析小说的开头和结尾的场面描写与主题的关系。
2. 《风波》里刻画了哪几种不同类型的人物？他们各有什么代表性？
3. 这场辫子“风波”，反映了当时的中国农民怎样的心理状态？

炉中煤

——眷念祖国的情绪

郭沫若

啊，我年青的女郎！
我不辜负你的殷勤，
你也不要辜负了我的思量。
我为我心爱的人儿
燃到了这般模样！

啊，我年青的女郎！
你该知道了我的前身？
你该不嫌我黑奴卤莽？
要我这黑奴的胸中，
才有火一样的心肠。

啊，我年青的女郎！
我想我的前身
原本是有用的栋梁，
我活埋在地底多年，
到今朝才得重见天光。

啊，我年青的女郎！
我自从重见天光，
我常常思念我的故乡，
我为我心爱的人儿
燃到了这般模样！

作者简介：

郭沫若（1892—1978），原名郭开贞，笔名沫若。诗人、剧作家、古文字学家。四川乐山人。1919到1920年之交，创作完成第一本诗集——《女神》，成为中国新诗的奠基人。主要作品有：诗集《女神》《星空》《瓶》等；散文《我的幼年》《创造十年》《北伐途次》等；戏剧《三个叛逆的女性》《屈原》《虎符》《棠棣之花》等；另有《沫若诗词选》及翻译歌德的《浮士德》等。

【注释】

《炉中煤》写于1920年初，是一首饱含眷念祖国情绪的抒情诗。诗人采取拟人的手法，吸取了我国传统诗歌的精华，继承和发扬屈原《离骚》中美人香草之喻，把祖国比做“女郎”，以表达对祖国深深的眷念之情。而以“煤”自喻，则是寄寓着诗人以身许国、积极进取的爱国情怀。

思考与练习题：

1. 一般诗歌常把“祖国”比做母亲，而此诗却将“祖国”比做自己热恋的女郎，这样的构思妙在何处？请根据你的理解做简要分析。
2. 谈谈该诗的意蕴。
3. 托物言志是中国诗歌创作的传统表现手法。请分析该诗是如何运用这种传统表现手法创出新意的？

故乡的野菜

周作人

我的故乡不止一个，我住过的地方都是故乡。故乡对于我并没有什么特别的情分，只因钓于斯游于斯的关系，朝夕会面，遂成相识，正如乡村里的邻舍一样，虽然不是亲属，别后有时也要想念到他。我在浙东住过十几年，南京东京都住过六年，这都是我的故乡；现在住在北京，于是北京就成了我的家乡了。

日前我的妻往西单市场买菜回来，说起有荠菜在那里卖着，我便想起浙东的事来。荠菜是浙东人春天常吃的野菜，乡间不必说，就是城里只要有后园的人家都可以随便采食，妇女小儿各拿一把剪刀一只"苗篮"[①]，蹲在地上搜寻，是一种有趣味的游戏的工作。那时小孩们唱到，"荠菜马兰头，姊姊嫁在后门头。"后来马兰头有乡人拿来进城售卖了，但荠菜还是一种野菜，须得自家去采。关于荠菜向来颇有风雅的传说。不过这似乎以吴地为主。《西湖游览志》云，"三月三日男女皆戴荠菜花。谚云，三春戴荠花，桃李羞繁华。"顾禄的《清嘉录》上亦说，"荠菜花俗呼野菜花，因谚有三月三蚂蚁上灶山之语，三日人家皆以野菜花置灶陉上，以厌蚁虫。清晨村童叫卖不绝。或妇女簪髻[②]上以祈清目，俗号眼亮花。"但浙东人却不很理会这些事情，只挑来作菜或炒年糕吃罢了。

黄花麦果通称鼠曲草，系菊科植物，叶小微圆互生，表面有白毛，花黄色，簇生梢头。春天采嫩叶，捣烂去汁，和粉作糕，称花黄麦果糕。小孩们有歌赞美之云：

黄花麦果韧结结[③]，
关得大门自要吃：
半块拿弗出，一块自要吃。

清明前后扫墓时，有些人家——大约是保存古风的人家——用黄花麦果作供，但不作饼状，做成小颗如指顶大，或细条如小指，以五六个作一攒，名曰蚕果，不知是什么意思，或因蚕上山时设祭，也用这种食品，故有是称，亦未可知。自从十二三岁时外出不参与外祖家扫墓以后，不复见过蚕果，近来住在北京，也不再见过黄花麦果的影子了。日本称作“御形”，与荠菜同为春的七草[4]之一，也采来作点心用，状如艾饺，名曰“草饼”，春分前后多食之，在北京也有，但是吃去总是日本风味，不复是儿时的黄花麦果糕了。

扫墓时候所常吃的还有一种野菜，俗名草紫，通称紫云英。农人在收获后，播种田内，用作肥料，是一种很被贱视的植物，但采取嫩茎瀹食[5]，味颇鲜美，似豌豆苗。花紫红色，数十亩接连不断，一片锦绣，如铺着华美的地毯，非常好看，而且花朵状如蝴蝶，又如鸡雏，尤为小孩喜爱。间有白色的花，相传可以治痢，很是珍重，但不易得。日本《俳句[6]大辞典》云，“此草与蒲公英同是习见的东西，从幼年时代便已熟识。在女人里边，不曾采过紫云英的人，恐未必有罢。”中国古来没有花环，但紫云英的花球却是小孩常玩的东西，这一层我还替那些小人们[7]欣幸的。浙东扫墓用鼓吹，所以少年们常随了音乐去看“上坟船里的姣姣[8]”，没有钱的人家虽没有鼓吹，但是船头上蓬窗下总露出些紫云英和杜鹃的花束，这也就是上坟船的确实的证据了。

十三年二月

作者简介：

周作人（1885—1967），原名櫆寿，字星杓，后改名奎缓，自号起孟、启明（又作岂明）、知堂等，笔名仲密、药堂、周遐寿等。浙江绍兴人，新文化运动的重要代表人物。提倡写称之为“美文”的艺术性散文。这类散文简明真实，风格平和冲淡。主要著作有散文集《自己的园地》《雨天的书》《泽泻集》《谈龙集》《谈虎集》《苦茶随笔》等，诗集《过去的生命》，小说集《孤儿记》，论著《欧洲文学史》，回忆录《知堂回想录》，另有多种译作。

【注释】

本文创作于1924年2月，发表于同年4月5日的《晨报副刊》。文章旁征博引，充满雅趣。将对故乡眷念之情抒写得平和蕴藉，深得绚烂之极归于平淡之真谛，体现了周作人美文的风致。

①苗篮：小竹篮。

②簪髻（zān jī）：用簪子把花插在发髻上。

③韧结结：结实，有韧性。

④七草：日本自古流传着春之七草和秋之七草的说法。其中春之七草最初

跟节日有关，指在春季为了保持健康而食用的七种传统草药，一般用来煮粥，它们是荠菜、芹菜、鼠麴草（御行）、鸡肠草（佛座）、繁缕、菘、萝卜。

⑤瀹（yuè）食：煮来食用。

⑥俳句：日本的一种短诗，以十七个音节为一首，首句五个音，中句七个音，末句五个音。

⑦小人们：古代指地位低下的人，也泛指人格卑鄙的人，本文指的是乡间小孩。

⑧姣姣；长相美好的女子。

思考与练习题：

1. 本文的雅趣有哪些表现？

2. 对比阅读何其芳的《黄昏》，谈谈两篇散文风格上的区别，你个人喜欢哪一篇？为什么？

3. 简述周作人“美文”的艺术特色。

桨声灯影里的秦淮河

朱自清

一九二三年八月的一晚，我和平伯[①]同游秦淮河；平伯是初泛，我是重来了。我们雇了一只“七板子”，在夕阳已去，皎月方来的时候，便下了船。于是桨声汩——汩，我们开始领略那晃荡着蔷薇色的历史的秦淮河的滋味了。

秦淮河里的船，比北京万甡园，颐和园的船好，比西湖的船好，比扬州瘦西湖的船也好。这几处的船不是觉着笨，就是觉着简陋、局促；都不能引起乘客们的情韵，如秦淮河的船一样。秦淮河的船约略可分为两种：一是大船；一是小船，就是所谓“七板子”。大船舱口阔大，可容二三十人。里面陈设着字画和光洁的红木家具，桌上一律嵌着冰凉的大理石面。窗格雕镂颇细，使人起柔腻之感。窗格里映着红色蓝色的玻璃；玻璃上有精致的花纹，也颇悦人目。“七板子”规模虽不及大船，但那淡蓝色的栏干，空敞的舱，也足系人情思。而最出色处却在它的舱前。舱前是甲板上的一部。上面有弧形的顶，两边用疏疏的栏干支着。里面通常放着两张藤的躺椅。躺下，可以谈天，可以望远，可以顾盼两岸的河房。大船上也有这个，便在小船上更觉清隽罢了。舱前的顶下，一律悬着灯彩；灯的多少，明暗，彩苏的精粗，艳晦，是不一的。但好歹总还你一个灯彩。这灯彩实在是最能钩人的东西。夜幕垂垂地下来时，大小船上都点起灯火。从两重玻璃里映出那辐射着的黄黄的散光，反晕出一片朦胧的烟霭；透过这烟霭，在黯黯的水波里，又逗起缕缕的明漪。在这薄霭和微漪里，听着那悠然的间歇的桨声，谁能不被引入他的美梦去呢？只愁梦太多了，这些大小船儿如何载得起呀？我们这时模模糊糊的谈着明末的秦淮河的艳迹，如《桃花扇》及《板桥杂记》[②]里所载的。我们真神往了。我们仿佛亲见那时华灯映水，画舫凌波的光景了。于是我们的船便成了历史的重载了。我们终于恍然秦淮河的船所以雅丽过于他处，而又有奇异的吸引力的，实在是许多历史的影象使然了。

秦淮河的水是碧阴阴的；看起来厚而不腻，或者是六朝金粉[③]所凝么？我们初上船的时候，天色还未断黑，那漾漾的柔波是这样的恬静，委婉，使我们一面有水阔天空之想，一面又憧憬着纸醉金迷之境了。等到灯火明时，阴阴的变为沉沉了：黯淡的水光，像梦一般；那偶然闪烁着的光芒，就是梦的眼睛了。我们坐在舱前，因了那隆起的顶棚，仿佛总是昂着首向前走着似的；于是飘飘然如御风而行的我们，看着那些自在的湾泊着的船，船里走马灯般的人物，便像是下界一般，迢迢的远了，又像在雾里看花，尽朦朦胧胧的。这时我们已过了利涉桥，望见东关头了。沿路听见断续的歌声：有从沿河的妓楼飘来的，有从河上船里度来的。我们明知那些歌声，只是些因袭的言词，从生涩的歌喉里机械的发出来的；但它们经了夏夜的微风的吹漾和水波的摇拂，袅娜着到我们耳边的时候，已经不单是她们的歌声，而混着微风和河水的密语了。于是我们不得不被牵惹着，震撼着，相与浮沉于这歌声里了。从东关头转湾，不久就到大中桥。大中桥共有三个桥拱，都很阔大，俨然是三座门儿；使我们觉得我们的船和船里的我们，在桥下过去时，真是太无颜色了。桥砖是深褐色，表明它的历史的长久；但都完好无缺，令人太息于古昔工程的坚美。桥上两旁都是木壁的房子，中间应该有街路？这些房子都破旧了，多年烟熏的迹，遮没了当年的美丽。我想象秦淮河的极盛时，在这样宏阔的桥上，特地盖了房子，必然是髹漆[4]得富富丽丽的；晚间必然是灯火通明的。现在却只剩下一片黑沉沉！但是桥上造着房子，毕竟使我们多少可以想见往日的繁华；这也慰情聊胜无了。过了大中桥，便到了灯月交辉，笙歌彻夜的秦淮河；这才是秦淮河的真面目哩。

大中桥外，顿然空阔，和桥内两岸排着密密的人家的大异了。一眼望去，疏疏的林，淡淡的月，衬着蓝蔚的天，颇像荒江野渡光景；那边呢，郁丛丛的，阴森森的，又似乎藏着无边的黑暗：令人几乎不信那是繁华的秦淮河了。但是河中眩晕着的灯光，纵横着的画舫，悠扬着的笛韵，夹着那吱吱的胡琴声，终于使我们认识绿如茵陈酒的秦淮水了。此地天裸露着的多些，故觉夜来的独迟些；从清清的水影里，我们感到的只是薄薄的夜——这正是秦淮河的夜。大中桥外，本来还有一座复成桥，是船夫口中的我们的游踪尽处，或也是秦淮河繁华的尽处了。我的脚曾踏过复成桥的脊，在十三四岁的时候。但是两次游秦淮河，却都不曾见着复成桥的面；明知总在前途的，却常觉得有些虚无缥缈似的。我想，不见倒也好。这时正是盛夏。我们下船后，借着新生的晚凉和河上的微风，暑气已渐渐销散；到了此地，豁然开朗，身子顿然轻了——习习的清风荏苒在面上，手上，衣上，这便又感到了一缕新凉了。南京的日光，大概没有杭州猛烈；西湖的夏夜老是热蓬蓬的，水像沸着一般，秦淮河的水却尽是这样冷冷地绿着。任你人影的憧憧，歌声的扰扰，总像隔着一层薄薄的绿纱面幕似的；它尽是这样静静的，冷冷的绿着。我们出了大中桥，走不上半里路，船夫便将船划到一旁，停了桨由它宕着。他以为那里正是繁华的极点，再过去就是荒凉了；所以让我们多多赏鉴一会儿。他自己却静静的蹲着。他是看惯这光景的了，大约只是一个无可无不可。这无可无不可，无论是升的沉的，总之，都比我们高了。

那时河里热闹极了；船大半泊着，小半在水上穿梭似的来往。停泊着的都在近市的那一边，我们的船自然也夹在其中。因为这边略略的挤，便觉得那边十分的疏了。在每一只船从那边过去时，我们能画出它的轻轻的影和曲曲的波，在我们的心上；这显着是空，且显着是静了。那时处处都是歌声和凄厉的胡琴声，圆润的喉咙，确乎是很少的。但那生涩的，尖脆的调子能使人有少年的，粗率不拘的感觉，也正可快我们的意。况且多少隔开些儿听着，因为想象与渴慕的做美，总觉更有滋味；而竞发的喧嚣，抑扬的不齐，远近的杂沓，和乐器的嘈嘈切切，合成另一意味的谐音，也使我们无所适从，如随着大风而走。这实在因为我们的心枯涩久了，变为脆弱；故偶然润泽一下，便疯狂似的不能自主了。但秦淮河确也腻人。即如船里的人面，无论是和我们一堆儿泊着的，无论是从我们眼前过去的，总是模模糊糊的，甚至渺渺茫茫的；任你张圆了眼睛，揩净了眦垢[5]，也是枉然。这真够人想呢。在我们停泊的地方，灯光原是纷然的；不过这些灯光都是黄而有晕的。黄已经不能明了，再加上了晕，便更不成了。灯愈多，晕就愈甚；在繁星般的黄的交错里，秦淮河仿佛笼上了一团光雾。光芒与雾气腾腾的晕着，什么都只剩了轮廓了；所以人面的详细的曲线，便消失于我们的眼底了。但灯光究竟夺不了那边的月色；灯光是浑的，月色是清的，在浑沌的灯光里，渗入了一派清辉，却真是奇迹！那晚月儿已瘦削了两三分。她晚妆才罢，盈盈的上了柳梢头。天是蓝得可爱，仿佛一汪水似的；月儿便更出落得精神了。岸上原有三株两株的垂杨树，淡淡的影子，在水里摇曳着。它们那柔细的枝条浴着月光，就像一支支美人的臂膊，交互的缠着，挽着；又像是月儿披着的发。而月儿偶然也从它们的交叉处偷偷窥看我们，大有小姑娘怕羞的样子。岸上另有几株不知名的老树，光光的立着；在月光里照起来。却又俨然是精神矍铄的老人。远处——快到天际线了，才有一两片白云，亮得现出异彩，像美丽的贝壳一般。白云下便是黑黑的一带轮廓；是一条随意画的不规则的曲线。这一段光景，和河中的风味大异了。但灯与月竟能并存着，交融着，使月成了缠绵的月，灯射着渺渺的灵辉；这正是天之所以厚秦淮河，也正是天之所以厚我们了。

这时却遇着了难解的纠纷。秦淮河上原有一种歌妓，是以歌为业的。从前都在茶舫上，唱些大曲之类。每日午后一时起；什么时候止，却忘记了。晚上照样也有一回。也在黄晕的灯光里。我从前过南京时，曾随着朋友去听过两次。因为茶舫里的人脸太多了，觉得不大适意，终于听不出所以然。前年听说歌妓被取缔了，不知怎的，颇涉想了几次——却想不出什么。这次到南京，先到茶舫上去看看，觉得颇是寂寥，令我无端的怅怅了。不料她们却仍在秦淮河里挣扎着，不料她们竟会纠缠到我们，我于是很张皇了。她们也乘着“七板子”，她们总是坐在舱前的。舱前点着石油汽灯，光亮眩人眼目：坐在下面的，自然是纤毫毕见了——引诱客人们的力量，也便在此了。舱里躲着乐工等人，映着汽灯的余辉蠕动着；他们是永远不被注意的。每船的歌妓大约都是二人；天色一黑。她们的船就在大中桥外往来不息的兜生意。无论行着的船，泊着的船，都要来兜揽的。这都是我后来推想出来的。那晚不知怎样，忽然轮着我们的船了。我们的船好好的停着，一只歌舫划向我们来的；渐渐和我们的船并着了。烁烁的灯光逼得我们皱起了眉头；我们的风尘色全给它托出来了，这使我踧踖不安[6]了。那时一个伙计跨过船来，拿着摊开的歌折，就近塞向我的手里，说，“点几出吧”！他跨过来的时候，我们船上似乎有许多眼光跟着。同时相近的别的船上也似乎有许多眼睛炯炯的向我们船上看着。我真窘了！我也装出大方的样子，向歌妓们瞥了一眼，但究竟是不成的！我勉强将那歌折翻了一翻，却不曾看清了几个字；便赶紧递还那伙计，一面不好意思地说，“不要，我们……不要。”他便塞给平伯。平伯掉转头去，摇手说，“不要！”那人还腻着不走。平伯又回过脸来，摇着头道，“不要！”于是那人重到我处。我窘着再拒绝了他。他这才有所不屑似的走了。我的心立刻放下，如释了重负一般。我们就开始自白了。

我说我受了道德律的压迫，拒绝了她们；心里似乎很抱歉的。这所谓抱歉，一面对于她们，一面对于我自己。她们于我们虽然没有很奢的希望；但总有些希望的。我们拒绝了她们，无论理由如何充足，却使她们的希望受了伤；这总有几分不做美了。这是我觉得很怅怅的。至于我自己，更有一种不足之感。我这时被四面的歌声诱惑了，降服了；但是远远的，远远的歌声总仿佛隔着重衣搔痒似的，越搔越搔不着痒处。我于是憧憬着贴耳的妙音了。在歌舫划来时，我的憧憬，变为盼望；我固执的盼望着，有如饥渴。虽然从浅薄的经验里，也能够推知，那贴耳的歌声，将剥去了一切的美妙；但一个平常的人像我的，谁愿凭了理性之力去丑化未来呢？我宁愿自己骗着了。不过我的社会感性是很敏锐的；我的思力能拆穿道德律的西洋镜，而我的感情却终于被它压服着，我于是有所顾忌了，尤其是在众目昭彰的时候。道德律的力，本来是民众赋予的；在民众的面前，自然更显出它的威严了。我这时一面盼望，一面却感到了两重的禁制：一，在通俗的意义上，接近妓者总算一种不正当的行为；二，妓是一种不健全的职业，我们对于她们，应有哀矜勿喜之心，不应赏玩的去听她们的歌。在众目睽睽之下，这两种思想在我心里最为旺盛。她们暂时压倒了我的听歌的盼望，这便成就了我的灰色的拒绝。那时的心实在异常状态中，觉得颇是昏乱。歌舫去了，暂时宁静之后，我的思绪又如潮涌了。两个相反的意思在我心头往复：卖歌和卖淫不同，听歌和狎妓不同，又干道德甚事？——但是，但是，她们既被逼的以歌为业，她们的歌必无艺术味的；况她们的身世，我们究竟该同情的。所以拒绝倒也是正办。但这些意思终于不曾撇开我的听歌的盼望。它力量异常坚强；它总想将别的思绪踏在脚下。从这重重的争斗里，我感到了浓厚的不足之感。这不足之感使我的心盘旋不安，起坐都不安宁了。唉！我承认我是一个自私的人！平伯呢，却与我不同。他引周启明先生的诗，"因为我有妻子，所以我爱一切的女人，因为我有子女，所以我爱一切的孩子。[7]"他的意思可以见了。他因为推及的同情，爱着那些歌妓，并且尊重着她们，所以拒绝了她们。在这种情形下，他自然以为听歌是对于她们的一种侮辱。但他也是想听歌的，虽然不和我一样，所以在他的心中，当然也有一番小小的争斗；争斗的结果，是同情胜了。至于道德律，在他是没有什么的；因为他很有蔑视一切的倾向，民众的力量在他是不大觉着的。这时他的心意的活动比较简单，又比较松弱，故事后还怡然自若；我却不能了。这里平伯又比我高了。

在我们谈话中间，又来了两只歌舫。伙计照前一样的请我们点戏，我们照前一样的拒绝了。我受了三次窘，心里的不安更甚了。清艳的夜景也为之减色。船夫大约因为要赶第二趟生意，催着我们回去；我们无可无不可的答应了。我们渐渐和那些晕黄的灯光远了，只有些月色冷清清的随着我们的归舟。我们的船竟没个伴儿，秦淮河的夜正长哩！到大中桥近处，才遇着一只来船。这是一只载妓的板船，黑漆漆的没有一点光。船头上坐着一个妓女；暗里看出，白地小花的衫子，黑的下衣。她手里拉着胡琴，口里唱着青衫[8]的调子。她唱得响亮而圆转；当她的船箭一般驶过去时，余音还袅袅的在我们耳际，使我们倾听而向往。想不到在弩末的游踪里，还能领略到这样的清歌！这时船过大中桥了，森森的水影，如黑暗张着巨口，要将我们的船吞了下去，我们回顾那渺渺的黄光，不胜依恋之情；我们感到了寂寞了！这一段地方夜色甚浓，又有两头的灯火招邀着；桥外的灯火不用说了，过了桥另有东关头疏疏的灯火。我们忽然仰头看见依人的素月，不觉深悔归来之早了！走过东关头，有一两只大船湾泊着，又有几只船向我们来着。嚣嚣的一阵歌声人语，仿佛笑我们无伴的孤舟哩。东关头转湾，河上的夜色更浓了；临水的妓楼上，时时从帘缝里射出一线一线的灯光；仿佛黑暗从酣睡里眨了一眨眼。我们默然的对着，静听那汩——汩的桨声，几乎要入睡了；朦胧里却温寻着适才的繁华的余味。我那不安的心在静里愈显活跃了！这时我们都有了不足之感，而我的更其浓厚。我们却只不愿回去，于是只能由懊悔而怅惘了。船里便满载着怅惘了。直到利涉桥下，微微嘈杂的人声，才使我豁然一惊；那光景却又不同。右岸的河房里，都大开了窗户，里面亮着晃晃的电灯，电灯的光射到水上，蜿蜒曲折，闪闪不息，正如跳舞着的仙女的臂膊。我们的船已在她的臂膊里了；如睡在摇篮里一样，倦了的我们便又入梦了。那电灯下的人物，只觉像蚂蚁一般，更不去萦念。这是最后的梦；可惜是最短的梦！黑暗重复落在我们面前，我们看见傍岸的空船上一星两星的，枯燥无力又摇摇不定的灯光。我们的梦醒了，我们知道就要上岸了；我们心里充满了幻灭的情思。

1923 年 10 月 11 日作完，于温州。

作者简介：

朱自清（1898—1948），名自华，号实秋。后改名自清，字佩弦，浙江绍兴人，早年热心于倡导写作新诗，1921 年春参加文学研究会后，专注于散文创作，作有《温州的踪迹·绿》《桨声灯影里的秦淮河》《荷塘月色》《春》《匆匆》等散文名篇，文字优美，具有“诗中有画，画中有诗”的意境，被认为是白话文系统里美文的典范。

【注释】

本篇最初发表于 1924 年 1 月《东方杂志》第 21 卷第 2 号 20 周年纪念号，后收入《踪迹》。文章紧扣“灯影”、“桨声”组织材料，安排情节。色彩涂抹鲜明丰富，运词精巧细致，寓情于景，极具情韵，可谓散文华美的极致。

①平伯：即俞平伯，新文学运动初期的重要诗人、散文家，当代著名学者，对古典诗词、小说（尤其是《红楼梦》的研究）卓有建树。俞平伯与朱自

清同游秦淮河，两人写下了同以“桨声灯影里的秦淮河”为题的散文。

②《桃花扇》：传奇剧本，清孔尚任作，以明末才子侯方域和秦淮名妓李香君的爱情故事为线索，反映南明弘光王朝的政治动乱。《板桥杂记》：笔记，清代余怀作。作者为明朝遗老，所记都是南京旧日狎游琐事．保存了一些当时社会生活资料。

③六朝金粉：三国的吴、东晋和南朝的宋、齐、梁、陈，都以建康（今南京）为都，历史上总称六朝。金粉：妇女妆饰用的铅粉。

④髹（xiū）漆：把漆涂在器物上。

⑤眦（zì）垢：眼角处的脏东西。

⑥踧踖（cùjí）不安：恭敬而又不安。

⑦原诗是“我为了自己的儿女才爱小孩，为了自己的妻子才爱女人”。（原注）

⑧青衫：即青衣，传统戏曲中“旦”行的一支，大都演青年或中年妇女，表演上重唱功，由于所扮人物大都穿青色（黑色）衣衫而得名。

思考与练习题：

1. 本文从哪些方面表现出了历史的沉重感？
2. 阅读俞平伯的同名散文，比较两篇文章的风格。
3. 谈谈本文通感手法的运用。
4. 本文写景状物有何特点？

雪花的快乐

徐志摩

假如我是一朵雪花，
翩翩的在半空里潇洒，
我一定认清我的方向——
飞扬，飞扬，飞扬，——
这地面上有我的方向。

不去那冷寞的幽谷，
不去那凄清的山麓，
也不上荒街去惆怅——
飞扬，飞扬，飞扬，——
你看，我有我的方向！

在半空里娟娟的飞舞，
认明了那清幽的住处，
等着她来花园里探望——
飞扬，飞扬，飞扬，——
啊，她身上有朱砂梅的清香！

那时我凭借我的身轻，
盈盈的，沾住了她的衣襟，
贴近她柔波似的心胸——
消溶，消溶，消溶——
溶入了她柔波似的心胸！

选自《志摩的诗》，新月书店 1928 年版

作者简介：

徐志摩（1896—1931），原名徐章垿，现代诗人、散文家。浙江海宁人。

1925年出版第一本诗集《志摩的诗》。1926年，与闻一多一起提倡新诗格律化，对新诗的发展产生了重要影响，其诗歌鲜明地体现了“新月派”的诗歌艺术主张，是“新月派”的核心人物。主要作品有：诗集《志摩的诗》《猛虎集》《云游》等，散文集《落叶》《自剖》《巴黎的鳞爪》，小说集《轮盘》，剧本《卞昆冈》（与陆小曼合著）等。

【注释】

《雪花的快乐》写于1924年冬。作者借雪花的纯洁，飘逸，潇洒，自由等特点，表达自己的思想情感，抒写了诗人对美好生活的执着追求，向往。诗人在诗中综合运用了借物抒情、对比、拟人等表达手法。

思考与练习题：

1. 《雪花》表达了诗人怎样的一种情感？这种情感又是如何通过“雪花”这一意象表现出来的？

2. 以《雪花的快乐》为例，谈谈徐志摩早期诗歌的艺术风格？

潘先生在难中[①]

叶圣陶

一

车站里挤满了人，各有各的心事，都现出异样的神色。脚夫的两手插在号衣的口袋里，睡着一般地站着；他们知道可以得到特别收入的时间离得还远，也犯不着老早放出精神来。空气沉闷得很，人们略微感到呼吸受压迫，大概快要下雨了。电灯亮了一歇了，仿佛比平时昏黄一点，望去好象一切的人物都在雾里梦里。

揭示处的黑漆板上标明西来的快车须迟到四点钟。这个报告在几点钟以前早就教人家看熟了，现在便同风化了的戏单一样，没有一个人再望它一眼。象这种报告，在这一个礼拜里，几乎每天每趟的行车都有：大家也习以为当然了。

不知几多人心系着的来车居然到了，闷闷的一个车站就一变而为扰扰的境界。来客的安心，候客者的快意，以及脚夫的小小发财，我们且都不提。单讲一位从让里来的潘先生。他当火车没有驶进月台之先，早已安排得十分周妥：他领头，右手提着个黑漆皮包，左手牵着个七岁的孩子；七岁的孩子牵着他的哥哥（今年九岁），哥哥又牵着他的母亲潘师母。潘先生说人多照顾不齐，这么牵着，首尾一气，犹如一条蛇，什么地方都好钻了。他又屡次叮嘱，教大家握得紧紧，切勿放手；尚恐大家万一忘了，又屡次摇荡他的左手，意思是教把这警告打电报一般一站一站递过去。

首尾一气诚然不错，可是也不能全然没有弊病。火车将停时，所有的客人和东西都要涌向车门，潘先生一家的那条蛇就有点“尾大不掉”[②]了。他用黑漆皮包做前锋，胸腹部用力向前抵，居然进展到距车门只两个窗洞的地位。但是他的七岁的孩子还在距车门四个窗洞的地方，被挤在好些客人和座椅之间，一动不能动；两臂一前一后，伸得很长，前后的牵引力都很大，似乎快要把胳臂拉了去的样子。他急得直喊，“啊！我的臂膀！我的臂膀！”

一些客人听见了带哭的喊声，方才知道腰下挤着个孩子；留心一看，见他们四个人一串，手联手牵着。一个客人呵斥道，“赶快放手；要不然，把孩子拉做两半了！”

“怎么弄的，孩子不抱在手里！”又一个客人用鄙夷的声气自语，一方面他仍注意在攫得向前行进的机会。

“不，”潘先生心想他们的话不对，牵着自有牵着的妙用；再转一念，妙用岂是人人能够了解的，向他们辩白，也不过徒费唇舌，不如省些精神吧：就把以下的话咽了下去。而七岁的孩子还是“臂膀！臂膀！”喊着，潘先生前进后退都没有希望，只得自己失约，先放了手，随即惊惶地发命令道：“你们看着我！你们看着我！”

车轮一顿，在轨道上站定了；车门里弹出去似地跳下了许多人。潘先生觉得前头松动了些；但是后面的力量突然增加，他的脚作不得一点主，只得向前推移；要回转头来招呼自己的队伍，也不得自由，于是对着前面的人的后脑叫喊，“你们跟着我！你们跟着我！”

他居然从车门里被弹出来了。旋转身子一看，后面没有他的儿子同夫人。心知他们还挤在车中，守住车门老等总是稳当的办法。又下来了百多人，方才看见脚踏上人丛中现出七岁的孩子的上半身，承[③]着电灯光，面目作哭泣的形相。他走前去，几次被跳下来的客人冲回，才用左臂把孩子抱了下来。再等了一会，潘师母同九岁的孩子也下来了；她吁吁地呼着气，连喊“啊唷，啊唷”凄然的眼光相[④]着潘先生的脸，似乎要求抚慰的孩子。

潘先生到底镇定，看见自己的队伍全下来了，重又发命令道，“我们仍旧象刚才这样联起来。你们看月台上的人这么多，收票处又挤得厉害，要不是联着，就走散了！”

七岁的孩子觉得害怕，拦住他的膝头说：“爸爸，抱。”

“没用的东西！”潘先生颇有点愤怒，但随即耐住，蹲下身子把孩子抱了起来。同时关照大的孩子拉着他的长衫的后幅，一手要紧紧牵着母亲，因为他自己两只手都不空了。

潘师母从来不曾受过这样的困累，好容易下了车，却还有可怕的拥挤在前头，不禁发怨道，“早知道这样子，宁可死在家里，再也不要逃难的了！”

“悔什么！”潘先生一半发气，一半又觉得怜惜。“到了这里，懊悔也是没用。并且，性命到底安全了。走吧，当心脚下。”于是四个一串向人丛中蹒跚地移过去。

一阵的拥挤，潘先生如在梦里似的，出了收票处的隘口。他仿佛急流里的一滴水滴，没有回旋转侧的余地，只有顺着大众的势，脚不点地地走。一会儿已经出了车站的铁栅栏，跨过了电车轨道，来到水门汀的人行道上。慌忙地回转身来，只见数不清的给电灯光耀得发白的面孔以及数不清的提箱与包裹，一齐向自己这边涌来，忽然觉得长衫后幅上的小手没有了，不知什么时候放了的；心头怅惘到不可言说，只是无意识地把身子乱转。转了几回，一丝踪影也没有。家破人亡之感立时袭进他的心门，禁不住渗出两滴眼泪来，望出去电灯人形都有点模糊了。

幸而抱着的孩子眼光敏锐，他瞥见母亲的疏疏的额发，便认识了，举起手来指点："妈妈，那边。"

潘先生一喜；但是还有点不大相信，眼睛凑近孩子的衣衫擦了擦，然后望去。搜寻了一会，果然看见他的夫人呆鼠一般在人丛中瞎撞，前面护着那大的孩子，他们还没跨过电车轨道呢。他便向前迎上去，连喊"阿大"，把他们引到刚才站定的人行道上。于是放下手中的孩子，舒畅地吐一口气，一手抹着脸上的汗说，"现在好了！"的确好了，只要跨出那一道铁栅栏，就有人保着险，什么兵火焚掠都遭逢不到；而已经散失的一妻一子，又幸运得很，一寻即着：岂不是四条性命，一个皮包，都从毁灭和危难之中捡了回来么？岂不是"现在好了"？

"黄包车！"潘先生很入调地喊。

车夫们听见了，一齐拉着车围拢来，问他到什么地方。

他稍微昂起了头，似乎增加了好几分威严，伸出两个指头扬着说，"只消两辆！两辆！"他想了一想，继续说，"十个铜子，四马路，去的就去！"这分明表示他是个"老上海"。

辩论了好一会，终于讲定十二个铜子一辆。潘师母带着大的孩子坐一辆，潘先生带着小的孩子同黑漆皮包坐一辆。

车夫刚要拔脚前奔，一个背枪的印度巡捕一臂在前面一横，只得缩住了。小的孩子看这个人的形相可怕，不由得回过脸来，贴着父亲的胸际。

潘先生领悟了，连忙解释道，"不要害怕，那就是印度巡捕，你看他的红包头。我们因为本地没有他，所以要逃到这里来；他背着枪保护我们。他的胡子很好玩的，你可以看一看，同罗汉的胡子一个样子。"

孩子总觉得怕，便是同罗汉一样的胡子也不想看。直到听见当当的声音，才从侧边斜睨过去，只见很亮很亮的一个房间一闪就过去了；那边一家家都是花花灿灿的，都点得亮亮的，他于是不再贴着父亲的胸际。

到了四马路，一连问了八九家旅馆，都大大的写着客满的牌子；而且一望而知情商也没用，因为客堂里都搭起床铺，可知确实是住满了。最后到一家也标着客满，但是一个伙计懒懒地开口道："找房间么?"

"是找房间，这里还有么?"一缕安慰的心直透潘先生的周身，仿佛到了家的样子。

"有是有一间，客人刚刚搬走，他自己租了房子了。你先生若是迟来一刻，说不定就没有了。"

"那一间就归我们住好了。"他放了小的孩子，回身去扶下夫人同大的孩子来，说，"我们总算运气好，居然有房间住了!"随即付车钱，慷慨地照原价加上一个铜子；他相信运气好的时候多给人，一些好处，以后好运气会连续而来的。但是车夫偏不知足，说跟着他们回来回去走了这多时，非加上五个铜子不可。结果旅馆里的伙计出来调停，潘先生又多破费了四个铜子。

这房间就在楼下，有一张床，一盏电灯，一张桌子，两椅，此外就只有烟雾一般的一房间的空气了。潘先生一家跟着茶房走进去时，立刻闻到刺鼻的油腥味，中间又混着阵阵的尿臭。潘先生不快地自语道，"讨厌的气味!"随即听见隔壁有食料投下油锅的声音，才知道原是一间厨房。再一想时，气味虽讨厌，究比吃枪子睡露天好多了；也就觉得没有什么，舒舒泰泰地在一把椅子上坐下。

"用晚饭吧?"茶房放下皮包回头问。

"我要吃火腿汤淘饭，"小的孩子咬着指头说。

潘师母马上对他看个白眼，凛然说，"火腿汤淘饭！是逃难呢，有得吃就好了，还要这样那样点戏!"

大的孩子也不知道看看风色，央着潘先生说，"今天到上海了，你给我吃大菜。"

潘师母竟然发怒了，她回头呵斥道，"你们都是没有心肝的，只配什么也没得吃，活活地饿……"

潘先生有点儿窘，却作没事的样子说，"小孩子懂得什么。"便吩咐茶房道，"我们在路上吃了东西了，现在只消来两客蛋炒饭。"

茶房似答非答地一点头就走，刚出房门，潘先生又把他喊回来道，"带一斤绍兴[5]，一毛钱熏鱼来。"

茶房的脚声听不见了，潘先生舒快地对潘师母道，"这一刻该得乐一乐，喝一杯了。你想，从兵祸凶险的地方，来到这绝无其事的境界，第一件可乐。

刚才你们忽然离开了我，找了半天找不见，真把我急死了；倒是阿二乖觉（他说着，把阿二拖在身边，一手轻轻地拍着），他一眼便看见了你，于是我迎上来，这是第二件可乐。乐哉乐哉，陶陶酌一杯。”他作举杯就口的样子，迷迷地笑着。

潘师母不响，她正想着家里呢。细软的虽然已经带在皮包里以及寄到教堂里去了，但是留下的东西究竟还不少。不知王妈到底可靠不可靠；又不知隔壁那家穷人家有没有知道他们一家都出来了，只剩个王妈在家里看守；又不知王妈睡觉时，会不会忘了关上一扇门或是一扇窗。她又想起院子里的三只母鸡，没有完工的阿二的裤子，厨房里的一碗白𤆵鸭……真同通了电一般，一刻之间，种种的事情都涌上心头，觉得异样地不舒服；便叹口气道，“不知弄到怎样呢!”

两个孩子都怀着失望的心情，茫昧地觉得这样的上海没有平时父亲嘴里的上海来得好玩而有味。

疏疏的雨点从窗外洒进来，潘先生站起来说，“果真下雨了，幸亏在这时候下，”就把窗子关上。突然看见原先给窗子掩没的旅客须知单，他便想起一件顶紧要的事情，一眼不眨地直望那单子。

“不折不扣，两块!”他惊讶地喊。回转头时，眼珠瞪视着潘师母，一段舌头从嘴里伸了出来。

二

第二天早上，走廊中茶房们正蜷在几条长凳上熟睡，狭得只有一条的天井上面很少有晨光透下来，几许房间里的电灯还是昏黄地亮着。但是潘先生夫妇两个已经在那里谈话了；两个孩子希望今天的上海或许比昨晚的好一点，也醒了一歇儿，只因父母教他们再睡一会，所以还躺在床上，彼此呵痒为戏。

“我说你一定不要回去，”潘师母焦心地说。“这报上的话，知道它靠得住靠不住的。既然千难万难地逃了出来，哪有立刻又回去的道理!”

“料是我早先也料到的。顾局长的脾气就是一点不肯马虎。地方上又没有战事，学自然照常要开的，这句话确然是他的声口。这个通信员我也认识，就是教育局里的职员，又哪里会靠不住？回去是一定要回去的。”

“你要晓得，回去危险呢!”潘师母凄然地说。“说不定三天两天他们就会打到我们那地方去，你就是回去开学，有什么学生来念书？就是不打到我们那地方，将来教育局长怪你为什么不开学时，你也有话回答。你只要问他，到底性命要紧还是学堂要紧？他也是一条性命，想来决不会对你过不去。”

“你懂得什么！”潘先生颇怀着鄙薄的意思。“这种话只配躲在家里，伏在床角里，由你这种女人去说；你道我们也说得出口么！你切不要拦阻我（这时候他已转为抚慰的声调），回去是一定要回去的；但是包你没有一点危险，我自有保全自己的法子。而且（他自喜心思灵捷，微微笑着），你不是很不放心家里的东西么？我回去了，就可以自己照看，你也能定心定意住在这里了。等到时局平定了，我马上来接你们回去。”

潘师母知道丈夫的回去是万无挽回的了。回去可以照看东西固然很好；但是风声这样紧，一去之后，犹如珠子抛在海里，谁保得定必能捞回来呢！生离死别的哀感涌上她的心头，她再不敢正眼看她的丈夫，眼泪早在眼角边偷偷地想跑出来了。她又立刻想起这个场面不大吉利，现在并没有什么不好的事情，怎么能凄惨地流起眼泪来。于是勉强忍住眼泪，聊作自慰的请求道，“那么你去看看情形，假使教育局长并没有照常开学这句话，要是还来得及，你就搭了今天下午的车来，不然，搭了明天的早车来。你要知道（她到底忍不住，一滴眼泪落在手背，立刻在衫子上擦去了），我不放心呢！”

潘先生心里也着实有点烦乱，局长的意思照常开学，自己万无主张暂缓开学之理，回去当然是天经地义，但是又怎么放得下这里！看他夫人这样的依依之情，决计一走，未免太没有恩义。又况一个女人两个孩子都是很懦弱的，一无依傍，寄住在外边，怎能断言决没有意外？他这样想时，不禁深深地发恨：恨这人那人调兵遣将，预备作战，恨教育局长主张照常开课，又恨自己没有个已经成年，可以帮助一臂的儿子。

但是他究竟不比女人，他更从利害远近种种方面着想，觉得回去终于是天经地义。便把恼恨搁在一旁，脸上也不露一毫形色，顺着夫人的口气点头道，“假若打听明白局长并没有这个意思，依你的话，就搭了下午的车来。”

两个孩子约略听得回去和再来的话，小的就伏在床沿作娇道，“我也要回去。”

“我同爸爸妈妈回去，剩下你独个儿住在这里，”大的孩子扮着鬼脸说。

小的听着，便迫紧喉咙叫唤，作啼哭的腔调，小手擦着眉眼的部分，但眼睛里实在没有眼泪。

“你们都跟着妈妈留在这里，”潘先生提高了声音说。“再不许胡闹了，好好儿起来等吃早饭吧。”说罢，又嘱咐了潘师母几句，径出雇车，赶往车站。

模糊地听得行人在那里说铁路已断火车不开的话，潘先生想，“火车如果不开，倒死了我的心，就是立刻免职也只得由他了。”同时又觉得这消息很使他失望；又想他要是运气好，未必会逢到这等失望的事，那么行人的话也未必可靠。欲决此疑，只希望车夫三步并作一步跑。

他的运气果然不坏，赶到车站一看，并没有火车不开的通告；揭示处只标明夜车要迟四点钟才到，这时候还没到呢。买票处绝不拥挤，时时有一两个人前去买票。聚集在站中的人却不少，一半是候客的，一半是来看看的，也有带着照相器具的，专等夜车到时摄取车站拥挤的情形，好作《风云变幻史》的一页。行李房满满地堆着箱子铺盖，各色各样，几乎碰到铅皮的屋顶。

他心中似乎很安慰，又似乎有点儿怅惘，顿了一顿，终于前去买了一张三等票，就走入车厢里坐着。晴明的阳光照得一车通亮，可是不嫌燠热；坐位很宽舒，勉强要躺躺也可以。他想，“这是难得逢到的。倘若心里没有事，真是一趟愉快的旅行呢。”

这趟车一路耽搁，听候军人的命令，等待兵车的通过。直到抵达让里，已是下午三点过了。潘先生下了车，急忙赶到家，看见大门紧紧关着，心便一定，原来昨天再四叮嘱王妈的就是这一件。

扣了十几下，王妈方才把门开了。一见潘先生，出惊地说，“怎么，先生回来了！不用逃难了么？”

潘先生含糊回答了她；奔进里面四周一看，便开了房门的锁，直闯进去上下左右打量着。没有变更，一点没有变更，什么都同昨天一样。于是他吊起的半个心放下来了。

还有半个心没放下，便又锁上房门，回身出门；吩咐王妈道，“你照旧好好把门关上了。”

王妈摸不清头绪，关了门进去只是思索。她想主人们一定就住在本地，恐怕她也要跟去，所以骗她说逃到上海去。“不然，怎么先生又回来了？奶奶同两个孩子不同来，又躲在什么地方呢？但是，他们为什么不让我跟去？这自然嫌得人多了不好。——他们一定就住在那洋人的红房子里，那些兵都讲通的，打起仗来不打那红房子。——其实就是老实告诉我，要我跟去，我也不高兴去呢。我在这里一点也不怕；如果打仗打到这里来，横竖我的老衣早就做好了。”她随即想起甥女儿送她的一双绣花鞋真好看，穿了这鞋子上西方，阎王一定另眼相看；于是她感到一种微妙的舒快，不复想主人究竟在哪里的问题。

潘先生出门，就去访那当通信员的教育局职员，问他局长究竟有没有照常开学的意思。那人回答道，“怎么没有？他还说有一些教员只顾逃难，不顾职务，这就是表示教育的事业不配他们干的；乘此淘汰一下也是好处。”潘先生听了，仿佛觉得一凛；但又赞赏自己有主意，决定从上海回来到底是不错的。一口气奔到自己的学校里，提起笔来就起草送给学生家属的通告。通告中说兵乱虽然可虑，子弟的教育犹如布帛菽粟，是一天一刻不可废弃的，现在暑假期满，学校照常开学。从前欧洲大战的时候，人家天空里布着御防炸弹的网，下面学校里却依然在那里上课：这种非常的精神，我们应当不让他们专美于前。希望家长们能够体谅这一层意思，若无其事地依旧把子弟送来：这不仅是家庭和学校的益处，也是地方和国家的荣誉。

他起好草稿，往复看了三遍，觉得再没有可以增损，局长看见了，至少也得说一声“先得我心”。便得意地誊上蜡纸，又自己动手印刷了百多张，命校役向一个个学生家里送去。公事算是完毕了，开始想到私事；既要开学，上海是去不成了，他们母子三个住在旅馆里怎么弄得下去！但也没有办法，惟有教他们一切留意，安心住着。于是蘸着刚才的残墨写寄与夫人的信。

下一天，他从茶馆里得到确实的信息，铁路真个不通了。他心头突然一沉，似乎觉得最亲热的一妻两儿忽地乘风飘去，飘得很远，几乎至于渺茫。没精没采地踱到学校里，校役回报昨天的使命道，“昨天出去送通告，有二十多家关上了大门，打也打不开，只好从门缝里塞进去。有三十多家只有佣人在家里，主人逃到上海去了，孩子当然跟了去，不一定几时才能回来念书。其余的都说知道了；有的又说性命还保不定安全，读书的事再说吧。”

“哦，知道了。”潘先生并不留心在这些上边，更深的忧虑正萦绕于心曲。抽完了一支香烟以后，应走的路途决定了，便赶到红十字会分会的办事处。

他缴纳会费愿做会员；又宣称自己的学校房屋还宽阔，愿意作为妇女收容所，到万一的时候收容妇女。这是慈善的举措，当然受热诚的欢迎，更兼潘先生本来是体面的大家知道的人物。办事处就给他红十字的旗子，好在学校门前张起来；又给他红十字的徽章，标明他是红十字会的一员。

潘先生接旗子和徽章在手，象捧着救命的神符，心头起一种神秘的快慰。“现在什么都安全了！但是……”想到这里，便笑向办事处的职员道，“多给我一面旗，几个徽章罢。”他的理由是学校还有个侧门，也得挂一面旗，而徽章这东西不很大，恐怕偶尔遗失了，不如多备几个在那里。

办事员同他说笑话，这东西又不好吃的，拿着玩也没有什么意思，多拿几个也只作一个会员，不如不要多拿罢。但是终于依他的话给了他。

两面红十字旗立刻在新秋的轻风中招展，可是学校的侧门上并没有旗，原来移到潘先生家的大门上去了。一个红十字徽章早已跳上潘先生的衣襟，闪耀着慈善庄严的光，给与潘先生一种新的勇气。其余几枚呢，潘先生重重包裹，藏在贴身小衫的一个口袋里。他想，“一个是她的，一个是阿大的，一个是阿二的。”虽然他们远处在那渺茫难接的上海，但是仿佛给他们加保了一重稳当可靠的险，他们也就各各增加一种新的勇气。

三

碧庄地方两军开火了。

让里的人家很少有开门的，店铺自然更不用说，路上时时有兵士经过。他们快要开拔到前方去，觉得最高的权威附灵在自己身上，什么东西都不在眼里，只要高兴提起脚来踩，都可以踩做泥团踩做粉。这就来了拉夫的事情：恐怕被拉的人乘隙脱逃，便用长绳一个联一个拴着臂膀，几个弟兄在前，几个弟兄在后，一串一串牵着走。因此，大家对于出门这件事都觉得危惧，万不得已时，也只从小巷僻路走，甚至佩着红十字徽章如潘先生之辈，也不免怀着戒心，不敢大模大样地踱来踱去。于是让里的街道见得又清静又宽阔起来了。

上海的报纸好几天没来。本地的军事机关却常常有前方的战报公布出来，无非是些“敌军大败，我军进展若干里”的话。街头巷尾贴出一张新鲜的战报时，也有些人慢慢聚集拢来，注目看着。但大家看罢以后依然不能定心，好似这布告背后还有许多话没说出来，于是怅怅地各自散了，眉头照旧皱着。

这几天潘先生无聊极了。最难堪的，自然是妻儿远离，而且消息不通，而且似乎有永远难通的朕兆。次之便是自身的问题，“碧庄冲过来只一百多里路，这徽章虽说有用处，可是没有人写过笔据，万一没有用，又向谁去说话？——枪子炮弹劫掠放火都是真家伙，不是要的，到底要多打听多走门路才行。”他于是这里那里探听前方的消息，只要这消息与外间传说的不同，便觉得真实的成分越多，即根据着盘算对于自身的利害。街上如其有一个人神色仓皇急忙行走时，他便突地一惊，以为这个人一定探得确实而又可怕的消息了；只因与他不相识，“什么!”一声就在喉际咽住了。

红十字会派人在前方办理救护的事情，常有人搭着兵车回来，要打听消息自然最可靠了。潘先生虽然是个会员，却不常到办事处去探听，以为这样就是对公众表示胆怯，很不好意思。然而红十字会究竟是可以得到真消息的机关，舍此他求未免有点傻，于是每天傍晚，到姓吴的办事员家里去打听。姓吴的告诉他没有什么，或者说前方抵住在那里，他才透了口气回家。

这一天傍晚，潘先生又到姓吴的家里；等了好久，姓吴的才从外面走进来。

“没有什么吧?”潘先生急切地问。“照布告上说，昨天正向对方总攻击呢。”

“不行，”姓吴的忧愁地说；但随即咽住了，捻着唇边仅有的几根二三分长的胡须。

“什么!”潘先生心头突地跳起来，周身有一种拘牵不自由的感觉。

姓吴的悄悄地回答，似乎防着人家偷听了去的样子，“确实的消息，正安(距碧庄八里的一个镇)今天早上失守了!”

“啊!”潘先生发狂似地喊出来。顿了一顿，回身就走，一壁说道，“我回去了!”

路上的电灯似乎特别昏暗，背后又仿佛有人追赶着的样子，惴惴地，歪斜的急步赶到了家，叮嘱王妈道，“你关着门安睡好了，我今夜有事，不回来住了。”他看见衣橱里有一件绉纱的旧棉袍，当时没收拾在寄出去的箱子里，丢了也可惜；又有孩子的几件布夹衫，仔细看时还可以穿穿；又有潘师母的一条旧绸裙，她不一定舍得便不要它：便胡乱包在一起，提着出门。

“车!车!福星街红房子，一毛钱。”

“哪里有一毛钱的?”车夫懒懒地说。“你看这几天路上有几辆车?不是拚死寻饭吃的，早就躲起来了。随你要不要，三毛钱。”

“就是三毛钱，”潘先生迎上去，跨上脚踏坐稳了，“你也得依着我，跑得快一点!”

“潘先生，你到哪里去?”一个姓黄的同业在途中瞥见了他，站定了问。

“哦，先生，到那边……”潘先生失措地回答，也不辨问这是谁的声音；忽然想起回答他简直是多事，——车轮滚得绝快，那人决不会赶上来再问，——便缩住了。

红房子里早已住满了人，大都是十天以前就搬来的，儿啼人语，灯火这边那边亮着，颇有点热闹的气象。主人翁见面之后，说，“这里实在没有余屋了。但是先生的东西都寄在这里，也不好拒绝。刚才有几位匆忙地赶来，也因不好拒绝，权且把一间做厨房的厢房让他们安顿。现在去同他们商量，总可以多插你先生一个。”

“商量商量总可以，”潘先生到了家一般地安慰。“何况在这样时候。我也不预备睡觉，随便坐坐就得了。”

他提着包裹跨进厢房的当儿，以为自己受惊太利害了，眼睛生了翳，因而引起错觉；但是闭一闭眼睛再睁开来时，所见依然如前，这靠窗坐着，在那里同对面的人谈话，上唇翘起两笔浓须的，不就是教育局长么？

他顿时踌躇起来，已跨进去的一只脚想要缩出来，又似乎不大好。那局长也望见了他，尴尬的脸上故作笑容说，"潘先生，你来了，进来坐坐。"主人翁听了，知道他们是相识的，转身自去。

"局长先在这里了。还方便吧，再容一个人？"

"我们只三个人，当然还可以容你。我们带着席子；好在天气不很凉，可以轮流躺着歇歇。"

潘先生觉得今晚上局长特别可亲，全不象平日那副庄严的神态，便忘形地直跨进去说，"那么不客气，就要陪三位先生过一夜了。"

这厢房不很宽阔。地上铺着一张席子，一个戴眼镜的中年人坐在上面，略微有疲倦的神色，但绝无欲睡的意思。锅灶等东西贴着一壁。靠窗一排摆着三只凳子，局长坐一只，头发梳得很光的二十多岁的人，局长的表弟，坐一只，一只空着。那边的墙角有一只柳条箱，三个衣包，大概就是三位先生带来的。仅仅这些，房间里已没有空地了。电灯的光本来很弱，又蒙上了一层灰尘，照得房间里的人物都昏暗模糊。

潘先生也把衣包放在那边的墙角，与三位的东西合伙。回过来谦逊地坐上那只空凳子。局长给他介绍了自己的同伴，随后说，"你也听到了正安的消息么？"

"是呀，正安。正安失守，碧庄未必靠得住呢。"

"大概这方面对于南路很疏忽，正安失守，便是明证。那方面从正安袭取碧庄是最便当的，说不定此刻已被他们得手了。要是这样，不堪设想！"

"要是这样，这里非糜烂不可！"

"但是，这方面的杜统帅不是庸碌无能的人，他是著名善于用兵的，大约见得到这一层，总有方法抵挡得住。也许就此反守为攻，势如破竹，直捣那方面的巢穴呢。"

"若能这样，战事便收场了，那就好了！——我们办学的就可以开起学来，照常进行。"

局长一听到办学，立刻感到自己的尊严，捻着浓须叹道，"别的不要讲，这一场战争，大大小小的学生吃亏不小呢！"他把坐在这间小厢房里的局促不舒的感觉遗忘了，仿佛堂皇地坐在教育局的办公室里。

坐在席子上的中年人仰起头来含恨似地说，“那方面的朱统帅实在可恶！这方面打过去，他抵抗些什么，——他没有不终于吃败仗的。他若肯漂亮点儿让了，战事早就没有了。”

“他是傻子，”局长的表弟顺着说，“不到尽头不肯死心的。只是连累了我们，这当儿坐在这又暗又窄的房间里。”他带着玩笑的神气。

潘先生却想念起远在上海的妻儿来了。他不知道他们可安好，不知道他们出了什么乱子没有，不知道他们此刻睡了不曾，抓既抓不到，想象也极模糊；因而想自己的被累要算最深重了，凄然望着窗外的小院子默不作声。

“不知道到底怎么样呢！”他又转而想到那个可怕的消息以及意料所及的危险，不自主地吐露了这一句。

“难说，”局长表示富有经验的样子说。“用兵全在趁一个机，机是刻刻变化的，也许竟不为我们所料，此刻已……所以我们……”他对着中年人一笑。

中年人，局长的表弟同潘先生三个已经领会局长这一笑的意味；大家想坐在这地方总不至于有什么，也各安慰地一笑。

小院子里长满了草，是蚊虫同各种小虫的安适的国土。厢房里灯光亮着，虫子齐向那里飞去。四位怀着惊恐的先生就够受用了；扑头扑面的全是那些小东西，蚊虫突然一针，痛得直跳起来。又时时停语侧耳，惶惶地听外边有没有枪声或人众的喧哗。睡眠当然是无望了，只实做了局长所说的轮流躺着歇歇。

下一天清晨，潘先生的眼球上添了几缕红丝；风吹过来，觉得身上很冷。他急欲知道外面的情形，独个儿闪出红房子的大门。路上同平时的早晨一样，街犬竖起了尾巴高兴地这头那头望，偶尔走过一两个睡眼惺忪的人。他走过去，转入又一条街，也听不见什么特别的风声。回想昨夜的匆忙情形，不禁心里好笑。但是再一转念，又觉得实在并无可笑，小心一点总比冒险好。

四

二十余天之后，战事停止了。大众点头自慰道，“这就好了！只要不打仗，什么都平安了！”但是潘先生还不大满意，铁路还没通，不能就把避居上海的妻儿接回来。信是来过两封了，但简略得很，比不看更教他想念。他又恨自己到底没有先见之明；不然，这一笔冤枉的逃难费可以省下，又免得几十天的孤单。

他知道教育局里一定要提到开学的事情了，便前去打听。跨进招待室，看见局里的几个职员在那里裁纸磨墨，象是办喜事的样子。

一个职员喊道，“巧得很，潘先生来了！你写得一手好颜字，这个差使就请你当了吧。”

“这么大的字，非得潘先生写不可。”其余几个人附和着。

“写什么东西？我完全茫然。”

“我们这里正筹备欢迎杜统帅凯旋的事务。车站的两头要搭起四个彩牌坊，让杜统帅的花车在中间通过。现在要写的就是牌坊上的几个字。”

“我哪里配写这上边的字?”

“当仁不让。”“一致推举。”几个人一哄地说；笔杆便送到潘先生手里。

潘先生觉得这当儿很有点意味，接了笔便在墨盒里蘸墨汁。凝想一下，提起笔来在蜡笺上一并排写“功高岳牧”四个大字。第二张写的是“威镇东南”。又写第三张，是“德隆恩溥”。——他写到“溥”字，仿佛看见许多影片，拉夫，开炮，焚烧房屋，奸淫妇人，菜色的男女，腐烂的死尸，在眼前一闪。

旁边看写字的一个人赞叹说，“这一句更见恳切。字也越来越好了。”

“看他对上一句什么。”又一个说。

一九二四年十一月二十七

作者简介：

叶圣陶（1894—1988），原名叶绍钧。文学研究会发起人之一，主张文学“为人生”，擅长以客观写实的笔触描写小市民知识分子的灰色人生。其创作在文学史上具有独特价值。代表作有长篇小说《倪焕之》、童话集《稻草人》、短篇小说集《隔膜》《城中》等。

【注释】

小说刻画了军阀混战期间一个卑怯自私、苟且偷安的知识分子潘先生的形象。他永远在庸俗猥琐的生活中打滚，除了保存自己，别无原则。作者对旧中国混乱倾轧局面下一般知识分子朝不保夕的生活遭际和卑琐自私的苟安心理，有着深刻的揭示。结尾颇具匠心。

①这部作品写于1924年11月，发表于翌年元月《小说月报》第16卷第1期。这是作者描写旧中国小资产阶级知识分子“灰色的卑琐人生”的代表作。艺术上达到了叶绍钧短篇小说创作的现实主义的高峰。

②尾大不掉：语出《左传·昭公十年》，“未大必折，尾大不掉，君所不知

也。”掉，摆动。比喻部下势力强大，无法指挥调动。

③承：接受。这里是映照的意思。

④相：看。

⑤绍兴：这里指绍兴酒。

思考与练习题：

1. 潘先生的为人和性格值得同情吗？你对此怎样分析和评价？
2. 谈谈《潘先生在难中》中的现实主义特色。
3. 《潘先生在难中》的结尾有什么特点？
4. 小说的主题思想是什么？它在今天有何意义？

雨　巷

戴望舒

撑着油纸伞，独自
彷徨在悠长、悠长
又寂寥的雨巷，
我希望逢着
一个丁香一样地
结着愁怨的姑娘。

她是有
丁香一样的颜色，
丁香一样的芬芳，
丁香一样的忧愁，
在雨中哀怨，
哀怨又彷徨。

她彷徨在这寂寥的雨巷，
撑着油纸伞
像我一样，
像我一样地
默默彳亍[①]着，
冷漠，凄清，又惆怅。

她静默地走近
走近，又投出
太息[②]一般的眼光，
她飘过
像梦一般地，

像梦一般地凄婉迷茫。

像梦中飘过
一枝丁香地，
我身旁飘过这女郎；
她静默地远了，远了，
到了颓圮[3]篱墙的，
走尽这雨巷。

在雨的哀曲里，
消了她的颜色，
散了她的芬芳，
消散了，甚至她的
太息般的眼光，
丁香般的惆怅。

撑着油纸伞，独自
彷徨在悠长、悠长
又寂寥的雨巷，
我希望飘过
一个丁香一样地
结着愁怨的姑娘。

选自《小说月报》1928年8月号

作者简介：

戴望舒（1905—1950），原名戴梦鸥，现代诗人，翻译家。浙江省杭州市人。戴望舒是我国现代派象征主义诗歌代表人物。其早期诗歌哀怨感伤，音律和谐，形成独特的抒情诗艺术风格。《雨巷》是其成名作和前期的代表作，凭此而被称为“雨巷诗人”。代表作品有《我底记忆》《望舒草》《望舒诗稿》《灾难的日子》。

【注释】

《雨巷》写于1927年夏，诗人在孤寂中体味着大革命失败后的失望与痛苦，心中充满了迷惘，但仍存有朦胧的希望。此诗用象征的手法，抒写了当时青年知识分子普遍的复杂心态，其中交织着失望和希望、幻灭和追求的多重情绪。诗中的“雨巷”、“丁香姑娘”都是富有象征的意象。这些意象又共同构成了一种象征性的意境，并给人一种朦胧而又幽深的美感。

①彳亍（chì chù）：慢步走，走走停停。

②太息：叹气。

②圮（pǐ）：毁坏，倒塌。

思考与练习题：

1. 如何理解《雨巷》“内容是古典的，形式是现代的”？

2. 细雨迷蒙的氛围、“悠长又寂寥的雨巷”，“撑着油纸伞，独自彷徨”的行人，这些具体意象构成的艺术境界蕴含着深刻的象征意义，试分析之。

3. 在诗歌创作中，诗人所追求的理想常借助比喻、暗示等手法而得到深化和反映。该诗借助了哪些比喻和暗示来表达诗人美好而朦胧的理想？请找出具有比喻义和暗示义的诗句。

龙朱[①]

沈从文（苗族）

第一 说这个人

白耳族出美男子，仿佛是那地方的父母全会参预过雕塑阿波罗神的工作，因此把美的模型留给儿子了。族长儿子龙朱年十七岁，为美男子中之美男子。这个人，美丽强壮象狮子，温和谦驯如小羊。是人中模型。是权威。是力。是光。种种比譬全是为了他的美。其他的德行则与美一样，得天比平常人都多。

提到龙朱相貌就使人生一种卑视自己的心情。平时在各样事业得失上全引不出妒嫉的神巫，因为有次望到龙朱的鼻子，也立时变成小气，甚至于想用钢刀去刺破龙朱的鼻子。这样与天作难的倔强野心却生之于神巫，到后又却因为这美，仍然把这神巫克服了。

白耳族，以及乌婆、倮倮、花帕、长脚各族，人人都说龙朱相貌好看，如日头光明，如花新鲜。正因为说这样话的人太多，无量的阿谀，反而烦恼了龙朱了。好的风仪用处不是得阿谀。（龙朱的地位，已就应当得到各样人的尊敬歆羡了。）既不能在女人中煽动勇敢的悲欢，好的风仪全成为无意思之事。龙朱走到水边去，照过了自己，相信自己的好处，又时时用铜镜观察自己，觉得并不为人过誉。然而结果如何呢？因为龙朱不象是应当在每个女子理想中的丈夫那么平常，因此反而与妇女们离远了。

女人不敢把龙朱当成目标，做那荒唐艳丽的梦，并不是女人的错。在任何民族中，女子们，不能把神做对象，来热烈恋爱，来流泪流血，不是自然的事么？任何种族的妇人，原永远是一种胆小知分的兽类，要情人，也知道要什么样情人才合乎身份。纵其中并不乏勇敢不知事故的女子也自然能从她的不合理希望上得到一种好教训，像貌堂堂是女子倾心的原由，但一个过分美观的身材，却只作成了与女子相远的方便。谁不承认狮子是孤独？狮子永远是孤独，就只为了狮子全身的纹彩与众不同。

龙朱因为美，有那与美同来的骄傲不？凡是到过青石冈的苗人，全都能赌咒作证，否认这个事。人人总说总爷的儿子，从不用地位虐待过人畜，也从不闻对长年老辈妇人女子失过敬礼。在称赞龙朱的人口中，总还不忘同时提到龙朱的相貌。全寨中，年青汉子们，有与老年人争吵事情时，老人词穷，就必定说，我老了，你青年人，干吗不学龙朱谦恭对待长辈？这青年汉子，若还有羞耻心存在，必立时遁去，不说话，或立即认错，作揖陪礼。一个妇人与人谈到自己儿子，总常说，儿子若能象龙朱，那就卖自己与江西布客，让儿子得钱花用，也愿意。所有未出嫁的女人，都想自己将来有个丈夫能与龙朱一样。所有同丈夫吵嘴的妇人，说到丈夫时，总说你不是龙朱，真不配管我磨我；你若是龙朱，我做牛做马也甘心情愿。

还有，一个女人的她的情人，在山洞里约会，男子不失约，女人第一句赞美的话总是“你真象龙朱。”其实这女人并不曾同龙朱有过交情，也未尝听到谁个女人同龙朱约会过。

一个长得太标致了的人，是这样常常容易为别人把名字放到口上咀嚼。

龙朱在本地方远远近近，得到如此尊敬爱重。然而他是寂寞的。这人是兽中之狮，永远当独行无伴！

在龙朱面前，人人觉得是卑小，把男女之爱全抹杀，因此这族长的儿子，却永无从爱女人了。女人中，属于乌婆族，以出产多情多才貌女子著名地方的女人，也从无一个敢来在龙朱面前，闭上一只眼，荡着她上身，同龙朱挑情。也从无一个女人，敢把她绣成的荷包，掷到龙朱身边来。也从无一个女人敢把自己姓名与龙朱姓名编成一首歌，来到跳舞时节唱。然而所有龙朱的亲随，所有龙朱的奴仆，又正因为美，正因为与龙朱接近，如何的在一种沉醉狂欢中享受这些年青女人小嘴长臂的温柔！

“寂寞的王子，向神请求帮忙吧。”

使龙朱生长得如此壮美，是神的权力，也就是神所能帮助龙朱的唯一事。至于要女人倾心，是人为的事啊！

要自己，或他人，设法使女人来在面前唱歌，疯狂中裸身于草席上面献上贞洁的身，只要是可能，龙朱不拘牺牲自己所有任何物，都愿意。然而不行。任怎样设法，也不行。齐梁桥的洞口终于有合拢的一日，不拘有人能说在这高大山洞合拢以前，龙朱能够得到女人的爱，是不可信的事。

民族中积习，折磨了天才与英雄，不是在事业上粉骨碎身，便是在爱情中退位落伍，这不是仅仅白耳族王子的寂寞，他一种族中人，总不缺少同样故事！

不是怕受天责罚，也不是另有所畏，也不是预言者曾有明示，也不是族中法律限止，自自然然，所有女人都将她的爱情，给了一个男子，轮到龙朱却无分了。

在寂寞中龙朱是用骑马猎狐以及其他消遣把日子混过了。

日子过了四年，他二十一岁。

四年后的龙朱，没有与以前日子龙朱两样处，若说无论如何可以指出一点不同来，那就是说如今的龙朱，更象一个好情人了。年龄在这个神工打就的身体上，加上了些更表示"力"的东西，应长毛的地方生长了茂盛的毛，应长肉的地方增加了结实的肉，一颗心，则同样因为年龄所补充的，是更其能顽固的预备承受爱与给爱了。

他越觉得寂寞。

虽说齐梁洞并未有合拢，二十一岁的人年纪算青，来日正长，前途大好，然而什么时候是那补偿填还时候呢？有人能作证，说天所给别的男子的那一份幸福与苦恼，过不久也将同样分派给龙朱么？有人敢包，说到另一时，总有个初生之犊一般的女子来爱龙朱么？

白耳族男女结合，在唱歌。大年时，端午时，八月中秋时，以及跳年刺牛大祭时，男女成群唱，成群舞，女人们，各穿了峒锦衣裙，各戴花擦粉，供男子享受。平常时，在大好天气下，或早或晚，在山中深洞，在水滨，唱着歌，把男女吸到一块来，即在太阳下或月亮下，成了熟人，做着只有顶熟的人可做的事。在此习惯下，一个男子不能唱歌他是种羞辱，一个女子不能唱歌她不会得到好的丈夫。抓出自己的心，放在爱人的面前，方法不是钱，不是貌，不是门阀也不是假装的一切，只有真实热情的歌。所唱的，不拘是健壮乐观，是忧郁，是怒，是恼，是眼泪，总之还是歌。一个多情的鸟绝不是哑鸟，一个人在爱情上无力勇敢自白，那在一切事业上也全是无希望可言，这样人决不是好人！

那么龙朱必定是缺少这一项，所以不行了。

事实又并不如此。龙朱的歌全为人引作模范的歌，用歌发誓的男子妇人，全采用龙朱誓歌那一个韵。一个情人被对方的歌窘倒时，总说及胜利人拜过龙朱作歌师傅的话。凡是龙朱的声音，别人都知道。凡是龙朱唱的歌，无一个女人敢接声。各样的超凡入圣，把龙朱摒除于爱情之外，歌的太完全太好，也仿佛成为一种吃亏理由了。

有人拜龙朱作歌师傅的话，也是当真的。手下的用人，或其他青年汉子，在求爱时腹中歌词为女人逼尽，或为一种浓烈情感扼着了他的喉咙，歌不出心中的恩怨时，来请教龙朱，龙朱总不辞。经过龙朱的指点，结果是多数把女子引到家，成了管家妇。或者到山峒中，互相把心愿了销。熟读龙朱的歌的男子，博得美貌善歌的女人倾心，也有过许多人。但是歌师傅永远是歌师傅，直接要龙朱教歌的，总全是男子，并无一个青年女人。

龙朱是狮子，只有说这个人是狮子，可以使平常人对于他的寂寞得到一种解释！

当地年轻女人到甚么地方去了呢？懂到唱歌要男人的，都给一些歌战胜，全引诱尽了。凡是女人都明白情欲上的固持是一种痴处，所以女人宁愿意减价卖出，无一个敢屯货在家。如今是只能让日子过去一个办法，因了日子的推迁，希望那新生的犊中也有那不怕狮子的犊在。

龙朱是常常这样自慰着度着每个新的日子的。人事凑巧处正多着，在齐梁桥洞口合拢以前，也许龙朱仍然可以得着一种好运！

第二　说一件事

中秋大节的月下整夜歌舞，已成了过去的事了。大节的来临，反而更寂寞，也成了过去的事了。如今是九月。打完谷子了。打完桐子了。红薯早挖完全下地窖了。冬鸡已上孵，快要生小鸡了。连日晴明出太阳。天气冷暖宜人。年青妇人全都负了柴耙同篾笼上坡耙草。各见坡上都有歌声。各处山峒里，都有情人在用干草铺就并撒有野花的临时床上并排坐或并头睡。这九月是比春天还好的九月。

龙朱在这样时候更多无聊。出去玩，打鸠本来非常相宜，然而一出门，就听到各处歌声，到许多地方又免不了要碰到那成双的人，于是大门也不敢出了。

无所事事的龙朱，每天只在家中磨刀。这预备在冬天来剥豹皮的刀，是宝物，是龙朱的朋友。无聊无赖的龙朱，是正用着那“一日数摸挲，剧于十五女”的心情来爱这宝刀的。刀用油在一方小石上磨了多日，光亮到暗中照得见人，锋利到把头发放到刀口，吹一口气发就成两截，然而还是每天把这刀来磨砺。

某天，一个比平常日子似乎更象是有意帮助青年男女“野餐”的一天，黄黄的日头照满全村，龙朱仍然在阳光下磨刀。

在这人脸上有种孤高鄙夷的表情，嘴角的笑纹也变成了一条对生存感到烦厌的线。他时时凝神听察堡外远处女人的尖细歌声，又时时望天空。黄日头临照到他一身，使他身上有春天温暖。天是蓝天，在蓝天作底的景致中，常常有雁鹅排成八字，或一字写在那虚空。龙朱望到这些也不笑。

什么事把龙朱变成这样阴郁的人呢？白耳族，乌婆族，倮倮，花帕，长脚……每一族的年青女人都应负责，每一对年青情人都应致歉。妇女们，在爱情选择中遗弃了这样完全人物，是委娜丝神不许可的一件事，是爱的耻辱，是民族灭亡的先兆。女人们对于恋爱不能发狂，不能超越一切利害去追求，不能选她顶欢喜的一个人，不论是什么种族，这种族都近于无用，很象汉人，也很明显了。

龙朱正磨刀，一个五短身材的奴隶走到他身边来，伏在龙朱的脚边，用手攀他主人的脚。

龙朱瞥了一眼，仍然不做声，低头磨刀。

奴隶抚着龙朱的脚也不做声。

远处正有一片歌声飞过来。过了一阵，龙朱发声了，声音象唱歌，在揉和了庄严和爱的调子中挟着一点愤懑，说，“矮子你又不听我话，做这个样子！”

“主，我是你的奴仆。”

“难道你不想做朋友吗？”

“我的主，我的神，在你面前我永远卑小。谁人敢在你面前平排？谁人敢说他的尊严在美丽的龙朱面前还有存在必须？谁人不愿意永远为龙朱作奴作婢？谁……”

龙朱用顿足制止了矮奴的奉承，然而矮奴仍然把最后一句“谁个女子敢想爱上龙朱？”恭维得不得体的话说毕，才站起。

矮奴站起了，也仍然如平常人跪下一般高。矮人似乎真适宜于作奴隶的。

龙朱说，“甚么事使你这样可怜？”

“在主面前看出我的可怜，这一天我真值得生存了。”

“你人太聪明了。”

“经过主的称赞，呆子也成了天才。”

“我说的是毫不必须的‘聪明’，是令人讨厌的废话。”“我问你，到底有甚么事？”

“是主人的事，因为主在此事上又可见出神的恩惠。”

“你这个只会唱歌不会说话的人，真要我打你了。”

矮奴到这时，才把话说到身上。这个时他哭着脸，表示自己的苦恼失望，且学着龙朱生气时顿足的样子。这行为，若在别人猜来，也许以为矮子服了毒，或者肚脐被山蜂所螫，所以作这样子，表明自己痛苦，至于龙朱，则早已明白，猜得出这样的矮子，不出赌输钱或失欢女人两事了。

龙朱不作声，高贵的笑，于是矮子说，

“我的主，我的神，我的事瞒不了你的，在你面前的仆人，是又被一个女子欺侮了。”

“你是一只会唱谄媚曲子的鸟，被欺侮是不会有的事!”

“但是，主，爱情把仆人变成一只蠢鸟了。”

“只有人在爱情中变聪明的事。”

“是的，聪明了，仿佛比其他时节聪明了点，但在一个比自己更聪明的人面前，我看出我自己蠢得象一只猪。”

“你这土鹦哥平日的本事到甚么地方去了?”

“平时哪里有什么本事呢，这只土鹦哥，嘴巴大，身体大，唱的歌全是学来的歌，不中用。”

“把你所学的全唱唱，也就很可以打胜仗了。”

“唱虽唱过了，还是失败。”

龙朱就皱了一皱眉毛，心想这事怪。

然而一低头，望到矮奴这样矮；便了然于矮奴的失败是在身体，不是在咽喉了，龙朱微笑说，

“矮东西，莫非是为你相貌把你事情弄坏了?”

“但是她并不曾看清楚我是谁。若说她知道我是在美丽无比的龙朱王子面前的矮奴，那她定为我引到老虎洞做新娘子了。”

“我不信你。一定是土气太重。”

“我赌咒。这个女人不是从声音上量得出我身体长短的人。但她在我歌声上，却把我心的长短量出了。”

龙朱还是摇头，因为自己是即或见到矮人在前，至于度量这矮奴心的长短，还不能够的。

“主，请你信我的话。这是一个美人，许多人唱枯了喉咙，还为她所唱败!”

“既然是好女人，你也就应把喉咙唱枯，为她吐血，才是爱。”

“我喉咙是枯了，才到主面前来求救。”

“不行不行，我刚才还听过你恭维了我一阵，一个真真为爱情绊倒了脚的人，他决不会又能爬起来说别的话!”

“主啊，”矮奴摇着他的大的头颅，悲声的说道，“一个死人在主面前，也总有话赞扬主的完全的美，何况奴仆呢。奴仆是已为爱情绊倒了脚，但一同主人接近，仿佛又勇气勃勃了。主给人的勇气比何首乌补药还强十倍。我仍然唱去了。让人家战败了我也不说是主的奴仆。不然别人会笑主用着这样的蠢人，丢了白耳族的光荣!”

矮奴就走了。但最后说的几句话，激起了龙朱的愤怒，把矮子叫着，问，到底女人是怎样的女人。

矮奴把女人的脸，身，以及歌声，形容了一次。矮奴的言语，正如他自己所称，是用一枝秃笔与残余颜色涂在一块破布上的。在女人的歌声上，他就把所有白耳族青石冈地方有名的出产比喻净尽。说到象甜酒，说到象枇杷，说到象三羊溪的鳜鱼[②]，说到象狗肉，仿佛全是可吃的东西。矮奴用口作画的本领并不蹩脚。

在龙朱眼中，是看得出矮奴有点饥饿，在龙朱心中，则所引起的，似乎也同甜酒狗肉引起的欲望相近。他因了好奇，不相信，就为矮奴设法，说同到矮奴一起去看。

正想设法使龙朱快乐的矮奴，见到主人要出去，当然欢喜极了，就着忙催主人快出砦门到山中去。

不到一会这白耳族的王子就到山中了。

藏在一堆干草后面的龙朱，要矮奴大声唱出去，照他所教的唱。先不闻回声。矮奴又高声唱。过一会，在对山，在毛竹林里，却答出歌来了。音调是花帕族中女子悦耳的音调。

龙朱把每一个声音都放到心上去，歌只唱三句，就止了。有一句留着待答歌人解释。龙朱便告给矮奴答复这一句歌。又教矮奴也唱三句出去，等那边解释，歌的意思是：凡是好酒就归那善于唱歌的人喝，凡是好肉也应归善于唱歌的人吃，只是你姣好美丽的女人应当归谁?

女人就答一句，意思是：好的女人只有好男子才配。她且即刻又唱出三句歌来，就说出什么样男子方是好男子。说好男子时，提到龙朱的名，又提到别的两个人的名，那另外两个名字却是历史上的美男子名字，只有龙朱是活人，女人的意思是：你不是龙朱，又不是××××，你与我对歌的人究竟算什么人?你糊涂，你不用妄想。

“主，她提到你的姓名！她骂我！我就唱出你是我的主人，说她只配同主人的奴隶相交。”

龙朱说，“不行，不要唱了。”

“她胡说，应当要让她知道是只够得上为主人擦脚的女子！”

然而矮奴见到龙朱不作声，也不敢回唱出去了。龙朱的心是深沉到刚才几句歌中去了，他料不到有女人敢这样大胆。虽然许多女子骂男人时，都总说，“你不是龙朱。”这事却又当别论了。因为这时谈到的正是谁才配爱她的问题，女人能提出龙朱名字来，女人骄傲也就可知了。龙朱想既然是这样，就让她先知道矮奴是自己的用人，再看情形是如何。

于是矮奴照到龙朱所教的，又唱了四句。歌的意思是：吃酒糟的人何必说自己量大，没有根柢的人也休想同王子要好，若认为搀了水的酒总比酒精还行，那与龙朱的用人恋爱也就很写意了。

谁知女子答得更妙，她用歌表明她的身份，说，只有乌婆族的女人才同龙朱用人相好，花帕族女人只有外族的王子可以论交，至于花帕苗中的自己，是预备在白耳族与男子唱歌三年，再来同龙朱对歌的。

矮子说，“我的主，她尊视了你，却小看了你的仆人，我要解释我这无用的人并不是你的仆人，免得她耻笑！”

龙朱对矮奴微笑，说，“为甚么你不说应当说‘你对山的女子，胆量大就从今天起来同我龙朱主人对歌’呢？你不是先才说到要她知道我在此，好羞辱她吗？”

矮奴听到龙朱说的话，还不很相信得过，以为这只是主人的笑话。他想不到主人因此就会爱上这个狂妄大胆的女人。他以为女人不知对山有龙朱在，唐突了主人，主人纵不生气，自己也应当生气。告女人龙朱在此，则女人虽觉得羞辱了，可是自己的事情也完了。

龙朱见矮奴迟疑，不敢接声，就打一声吆喝，让对山人明白，表示还有接歌的气概，尽女人起头。龙朱的行为使矮奴发急，矮奴说，“主，你在这儿我是没有歌了。”

“你照到意思唱，问她胆子既然这样大，就拢来，看看这个如虹如日的龙朱。”

“我当真要她来？”“当真！要她来，我看看是甚么样女人，敢轻视我们白耳族说不配同花帕族女子相好！”

矮奴又望了望龙朱，见主人情形并不是在取笑他的用人，就全答应下来了。他们于是等待着女子的歌声。稍过了些时间，女子果然又唱起来了。歌的意思是：对山的雀你也不必叫了，对山的人你也不必唱了，还是想法子到你龙朱王子的奴仆前学三年歌，再来开口。

矮奴说，“主，这话怎么回答？她要我跟龙朱的用人学三年歌，再开口，她还是不相信我是你最亲信的奴仆，还是在骂我白耳族的全体！”

龙朱告矮奴一首非常有力的歌，唱过去，那边好久好久不回。矮奴又提高喉咙唱。回声来了，大骂矮子，说矮奴偷龙朱的歌，不知羞，至于龙朱这个人，却是值得在走过的路上撒满鲜花的。矮子烂了脸，不知所答。年轻的龙朱，再也不能忍下去了，小心小心，压着了喉咙，平平的唱了四句。声音的低平仅仅使对山一处可以明白，龙朱是正怕自己的歌使其他男女听到，因此哑喉半天的。龙朱的歌意思就是说：唱歌的高贵女人，你常常提到白耳族一个平凡的名字使我惭愧，因为我在我族中是最无用的人，所以我族中男子在任何地方都有情人，独名字在你口中出入的龙朱却仍然是独身。

不久，那一边象思索了一阵，也幽幽的唱和起来了，歌的是：你自称为白耳族王子的人我知道你不是，因为这王子有银钟的声音，本来拿所有花帕苗年轻的女子供龙朱作垫还不配，但爱情是超过一切的事情，所以你也不要笑我。所歌的意思，极其委婉谦和，音节又极其整齐，是龙朱从不闻过的好歌。因为对山的女人不相信与她对歌的是龙朱，所以龙朱不由得不放声唱了。

这歌是用白耳族顶精粹的言语，自白耳族顶纯洁的一颗心中摇着，从白耳族一个顶甜蜜的口中喊出，成为白耳族顶热情的音调，这样一来所有一切声音仿佛全哑了。一切鸟声与一切远处歌声，全成了这王子歌时和拍的一种碎声，对山的女人，从此沉默了。

龙朱的歌一出口，矮奴就断定了对山再不会有回答。这时节等了一阵，还无回声，矮奴说，“主，一个在奴仆当来是劲敌的女人，不等王的第二句歌已压倒了。这女人不久还说到大话，要与白耳族王子对歌，她学三十年还不配！”

矮奴不问龙朱意见，许可不许可，就又用他不高明的中音唱道：

“你花帕族中说大话的女子，

大话是以后不用再说了，

若你欢喜作白耳族王子仆人的新妇，

他愿意你过来见他的主同你的夫。”

仍然不闻有回声。矮奴说，这个女人莫非害羞上吊了。矮奴说的原只是笑话，然而龙朱却说过对山看看的话了。龙朱说后就走，沿山谷流水沟下去。跟到龙朱后面追着，两手拿了一大把野黄菊同山红果的，是想做新郎的矮奴。

矮奴常说，在龙朱王子面前，跛脚的人也能跃过阔涧。这话是真的。如今的矮奴，若不是跟了主人，这身长不过四尺的人，就决不会象腾云驾雾一般的飞！

第三 唱歌过后一天

“狮子我说过你，永远是孤独的！”白耳族为一个无名勇士立碑，曾有过这样句子。

龙朱昨天并没有寻到那唱歌人。到女人所在处的毛竹林中时，不见人。人走去不久，只遗了无数野花。跟到各处追。还是不遇。各处找遍了，山中不少好女子，各躺在草地唱歌歇憩，见龙朱来时，识与不识都立起来怯怯的如为龙朱的美所征服。见到的女子，问矮奴是不是那一个人，矮奴总摇头。

到后龙朱又重复回到女人唱歌地方。望到这个野花的龙朱，如同嗅到血腥气的小豹，虽按捺到自己咆哮，仍不免要憎恼矮奴走得太慢。其实则走在前面的是龙朱，矮奴则两只脚象贴了神行符，全不自主，只仿佛象飞。矮奴无过错。不过女人比鸟儿，这称呼得实在太久了，不怕白耳族王子主仆走得怎样飞快，鸟儿毕竟是先已飞到远处去了！

天气渐渐夜下来，各处有雀叫，各处有炊烟，龙朱废然归家了。那想作新郎的矮奴，跟在主人的后面，把所有的花全丢了，两只长手垂到膝下，还只说见到了她非抱她不可，万料不到自己是拿这女人在主人面前开了多少该死的玩笑。天气当时原是夜下来了。矮奴又是跟在龙朱王子的后面，望不到主人脸上的颜色。一个聪明的仆人，即或怎样聪明，总也不会闭了眼睛知道主人的心心情的。

龙朱过的烦恼日子以昨夜为最坏。半夜睡不着，起来怀了宝刀，披上一件豹皮褂，走到堡墙上去外望。无所闻，无所见，入目的只是远山上的野烧明灭。各处村庄全睡尽了。大地也睡了。寒月凉露，助人悲思，于是白耳族的王子，仰天叹息，悲叹自己。且远处山下，听到有孩子哭，好象半夜醒来吃奶时情形，龙朱更难自遣。

龙朱想，这时节，各地各处，那洁白如羔羊温和如鸽子的女人，岂不是全都正在新棉絮中做那好梦？那白耳族的青年，在日里唱歌疲倦了的心，作工疲倦了的身体，岂不是在这时也全得到休息了么？只是那扰乱了白耳族王子的心的女人，这时究竟在什么地方呢？她不应当如同其他女人，在新棉絮中做梦。她不应当有睡眠。她应当这时来思索她所歆慕的白耳族王子的歌声。她应当野心扩张，希望我凭空而下。她应当为思我而流泪，如悲悼她情人的死去。……

但是，这究竟是 歌而来，身穿白衣白裙，钉满了小小银泡，头发披在身后，模样如救苦救难观世音。女人的神奇，使白耳族王子屈膝，倾身膜拜。但是女人却不理，越去越远了。白耳族王子就赶过去，拉着女人的衣裙，女人回过头就笑。女人一笑龙朱就勇敢了，这王子猛如豹子擒羊，把女人连衣抱起飞向一个最近的山洞中去。龙朱做了男子。龙朱把最武勇的力，最纯洁的血，最神圣的爱，全献给这梦中女子了。

白耳族的大神是能护佑于青年情人的，龙朱所要的，业已由神帮助得到了。

今日里的龙朱，已明白昨天一个好梦所交换的是些什么了，精神反而更充足了一点，坐到那大凳上晒太阳，在太阳下深思人世苦乐的分界。

矮奴愁眉双结走进院中来，仍复来到龙朱脚边伏下，龙朱轻轻用脚一踢，矮奴就乘势一个斤斗，翻然立起。

“我的主，我的神，若不是因为你有时高兴，用你尊贵的脚踢我，奴仆的斤斗决不至于如此纯熟！”

“你该打十个嘴巴。”

“那大约是因为口牙太钝，本来是得在白耳族王子跟前的人，无论如何也应比奴仆聪明十倍！”

“唉，矮陀螺，你是又在做戏了。我告了你不知道有多少回，不许这样，难道全都忘记了么？你大约似乎把我当做情人，来练习一精粹的谄媚技能罢。”

“惶恐！奴仆是当真有一种野心，在主面前来练习一种技能，便将来把主的神奇编成历史的。”

“你是近来赌博又输了，总是又缺少钱扳本。一个天才在穷时越显得是天才，所以这时的你到我面前时话就特别多。”

“主啊，是的。是输了。损失不少。但这个不是金钱；是爱情！”

“你肚子这样大，爱情总是不会用尽！”

“用肚子大小比爱情贫富，主的想象是历史上大诗人的想象。不过……”

矮奴从龙朱脸上看出龙朱今天情形不同往日，所以不说了。这据说爱情上赌输了的矮奴，看得出主人有出去的样子，就改口说：

“这样好的天气，真是日神特意为主出游而预备的天气，不出去象不大对得起神的一番好意！”

龙朱说，“日神为我预备的天气我倒好意思接受，你为我预备的恭维我可不要了。”

“本来主并不是人中的皇帝，要倚靠恭维阿谀而生存。主是天上的虹，同日头与雨一块儿长在世界上的，赞美形容自然多余。”

“那你为甚么还是这样唠唠叨叨?”

“在美的月光下野兔也会跳舞，在主的光明照耀下我当然比野兔聪明一点儿。”

“够了！随我到昨天唱歌女人那地方去，或者今天可以见到那个人。”

“主呵，我就是来报告这件事。我已经探听明白了。女人是黄牛寨寨主的姑娘。据说这寨主除会酿好酒以外就是会养女儿。寨中据说姑娘有三个，这是第三的，还有大姑娘二姑娘不常出来。不常出来的据说生长得更美。这全是有福气的人享受的！我的主，当我听到女人是这家人的姑娘时，我才知道我是癞蛤蟆。这样人家的姑娘，为白耳族王子擦背擦脚，勉勉强强。主若是想要，我们就差人抢来。”

龙朱稍稍生了气，说，“滚了罢，白耳族的王子是抢别人家的女儿的么?说这个话不知羞么?”

矮奴当真就把身卷成一个球，滚到院的一角去。是这样，算是知羞了。然而听过矮奴的话以后的龙朱，怎么样呢?三个女人就在离此不到三里路的寨上，自己却一无所知，白耳族的王子真是怎样愚蠢！到第三的小鸟也能到外面来唱歌，那大姐二姐是已成了熟透的桃子多日了。让好的女人守在家中，等候那命运中远方大风吹来的美男子作配，这是神的意思。但是神这意思又是多么自私！白耳族的王子，如今既明白了，也不要风，也不要雨，自己马上就应当去！

龙朱不再理会矮奴就跑出去了。矮奴这时正在用手代足走路，作戏法娱龙朱，见龙朱一走，知道主人脾气，也忙站起身追出去。

“我的主，慢一点，让奴仆随在一旁！在笼中蓄养的雀儿是始终飞不远的，主你忙有什么用?”

龙朱虽听到后面矮奴的声音，却仍不理会，如飞跑向黄牛寨去。

快要到寨边，白耳族的王子是已全身略觉发热了，这王子，一面想起许多事还是要矮奴才行，于是就蹲到一株大榆树下的青石墩上歇憩。这个地方再有两箭远近就是那黄牛寨用石砌成的寨门了。树边大路下，是一口大井。溢出井外的水成一小溪活活流着，溪水清明如玻璃。井边有人低头洗菜，龙朱望到这人的背影是一个女子，心就一动。望到一个极美的背影还望到一个大大的髻，髻上簪了一朵小黄花，龙朱就目不转睛的注意这背影转移，以为总可有机会见到她的脸。在那边，大路上，矮奴却象一只海豹匍匐气喘走来了。矮奴不知道路下井边有人，只望到龙朱，深恐怕龙朱冒冒失失走进寨去却一无所得，就大声嚷：

“我的主，我的神，你不能冒失进去，里面的狗象豹子！虽说白耳族的王子原是山中的狮子，无怕狗道理，但是为甚么让笑话留给这花帕族，说狮子会被家养的狗吠过呢?”

龙朱也来不及喝止矮奴，矮奴的话却全为洗菜女人听到了。听到这话的女人，就嗤的笑。且知道有人在背后了，才抬起头回转身来，望了望路边人是什么样子。

这一望情形全了然了。不必道名通姓，也不必再看第二眼，女人就知道路上的男子便是白耳族的王子，是昨天唱过了歌今天追跟到此的王子，白耳族王子也同样明白了这洗菜的女人是谁。平时气概轩昂的龙朱看日头不眨眼睛，看老虎也不动心，只略把目光与女人清冷的目光相遇，却忽然觉得全身缩小到可笑的情形中了。女人的头发能系大象，女人的声音能制怒狮，白耳族王子屈服到这寨主女儿面前，也是平平常常的一件事啊！

矮奴走到了龙朱身边，见到龙朱失神失志的情形，又望到井边女人的背影，情形已明白了五分。他知道这个女人就是那昨天唱歌被主人收服的女人，且知道这时候无论如何女人也明白蹲在路旁石墩上的男子是龙朱。他有点慌张，不知所措，对龙朱作出一种呆样子，又用一手掩自己的口，一手指女人。

龙朱轻轻附到他耳边说，“聪明的扁嘴，这时节，是你做戏的时节！”

矮奴于是咳了一声嗽。女人明知道了头却不回。矮奴于是把音调弄得极其柔和，象唱歌一样的说道：

“白耳族王子的仆人昨天做了错事，今天特意来当到他主人在姑娘面前赔礼。不可恕的过失是永远不可恕，因为我如今把姑娘想对歌的人引导前来了。”

女人头不回却轻轻说道：

“跟到凤凰飞的乌鸦也比锦鸡还好。”

“这乌鸦若无凤凰在身边，就有人要拔它的毛……”

说出这样话的矮奴，毛虽不被拔，耳朵却被龙朱拉长了。小子知道了自己猪八戒性质未脱，忙陪礼作揖。听到这话的女人，笑着回过头来，见到矮奴情形，更好笑了。

矮奴望到女人回了头，就又说道：

“我的世界上唯一良善的主人，你做错事了。”

"为什么？"龙朱很奇怪矮奴有这种话，所以追问。

"你的富有与慷慨，是各族中全知道的，所以用不着在一个尊贵的女人面前赏我的金银，那不要紧的。你的良善喧传远近，所以你故意这样教训你的奴仆，别人也相信你不是会发怒的人。但是你为甚么不差遣你的奴仆，为那花帕族的尊贵姑娘把菜篮提回，表示你应当同她说说话呢？"

白耳族的王子与黄牛寨主的女儿，听到这话全笑了。

矮奴话还说不完，才责了主人又来自责。他说：

"不过白耳族王子的仆人，照理他应当不必主人使唤就把事情做好，是这样也才配说是龙朱好仆人——"

于是，不听龙朱发言，也不待那女人把菜洗好，走到井边去，把菜篮拿来挂到屈着的手肘上，向龙朱眨了一下眼睛，却回头走了。

矮奴与菜篮，全象懂得事，避开了，剩下的是白耳族王子同寨主女儿。龙朱迟了许久才走到井边去。

十天后，龙朱用三十只牛三十坛酒下聘，做了黄牛寨寨主的女婿。

一九二九年作于上海

作家简介：

沈从文（1902—1988），原名沈岳焕，湘西凤凰县人，苗族。三十年代起完成一系列代表作，如《边城》《长河》等。沈从文一生创作的结集约有80多部，是现代作家中成书最多的一个。他的"湘西世界"代表着健康、完善的人性，一种"优美、健康、自然，而又不悖乎人性的人生形式"。1949年以后，基本停止文学创作，长期从事历史文物研究，著有《中国古代服饰研究》。

【注释】

作者称《龙朱》是以异族青年恋爱为主，表现"优美，健康，自然，而又不悖乎人性的人生形式"。龙朱是美的化身，也是爱的载体，爱得热烈而美丽。全篇贯穿以透明的智慧，交织着诗情与画意。

①《龙朱》根据民间传说改编，以此宣扬"美"、"爱"、"神"三者一体的思想。

②鳜（guì）鱼：有的地区叫花鲫鱼。

思考与练习题：

1. 龙朱被赋予了怎样的性格？
2. 你如何理解龙朱与黄牛寨寨主女儿的爱情？
3. 这篇小说中透露出沈从文怎样的美学观念？
4. 小说中大量民俗风情的描写有何意义和价值？

菱荡

废名

陶家村在菱荡圩[1]的坝上，离城不过半里，下坝过桥，走一个沙洲，到城西门。

一条线排着，十来重瓦屋，泥墙，石灰画得砖块分明，太阳底下更有一种光泽，表示陶家村总是兴旺的。屋后竹林，绿叶堆成了台阶的样子，倾斜至河岸，河水沿竹子打一个湾，潺潺流过。这里离城才是真近，中间就只有河，城墙的一段正对了竹子临水而立。竹林里一条小路，城上也窥得见，不当心河边忽然站了一个人，——陶家村人出来挑水。落山的太阳射不过陶家村的时候（这时游城的很多），少不了有人攀了城垛子探首望水，但结果城上人望城下人，仿佛不会说水清竹叶绿，——城下人亦望城上。

陶家村过桥的地方有一座石塔，名叫洗手塔。人说，当初是没有桥的，往来要摆渡。摆渡者，是指以大乌竹做成的筏载行人过河。一位姓张的老汉，专在这里摆渡过日，头发白得像银丝。一天，何仙姑下凡来，度老汉升天，老汉道："我不去。城里人如何下乡？乡下人如何进城？"但老汉这天晚上死了。清早起来，河有桥，桥头有塔。何仙姑一夜修了桥。修了桥洗一洗手，成洗手塔。这个故事，陶家村的陈聋子独不相信，他说："张老头子摆渡，不是要渡钱吗？"摆渡依然要人家给他钱，同聋子"打长工"是一样，所以决不能升天。

塔不高，一棵大枫树高高的在塔之上，远路行人总要歇住乘一乘阴。坐在树下，菱荡圩一眼看得见，——看见的也仅仅只有菱荡圩的天地了，坝外一重山，两重山，虽知道隔得不近，但树林在山腰。菱荡圩算不得大圩，花篮的形状，花篮里却没有装一朵花，从底绿起，——若是荞麦或油菜花开的时候，那又尽是花了。稻田自然一望而知，另外树林子堆的许多球，哪怕城里人时常跑到菱荡圩来玩，也不能一一说出，那是村，那是园，或者水塘四周栽了树。坝上的树叫菱荡圩的天比地更来得小，除了陶家村以及陶家村对面的一个小庙，走路是在树林里走了一圈。有时听得斧头斫[2]树响，一直听到不再响了还是一无所见。那个小庙，从这边望去，露出一幅白墙，虽是深藏也逃不了是一个小庙。到了晚半天，这一块儿首先没有太阳，树色格外深。有人想，这庙大概是村庙，因为那么小，实在同它背后山腰里的水竹寺差不多大小，不过水竹寺的林子是远山上的竹林罢了。城里人有终其身没有向陶家村人问过这庙者，终其身也没有再见过这么白的墙。

陶家村门口的田十年九不收谷的，本来也就不打算种谷，太低，四季有水，收谷是意外的丰年（按，陶家村的丰年是岁旱）。水草连着菖蒲[3]，菖蒲长到坝脚，树阴遮得这一片草叫人无风自凉。陶家村的牛在这坝脚下放，城里的驴子也在这坝脚下放，人又喜欢伸开他的手脚躺在这里闭眼向天。环着这水田的一条沙路环过菱荡。

菱荡圩是以这个菱荡得名。

菱荡属陶家村，周围常青树的矮林，密得很。走在坝上，望见白水的一角。荡岸，绿草散着野花，成一个圈圈。两个通口，一个连菜园，陈聋子种的几畦园也在这里。

菱荡的深，陶家村的二老爹知道，二老爹是七十八岁的老人，说，道光十九年，剩了他们的菱荡没有成干土，但也快要见底了。网起来的大小鱼真不少，鲤鱼大的有二十斤。这回陶家村可热闹，六城的人来看，洗手塔上是人，荡当中人挤人，树都挤得稀疏了。

菱叶遮蔽了水面，约半荡，余则是白水。太阳当顶时，林茂无鸟声，过路人不见水的过去。如果是熟客，绕到进口的地方进去玩，一眼要上下闪，天与水。停了脚，水里唧唧响，——水仿佛是这一个一个的声音填的！偏头，或者看见一人钓鱼，钓鱼的只看他的一根线。一声不响的你又走出来了。好比是进城去，到了街上你还是菱荡的过客。

这样的人，总觉得有一个东西是深的，碧蓝的，绿的，又是那么圆。

城里人并不以为菱荡是陶家村的，是陈聋子的。大家都熟识这个聋子，喜欢他，打趣他，尤其是那般洗衣的女人，——洗衣的多半住在西城根，河水浑了到菱荡来洗。菱荡的深，这才被她们搅动了。太阳落山以及天刚刚破晓的时候，坝上也听得见她们喉咙叫，甚至，衣篮太重了坐在坝脚下草地上“打一栈[4]”的也与正在槌捣杵[5]的相呼应。野花做了她们的蒲团，原来青青的草被她们踏成了路。

陈聋子，平常略去了陈字，只称聋子。他在陶家村打了十几年长工，轻易不见他说话，别人说话他偏肯听，大家都嫉妒他似的这样叫他。但这或者不始于陶家村，他到陶家村来似乎就没有带别的名字了。二老爹的园是他种，园里出的菜也要他挑上街去卖，二老爹相信他一个人，回来一文一文的钱向二老爹手上数。洗衣女人问他讨萝卜吃——好比他正在萝卜田里，他也连忙拔起一个大的，连叶子给她。不过讨萝卜他就答应一个萝卜，再说他的萝卜不好，他无话回，笑是笑的。菱荡圩的萝卜吃在口里实在甜。

菱荡满菱角[⑥]的时候，菱荡里不时有一个小划子（这划子一个人背得起），坐划子菱叶上打回旋的常是陈聋子。聋子到哪里去了，二老爹也不知道，二老爹或者在坝脚下看他的牛吃草，没有留心他的聋子进菱荡。聋子挑了菱角回家——聋子是在菱荡摘菱角！

聋子总是这样的去摘菱角，恰如菱荡在菱荡圩不现其水。

有一回聋子送一篮菱角到石家井去，——石家井是城里有名的巷子，石姓所居，两边院墙夹成一条深巷，石铺的道，小孩子走这里过，故意踏得响，逗回声。聋子走到石家大门，站住了，抬了头望院子里的石榴，仿佛这样望得出人来。两匹狗朝外一奔，跳到他的肩膀上叫。一匹是黑的，一匹是白的，聋子分不开眼睛，尽站在一块石上转，两手紧握篮子，一直到狗叫出了石家的小姑娘，替他喝住狗。石家姑娘见了一篮红菱角，笑道："是我家买的吗？"聋子被狗呆住了的模样，一言没有发，但他对了小姑娘牙齿都笑出来了。小姑娘引他进门，一会儿又送他出门。他连走路也不响。

以后逢着二老爹的孙女儿吵嘴，聋子就咕噜一句：

"你看街上的小姑娘是多么好！"

他的话总是这样说的。

一日，太阳已下西山，青天罩着菱荡圩照样的绿，不同的颜色，坝上庙的白墙，坝下聋子人一个，他刚刚从家里上园来，挑了水桶，挟了锄头。他要挑水浇一浇园里的青椒。他一听——菱荡里洗衣的有好几个。风吹得很凉快。水桶歇下畦径，荷锄沿畦走，眼睛看一个一个的茄子。青椒已经有了红的，不到跟前看不见。

走回了原处，扁担横在水桶上，他坐在扁担上，拿出烟杆来吃。他的全副家伙都在腰边。聋子这个脾气厉害，倘是别个，二老爹一天少不了嗦几遍，但他是聋子。（圩里下湾的王四牛却这样说：一年四吊毛钱，不吃烟做个什么？何况聋子挑了水，卖菜卖菱角！）

打火石打得火喷，——这一点是陈聋子替菱荡圩添的。

吃烟的聋子是一个驼背。

衔了烟偏了头听，——

是张大嫂，张大嫂讲了一句好笑的话。聋子也笑。

烟杆系上腰。扁担挑上肩。

“今天真热!”张大嫂的破喉咙。

“来了人看怎么办?”

“把人热死了怎么办?”

两边的树还遮了挑桶的，木桶的一只已经进了菱荡。

“嗳呀——”

“哈哈哈，张大嫂好大奶!”

这个绰号鲇鱼，是王大妈的第三个女儿，刚刚洗完衣服同张大嫂两人坐在岸上。张大嫂解开了她的汗湿的褂子兜风。

“我道是谁——聋子。”

聋子眼睛望了水，笑着自语——

“聋子!”

一九二七年十月

作者简介：

废名（1901—1967），原名冯文炳，湖北黄梅人，中国现代小说家。曾任北大中文系教授。以1949年为界，前期以文学创作为主，兼及诗学、佛学研究；后期主要从事学术研究，涉及《诗经》、杜甫、李商隐、美学、新民歌、毛泽东著作等诸多领域。其作品多为对淳朴人情的赞美和对痛苦人生的同情，有简约淡雅、平实朴讷之美。主要作品有短篇小说集《桃园》《竹林的故事》《枣》以及长篇小说《桥》《莫须有先生传》等。

【注释】

废名的早期小说《菱荡》历来被人们看作是特有的田园诗画的象征。小说倾心描写菱荡的优美宁静，陶家村人的和谐安适，但从作者笔下依然可以感受到人生的凄苦。小说最大的特点是无故事，也无中心人物，而像一幅充满人情风俗美的山水田园画。

①圩（xū）：湘、赣、闽、粤等地区称集市。

②斫（zhuó）：用刀斧砍。

③菖蒲（chāng pú）：一种草本植物。根茎可作香料，可入中药。

④打一栈（zhàn）：暂时歇息。

⑤槌（chuí）捣杵（chǔ）：槌、杵，都是敲打用的木棒，大多一头较大或呈球形。用来在臼里捣粮食或洗衣服时捶衣服。本文指后者。

⑥菱角：称菱。一种草本生植物，根生在泥里，略作三角形，果实的硬壳有角，绿色或褐色，果肉可以吃。通称菱角。

思考与练习题

1. 这篇小说的情节是什么？它与传统小说的情节有何不同？
2. 谈谈小说在立意造景上的特色。
3. 怎样理解陈聋子以及废名笔下的这个世界？

菉竹山房①

吴组缃

阴历五月初十日和阿圆到家，正是家乡所谓“火梅”天气②：太阳和淫雨交替迫人，那苦况非身受的不能想象。母亲说，前些日子二姑姑托人传了口信来，问我们到家没有；说“我做姑姑的命不好，连侄儿侄媳也冷淡我。”意思之间，是要我和阿圆到她老人家村上去住些时候。

二姑姑家我只于年小时去过一次，至今十多年了。我连年羁留外乡，过的是电灯电影洋装书籍柏油马路的另一世界的生活。每当想起家乡，就如记忆一个年远的传说一样。我脑中的二姑姑家，到现在更是模糊得如云如烟。那座阴森敞大的三进大屋，那间摊乱着雨蚀虫蛀的古书的学房，以及后园中的池塘竹木，想起来都如依稀的梦境。

二姑姑的故事好似一个旧传奇的仿本。她的红颜时代我自然没有见过，但从后来我所见到的她的风度上看来：修长的身材，清癯白晰的脸庞，狭长而凄清的眼睛，以及沉默少言笑的阴暗调子，都和她的故事十分相称。

故事在这里不必说得太多。其实，我所知道的也就有限；因为家人长者都讳谈它。我所知道的一点点，都是日长月远，家人谈话中偶然流露出来，由零碎摭拾起来的。

多年以前，叔祖的学塾④中有个聪明年少的门生，是个三代孤子。因为看见叔祖房里的帏幔，笔套，与一幅大云锦上的刺绣，绣的都是各种姿态的美丽蝴蝶，心里对这绣蝴蝶的人起了羡慕之情：而这绣蝴蝶的姑娘因为听叔祖常常夸说这人，心里自然也早就有了这人。这故事中的主人以后是乘一个怎样的机缘相见相识，我不知道，长辈们恐怕也少知道。在我所摭拾的零碎资料中，这以后便是这悲惨故事的顶峰：一个三春天气的午间，冷清的后园的太湖石洞中，祖母因看牡丹花，拿住了一对仓皇失措的系裤带的顽皮孩子。

这幕才子佳人的喜剧闹了出来，人人夸说的绣蝴蝶的小姐一时连丫头也要加以鄙夷。放佚风流⑤的叔祖虽从中尽力撮合周旋，但当时究未成功。若干年后，扬子江中八月大潮，风浪陡作，少年赴南京应考，船翻身亡。绣蝴蝶的小姐那时才十九岁，闻耗后，在桂花树下自缢⑥，为园丁所见，救活了，没死。

少年家觉得这小姐尚有稍些可风之处[7]，商得了女家同意，大吹大擂接小姐过去迎了灵柩；麻衣红绣鞋，抱着灵牌参拜家堂祖庙，做了新娘。

这故事要不是二姑姑的，并不多么有趣；二姑姑要没这故事，我们这次也就不致急于要去。

母亲自然怂恿我们去。说我们是新结婚，也难得回家一次。二姑姑家孤寂了一辈子，如今如此想念我们，这点子人情是不能不尽的。但是阿圆却有点怕我们家乡的老太太。这些老太太——举个例，就如我的大伯娘，她老人家就最喜欢搂阿圆在膝上喊宝宝，亲她的脸，咬她的肉，摩挲她的臂膊；又要我和她接吻给她老人家看。一得闲空，就托支水烟袋坐到我们房里来，盯着眼看守着我们作迷迷笑脸，满口反复地说些叫人红脸不好意思的夸羡的话。这种种罗唣[8]，我倒不大在意；可是阿圆就老被窘得脸红耳赤，不知该往哪里躲。——因此，阿圆不愿去。

我知道弊病之所在，告诉阿圆：二姑姑不是这种善于表现的快乐天真的老太太。而且我会投年轻姑娘之所好，照二姑姑原来的故事又编上了许多的动人的穿插，说得阿圆感动得红了眼睛叹长气。听说二姑姑决不会给她那种罗唣，她的不愿去的心就完全消除；再听了二姑姑的故事，有趣得如从线装书中看下来的一样；又想到借此可以暂时躲避家下的老太太；而且又知道金燕村中风景好，菉竹山房的屋舍阴凉宽畅：于是阿圆不愿去的心，变成急于要去了。

我说金燕村，就是二姑姑的村；菉竹山房就是二姑姑的家宅。沿着荆溪的石堤走，走的七八里地，回环合抱的山峦渐渐拥挤，两岸葱翠古老的槐柳渐密，溪中暗赭色的大石渐多，哗哗的水激石块声越听越近。这段溪，渐不叫荆溪，而是叫响潭。响潭的两岸，槐树柳树榆树更多更老更葱茏，两面缝合，荫罩着乱喷白色水沫的河面，一缕太阳光也晒不下来。沿着响潭两岸的树林中，疏疏落落点缀着二十多座白垩瓦屋。西岸上，紧临着响潭，那座白屋分外大；梅花窗的围墙上面探露着一丛竹子；竹子一半是绿色的，一半已开了花，变成槁色。——这座村子便是金燕村，这座大屋便是二姑姑的家宅菉竹山房。

阿圆是外乡生长的，从前只在中国山水画上见过的景子，一朝忽然身历其境，欣跃之情自然难言。我一时回想起平日见惯的西式房子，柏油马路，烟囱，工厂等等，也觉得是重入梦境，做了许多缥缈之想。

二姑姑多年不见，显见得老迈了。

“昨天夜里结了三颗大灯花，今朝喜鹊在屋脊上叫了三四次，我知道要来人。”

那张苍白皱摺的脸没多少表情。说话的语气，走路的步法，和她老人家的脸庞同一调子：阴暗，凄苦，迟钝。她引我们进到内屋里，自己蹒蹒颤颤地到房里去张罗果盘，吩咐丫头为我们打脸水。——这丫头叫兰花，本是我家的丫头，三十多岁了。二姑姑陪嫁丫头死去后，祖父便拨了身边的这丫头来服侍姑姑，和姑姑作伴。她陪姑姑住守这所大屋子已二十多年，跟姑姑念诗念经，学姑姑绣蝴蝶，她自己说不要成家的。

二姑姑说没指望我们来得如此快，房子都没打扫。领我们参观全宅，顺便叫我们自己拣一间合意的住。四个人分作三排走，姑姑在前，我俩在次，兰花在最后。阿圆蹈着姑姑的步子走，显见得拘束不自在，不时昂头顾我，作有趣的会意之笑。我们都无话说。

屋子高大，阴森，也是和姑姑的人相谐调的。石阶，地砖，柱础，甚至板壁上，都染涂着一层深深浅浅的暗绿，是苔尘。一种与陈腐的土木之气混合的霉气扑满鼻官。每一进屋的梁上都吊有淡黄色的燕子窝，有的已剥落，只留着痕迹；有的正孵着雏儿，叫得分外响。

我们每走到一进房子，由兰花先上前开锁；因为除姑姑住的一头两间的正屋而外，其余每一间房，每一道门都是上了锁的。看完了正屋，由侧门一条巷子走到花园中。邻着花园有座雅致的房，门额上写着“邀月”两个八分字。百叶窗，古瓶式的门，门上也有明瓦纸的册叶小窗。我爱这地方近花园，较别处明朗清新得多，和姑姑说，我们就住这间房。姑姑叫兰花开了锁，两扇门一推开，就噗噗落下三只东西来：两只是壁虎，一只是蝙蝠。我们都怔了一怔。壁虎是悠悠地爬走了；兰花拾起那只大蝙蝠，轻轻放到墙隅里，呓语着似地念了一套怪话：

“福公公，你让让房，有贵客要在这里住。”

阿圆惊惶不安的样子，牵一牵我的衣角，意思大约是对着这些情景，不敢在这间屋里住。二姑姑年老还不失其敏感，不知怎样她老人家就窥知了阿圆的心事：

“不要紧。——这些房子，每年你姑爹回家时都打扫一次。停会，叫兰花再好好来收拾。福公公虎爷爷都会让出去的。”

又说：“这间避月庐是你姑爹最喜欢的地方；去年你姑爹回来，叫我把它修葺[9]一下。你看看，里面全是新崭崭的。”

我探身进去张看，兜了一脸蜘蛛网。里面果然是新崭崭的。墙上字画，桌上陈设，都很整齐。只是蒙上一层薄薄的尘灰罢了。

我们看兰花扎了竹叶把，拿了扫帚来打扫。二姑姑自回前进去了。阿圆用一个小孩子的神秘惊奇的表情问我说：

“怎么说姑爹？……”

兰花放下竹叶把，瞪着两只阴沉的眼睛低幽地告诉阿圆说：

“爷爷灵验得很啦！三朝两天来给奶奶托梦。我也常看见的，公子帽，宝蓝衫，常在这园里走。”

阿圆扭着我的袖口，只是向着兰花的两只眼睛瞪看。兰花打扫好屋子，又忙着抱被褥毯子席子为我们安排床铺。里墙边原有一张檀木榻，榻几上面摆着一套围棋子，一盘瓷制的大蟠桃。把棋子蟠桃连同榻几拿去，铺上被席，便是我们的床了。二姑姑蹦蹦颤颤地走来，拿着一顶蚊帐给我们看，说这是姑爹用的帐，是玻璃纱制的；问我们怕不怕着凉。我自然愿意要这顶凉快帐子；但是阿圆却望我瞪着眼，好像连这顶美丽的帐子也有可怕之处。

这屋子的陈设是非常美致的，只看墙上的点缀就知道。东墙上挂着四幅大锦屏，上面绣着“菉竹山房唱和诗”，边沿上密密齐齐地绣着各色的小蝴蝶，一眼看上去就觉得很灿烂。西墙上挂着一幅彩色的《钟馗捉鬼图》[10]，两边有洪北江[11]的“梅雪松风清几榻，天光云影护琴书”的对子。床榻对面的南墙上有百叶窗子可以看花园，窗下一书桌，桌上一个朱砂古瓶，瓶里插着马尾云拂。

我觉得这地方好。陈设既古色古香，而窗外一丛半绿半黄的修竹，和墙外隐约可听的响潭之水，越衬托得闲适恬静。

不久吃晚饭，我们都默然无话。我和阿圆是不知在姑姑面前该说些什么好；姑姑自己呢，是不肯多说话的。偌大屋子如一大座古墓，没一丝人声；只有堂厅里的燕子啾啾地叫。

兰花向天井檐上张一张，自言自语地说：“青姑娘还不回来呢！”

二姑姑也不答话，点点头。阿圆偷眼看看我。——其实我自己也正在纳罕着的。吃了饭，正洗脸，一只燕子由天井飞来，在屋里绕了一道，就钻进檐下的窝里去了。兰花停了碗，把筷子放在嘴沿上，低低地说：

“青姑娘，你到这时才回来。”悠悠地长叹一口气。

我释然，向阿圆笑笑；阿圆却不曾笑，只瞪着眼看兰花。

我说邀月庐清新明朗，那是指日间而言。谁知这天晚上，大雨复作，一盏三支灯草的豆油檠摇晃不定，远远正屋里二姑姑和兰花低幽地念着晚经，听来简直是“秋坟鬼唱鲍家诗”[12]；加以外面雨声虫声风弄竹声合奏起一支凄戾的交响曲，显得这周遭的确鬼气殊多。也不知是循着怎样的一个线索，很自然地便和阿圆谈起《聊斋》[13]的故事来。谈一回，她越靠紧我一些，两眼只瞪着西墙上的《钟馗捉鬼图》，额上鼻上渐渐全渍着汗珠。钟馗手下按着的那个鬼，披着发，撕开血盆口，露出两支大獠牙，栩栩欲活。我偶然瞥一眼，也不由得一惊。这时觉得那钟馗，那恶鬼，姑姑和兰花，连同我们自己俩，都成了鬼故事中的人物了。

阿圆瑟缩地说："我想睡。"

她紧紧靠住我，我走一步，她走一步。睡到床上，自然很难睡着。不知辗转了多少时候，雨声渐止，月光透过百叶窗，映照得满屋凄幽。一阵飒飒的风摇竹声后，忽然听得窗外有脚步之声。声音虽然轻微，但是入耳十分清楚。

"你……听见了……没有?"阿圆把头钻在我的腋下，喘息地低声问。

我也不禁毛骨悚然。

那声音渐听渐近，没有了；换上的是低沉的戚戚声，如鬼低诉。阿圆已浑身汗濡。我咳了一声，那声音突然寂止；听见这突然寂止，想起兰花日间所说的话，我也不由得不怕了。

半晌没有声息，紧张的心绪稍稍平缓，但是两人的神经都过分紧张，要想到梦乡去躲身，究竟不能办到。为要解除阿圆的恐怖，我找了些快乐高兴的话和她谈说。阿圆也就渐渐敢由我的腋下伸出头来了。我说：

"你想不想你的家?"

"想。"

"怕不怕了?"

"还有点怕。"

正答着话，她突然尖起嗓子大叫一声，搂住我，嚎啕，震抖，迫不成声：

"你……看……门上！……"

我看门上——门上那个册叶小窗露着一个鬼脸，向我们张望；月光斜映，隔着玻璃纱帐看得分外明晰。说时迟，那时快。那个鬼脸一晃，就沉下去不见了。我不知从那里涌上一股勇气，推开阿圆，三步跳去，拉开门。

门外是两个女鬼！

一个由通正屋的小巷窜远了；一个则因逃避不及，正在我的面前蹲着。

"是姑姑吗?"

"唔——"幽沉的一口气。

我抹着额上的冷汗，不禁轻松地笑了。我说：

"阿圆，莫怕了，是姑姑。"

一九三二，十一，二十六。

作者简介：

吴组缃（1908—1994）安徽泾县人，中国现代著名作家、学者。曾先后任清华大学、北京大学教授，潜心于古典文学研究。1930年在清华大学读书时开始创作。其小说《一千八百担》《樊家铺》《天下太平》是20世纪30年代社会剖析派的代表作。作品以悲剧风格抨击摧残人性的旧社会，描述急剧破产的农村现实。风格悲凉，文笔委婉细腻。主要作品有小说集《西柳集》、小说散文集《饭余集》、长篇小说《鸭咀涝》以及学术著作《宋元文学史稿》等。

【注释】

小说叙述了二姑姑受封建礼教束缚终身守寡的凄苦人生，揭示了封建文化对人性的压抑摧残。小说的景物描写、气氛渲染尤见奇巧，对于刻画人物，表达题旨有画龙点睛之益。

①《菉竹山房》原载1933年1月《清华周刊》第38卷12期。

②"火梅"天气：我国长江下游，每年四五月间，梅子黄熟，连日阴雨，被称为梅雨季节。因为太阳和淫雨交替迫人，又叫"火梅"天气。

③讳（huì会）谈：因为有所忌而不说。

④学塾：又称私塾。旧时私人举办的学馆。

⑤放佚风流：旧时指一种人的风度——有才气而不受礼法拘束，品格清高，举止潇洒。

⑥自缢：上吊自杀。

⑦可风之处：可以教化之处。

⑧罗唣：吵闹，纠缠。此处同"唠叨"。

⑨修葺（qì气）：泛指修理房屋。

⑩《钟馗捉鬼图》：钟馗是传说中一个捉鬼的勇士，旧时民间有悬挂《钟馗捉鬼图》以驱除邪祟的风俗。相传最早的钟馗像是唐朝画家吴道子所作。

⑪ 洪北江：即洪亮吉，清乾隆时的进士，研究经史、地理的学者，善诗文，著作有《洪北江全集》。

⑫"秋坟鬼唱鲍家诗"：是唐朝诗人李贺所作《秋来》中的诗句。"鲍家

诗”指南朝诗人鲍照的诗。

⑬《聊斋》：即《聊斋志异》，清初文言短篇小说集，蒲松龄作。

思考与练习题：

1. 分析造成二姑姑的悲剧一生和畸变心理的根源所在。
2. 景物描写在小说中起到了什么作用？试作分析。
3. 谈谈你对小说结尾处理的看法。

断魂枪①

老舍（满族）

“生命是闹着玩，事事显出如此；从前我这么想过，现在我懂得了。”

沙子龙的镖局已改成客栈。

东方的大梦没法子不醒了。炮声压下去马来与印度野林中的虎啸。半醒的人们，揉着眼，祷告着祖先与神灵；不大会儿，失去了国土、自由与主权。门外立着不同面色的人，枪口还热着。他们的长矛毒弩，花蛇斑彩的厚盾，都有什么用呢；连祖先与祖先所信的神明全不灵了啊！龙旗的中国也不再神秘，有了火车呀，穿坟过墓破坏着风水。枣红色多穗的镖旗，绿鲨皮鞘的钢刀，响着串铃的口马，江湖上的智慧与黑话，义气与声名，连沙子龙，他的武艺、事业，都梦似的变成昨夜的。今天是火车、快枪，通商与恐怖。听说，有人还要杀下皇帝的头呢！

这是走镖已没有饭吃，而国术还没被革命党与教育家提倡起来的时候。

谁不晓得沙子龙是短瘦、利落、硬棒，两眼明得像霜夜的大星？可是，现在他身上放了肉。镖局改了客栈，他自己在后小院占着三间北房，大枪立在墙角，院子里有几只楼鸽。只是在夜间，他把小院的门关好，熟习熟习他的“五虎断魂枪”。这条枪与这套枪，二十年的工夫，在西北一带，给他创出来“神枪沙子龙”五个字，没遇见过敌手。现在，这条枪与这套枪不会再替他增光显胜了；只是摸摸这凉、滑、硬而发颤的杆子，使他心中少难过一些而已。只有在夜间独自拿起枪来，才能相信自己还是“神枪沙”。在白天，他不大谈武艺与往事；他的世界已被狂风吹走了。

在他手下创练起来的少年们还时常来找他。他们大多数是没落子弟，都有点武艺，可是没地方去用。有的在庙会上去卖艺：踢两趟腿，练套家伙，翻几个跟头，附带着卖点大力丸，混个三吊两吊的。有的实在闲不起了，去弄筐果子，或挑些毛豆角，赶早儿在街上论斤吆喝出去。那时候，米贱肉贱，肯卖膀子力气本来可以混个肚儿圆；他们可是不成：肚量既大，而且得吃口管事儿的；干饽饽辣饼子咽不下去。况且他们还时常去走会：五虎棍，开路，太狮少狮……虽然算不了什么——比起走镖来——可是到底有个机会活动活动，露露脸。是的，走会捧场是买脸的事，他们打扮得像个样儿，至少得有条青洋绉裤子，新漂白细市布的小褂，和一双鱼鳞洒鞋——顶好是青缎子抓地虎靴子。他们是神枪沙子龙的徒弟——虽然沙子龙并不承认——得到处露脸，走会得赔上俩钱，说不定还得打场架。没钱，上沙老师那里去求。沙老师不含糊，多少不拘，不让他们空着手儿走。可是，为打架或献技去讨教一个招数，或是请给说个“对子”——什么空手夺刀，或虎头钩进枪——沙老师有时说句笑话，马虎过去：“教什么？拿开水浇吧！”有时直接把他们赶出去。他们不大明白沙老师是怎么了，心中也有点不乐意。

可是，他们到处为沙老师吹腾，一来是愿意使人知道他们的武艺有真传授，受过高人的指教；二来是为激动沙老师：万一有人不服气而找上老师来，老师难道还不露一两手真的么？所以：沙老师一拳就砸倒了个牛！沙老师一脚把人踢到房上去，并没使多大的劲！他们谁也没见过这种事，但是说着说着，他们相信这是真的了，有年月，有地方，千真万确，敢起誓！

王三胜——沙子龙的大伙计——在土地庙拉开了场子，摆好了家伙。抹了一鼻子茶叶末色的鼻烟，他抡了几下竹节钢鞭，把场子打大一些。放下鞭，没向四围作揖，叉着腰念了两句：“脚踢天下好汉，拳打五路英雄！”向四围扫了一眼：“乡亲们，王三胜不是卖艺的；玩艺儿会几套，西北路上走过镖，会过绿林中的朋友。现在闲着没事，拉个场子陪诸位玩玩。有爱练的尽管下来，王三胜以武会友，有赏脸的，我陪着。神枪沙子龙是我的师傅；玩艺地道！诸位，有愿下来的没有？”他看着，准知道没人敢下来，他的话硬，可是那条钢鞭更硬，十八斤重。

王三胜，大个子，一脸横肉，努着对大黑眼珠，看着四围。大家不出声。他脱了小褂，紧了紧深月白色的“腰里硬”，把肚子杀进去。给手心一口唾沫，抄起大刀来：

“诸位，王三胜先练趟瞧瞧。不白练，练完了，带着的扔几个；没钱，给喊个好，助助威。这儿没生意口。好，上眼！”

大刀靠了身，眼珠努出多高，脸上绷紧，胸脯子鼓出，像两块老桦木根子。一跺脚，刀横起，大红缨子在肩前摆动。削砍劈拨，蹲越闪转，手起风生，忽忽直响。忽然刀在右手心上旋转，身弯下去，四围鸦雀无声，只有缨铃轻叫。刀顺过来，猛地一个“跺泥”，身子直挺，比众人高着一头，黑塔似的。收了势：“诸位！”一手持刀，一手叉腰，看着四围。稀稀的扔下几个铜钱，他点点头。“诸位！”他等着，等着，地上依旧是那几个亮而削薄的铜钱，外层的人偷偷散去。他咽了口气："没人懂!"他低声地说，可是大家全听见了。

"有功夫!"西北角上一个黄胡子老头儿答了话。

"啊?"王三胜好似没听明白。

"我说：你——有——功——夫!"老头子的语气很不得人心。

放下大刀，王三胜随着大家的头往西北看。谁也没看重这个老人：小干巴个儿，披着件粗蓝布大衫，脸上窝窝瘪瘪，眼陷进去很深，嘴上几根细黄胡，肩上扛着条小黄草辫子，有筷子那么细，而绝对不像筷子那么直顺。王三胜可是看出这老家伙有功夫，脑门亮，眼睛亮——眼眶虽深，眼珠可黑得像两口小井，深深地闪着黑光。王三胜不怕：他看得出别人有功夫没有，可更相信自己的本事，他是沙子龙手下的大将。

"下来玩玩，大叔!"王三胜说得很得体。

点点头，老头儿往里走。这一走，四外全笑了。他的胳臂不大动；左脚往前迈，右脚随着拉上来，一步步地往前拉扯，身子正着，像是患过瘫痪病。蹭到场中，把大衫扔在地上，一点没理会四围怎样笑他。

"神枪沙子龙的徒弟，你说?好，让你使枪吧；我呢?"老头子非常地干脆，很像久想动手。

人们全回来了，邻场耍狗熊的无论怎么敲锣也不中用了。

"三截棍进枪吧?"王三胜要看老头子一手，三截棍不是随便就拿得起来的家伙。

老头子又点点头，拾起家伙来。

王三胜努着眼，抖着枪，脸上十分难看。

老头子的黑眼珠更深更小了，像两个香火头，随着面前的枪尖儿转，王三胜忽然觉得不舒服，那俩黑眼珠似乎要把枪尖吸进去！四外已围得风雨不透，大家都觉出老头子确是有威。为躲那对眼睛，王三胜耍了个枪花。老头子的黄胡子一动："请!"王三胜一扣枪，向前躬步，枪尖奔了老头子的喉头去，枪缨打了一个红旋。老人的身子忽然活展了，将身微偏，让过枪尖，前把一挂，后把撩王三胜的手。啪，啪，两响，王三胜的枪撒了手。场外叫了好。王三胜连脸带胸口全紫了，抄起枪来；一个花子，连枪带人滚了过来，枪尖奔了老人的中部。老头子的眼亮得发着黑光；腿轻轻一屈，下把掩裆，上把打着刚要抽回的枪杆；啪，枪又落在地上。

场外又是一片彩声。王三胜流了汗，不再去拾枪，努着眼，木在那里。老头子扔下家伙，拾起大衫，还是拉拉着腿，可是走得很快了。大衫搭在臂上，他过来拍了王三胜一下：

“还得练哪，伙计！”

“别走！”王三胜擦着汗：“你不离，姓王的服了！可有一样，你敢会会沙老师？”

“就是为会他才来的！”老头子的干巴脸上皱起点来，似乎是笑呢。“走；收了吧；晚饭我请！”

王三胜把兵器拢在一处，寄放在变戏法二麻子那里，陪着老头子往庙外走。后面跟着不少人，他把他们骂散。

“你老贵姓？”他问。

“姓孙哪。”老头子的话与人一样，都那么干巴：“爱练；久想会会沙子龙。”

沙子龙不把你打扁了！王三胜心里说。他脚底下加了劲，可是没把孙老头落下。他看出来，老头子的腿是老走着查拳门中的连跳步；交起手来，必定很快。但是，无论他怎么快，沙子龙是没对手的。准知道孙老头要吃亏，他心中痛快了些，放慢了些脚步。

“孙大叔贵处？”

“河间的，小地方。”孙老者也和气了些：“月棍年刀一辈子枪，不容易见功夫！说真的，你那两手就不坏！”

王三胜头上的汗又回来了，没言语。

到了客栈，他心中直跳，唯恐沙老师不在家，他急于报仇。他知道老师不爱管这种事，师弟们已碰过不少回钉子，可是他相信这回必定行，他是大伙计，不比那些毛孩子；再说，人家在庙会上点名叫阵，沙老师还能丢这个脸么？

“三胜，”沙子龙正在床上看着本《封神榜》：“有事吗？”

三胜的脸又紫了，嘴唇动着，说不出话来。

沙子龙坐起来：“怎么了，三胜？”

“栽了跟头！”

只打了个不甚长的哈欠，沙老师没别的表示。

王三胜心中不平，但是不敢发作；他得激动老师：“姓孙的一个老头儿，门外等着老师呢；把我的枪，枪，打掉了两次！”

他知道“枪”字在老师心中有多大分量。没等吩咐，他慌忙跑出去。

客人进来，沙子龙在外间屋等着呢。彼此拱手坐下，他叫三胜去泡茶。三胜希望两个老人立刻交了手，可是不能不沏茶去。孙老者没话讲，用深藏着的眼睛打量沙子龙。沙很客气：

“要是三胜得罪了你，不用理他，年纪还轻。”

孙老者有些失望，可也看出沙子龙的精明。他不知怎样好了，不能拿一个人的精明断定他的武艺。“我来领教领教枪法！”他不由地说出来。

沙子龙没接碴儿。王三胜提着茶壶走进来——急于看二人动手，他没管水开了没有，就沏在壶中。

“三胜，”沙子龙拿起个茶碗来：“去找小顺们去，天汇见，陪孙老者吃饭。”

“什么！”王三胜的眼珠几乎掉出来。看了看沙老师的脸，他敢怒而不敢言地说了声“是啦！”走出去，撅着大嘴。

“教徒弟不易！”孙老者说。

“我没收过徒弟。走吧，这个水不开！茶馆去喝，喝饿了就吃。”沙子龙从桌子上拿起缎子褡裢，一头装着鼻烟壶，一头装着点钱，挂在腰带上。

“不，我还不饿！”孙老者很坚决，两个“不”字把小辫从肩上抡到后边去。

“说会子话儿。”

“我来为领教领教枪法。”

“功夫早搁下了，”沙子龙指着身上：“已经放了肉！”

“这么办也行，”孙老者深深地看了沙老师一眼：“不比武，教给我那趟五虎断魂枪。”

“五虎断魂枪？”沙子龙笑了：“早忘干净了！早忘干净了！告诉你，在我这儿住几天，咱们各处逛逛，临走，多少送点盘缠。”

“我不逛，也用不着钱，我来学艺！”孙老者立起来：“我练趟给你看看，看够得上学艺不够！”一屈腰已到了院中，把楼鸽都吓飞起去。拉开架子，他打了趟查拳：腿快，手飘洒，一个飞脚起去，小辫儿飘在空中，像从天上落下来一个风筝；快之中，每个架子都摆得稳、准，利落；来回六趟，把院子满都打到，走得圆，接得紧，身子在一处，而精神贯串到四面八方。抱拳收势，身儿缩紧，好似满院乱飞的燕子忽然归了巢。

“好！好！”沙子龙在台阶上点着头喊。

“教给我那趟枪！”孙老者抱了抱拳。

沙子龙下了台阶，也抱着拳：“孙老者，说真的吧；那条枪和那套枪都跟我入棺材，一齐入棺材!”

“不传?”

“不传!”

孙老者的胡子嘴动了半天，没说出什么来。到屋里抄起蓝布大衫，拉拉着腿：“打搅了，再会!”

“吃过饭走!”沙子龙说。

孙老者没言语。

沙子龙把客人送到小门，然后回到屋中，对着墙角立着的大枪点了点头。

他独自上了天汇，怕是王三胜们在那里等着。他们都没有去。

王三胜和小顺们都不敢再到土地庙去卖艺，大家谁也不再为沙子龙吹腾；反之，他们说沙子龙栽了跟头，不敢和个老头儿动手；那个老头子一脚能踢死个牛。不要说王三胜输给他，沙子龙也不是他的对手。不过呢，王三胜到底和老头子见了个高低，而沙子龙连句硬话也没敢说。“神枪沙子龙”慢慢似乎被人们忘了。

夜静人稀，沙子龙关好了小门，一气把六十四枪刺下来；而后，拄着枪，望着天上的群星，想起当年在野店荒林的威风。叹一口气，用手指慢慢摸着凉滑的枪身，又微微一笑：“不传！不传!”

作者简介：

老舍（1899—1966），原名舒庆春，满族人，生于北京，中国现代著名的小说家、戏剧家。曾任小学校长、中学教员、英国伦敦大学东方学院讲师、山东齐鲁大学和青岛大学教授。1949 年后历任北京市文联主席、中国作协和中国文联副主席。“文革”期间受迫害自尽。其作品有浓厚的北京地方色彩，富于幽默感。代表作品有长篇小说《骆驼祥子》《四世同堂》、话剧《茶馆》等。

【注释】

作品仅四千多字，一桩事，三个人，三个精彩片段，构思精巧。小说以辛亥革命前后为背景，在比武求艺的情节中，塑造了有高超技艺的拳师沙子龙孤傲执着，却又无可奈何的复杂心态。暗示了被时代淘汰的落伍者不可避免的暗淡命运。

①《断魂枪》是老舍的短篇小说名篇，发表于 1935 年 9 月 22 日天津《大公报》第 13 期的“文艺副刊”上。

思考与练习题：

1. 分析沙子龙这一形象及意义。
2. 小说中的人物各代表了怎样的文化心态？
3. 《断魂枪》的人物刻画采用了怎样的描写手法？

黄 昏

何其芳

马蹄声，孤独又忧郁地自远至近，洒落在沉默的街上如白色的小花朵。我立住。一乘古旧的黑色马车，空无乘人，纡徐①地从我身侧走过。疑惑是载着黄昏，沿途散下它阴暗的影子，遂又自近至远地消失了。

街上愈荒凉。暮色下垂而合闭，柔和地，如从银灰的归翅间坠落一些慵倦于我心上。我傲然，耸耸肩，脚下发出凄异的长叹。

一列整饬②的宫墙漫长地立着。是环绕着一些凋残的华丽的古代梦，抑是一些被禁锢的幽灵们的怨叹呢：不少次，我以目光叩问它，它以叩问回答我：

——黄昏的猎人，你寻找着什么？

狂奔的猛兽寻找着壮士的刀，美丽的飞鸟寻找着牢笼，青春不羁之心寻找着毒色的眼睛。我呢？

我曾有一些带伤感之黄色的欢乐，如同三月的夜飓③飘进我梦里，又飘去了。我醒来，看见第一颗亮着纯洁的爱情的朝露无声地坠地。我又曾有一些寂寞的光阴，在晦暗的窗子下，在长夜的炉火边，我紧闭着门而它们仍然遁逸④了。我能忘掉忧郁如忘掉欢乐一样容易吗？

小山巅的亭子因暝色天空的低垂而更圆，而更高高地耸出林木的葱茏间，从它我得到仰望的惆怅。在渺远的昔日，当我身侧尚有一个亲切的幽静的伴步者，徘徊在这山麓下，曾不经意地约言：选一个有阳光的清晨登上那山巅去。但随后又不经意地废弃了。这沉默的街，自从再没有那温柔的脚步，遂日更荒凉，而我，竟惆怅又怨抑地，让那亭子永远秘藏着未曾发掘的快乐，不敢独自去攀登我甜蜜的想象所萦系的道路了。

一九三三年初夏

作者简介：

何其芳（1912—1977），现代诗人、散文家、文学研究家。原名何永芳。结集出版的主要作品有：有诗集《预言》《夜歌》（后改名《夜歌和白天的歌》)，作品集《刻意集》，散文集《画梦录》《还乡杂记》《星火集》及其续编等。1949年后，何其芳主要从事文学研究和评论。其早期诗作艺术精致，色彩绚丽，以清新柔婉见长。参加革命后诗歌变为平易朴实，乐观豪放。

【注释】

本文是何其芳第一本散文集《画梦录》中的代表作，其时何其芳年仅21岁。从幻想到苦闷、从孤独到自甘孤独，作者早期的这一心路历程在本文中得到完美而精致的表现。语言华丽，意象奇异，隐喻迭现，有一种诗意的哲思。

①纡（yū）徐：弯曲，缓慢。

②整饬（chì）：整齐。

③夜飔（sī）：夜晚的凉风。

④遁逸：逃避，隐迹。

思考与练习题：

1. 谈谈本文的诗化色彩。
2. 简要分析本文的隐喻特色。
3. 如何理解本文传递出的“对孤独的赏玩”？

梦痕

丰子恺

我的左额上有一条同眉毛一般长短的疤。这是我儿时游戏中在门槛上跌破了头颅而结成的。相面先生说这是破相，这是缺陷。但我自己美其名曰“梦痕”。因为这是我的梦一般的儿童时代所遗留下来的唯一的痕迹。由这痕迹可以探寻我的儿童时代的美丽的梦。

我四五岁时，有一天，我家为了“打送”（吾乡风俗，亲戚家的孩子第一次上门来作客，辞去时，主人家必做几盘包子送他，名曰“打送”）某家的小客人，母亲、姑母、婶母和诸姊们都在做米粉包子。厅屋的中间放一只大匾，匾的中央放一只大盘，盘内盛着一大堆粘土一般的米粉，和一大碗做馅用的甜甜的豆沙。母亲们大家围坐在大匾的四周。各人卷起衣袖，向盘内摘取一块米粉来，捏做一只碗的形状；夹取一筷豆沙来藏在这碗内；然后把碗口收拢来，做成一个圆子。

再用手法把圆子捏成三角形，扭出三条绞丝花纹的脊梁来；最后在脊梁凑合的中心点上打一个红色的“寿”字印子，包子便做成。一圈一圈地陈列在大匾内，样子很是好看。大家一边做，一边兴高采烈地说笑。有时说谁的做得太小，谁的做得太大；有时盛称姑母的做得太玲珑，有时笑指母亲的做得象个塌饼。笑语之声，充满一堂。这是年中难得的全家欢笑的日子。而在我，做孩子们的，在这种日子更有无上的欢乐；在准备做包子时，我得先吃一碗甜甜的豆沙。做的时候，我只要噪闹一下子，母亲们会另做一只小包子来给我当场就吃。

新鲜的米粉和新鲜的豆沙，热热地做出来就吃，味道是好不过的。我往往吃一只不够，再噪闹一下子就得吃第二只。倘然吃第二只还不够，我可嚷着要替她们打寿字印子。这印子是不容易打的：蘸的水太多了，打出来一塌糊涂，看不出寿字；蘸的水太少了，打出来又不清楚；况且位置要摆得正，歪了就难看；打坏了又不能揩抹涂改。所以我嚷着要打印子，是母亲们所最怕的事。她们便会和我商量，把做圆子收口时摘下来的一小粒米粉给我，叫我“自己做来自己吃。”这正是我所盼望的主要目的！开了这个例之后，各人做圆子收口时

摘下来的米粉，就都得照例归我所有。再不够时还得要求向大盘中扭一把米粉来，自由捏造各种粘

土手工：捏一个人，团拢了，改捏一个狗；再团拢了，再改捏一只水烟管……捏到手上的龌龊都混入其中，而雪白的米粉变成了灰色的时候，我再向她们要一朵豆沙来，裹成各种三不象的东西，吃下肚子里去。这一天因为我噪得特别厉害些，姑母做了两只小巧玲珑的包子给我吃，母亲又外加摘一团米粉给我玩。为求自由，我不在那场上吃弄，拿了到店堂里，和五哥哥一同玩弄。五哥哥者，后来我知道是我们店里的学徒，但在当时我只知道他是我儿时的最亲爱的伴侣。他的年纪比我长，智力比我高，胆量比我大，他常做出种种我所意想不到的玩意儿来，使得我惊奇。这一天我把包子和米粉拿出去同他共玩，他就寻出几个印泥菩萨的小形的红泥印子来，教我印米粉菩萨。

后来我们争执起来，他拿了他的米粉菩萨逃，我就拿了我的米粉菩萨追。追到排门旁边，我跌了一交，额骨磕在排门槛上，磕了眼睛大小的一个洞，便晕迷不省[1]。等到知觉的时候，我已被抱在母亲手里，外科郎中蔡德本先生，正在用布条向我的头上重重叠叠地包裹。

自从我跌伤以后，五哥哥每天乘店里空闲的时候到楼上来省问我。来时必然偷偷地从衣袖里摸出些我所爱玩的东西来——例如关在自来火匣子里的几只叩头虫，洋皮纸人头，老菱壳做成的小脚，顺治铜钿磨成的小刀等——送给我玩，直到我额上结成这个疤。

讲起我额上的疤的来由，我的回想中印象最清楚的人物，莫如五哥哥。而五哥哥的种种可惊可喜的行状，与我的儿童时代的欢乐，也便跟了这回想而历历地浮出到眼前来。

他的行为的顽皮，我现在想起了还觉吃惊。但这种行为对于当时的我，有莫大的吸引力，使我时时刻刻追随他，自愿地做他的从者。他用手捉住一条大蜈蚣，摘去了它的有毒的钩爪，而藏在衣袖里，走到各处，随时拿出来吓人。我跟了他走，欣赏他的把戏。他有时偷偷地把这条蜈蚣放在别人的瓜皮帽子上，让它沿着那人的额骨爬下去，吓得那人直跳起来。有时怀着这条蜈蚣去登坑，等候邻席的登坑者正在拉粪的时候，把蜈蚣丢在他的裤子上，使得那人扭着裤子乱跳，累了满身的粪。又有时当众人面前他偷把这条蜈蚣放在自己的额上，假装被咬的样子而号淘大哭起来，使得满座的人惊惶失措，七手八脚地为他营救。正在危急存亡的时候，他伸起手来收拾了这条蜈蚣，忽然破涕为笑，一缕烟逃走了。后来这套戏法渐渐做穿，有的人警告他说，若是再拿出蜈蚣

来，要打头颈拳[2]了。于是他换出别种花头来：他躲在门口，等候警告打头颈拳的人将走出门，突然大叫一声，倒身在门槛边的地上，乱滚乱撞，哭着嚷着，说是践踏了一条臂膀粗的大蛇，但蛇是已经钻进榻底下去了。走出门来的人被他这一吓，实在魂飞魄散；但见他的受难比他更深，也无可奈何他，只怪自己的运气不好。他看见一群人蹲在岸边钓鱼，便参加进去，和蹲着的人闲谈。同时偷偷地把其中相接近的两人的辫子梢头结住了，自己就走开，躲到远处去作壁上观。被结住的两人中若有一人起身欲去，滑稽剧就演出来给他看了。诸如此类的恶戏，不胜枚举。

现在回想他这种玩耍，实在近于为虐的戏谑。但当时他热心地创作，而热心地欣赏的孩子，也不止我一个。世间的严正的教育者，请稍稍原谅他的顽皮！我们的儿时，在私塾里偷偷地玩了一个折纸手工，是要遭先生用铜笔套管在额骨上猛钉几下，外加在至圣先师孔子之神位面前跪一支香的！

况且我们的五哥哥也曾用他的智力和技术来发明种种富有趣味的玩意，我现在想起了还可以神往。暮春的时候，他领我到田野去偷新蚕豆。把嫩的生吃了，而用老的来做“蚕豆水龙”。其做法，用煤头纸火把老蚕豆荚熏得半熟，剪去其下端，用手一捏，荚里的两粒豆就从下端滑出，再将荚的顶端稍稍剪去一点，使成一个小孔。然后把豆荚放在水里，待它装满了水，以一手的指捏住其下端而取出来，再以另一手的指用力压榨豆荚，一条细长的水带便从豆荚的顶端的小孔内射出。制法精巧的，射水可达一二丈之远。他又教我“豆梗笛”的做法：摘取豌豆的嫩梗长约寸许，以一端塞入口中轻轻咬嚼，吹时便发啃啃之音。再摘取蚕豆梗的下段，长约四五寸，用指爪在梗上均匀地开几个洞，作成豆的样子。然后把豌豆梗插入这笛的一端，用两手的指随意启闭各洞而吹奏起来，其音宛如无腔之短笛。他又教我用洋蜡烛的油作种种的浇造和塑造。用芋艿或番薯镌刻种种的印版，大类现今的木版画。……诸如此类的玩意，亦复不胜枚举。

现在我对这些儿时的乐事久已缘远了。但在说起我额上的疤的来由时，还能热烈地回忆神情活跃的五哥哥和这种兴致蓬勃的玩意儿。谁言我左额上的疤痕是缺陷？这是我的儿时欢乐的佐证，我的黄金时代的遗迹。过去的事，一切都同梦幻一般地消灭，没有痕迹留存了。只有这个疤，好象是“脊杖二十，刺配军州”[3]时打在脸上的金印，永久地明显地录着过去的事实，一说起就可使我历历地回忆前尘。仿佛我是在儿童世界的本贯地方犯了罪，被刺配到这成人社会的“远恶军州”来的。这无期的流刑虽然使我永无还乡之望，但凭这脸上的金印，还可回溯往昔，追寻故乡的美丽的梦啊！

作家简介：

丰子恺（1898—1975）原名丰润、丰仁，号子恺，著名散文家、漫画家、翻译家和音乐家。文学创作以散文为主，从二十年代到七十年代，创作了包括《缘缘堂随笔》《缘缘堂再笔》《新缘缘堂随笔》和《缘缘堂续笔》等集子在内的一百多篇散文，漫画有《子恺画全集》。译著有《苦闷的象征》《猎人笔记》和《源氏物语》等。

【注释】

本文中作者借由额头上的疤痕谈起，顺着这条“梦痕”，追忆梦一般的儿童时代的美丽生活。文章以小见大，构思精巧。用速写的笔调写出儿童生活的片断，首尾呼应，穿插自然。语言明白如话，富有情趣。情感真挚诚恳，具有独特的幽默情调，表达了对儿童般纯真生活的向往和对故乡的深沉思念。

①晕迷不省（xǐng），昏迷，失去知觉。

②打头颈拳：作者家乡方言，意即打耳光。

③脊杖二十，刺配军州：《水浒传》第八回说林冲因高俅陷害，误入白虎堂，被判“脊杖二十，刺配远恶军州”。这里引用林冲的遭遇幽默叙说自己额头上的伤痕像是被刺了字一样记载着童年时光的种种欢乐。

思考与练习题：

1. 简要分析在“我”的眼中，五哥哥性格上的特点？

2. 文章在回忆幼时的生活片断后，插入了两段议论，谈谈文中这些议论有何作用？

3. 举例分析本文构思和布局上的特点。

雪落在中国的土地上

艾 青

雪落在中国的土地上。
寒冷在封锁着中国呀……

风，
像一个太悲哀了的老妇。
紧紧地跟随着
伸出寒冷的指爪
拉扯着行人的衣襟。
用着像土地一样古老的话
一刻也不停地絮聒[①]着……

那从林间出现的，
赶着马车的
你中国的农夫，
戴着皮帽，
冒着大雪
你要到哪儿去呢？

告诉你
我也是农人的后裔——
由于你们的
刻满了痛苦的皱纹的脸，
我能如此深深地
知道了
生活在草原上的人们的
岁月的艰辛。

而我
也并不比你们快乐啊
——躺在时间的河流上
苦难的浪涛
曾经几次把我吞没而又卷起——
流浪与监禁
已失去了我的青春的
最可贵的日子，
我的生命
也像你们的生命
一样的憔悴呀。

雪落在中国的土地上，
寒冷在封锁着中国呀……

沿着雪夜的河流，
一盏小油灯在徐缓地移行，
那破烂的乌篷船里
映着灯光，垂着头
坐着的是谁呀？

——啊，你
蓬发垢面的少妇，
是不是
你的家
——那幸福与温暖的巢穴——
已被暴戾[②]的敌人
烧毁了么？
是不是
也像这样的夜间，
失去了男人的保护，

在死亡的恐怖里
你已经受尽敌人刺刀的戏弄?

咳，就在如此寒冷的今夜，
无数的
我们的年老的母亲，
都蜷伏在不是自己的家里，
就像异邦人
不知明天的车轮
要滚上怎样的路程?
——而且
中国的路
是如此的崎岖，
是如此的泥泞呀。

雪落在中国的土地上。
寒冷在封锁着中国呀……

透过雪夜的草原
那些被烽火所啮啃着的地域，
无数的，土地的垦植者
失去了他们所饲养的家禽
失去了他们肥沃的田地
拥挤在
生活的绝望的污巷里;
饥谨的大地
朝向阴暗的天
伸出乞援的
颤抖着的两臂。
中国的痛苦与灾难
像这雪夜一样广阔而又漫长呀!

雪落在中国的土地上
寒冷在封锁着中国呀……

中国，
我的在没有灯光的晚上
所写的无力的诗句
能给你些许的温暖么？

1937 年 12 月 28 日夜间

作者简介：

艾青（1910—1996），原名蒋海澄，笔名莪伽、克阿、林壁等。现当代诗人。浙江金华人。青年时期留学法国。1932 年开始诗歌创作，1933 年以“艾青”的笔名发表《大堰河——我的保姆》而成名。著有诗集《大堰河》《北方》《向太阳》《归来的歌》等二十多部，并有散文集、论文集、译诗集多部。其诗作被译成十多种文字广为流传。

【注释】

《雪落在中国的土地上》写于 1937 年末。抗日战争爆发后不久，诗人离开他在杭州任教的中学来到武汉，在武昌的一间阴冷的屋子写下了这首比雪还要寒冷的诗，唱出了一曲苦难民族的时代悲歌。这首诗浸润渗透着诗人深沉的忧郁、执着和真挚以及对祖国人民命运的关怀之情，在当年的中国文艺界引起了强烈的反响。

①絮聒（guō）：形容说话啰嗦，令人厌烦。

②暴戾（lì）：粗暴、残酷。

思考与练习题：

1. 诗中出现了“老妇”“农夫”“蓬发垢面的小妇”等，这些人物象征了什么？诗人对他们抱着怎样的感情色彩？表达了诗人怎样的情感？

2. 此诗中“土地”的意象凝聚着诗人对祖国——大地母亲深沉的爱。试分析诗人是如何通过写“土地——农民”受蹂躏的痛苦来表达对祖国母亲的爱？

3. 诗歌常用重叠的手法表现诗歌的音乐美。仔细阅读本诗，分析其抑扬起伏的节奏感和回环往复的旋律美是如何通过重叠手法强化的？

华威先生①

张天翼

转弯抹角算起来——他算是我的一个亲戚。我叫他"华威先生"。他觉得这种称呼不大好。

"嗳，你真是!"他说。"为什么一定要个'先生'呢。你应当叫我'威弟'。再不然叫我'阿威'。"

把这件事交涉过了之后，他立刻戴上了帽子：

"我们改日再谈好不好？我总想畅畅快快跟你谈一次——唉，可总是没有时间。今天刘主任起草了一个县长公余工作方案，硬要叫我参加意见，叫我替他修改。三点钟又还有一个集会。"

这里他摇摇头，没奈何地苦笑了一下。他声明他并不怕吃苦：在抗战时期大家都应当苦一点。不过——时间总要够支配呀。

"王委员又打了三个电报来，硬要请我到汉口去一趟。这里全省文化界抗敌总会又成立了，一切抗战工作都要领导起来才行。我怎么跑得开呢，我的天!"

于是匆匆忙忙跟我握了握手，跨上他的包车。

他永远挟着他的公文皮包。并且永远带着他那根老粗老粗的黑油油的手杖。左手无名指上戴着他的结婚戒指。拿着雪茄的时候就叫这根无名指微微地弯着，而小指翘得高高的，构成一朵兰花的图样。

这个城市里的黄包车②谁都不作兴跑，一脚一脚挺踏实地蹚着，好像饭后千步似的。可是包车③例外：叮当，叮当，叮当，——一下子就抢到了前面。黄包车立刻就得往左边躲开，小推车马上打斜。担子很快地就让到路边。行人赶紧就避到两旁的店铺里去。

包车踏铃不断地响着，钢丝在闪着亮。还来不及看清楚——它就跑得老远老远的了，像闪电一样地快。

而——据这里有几位抗战工作者的上层分子的统计——跑得顶快的是那位华威先生的包车。

他的时间很要紧。他说过——

“我恨不得取消晚上睡觉的制度。我还希望一天不止二十四小时，救亡工作实在太多了。”

接着掏出表来看一看，他那一脸丰满的肌肉立刻紧张了起来。眉毛皱着，嘴唇使劲撮着，好像他在把全身的精力都要收敛到脸上似的。他立刻就走：他要到难民救济会去开会。

照例——会场里的人全到齐了坐在那里等着他。他在门口下车的时候总得顺便把踏铃踏它一下：叮！

同志们彼此看看：唔，华威先生到会了。有几位透了一口气。有几位可就拉长了脸瞧着会场门口。有一位甚至于要准备决斗似的——抓着拳头瞪着眼。

华威先生的态度很庄严，用一种从容的步子走进去，他先前那副忙劲儿好像被他自己的庄严态度消解掉了。他在门口稍为停了一会儿，让大家好把他看个清楚，仿佛要唤起同志们的一种信任心，仿佛要给同志们一种担保——什么困难的大事也都可以放下心来。他并且还点点头。他眼睛并不对着谁，只看着天花板。他是在对整个集体打招呼。

会场里很静，会议就要开始。有谁在那里翻着什么纸张，窸窸窣窣[④]的。

华威先生很客气地坐到一个冷角落里，离主席位子顶远的一角，他不大肯当主席。

“我不能当主席，”他拿着一枝雪茄烟打手势。“工人救亡工作协会的指导部今天开常会。通俗文艺研究会的会议也是今天。伤兵工作团也要去的，等一下。你们知道我的时间不够支配：只容许我在这里讨论十分钟。我不能当主席，我想推举刘同志当主席。”

说了就在嘴角上闪起一丝微笑，轻轻地拍几下手板。

主席报告的时候，华威先生不断地在那里括洋火[⑤]点他的烟。把表放在面前，时不时像计算什么似地看看它。

“我提议！”他大声说。“我们的时间是很宝贵的：我希望主席尽可能报告得简单一点。我希望主席能够在两分钟之内报告完。”

他括了两分钟洋火之后，猛地站了起来。对那正在哇啦哇啦的主席摆摆手：

“好了，好了。虽然主席没有报告完，我已经明白了。我现在还要赴别的会，让我先发表一点意见。”

停了一停，抽两口雪茄，扫了大家一眼。

“我的意见很简单，只有两点，”他舔舔嘴唇。“第一点，就是——每个工作人员不能够怠工。而是相反，要加紧工作。这一点不必多说，你们都是很努力的青年，你们都能热心工作。我很感谢你们。但是还有一点——你们要时时刻刻不能忘记，那就是我要说的第二点。”

他又抽了两口烟，嘴里吐出来的可只有热气。这就又括了一根洋火。

“这第二点呢就是：青年工作人员要认定一个领导中心。你们只有在这一个领导中心的领导之下，大家团结起来，统一起来。也只有在一个领导中心的领导之下，救亡工作才能够展开。青年是努力的，是热心的，但是因为理解不够，工作经验不够，常常容易犯错误。要是上面没有一个领导中心，往往要弄得不可收拾。”

瞧瞧所有的脸色，他脸上的肌肉耸动了一下——表示一种微笑。他往下说。

“你们都是青年同志，所以我说得很坦白，很不客气。大家都要做救亡工作，没有什么客气可讲。我想你们诸位青年同志一定会接受我的意见。我很感激你们。好了，抱歉得很，我要先走一步。”

把帽子一戴，把皮包一挟，瞧着天花板点点头，挺着肚子走了出去。

到门口可又想起了一件什么事。他把当主席的同志拽开，小声儿谈了几句：“你们工作——有什么困难没有？”他问。

“我刚才的报告提到了这一点，我们……”

华威先生伸出个食指顶着主席的胸脯：

“唔，唔，唔。我知道我知道。我没有多余的时间来谈这件事。以后——你们凡是想到的工作计划，你们可以到我家里去找我商量。”

坐在主席旁边那个长头发青年注意地看着他们，现在可忍不住插嘴了：

“星期三我们到华先生家里去过三次，华先生不在家……”

那位华先生冷冷地瞅他一眼，带着鼻音哼了一句——“唔，我有别的事，”又对主席低声说下去：

“要是我不在家，你们跟密司黄接头也可以。密司黄知道我的意见，她可以告诉你们。”

密司黄就是他的太太。他对第三者说起她来，总是这么称呼她的。

他交代过了这才真的走开。这就到了通俗文艺研究会的会场。他发现别人已经在那里开会，正有一个人在那里发表意见。他坐了下来，点着了雪茄，不高兴地拍了三下手板。

“主席！”他叫。“我因为今天另外还有一个集会，我不能等到终席。我现在有点意见，想要先提出来。”

于是他发表了两点意见：第一，他告诉大家——在座的人都是当地的文化人，文化人的工作是很重要的，应当加紧地做去。第二，文化人应当认清一个领导中心，文化人在文抗会的领导中心的领导之下团结起来，统一起来。

五点三刻他到了文化界抗敌总会的会议室。

这回他脸上堆上了笑容，并且对每一个人点头。

“对不住得很，对不住得很：迟到了三刻钟。”

主席对他微笑一下，他还笑着伸了伸舌头，好像闯了祸怕挨骂似的。他四面瞧瞧形势，就拣在一个小胡子的旁边坐下来。

他带着很机密很严重的脸色——小声儿问那个小胡子：

“昨晚你喝醉了没有？”

“还好，不过头有点子晕。你呢？”

“我啊——我不该喝了那三杯猛酒，”他严肃地说。“尤其是汾酒，我不能猛喝。刘主任硬要我干掉——嗨，一回家就睡倒了。密司黄说要跟刘主任去算账呢：要质问他为什么要把我灌醉。你看！”

一谈了这些，他赶紧打开皮包，拿出一张纸条——写几个字递给了主席。

“请你稍微等一等，”主席打断了一个正在发言的人的话。“华威先生还有别的事情要走。现在他有点意见：要求先让他发表。”

华威先生点点头站了起来。

“主席！”腰板微微地一弯。“各位先生！”腰板微微地一弯。“兄弟首先要请求各位原谅：我到会迟了点，而又要提前退席……”

随后他说出了他的意见。他声明——这个文化界抗敌总会的常务理事会，是一切救亡工作的领导机关，应该时时刻刻起领导中心作用。

“群众是复杂的，工作又很多。我们要是不能起领导作用，那就很危险，很危险。事实上，此地各方面的工作也非有个领导中心不可。我们的担子真是太重了，但是我们不怕怎样的艰苦，也要把这担子担起来。”

他反复地说明了领导中心作用的重要，这就戴起帽子去赴一个宴会。他每天都这么忙着，要到刘主任那里去联络。要到各学校去演讲，要到各团体去开会。而且每天——不是别人请他吃饭，就是他请人吃饭。

华威太太每次遇到我，总是代替华威先生诉苦。

“唉，他真苦死了！工作这么多，连吃饭的工夫都没有。”

“他不可以少管一点，专门去做某一种工作么？”我问。

“怎么行呢？许多工作都要他去领导呀。”

可是有一次，华威先生简直吃了一大惊。妇女界有些人组织了一个战时保婴会，竟没有去找他！

他开始打听，调查。他设法把一个负责人找来。

“我知道你们委员会已经选出来了。我想还可以多添加几个。由我们文化界抗敌总会派人来参加。”

他看见对方在那里踌躇，他把下巴挂了下来：

“问题是在这一点：你们委员是不是能够真正领导这工作？你能不能够对我担保——你们会内没有汉奸，没有不良分子？你能不能担保——你们以后工作不至于错误，不至于怠工？你能不能担保，你能不能？你能够担保的话，那我要请你写个书面的东西，给我们文抗会常务理事会。以后万一——如果你们的工作出了毛病，那你就要负责。”

接着他又声明：这并不是他自己的意思。他不过是一个执行者。这里他食指点点对方胸脯：

“如果我刚才说的那些你们办不到，那不是就成了非法团体了么?”

这么谈判了两次，华威先生当了战时保婴会的委员。于是在委员会开会的时候，华威先生挟着皮包去坐这么五分钟，发表了一两点意见就跨上了包车。

有一天他请我吃晚饭，他说因为家乡带来了一块腊肉。

我到他家里的时候，他正在那里对两个学生样的人发脾气。他们都挂着文化界抗敌总会的徽章。

“你昨天为什么不去，为什么不去?”他吼着。“我叫你拖几个人去的。但是我在台上一开始演讲，一看——连你都没有去听！我真不懂你们干了些什么?”

“昨天——我去出席日本问题座谈会的。”

华威先生猛地跳起来了。

“什么！什么！——日本问题座谈会？怎么我不知道，怎么不告诉我?”

“我们那天部务会议决议了的。我来找过华先生，华先生又是不在家——”

“好啊，你们秘密行动!”他瞪着眼。“你老实告诉我——这个读书会到底是什么背景，你老实告诉我!”

对方似乎也动了火：

“什么背景呢，都是中华民族！部务会议议决的，怎么是秘密行动呢……华先生又不到会，开会也不终席，来找又找不到……我们总不能把部里的工作停顿起来。”

华威先生把雪茄一摔，狠命在桌上捶了一拳：咚！

“混蛋!”他咬着牙，嘴唇在颤抖着。“你们小心！你们，哼，你们！你们！……”他倒到了沙发上，嘴巴痛苦地抽得歪着。“妈的！这个这个——你们青年！……”

五分钟之后他抬起头来，害怕似地四面看一看。那两个客人已经走了。他叹一口长气，对我说：

“唉，你看你看！现在的青年怎么办，现在的青年!”

这晚他没命地喝了许多酒，嘴里嘶嘶地骂着那些小伙子。他打碎了一只茶杯。密司黄扶着他上了床，他忽然打个寒噤说：

“明天十点钟有个集会……”

作者简介：

张天翼（1906—1985），湖南湘乡人。现代小说家、儿童文学作家。1926年夏考入北京大学预科。1931年参加左联。抗战时期从事抗日救亡运动。有短篇小说集《从空虚到充实》《速写三篇》《畸人集》等10余部，以及长篇小说《清明时节》《鬼土日记》等多部，还有儿童文学《大林和小林》《宝葫芦的秘密》等。擅长幽默讽刺，描写城市灰色人物和小市民心理是张天翼作品的主要特色。《华威先生》发表后，“华威先生”这一艺术形象，被公认为一个文学典型，视为中国官僚阶层精神深处权力欲的某种表征。

【注释】

《华威先生》是张天翼于抗战期间创作的一篇最杰出的讽刺短篇小说。他用幽默诙谐的笔调，漫画夸张式手法，塑造出一个抗战时期迷恋开会，实为争夺领导权，破坏统一战线的官僚形象。成为抗战文学“暴露与讽喻”的滥觞

①原载《文艺阵地》1938年4月16日第1卷第1期，后收入《速写三篇》。

②黄包车：旧时的一种人力车，也称洋车。

③包车：这里指人力车中的专车或从车行包租、或自置。其结构与普通人力车相同，但讲究得多。

④窸（xī）窸窣（sū）窣：象声词，形容细小的翻纸声。

⑤洋火：火柴。

思考与练习题：

1. 分析华威先生的形象。为什么说这一形象具有长久的艺术生命力？
2. 分析《华威先生》的讽刺艺术手法。

中国艺术表现中的虚和实

宗白华

先秦哲学家荀子是中国第一个写了一篇较有系统的美学论文——《乐论》的人。他有一句话说得极好，他说：“不全不粹不足以谓之美。”这话运用到艺术美上就是说：艺术既要极丰富地全面地表现生活和自然，又要提炼地去粗存精，提高、集中，更典型，更具普遍性地表现生活和自然。

由于“粹”，由于去粗存精，艺术表现里有了“虚”，“洗尽尘滓，独存孤迥”[①]（恽南田语）。由于“全”，才能做到孟子所说的“充实之谓美，充实而有光辉之谓大”[②]。“虚”和“实”辩证的统一，才能完成艺术的表现，形成艺术的美。

但“全”和“粹”是相互矛盾的。既去粗存精，那就似乎不全了，全就似乎不应“拔萃”。又全又粹，这不是矛盾吗？

然而只讲“全”而不顾“粹”，这就是我们现在所说的自然主义[③]；只讲“粹”而不能反映“全”，那又容易走上抽象的形式主义[④]的道路；既粹且全，才能在艺术表现里做到真正的“典型化”，全和粹要辩证地结合、统一，才能谓之美，正如荀子在两千年前所正确地指出的。

清初文人赵执信[⑤]在他的《谈艺录》序言里有一段话很生动地形象化地说明这全和粹、虚和实辩证的统一才是艺术的最高成就。他说：

“钱塘洪昉思（按即洪升，《长生殿》曲本的作者）[⑥]久于新城[⑦]（按即王渔洋，提倡诗中神韵说[⑧]者）之门矣。与余友。一日在司寇（渔洋）论诗，昉思嫉时俗之无章也，曰：‘诗如龙然，首尾鳞鬣，一不具，非龙也’。司寇哂之曰：‘诗如神龙，见其首不见其尾，或云中露一爪一鳞而已，安得全体？是雕塑绘画耳’！余曰：‘神龙者，屈伸变化，固无定体，恍惚望见者第指其一鳞一爪，而龙之首尾完好固宛然在也。若拘于所见，以为龙具在是，雕绘者反有辞矣’！”

洪昉思重视“全”而忽略了“粹”，王渔洋依据他的神韵说看重一爪一鳞而忽视了“全体”；赵执信指出一鳞一爪的表现方式要能显示龙的“首尾完好宛然存在”。艺术的表现正在于一鳞一爪具有象征力量，使全体宛然存在，不削弱全体丰满的内容，把它们概括在一鳞一爪里。提高了，集中了，一粒沙里看见一个世界。这是中国艺术传统中的现实主义的创作方法，不是自然主义的，也不是形式主义的。

但王渔洋、赵执信都以轻视的口吻说着雕塑绘画，好象它们只是自然主义地刻画现实。这是大大的误解。中国大画家所画的龙正是象赵执信所要求的，云中露出一鳞一爪，却使全体宛然可见。

中国传统的绘画艺术很早就掌握了这虚实相结合的手法。例如近年出土的晚周帛画凤夔人物[9]、汉石刻人物画、东晋顾恺之[10]《女史箴图》、唐阎立本[11]《步辇图》、宋李公鳞[12]《免胄图》、元颜辉[13]《钟馗出猎图》、明徐渭[14]《驴背吟诗》，这些赫赫名迹[15]都是很好的例子。我们见到一片空虚的背景上突出地集中地表现人物行动姿态，删略了背景的刻画，正象中国舞台上的表演一样。(汉画上正有不少舞蹈和戏剧表演)

关于中国绘画处理空间表现方法的问题，清初画家笪重光[16]在他的一篇《画筌》(这是中国绘画美学里的一部杰作)里说得很好，而这段论画面空间的话，也正相通于中国舞台上空间处理的方式。他说：

“空本难图，实景清而空景现。神无可绘，真境逼而神境生。位置相戾，有画处多属赘疣。虚实相生，无画处皆成妙境。”

这段语扼要地说出中国画里处理空间的方法，也叫人联想到中国舞台艺术里的表演方式和布景问题。中国舞台表演方式是有独创性的，我们愈来愈见到它的优越性。而这种艺术表演方式又是和中国独特的绘画艺术相通的，甚至也和中国诗中的意境相通。(我在一九四九年写过一篇《中国诗画中所表现的空间意识》，见本书)中国舞台上一般地不设置逼真的布景（仅用少量的道具桌椅等)。老艺人说得好：“戏曲的布景是在演员的身上。”演员结合剧情的发展，灵活地运用表演程式和手法，使得“真境逼而神境生”。演员集中精神用程式[17]手法、舞蹈行动，“逼真地”表达出人物的内心情感和行动，就会使人忘掉对于剧中环境布景的要求，不需要环境布景阻碍表演的集中和灵活，“实景清而空景现”，留出空虚来让人物充分地表现剧情，剧中人和观众精神交流，深入艺术创作的最深意趣，这就是“真境逼而神境生”。这个“真境逼”是在现实主义的意义里的，不是自然主义里所谓逼真。这是艺术所启示的真，也就是“无可绘”的精神的体现，也就是美。“真”、“神”、“美”在这里是一体。

做到了这一点，就会使舞台上“空景”的“现”，即空间的构成，不须借助于实物的布置来显示空间，恐怕“位置相戾，有画处多属赘疣[18]”，排除了累赘的布景，可使“无景处都成妙境”。例如川剧《刁窗》一场中虚拟的动作既突出了表演的“真”，又同时显示了手势的“美”，因“虚”得“实”。《秋江》剧里船翁一支桨和陈妙常的摇曳的舞姿可令观众“神游”江上。八大山人[19]画一条生动的鱼在纸上，别无一物，令人感到满幅是水。我最近看到故宫陈列齐白石画册里一幅上画一枯枝横出，站立一鸟，别无所有，但用笔的神妙，令人感到环绕这鸟是一无垠的空间，和天际群星相接应，真是一片“神境”。

中国传统的艺术很早就突破了自然主义和形式主义的片面性，创造了民族的独特的现实主义的表达形式，使真和美、内容和形式高度地统一起来。反映这艺术发展的美学思想也具有独创的宝贵的遗产，值得我们结合艺术的实践来深入地理解和汲取，为我们从新的生活创造新的艺术形式提供借鉴和营养资料。

中国的绘画、戏剧和中国另一特殊的艺术——书法，具有着共同的特点，这就是它们里面都是贯穿着舞蹈精神（也就是音乐精神），由舞蹈动作显示虚灵的空间。唐朝大书法家张旭[20]观看公孙大娘剑器舞而悟书法，吴道子[21]画壁请裴将军舞剑以助壮气。而舞蹈也是中国戏剧艺术的根基。中国舞台动作在二千年的发展中形成一种富有高度节奏感和舞蹈化的基本风格，这种风格既是美的，同时又能表现生活的真实，演员能用一两个极洗炼而又极典型的姿式，把时间、地点和特定情景表现出来。例如“趟马”[22]这个动作，可以使人看出有一匹马在跑，同时又能叫人觉得是人骑在马上，是在什么情境下骑着的。如果一个演员在趟马时“心中无马”，光在那里卖弄武艺，卖弄技巧，那他的动作就是程式主义的了。——我们的舞台动作，确是能通过高度的艺术真实，表现出生活的真实的。也证明这是几千年来，一代又一代的，经过广大人民运用他们的智慧，积累而成的优秀的民族表现形式。如果想一下子取消这种动作，代之以纯现实的，甚至是自然主义的做工，那就是取消民族传统，取消戏曲。”（见焦菊隐：《表演艺术上的三个主要问题》，《戏剧报》一九五四年十一月号）

中国艺术上这种善于运用舞蹈形式，辩证地结合着虚和实，这种独特的创造手法也贯穿在各种艺术里面。大而至于建筑，小而至于印章，都是运用虚实相生的审美原则来处理，而表现出飞舞生动的气韵。《诗经》里《斯干》[23]那首诗里赞美周宣王的宫室时就是拿舞的姿式来形容这建筑，说它“如跂斯翼，如矢斯棘，如鸟斯革，如翚斯飞”[24]。

由舞蹈动作伸延，展示出来的虚灵的空间，是构成中国绘画、书法、戏剧、建筑里的空间感和空间表现的共同特征，而造成中国艺术在世界上的特殊风格。它和西洋从埃及以来所承受的几何学的空间感有不同之处。研究我们古典遗产里的特殊贡献，可以有助于人类的美学探讨和艺术理解的进展。

作者简介：

宗白华（1897—1986），哲学家、美学家、诗人。原名宗之櫆，字伯华。我国现代美学的先行者和开拓者，被誉为“融贯中西艺术理论的一代美学大师”。主要著作有：《美学散步》，译著有《判断力批判》和《欧洲现代画派画论选》等，现已出版《宗白华全集》。

【注释】

本文选自宗白华先生的美学代表作《美学散步》，作者以充满灵性和诗意的文字、广博的艺术知识、打通了中西文化的壁垒，融会贯通地阐述了虚实相生的美学原则，论述生动，文字优美。

①洗尽尘滓，独存孤迥：清初画家恽寿平（633—1690）的话。意思是去粗取精。孤迥，孤立，孤单，这里指少。

②充实之谓美、充实而有光辉之谓大：这是《孟子·尽心下》中的话。意思是，充满（美好的品德）就叫做“美”；充满而且光辉地表现出来日叫做“大”。

③自然主义：文艺创作的一种倾向。着重拼写现实生活的个别现象和琐碎细节，追求事物的外在真实，忽视对生活现象的分析、概括，忽视揭示社会生活的本质方面。

④形式主义：文艺创作中的一种倾向，忽视内容，片面强调表现形式。

⑤赵执信（1662—1744）：清代益都任（今山东青州）人，字伸符，号秋谷，晚号饴山老人。康熙进士。

⑥洪昉思（1645—1704）：名升，字稗畦。钱塘（今浙江杭州）人，清初戏曲家，著有传奇《长生殿》。

⑦新城：指王渔洋（1634—1711），名士祯，字子真、贻上，号阮亭、渔洋山人。清代文学家。新城（今山东桓台）人。官至刑部尚书，清时俗称大司寇，著有《带经堂集》《渔洋诗话》《池北偶谈》等。

⑧神韵说：强调“兴会神到”，追求“得意忘言”，主张以清淡闲远的风神韵致为诗歌的最高境界。

⑨晚唐帛画凤夔（kuí）：晚周，东周。帛画，画在丝织品上的画。凤，凤凰。夔，古代传说中一种像龙的独脚兽。

⑩顾恺之（约 345—406）：字长康，东晋画家。晋陵无锡人。官至散骑常侍。他的“以形写神”的绘画理论，对中国画发展有很大影响。

⑪阎立本（？—673）：雍州万年（今陕西西安）人。唐代画家，工书法，尤精肖像，善于刻画人物性格。

⑫李公麟（1049—1106）：字伯时。舒州舒城（今属安徽）人。北宋画家，擅画人物及历史故事画，所用“白描”手法，对后世影响很大。

⑬颜辉：字秋月。元吉州庐陵（今江西吉安）人。善画道教传说中的鬼神、人物。

⑭徐渭（1521—1593）：初字文清、更字文长，号天池山人、青藤道士等。山阴（今浙江绍兴）人。明代文学家、画家，多才多能，诗文、书画、音乐、戏曲无不擅长。著有《四声猿》《南词叙录》等。

⑮赫赫名迹：赫赫，显著盛大；名，有名的，名声远播的；迹，指著名作品。

⑯笪（dá）重光（1623—1692）：字在辛，号江上外史。清代句容（今目江苏）人。顺治进士，曾任御史。工书画，著有《书筏》《画鉴》等。

⑰程式：戏剧术话，指经过艺术夸张、提炼加工而定型的格式化、规范化的表演动作。

⑱赘疣（zhuì yóu）：比喻多余而无用的东西。

⑲八大山人（1626—约 1705）：即朱耷，八大山人是他的别号。南昌人。清代画家，擅长画水墨花卉禽鸟，笔墨简练，形象夸张，也画山水，意境冷寂。

⑳张旭：唐代书法家。吴（江苏常州）人。精通楷书，草书最为知名。其草书与李白、裴旻剑舞，时称“三绝”。

㉑吴道子：唐代画家，阳翟（今河南禹州）人。善画佛道人物，也工山水。所绘人物，尤为当时所重，有“画圣”之称。

㉒趟马：戏曲表演程式动作。通过成套的、连续的舞蹈动作，表现策马疾行。一般都是单人趟马，也有双人趟马。

㉓斯干：《诗经·小雅》篇名。这是一首祝颂周天子宫室的诗。斯，此。干，通“涧”，这里指渭水。

㉔如跂（qì）斯翼：跂，跷起脚站着，文中指耸立。翼，建筑物的飞檐。

如矢斯棘：矢，箭矢；棘，棱角；宫殿四角有棱角，像箭头一样。如鸟斯革：言宫殿建筑得宏伟壮观。如翚（huī）斯飞：翚，五彩的山鸡；飞，指屋檐上翘，如鸟飞，本句是指栋宇宏伟，如鸟飞。

思考与练习题：

1. 作者是如何将众多的材料融会贯通起来的？
2. 任选一门艺术，举例说明虚实相生的美学原则的应用。

钱

梁实秋

钱这个东西．不可说，不可说。一说起阿堵物[①]，就显着俗。其实钱本身是有用的东西，无所谓俗。或形如契刀，或外圆而孔方[②]，样子都不难看。若是带有斑斑绿锈，就更古朴可爱。稍晚的“交子”“钞引”[③]以至于近代的纸币，也无不力求精美雅观．何俗之有？钱财的进出取舍之间诚然大有道理，不过贪者白贪、廉者自廉，关键在于人，与钱本身无涉。像和峤[④]那样的爱钱如命．只可说是钱癖，不能斥之曰俗；像石祟[⑤]那样的挥金似土。只可说是奢汰，不能算得上雅。俗也好，雅也好，事在人为，钱无雅俗可辨。

有人喜集邮，也有人喜集火柴盒，也有人喜集戏报子[⑥]，也有人喜集鼻烟壶，也有人喜集砚、集墨，集字画古董，甚至集眼镜、集围裙、集三角裤，各有所好，没有什么道理可讲。但是古今中外几乎人人都喜欢收集的却是通货[⑦]。钱不嫌多，愈多愈好。庄子曰：“钱财不积，则贪者忧。”岂止贪者忧？不贪的人也一样的想积财。

人在小的时候都玩过扑满[⑧]，这玩意儿历史悠久，《西京杂记》[⑨]：“扑满者，以土为器，以蓄钱，有入窍而无出窍，满则扑之。”北平叫卖小贩，有喊“小盆儿小罐儿”的，担子上就有大大小小的扑满，全是陶土烧成的，“形状不雅，一碰就碎”。虽然里面容不下多少钱，可是孩子们从小就知道储蓄的道理了。外国也有近似扑满的东西，不过通常不是颠扑得碎的，是用钥匙可以打开的，多半作猪形，名之为“猪银行”。不晓得为什么选择猪形，也许是取其大肚能容吧？

我们的平民大部分是穷苦的，靠天吃饭，就怕干旱水涝，所以养成了一种饥荒心理，“常将有日思无日，莫待无时思有时”。储蓄的美德普遍存在于各阶层。我从前认识一位小学教员，别看她月薪只有区区三十余元，她省吃俭用，省俭到午餐常是一碗清汤挂面洒上几滴香油，二十年下来，她拥有两栋小房。(谁忍心说她是不劳而获的资产阶级?）我也知道一位人力车夫，劳其筋骨，为人作马牛，苦熬了半辈子．携带一笔小小的资财。回籍买田娶妻生子做了一个自耕的小地主。这些可敬的人，他们的钱是一文一文积攒起来的。而且他们常是量入为储。每有收入，不拘多寡，光扣一成两成作为储蓄。然后再安排支出。就这样，他们爬上了社会的阶梯。

“人无横财不富，马非青草不肥。”话虽如此．横财逼人而来，不是人人唾手可得，也不是全然可以泰然接受的。“腰缠十万贯．骑鹤下扬州”，只是一厢情愿的想法。暴发之后，势难持久，君不见：显宦的孙子做了乞丐，巨商的儿子做了龟奴[10]？及身而验的现世报，更是所在多有。钱财这个东西，真是难以捉摸，聚散无常。所以谚云；“积财千万，不如薄技在身。”

钱多了就有麻烦，不知放在哪里好。枕头底下没有多少空间，破鞋窠里面也塞不进多少。眼看着财源滚滚，求田问舍[11]怕招物议，多财善贸又怕风波，无可奈何只好送进银行。我在杂志上看到过一段趣谭：印第安人酋长某，平素聚敛不少，有一天背了一大口袋钞票存入银行，定期一年，期满之日要求全部提出，行员把钞票一叠一叠的堆在柜台上．有如山积。酋长看了一下．徐曰：“请再续存一年。”行员惊异，既要续存，何必提出？省长说：“不先提出，我怎么知道我的钱是否安然无恙的保存在这里?”这当然是笑话，不过我们从前也有金山银山之说，却是千真万确的。我们从前金融执牛耳[12]的大部分是山西人、票庄掌柜的几乎一律是老西儿[13]。据说他们家里就有金山银山。赚了金银运回老家，熔为液体．泼在内室地上，积年累月一勺一勺的泼上去。就成了一座座亮晶晶的金山银山。要用钱的时候凿下一块就行，不虞盗贼光顾。没亲眼见过金山银山的人，至少总见过其冥衣铺[14]用纸棚成的金童玉女金山银山吧?从前好像还没有近代恶性通货膨胀的怪事。然而如何维护既得的资财，也已经是颇费心机了。如今有些大户把钱弄到某些外国去，因为那里的银行有政府担保，没有倒闭之虞，而且还为存户保密，真是服务周到极了。

善居积的陶朱公[15]，人人羡慕，但是看他变姓名游江湖，其心理恐怕有几分像是挟巨资逃往国外作寓公[16]，离乡背井的．多少有一点不自在。所以一个人尽管贪财，不可无餍。无冻馁之忧，有安全之感，能罢手时且罢手，大可不必“人为财死”而后已，陶朱公还算是聪明的。

钱，要花出去．才发生作用。穷人手头不裕，为了住顾不得衣，为了衣顾不得食，为了食谈不到娱乐，有时候几个孩子同时需要买新鞋，会把父母急得冒冷汗！贫窭到这个地步，一个钱也不能妄用，只有牛衣对泣[17]的分。小康之家用钱大有伸缩余地，最高明的是不求生活水准之全面提高，而在几点上稍稍突破，自得其乐。有人爱买书，有人爱买衣裳．有人爱度周末，各随所好。把钱集中用在一点上，便可比较容易适度满足自己的欲望。至于豪富之家．挥金如土，未必是福，穷奢极欲，乐极生悲，如果我们举例说明，则近似幸灾乐祸．不提也罢。纪元前五世纪雅典的泰蒙⑬，享尽了人间的荣华富贵，也吃尽了世态炎凉的苦头，他最了解金钱的性质，他认识了金钱的本来面目，钱是人类的公娼！与其像泰蒙那样疯狂而死，不如早些疏散资财，作些有益之事，清清白白，赤裸裸来去无牵挂。

作者简介：

梁实秋（1903—1987），原名治华，1923年入哈佛大学研究院，获文学硕士学位。1928年3月与徐志摩、叶公超等创办《新月》月刊。1949年移居台湾，任台湾师范大学教授。梁实秋长期从事文学批评、翻译及散文创作，著有《雅舍小品》等十余种散文集，《梁实秋论文学》《英国文学史》等理论著作，译有《莎士比亚全集》。

【注释】

本文是一篇散文小品。选自《雅舍小品四集》（1987年）。《雅舍小品》具有强烈的平民意识。文章从“钱”之形状与历史说起，在平淡、幽默的文字中逐步展开议论，论及金钱与人的关系、人对金钱的态度等，揭示人性的蕴涵，品评人生况味，刻画世相百态，反思民族传统心理，富于哲理和情趣。

①阿堵物：钱的别称，见《世说新语·规箴》。

②外圆而内方：旧时铜钱的形状，故钱又别称“孔方兄”。

③交子：中国最早的纸币，见于宋初。钞引：宋代政府发给茶盐商人的运销证券。

④和峤：西晋时人，富而吝啬，人称“钱罐”。

⑤石崇：西晋时人，家豪富，极奢靡。

⑥戏报子：戏剧海报的旧称。

⑦通货：流通货币的简称。

⑧扑满：储蓄钱币的瓦罐，储满后敲碎取钱，扑，打碎。

⑨《西京杂记》：古代小说集，晋代葛洪著。所引文见该书卷五。

⑩龟奴：旧时在妓院里作杂物的男子。

⑪求田问舍：添置土地房屋等家产。物议：众人的批评。

⑫执牛耳：古代称主盟者为执牛耳，后泛指在某一领域里居领先地位的人。

⑬票庄：钱庄。老西儿：对山西人的称呼。

⑭冥衣铺：出售死人丧葬衣物的店铺。

⑮陶朱公：春秋时越国大夫范蠡。范蠡辅佐越王勾践灭吴后，弃官经商，致巨富，因居于陶，称朱公，故名陶朱公。

⑯寓公：指闲居在客地的官僚、士绅之类的人物。

⑰牛衣对泣：西汉王章贫困时，卧牛衣中与妻子相对哀泣，见《汉书·王章传》。牛衣，给牛御寒的覆盖物，用草和麻编成。

⑱雅典的泰蒙：莎士比亚悲剧《雅典的泰蒙》，其主要情节是富商泰蒙慷慨好客，后钱财耗尽，亲友们纷纷离去。泰蒙由此诅咒人类和黄金，最后在绝望中孤独地死去。

思考与练习题：

1. 文中运用的历史典故与民间俚语对说理有何作用？
2. 本文语言有何特色？
3. 本文在哪些方面表现出对民族心理的反思？

窗

钱钟书

又是春天，窗子可以常开了。春天从窗外进来，人在屋子里坐不住，就从门里出去。不过屋子外的春天太贱了！到处是阳光，不像射破屋里阴深的那样明亮；到处是给太阳晒得懒洋洋的风，不像搅动屋里沉闷的那样有生气。就是鸟语，也似乎琐碎而单薄，需要屋里的寂静来做衬托。我们因此明白，春天是该镶嵌在窗子里看的，好比画配了框子。

同时，我们悟到，门和窗有不同的意义。当然，门是造了让人出进的。但是，窗子有时也可作为进出口用，譬如小偷或小说里私约的情人就喜欢爬窗子。所以窗子和门的根本分别，决不仅是有没有人进来出去。若据赏春一事来看，我们不妨这样说：有了门，我们可以出去；有了窗，我们可以不必出去。窗子打通了人和大自然的隔膜，把风和太阳逗引进来，使屋子里也关着一部分春天，让我们安坐了享受，无须再到外面去找。古代诗人像陶渊明对于窗子的这种精神，颇有会心。《归去来辞》有两句道："倚南窗以寄傲，审容膝之易安。"不等于说，只要有窗可以凭眺，就是小屋子也住得么？他又说："夏月虚闲，高卧北窗之下，清风飒至，自谓羲皇上人[①]。"意思是只要窗子透风，小屋子可成极乐世界；他虽然是柴桑人，就近有庐山，也用不着上去避暑。所以，门许我们追求，表示欲望，窗子许我们占领，表示享受。这个分别，不但是住在屋里的人的看法，有时也适用于屋外的来人。一个外来者，打门请进，有所要求，有所询问，他至多是个客人，一切要等主人来决定。反过来说，一个钻窗子进来的人，不管是偷东西还是偷情，早已决心来替你做个暂时的主人，顾不到你的欢迎和拒绝了。缪塞（Musset）[②]在《少女做的是什么梦》（A Quoi rêvent les jeunes filles）那首诗剧里，有句妙语，略谓父亲开了门，请进了物质上的丈夫（matériel époux），但是理想的爱人（idéal），总是从窗子出进的。换句话说，从前门进来的，只是形式上的女婿，虽然经丈人看中，还待博取小姐自己的欢心；要是从后窗进来的，总是女郎们把灵魂肉体完全交托的真正情人。你进前门，先要经门房通知，再要等主人出见，还得寒暄几句，方能说明来意，既费心思，又费时间，哪像从后窗进来的直接痛快？好像学问的捷径，在乎书背后的引得，若从前面正文看起，反见得迂远了。这当然只是在社会常态下的分别，到了战争等变态时期，屋子本身就保不住，还讲什么门和窗！

世界上的屋子全有门，而不开窗的屋子我们还看得到。这指示出窗比门代表更高的人类进化阶段。门是住屋子者的需要，窗多少是一种奢侈。屋子的本意，只像鸟巢兽窟，准备人回来过夜的，把门关上，算是保护。但是墙上开了窗子，收入光明和空气，使我们白天不必到户外去，关了门也可生活。屋子在人生里因此增添了意义，不只是避风雨、过夜的地方，并且有了陈设，挂着书画，是我们从早到晚思想、工作、娱乐、演出人生悲喜剧的场子。门是人的进出口，窗可以说是天的进出口。屋子本是人造了为躲避自然的胁害，而向四垛墙、一个屋顶里，窗引诱了一角天进来，驯服了它，给人利用，好比我们笼络野马，变为家畜一样。从此我们在屋子里就能和自然接触，不必去找光明，换空气，光明和空气会来找到我们。所以，人对于自然的胜利，窗也是一个。不过，这种胜利，有如女人对于男子的胜利，表面上看来好像是让步——人开了窗让风和日光进来占领，谁知道来占领这个地方的就给这个地方占领去了！我们刚说门是需要，需要是不由人做得主的。譬如我，饿了就要吃，渴了就该喝。所以有人敲门，你总得去开，也许是易卜生所说比你下一代的青年想冲进来[③]，也许像德昆希[④]《论谋杀后闻打门声》（On the Knocking at the Gate in the Macheth）所说，光天化日的世界想攻进黑暗罪恶的世界，也许是浪子回家，也许是有人借债（更许是讨债），你愈不知道，怕去开，你愈想知道究竟，愈要去开。甚至邮差每天打门的声音，也使你起了带疑惧的希冀，因为你不知道而又愿知道他带来的是什么消息。门的开关是由不得你的。但是窗呢？你清早起来，只要把窗幕拉过一边，你就知道窗外有什么东西在招呼着你，是雪、是雾、是雨，还是好太阳，决定要不要开窗子。上面说过窗子算得奢侈品，奢侈品原是在人看情形斟酌增减的。

我常想，窗可以算房屋的眼睛。刘熙[⑤]《释名》说："窗，聪也；于内窥外，为聪明也。"正跟凯罗（Gottfried Keller）[⑥]《晚歌》（Abendlied）起句所谓："双瞳如小窗（Fensterlein），佳景收历历。"同样地只说着一半。眼睛是灵魂的窗户，我们看见外界，同时也让人看到我们的内心；眼睛往往跟着心在转，所以孟子认为"相人莫良于眸子"，梅特林克[⑦]戏剧里的情人接吻时不闭眼，可以看见对方有多少吻要从心里上升到嘴边。我们跟带黑眼镜的人谈话，总觉得捉摸不住他的用意，彷佛他以假面具相对，就是为此。据爱戈门

(Eckermann)[8]记一八三〇年四月五日歌德的谈话，歌德恨一切带眼镜的人，说他们看得清楚他脸上的皱纹，但是他给他们的玻璃片耀得眼花缭乱，看不出他们的心境。窗子许里面人看出去，同时也许外面人看进来，所以在热闹地方住的人要用窗帘子，替他们私生活做个保障。晚上访人，只要看窗里有无灯光，就约略可以猜到主人在不在家，不必打开了门再问，好比不等人开口，从眼睛里看出他的心思。关窗的作用等于闭眼。天地间有许多景象是要闭了眼才看得见的，譬如梦。假使窗外的人声物态太嘈杂了，关了窗好让灵魂自由地去探胜，安静地默想。有时，关窗和闭眼也有连带关系，你觉得窗外的世界不过尔尔，并不能给予你什么满足，你想回到故乡，你要看见跟你分离的亲友，你只有睡觉，闭了眼向梦里寻去，于是你起来先关了窗。因为只是春天，还留着残冷，窗子也不能整天整夜不关的。

作者简介：

钱钟书（1910—1998），字默存，号槐聚，曾有笔名中书君等，文学创作与学术研究皆有很高成就。主要文学作品有散文集《写在人生边上》、短篇小说集《人兽鬼》以及长篇小说《围城》。学术著作有用英文撰写的《十六、十七、十八世纪英国文学里的中国》，以及诗文评论《谈艺录》《宋诗选注》《管锥编》五卷等。

【注释】

本文选自散文集《写在人生边上》(1941)。文章从窗户的日常功用、窗与门的区别生发开去，开篇简约，平实生动，视角独特，语言机智幽默，引经据典，深具哲学和审美的双重意味。

①羲皇上人：指伏羲氏以前的人。古人想象太古时代的人生活闲适、无忧无虑。

②缪塞：19世纪法国浪漫主义诗人。主要作品有长诗《罗拉》，小说《一个世纪儿的忏悔》。

③易卜生：19世纪挪威剧作家，以“社会问题剧”著称。主要作品有《社会支柱》《玩偶之家》《群鬼》和《人民公敌》等。

④德昆希：19世纪英国散文家。主要作品有《一个吸鸦片者的自白》《自传》《来自深处的叹息》《英国邮车》和《被看成是一种艺术的谋杀》等。其散文富于幻想和感情，注重辞藻和音乐性。

⑤刘熙：东汉训诂学家，其训诂学专著《释名》共8卷27篇，以同音和近音字来探求语源，解释意义。

⑥凯罗：通译为凯勒，19世纪瑞士作家，用德语写作。自传体长篇小说《绿衣亨利》，著名的短篇小说有《乡村的罗密欧与朱丽叶》《三个正直的制梳匠》《人靠衣裳马靠鞍》《七君子的小旗子》等。

⑦梅特林克：19世纪后期到20世纪中期比利时象征派剧作家。主要剧作有《莫娜·凡娜》《乔赛儿》和《青鸟》。1911年获诺贝尔文学奖。

⑧爱戈门：通译为爱克曼，19世纪德国文艺批评家，曾做过歌德的助手，他写的《歌德谈话录》影响甚大。

思考与练习题：

1. 简要分析本文的比较艺术。
2. 举例分析本文哲学和审美的双重气质。
3. 说说你对“窗子也不能整天整夜不关的”这句话的理解。

夜莺飞去了

闻 捷

夜莺飞去了，
带走迷人的歌声；
年轻人走了，
眼睛传出留恋的心情。

夜莺飞向天边，
天边有秀丽的白桦林；
年轻人翻过天山，
那里是金色的石油城。

夜莺飞向天空，
回头张望另一只夜莺；
年轻人爬上油塔，
从彩霞中了望心上的人。

夜莺怀念吐鲁番，
这里的葡萄甜，泉水清；
年轻人热爱故乡，
故乡的姑娘美丽又多情。

夜莺还会飞来的，
那时候春天第二次降临；
年轻人也要回来的，
当他成为一个真正矿工。

作者简介：

闻捷（1923—1971）原名赵文节。现当代诗人。江苏丹徒人。1956 年创作《天山牧歌》步入诗坛，并一举成名。有诗集《天山牧歌》《河西走廊行》

等和长篇叙事诗《复仇的火焰》。

【注释】

《夜莺飞去了》是组诗《吐鲁番情歌》之一。《吐鲁番情歌》由《苹果树下》《夜莺飞去了》《葡萄成熟了》《舞会结束以后》和《种瓜姑娘》等五首组成。发表于1955年《人民文学》三月号。这组诗思想和情调健康优美，题材和风格新颖，深受当时读者的喜爱，是诗人用牧歌的笔调处理颂歌主题的艺术尝试。《吐鲁番情歌》描写青年男女微妙的恋爱心理，歌颂劳动、爱情，虽然歌颂的爱情是与社会主义建设、高尚的政治品质联系在一起的，但牧歌情调的朴实、清新、明快，却使诗歌充满了浓厚的生活气息和生活情趣。

思考与练习题：

1. 诗歌语言的重要特征在于它的高度情化和美化。诗歌语言的情化往往通过描写对象的变异或诗人的情志寄托或采用有关表现手法来实现。诗歌语言的美化则主要通过赋形、着色、化静为动等手段实现。本诗语言的情化和美化表现在哪些地方，是怎样实现的？

2. 比兴是诗歌常见的表现手法。请仔细阅读该诗，分析诗中是如何运用比兴手法的。

牧人的幻想

饶阶巴桑（藏族）

一

他追赶着西边的太阳，
头发已经斑白；
他牧放着数十只羊，
送走了壮年时代。

草原是他最爱的家，
他熟悉草原像熟悉自己的手掌；
牛羊是他最亲爱的伴侣，
他能用言语和它们畅谈。

他爱观望天空的白云，
因为他对白云有一个秘密的愿望；
他对白云幻想，
用去了半生时间。

云儿变成低头饮水的牦牛；
云儿变成拥挤成堆的绵羊；
云儿变成纵蹄飞奔的白马……
天空哟，才是真正的牧场！

它们游荡在高空，
它们低飞到草蓬，
它们舐抚着篷帐，
它们蜷伏在羊群中。

他放牧牛羊，
从来是那么辛勤劳苦，
但他寄托于白云的愿望，
却只换得心酸和苦楚。

二

如今他迎着早晨的太阳，
头发变得分外黑亮；
他牧放着上万头良种的牛羊，
他的心胸和草原一样年轻和宽广。

他对白云不再羡慕，
他对天空不再幻想；
他骄傲地骑在马上，
对天空傲慢地歌唱：

“我的牛羊盖遍了草原！
我的骒马赛过了飞箭！
白云哟！你为什么
还是和过去一样？

“我们草原上有铁马奔跑！
我们土地上有铁牛奔跑！
白云哟！你为什么
还是和过去一样？

“我们草原上有幢幢楼房！
也有暴风吹不息的灯光！
天空哟！你为什么
没有这两样？

"天空的白云哟，过去我是怎样地把你热爱
因为你是变化得那么好看，那么快！
但如今我爱美丽的家乡，
家乡的变化比你更快更强。"

他迎着早晨的太阳，
头发变得分外黑亮；
他牧放着如云的牛羊，
新的生活带给他的是新的幻想。

1956年1月2日，巨甸

作者简介：

饶阶巴桑（1935— ）现代藏族诗人。云南省德钦县人。饶阶巴桑的诗歌创作活动，始于1956年，其作品的内容一是反映藏族人民生活，二是反映部队生活风貌，三是祖国各地抒怀。诗作笔触细腻，感情真挚。代表作有《牧人的幻想》《金沙江边的战士》《步步向太阳》《爱的花瓣》《棘叶集》等。其中《棘叶集》，获全国少数民族文学创作诗歌奖。诗集有《草原集》（1960）、《石烛》（1982）。

【注释】

《牧人的幻想》写于1956年初，是饶阶巴桑早期诗作最有代表性、最有民族特色、最有艺术光泽、最有社会影响的篇章。诗人成长生活在草原上，深知牧人的喜怒哀乐，天然地具备与牧人同甘苦共命运的感情，从而长于写牧民的精神世界，特别是牧人的绚丽幻想。此诗通过对比刻画解放前后牧民的生活状态和心理情感，展现了牧民生活的变化。

思考与练习题：

1. 饶阶巴桑的诗歌富有鲜明的民族特色，蕴涵着丰富的民族文化心理。试分析该诗是如何展现其鲜明的民族特色的？

2. 谈谈饶阶巴桑诗歌的艺术风格。

哨所鸡啼

李 瑛

是云？是雾？是烟？
裹着苍茫的港湾；
是烟？是云？是雾？
压着港湾的高山。

山上山下，一团混沌，
何时才能飞出霞光一片？
忽然间，哪里？在哪里？
一个生命在快乐的呐喊。

压住了千波万壑，
吐出了满腔欢喜；
啃，是我们哨所的雄鸡，
声声啼破宁静的港湾！

看它昂立在群山之上，
拍一拍翅膀，引颈高唱；
牵一线阳光在边境降临；
霎时便染红了万里江山。

莫非是学习了战士的性格，
所以才如此豪迈、威严；
因为它是战士的伙伴，
所以才唱出了士兵的情感。

1960. 12 于大孤山

作者简介：

李瑛（1926— ），诗人。河北丰润人。1942 年开始发表作品。著有诗集和诗论集《石城底青苗》（合集）、《枪》《野战诗集》等45部。《在燃烧的战场》获第一届解放军文艺大奖一等奖，《我骄傲，我是一棵树》获全国首届优秀诗集奖一等奖，《春的笑容》获全国第二届优秀诗集奖，《生命是一片叶子》获1998年鲁迅文学奖全国优秀诗歌奖等。

【注释】

李瑛的诗题材广泛，他的“战士诗”，以士兵的眼光和感情去观察和感受生活，反映部队生活，描写战士的形象，表现战土的情怀。这首诗以战士之情写雄鸡之姿，以雄鸡之姿抒战士之情，诗人托情于物，融情于景，又以景以物来抒发自己的感受，达到了情景交融的境地。通过哨所鸡啼的形象，准确地表现了战士的性格和英姿，以雄鸡高昂的声音唱出了战士的豪情和理想。构思巧妙，意境优美。

思考与练习题：

1. 如何理解诗中“战士”与“雄鸡”形象间的对应关系？

2. 拟人是诗人托情于物，营造情景交融意境的重要手法。本诗是如何巧妙地运用这一手法抒写战士的理想和情思的？

3. 60年代，中国诗坛流行着“李瑛诗歌模式”，影响了一代年轻诗人。从这首诗出发，阅读诗人其他相关作品，探讨、总结其诗歌的基本模式。

祖国，我生命的土壤

铁依甫江·艾里耶夫（维吾尔族）

祖国——我生命的土壤，你是生育我的母亲，
你的儿子眷恋着你，犹如灯蛾之迷恋光明。

我把党视若灯塔，奉为舵手，是她指引着我生命的航程，
纵马投入她所指挥的战斗，就像参加婚礼一样鼓舞欢欣

多么自豪呵，我有幸成为时代的一名乐师和歌手，
这红色的岁月，充满了新世纪的光荣和骄矜。

离开这个爱、这种自豪、这座灯塔度过的一刹那，
即便悠游于天堂，又何异于在地狱中存身。

祖国有璀璨的历史，她的大地是一部浩如烟海的百科全书，
从它的每一页中，都能让我吸取到千帙万卷的深刻学问。

在我的一生中，倘若不能继承她那伟大的历史秉赋，
奴颜卑膝地苟活，还不如结束掉那卑微的生命。

祖国的每一粒砂土，对于我都是无比珍贵的图蒂亚[①]，
跋涉在她的戈壁滩上，我也会感到处处有花丛和绿荫。

祖国的每一滴水都胜似甘露、醍醐，能使我沉醉，
我毫不企羡麦加的圣水，哪怕它真的能延年祛病。

无论我走到哪里，都在母亲温暖的怀抱之中，
不管是和田、唐山，还是太行山麓、渤海之滨……

到异国即使王袍加身，我也觉得通体不适，局促拘谨，
在祖国纵然衣衫褴褛，我也感到熨贴自在，欢畅舒心。

祖国之爱就是我的爱，祖国之恨就是我的恨，
她的任何烦恼忧愁，都会牵动我的每根神经。

谁对她友好，我就对谁报之以充满友谊的款待，
谁要伤害她，我立即变成戳进其胸口的一柄利刃。

即使处于艰难踬仆[②]之中，我依然感到舒畅，充满乐趣，
牢骚满腹、无病呻吟，只能使我深感违背自己的良心。

既然是敢于向魁依卡甫[③]挑战的英雄的后裔，
肆虐的狂飙又怎能使我踟蹰动摇而不敢前进？

祖国的今天在嫣然微笑，明天的幸福将使她笑得更加妩媚，
她给了我一双明亮的眼睛，我怎能看不见她光明的前程？

我有权利像拥抱情人一样热烈拥抱那更美好的明天，
因为，我也曾用自己的胸膛抵御过袭击她的寒冷。

对于无耻背叛她的负心之徒只要一旦被我撞见，
我将唾其面、斥其谤，看他如何回答我的质问。

这是何等巨大的幸福，当母亲亲昵地称我为“心爱的儿子”，
世界上还有什么比得上这深沉的母爱更为温存！

倘若我抛洒热汗的一生能使她感到慰藉和满意，
那就比活了一百次、一千次还使我感到幸运和欢欣。

你们别说我死了，纵使有一天我已双目紧闭咽了气，

躺在祖国土地上的坟里，我仍能感到母亲怀抱的温馨。

母亲啊，快把重担驮在我的背上吧，我是专供您役使的骏马，
我甘愿为您负载驰驱，即使驮上一座层峦叠嶂的山岭。

祖国，有了你才有我，没有你哪儿会有我的生命，
因为，我同你，伟大的祖国，共有一条命，共有一颗心！

作者简介：

铁依甫江·艾里耶夫（1930—1989），维吾尔族诗人。新疆霍城县人。铁依甫江自1946年开始诗歌创作，曾因发表讽刺诗而遭批判一度停笔。其早期诗歌以反映民族解放和歌唱祖国为题材。新时期以来，创作了大量讴歌改革开放、表现边疆各族人民建设新生活的优秀诗篇，其中《爱情抒情诗》《故乡抒怀》分别获得1981年、1985年全国少数民族文学创作奖。

【注释】

《祖国，我生命的土壤》创作于1962年5月。在诗中诗人把祖国比喻成自己生命的土壤，表现出自己对祖国的真挚情感。此诗感情奔放，风格雄浑恣肆，气势磅礴，充满了爱国主义激情。

①图蒂亚：维吾尔族民间传说中一种具有神奇疗效、可使盲人复明的圣土。

②踬仆（zhì pú）：被绊跌倒。

③魁依卡甫：维吾尔族民间传说中的一个魔洞。据说所有的狂风都从此洞刮出，洞中有座装满珍玉珠宝的宝库，只有本领高超的英雄才能接近洞口。

思考与练习题：

1. 诗人把祖国和土壤这一对意象结合起来，表达自己对祖国的真挚情感，情感抒发极为朴素。试分析该诗的语言特色。

2. “格则勒”是维吾尔族诗歌中一种以爱情为题材、韵律严谨的诗体。其格律为每两行成一联，每首诗三至十二联；首联两行同韵，以后隔行押韵，一韵到底；每首尾联出现作者的名字。注意领会本诗对“格则勒”传统形式的继承和创新。

相信未来

食　指

当蜘蛛网无情地查封了我的炉台，
当灰烬的余烟叹息着贫困的悲哀，
我依然固执地铺平失望的灰烬，
用美丽的雪花写下：相信未来。

当我的紫葡萄化为深秋的露水，
当我的鲜花依偎在别人的情怀，
我依然固执地用凝霜的枯藤，
在凄凉的大地上写下：相信未来。

我要用手指那涌向天边的排浪，
我要用手掌那托住太阳的大海，
摇曳着曙光那枝温暖漂亮的笔杆，
用孩子的笔体写下：相信未来。

我之所以坚定地相信未来，
是我相信未来人们的眼睛——
她有拨开历史风尘的睫毛，
她有看透岁月篇章的瞳孔。

不管人们对于我们腐烂的皮肉，
那些迷途的惆怅，失败的苦痛，
是寄予感动的热泪，深切的同情，
还是给以轻蔑的微笑，辛辣的嘲讽。

我坚信人们对于我们的脊骨，

那无数次的探索、迷途、失败和成功，
一定会给予热情、客观、公正的评定。
是的，我焦急地等待着他们的评定。

朋友，坚定地相信未来吧，
相信不屈不挠的努力，
相信战胜死亡的年轻，
相信未来，热爱生命。

作者简介：

食指（1948— ），当代诗人。原名郭路生。山东人。“文革”地下诗歌代表诗人。其诗与当时青年一代的精神脉息紧密相通，纯净的抒情体现出健康的平民风格，诗歌语言节奏铿锵易于朗诵。出版的诗集有《相信未来》《食指 黑大春现代抒情诗合集》《诗探索金库·食指卷》《食指的诗》等，2001 年获第三届人民文学诗歌奖。

【注释】

《相信未来》作于 1968 年，最先以手抄本的形式在社会上广为流传，并迅速传颂于一代青年人的口中。该诗以其深刻的思想、优美的意境、朗朗上口的诗风让人们懂得了在逆境中怎样好好的生活，怎样自我鼓励，怎样矢志不渝地恪守自己对明天的承诺。

思考与练习题：

1.《相信未来》曾感动和温暖了一代人，请谈谈这首诗的精神内涵。

2.《相信未来》借用西方现代诗歌手法表现了诗人理想主义与生命本体的悲观主义矛盾冲突的诗歌情绪。请对这种诗歌情绪的特征进行分析。

3. 诵读该诗。

根

牛汉（蒙古族）

我是根
一生一世在地下，
默默地生长，
向下，向下……
我相信
地心有一个太阳。
听不见枝头鸟鸣，
感觉不到柔软的微风，
但我坦然
并不觉得委屈烦闷
开花的季节，
我跟枝叶同样幸福，
秋天，沉甸甸的果实，
注满了我的全部心血。

作者简介：

牛汉（1923— ），原名史成汉，又名牛汀，蒙古族，现当代诗人。山西定襄人。1941 年开始诗歌创作，是“七月”诗派代表诗人。主要诗集有《彩色的生活》《温泉》《祖国》《蚯蚓和羽毛》《沉默的悬崖》《爱与歌》《在祖国面前》《海上蝴蝶》等。其中《温泉》获第二届全国优秀诗歌奖。

【注释】

《根》是诗人的情感寄托和对理想的追求的外化。诗歌第一节描写根的特性——深埋地下，扎根地下，向着地下；第二节写根的默默无闻的个性和不懈追求。全诗运用了象征的手法，虚实结合，含蓄而深刻。

思考与练习题：

1.《根》的思想内涵是什么？表现了诗人怎样的追求、信念、生活态度？

2.“根”有着深刻的象征意蕴，试分析诗中象征手法的运用。

乡愁四韵

余光中

给我一瓢长江水啊长江水
酒一样的长江水
醉酒的滋味
是乡愁的滋味
给我一瓢长江水啊长江水

给我一张海棠红啊海棠红
血一样的海棠红
沸血的烧痛
是乡愁的烧痛
给我一张海棠红啊海棠红

给我一片雪花白啊雪花白
信一样的雪花白
家信的等待
是乡愁的等待
给我一片雪花白啊雪花白

给我一朵腊梅香啊腊梅香
母亲一样的腊梅香
母亲的芬芳
是乡土的芬芳
给我一朵腊梅香啊腊梅香

作者简介：

余光中（1928— ），当代诗人、作家。生于南京，1949年随父母迁香港，次年赴台。余光中是当今台湾著述最丰、影响最大的诗人和作家之一，也是资深编辑家。迄今为止，已出版诗集、散文集、文学评论集和译著四十余种。曾任台湾地区、香港特区、美国多所大学教授。主编过《蓝星》《文星》《现代文学》等重要诗文刊物和台湾《中华现代文学大系》(共15册)。

【注释】

《乡愁四韵》写于1974年。诗人深受中国传统文化熏陶，其诗中充满了对祖国深深的依恋之情。远离祖国大陆的诗人，渴望着回归与寻根的心情借助诗歌得以抒发。《乡愁四韵》依次选用了四个极具中国特色和个性风格的意象来抒发诗人的乡愁，表达诗人对中华民族和传统文化的深深依恋。该诗将诗与歌结合，体现了诗人追求民族化与民间化的艺术趋向。

思考与练习题：

1. 与诗人另一首诗《乡愁》比较，两首诗在思想内容、语言表达等方面有何异同？

2. 此诗运用了大量的叠词，如“长江水啊长江水”，“海棠红啊海棠红”等，试分析这些反复修辞手法在诗中的作用。

3. 该诗具有现代新民歌的特色，曾被谱曲传唱。试分析其中民族性与民间性的表达元素。

回 答

北 岛

卑鄙是卑鄙者的通行证，
高尚是高尚者的墓志铭，
看吧，在那镀金的天空中，
飘满了死者弯曲的倒影。

冰川纪过去了，
为什么到处都是冰凌？
好望角发现了，
为什么死海里千帆相竞？

我来到这个世界上，
只带着纸、绳索和身影，
为了在审判前，
宣读那些被判决的声音。

告诉你吧，世界
我——不——相——信！
纵使你脚下有一千名挑战者，
那就把我算作第一千零一名。

我不相信天是蓝的，
我不相信雷的回声，
我不相信梦是假的，
我不相信死无报应。

如果海洋注定要决堤，

就让所有的苦水都注人我心中，
如果陆地注定要上升，
就让人类重新选择生存的峰顶。

新的转机和闪闪星斗，
正在缀满没有遮拦的天空。
那是五千年的象形文字，
那是未来人们凝视的眼睛。

作者简介：

北岛（1949— ），原名赵振开，当代诗人。生于北京。其诗歌创作始于“文革”后期，体现了一代觉醒者强烈的叛逆精神和忧患意识。1978年前后，他和诗人芒克创办《今天》，成为朦胧诗歌的代表诗人。1990年旅居美国，现任教于加利福尼亚州戴维斯大学。著有诗集《太阳城札记》《北岛诗选》等。

【注释】

《回答》写于1976年的天安门事件中，此诗用警句式的语言概括了动乱年代荒谬残暴的本质，喊出了“我不相信”的回答。是先觉者对“新的转机”的期待和呼唤，是从迷惘到觉醒的一代青年对现实的严肃“回答”。此诗在艺术表现上的最大特点是运用大量的意象构成总体象征。

思考与练习题：

1.《回答》所表达的意思比较隐晦，具有朦胧诗的显著特征。试对其采用的艺术手法作简要分析。

2.《回答》运用大量的意象去表达诗人的情感和思想，这种象征化的把握世界的方式突破了传统诗歌的思维方式，也使诗歌的主题具有多义性和不确定性。请根据你的理解谈谈此诗所要表达的主题。

3. 诵读该诗。

愁乡石

张晓风

到“鹅库玛”度假去的那一天，海水蓝得很特别。

每次看到海，总有一种瘫痪的感觉，尤其是看到这种碧入波心的、急速涨潮的海。这种向正前方望直对着上海的海。

“只有四百五十海里。”他们说。

我不知道四百五十海里有多远，也许比银河还迢遥吧？每次想到上海，总觉得像历史上的镐京或是洛邑那么幽渺，那样让人牵起一种又凄凉又悲怆的心境。我们面海而立，在浪花与浪花之间追想多柳的长安与多荷的金陵，我的乡愁遂变得又剧烈又模糊。

可惜那一片江山，每年春来时，全交付给了千林啼鴃[①]。

明孝陵的松涛在海浪中来回穿梭，那种声音、那种色泽，恍惚间竟有那么相像。记忆里那一片乱映的苍绿已经好虚幻好缥缈了，但不知为什么，老忍不住要用一种固执的热情去思念它。

有两三个人影徘徊在柔软的沙滩上，拣着五彩的贝壳。那些炫人的小东西像繁花一样地开在白沙滩上，给发现的人一种难言的惊喜。而我站在那里，无法让悲情的心怀去适应一地的色彩。

蓦然间，沁凉的浪打在我的脚下，我没有料到那一下冲撞竟有那么裂人心魄。想着海水所来的方向，想着上海某一个不知名的滩头，我便有一种嚎哭的冲动。而哪里是我们可以恸哭的秦廷？哪里是申包胥[②]可以流七日泪水的地方？此处是异国，异国寂凉的海滩。

他们叫这一片海为中国海，世上再没有另一个海有这样美丽沉郁的名字了。小时候曾经多么神往于爱琴海，多么迷醉于想象中那抹灿烂的晚霞，而现在，在这个无奈的多风的下午，我只剩下一个爱情，爱我自己国家的名字，爱这个蓝得近乎哀愁的中国海。

而一个中国人站在中国海的沙滩上遥望中国，这是一个怎样咸涩的下午。

遂想起那些在金门的日子，想起在马山看对岸的角屿，在湖井头[③]看对岸的何厝[④]。望着那一带山峦，望着那曾使东方人骄傲了几千年的故土，心灵便脆薄得不堪一声海涛。那时候忍不住想到自己为什么不是一只候鸟，犹记得在每个江南草长的春天回到旧日的梁前，又恨自己不是鱼，可以绕着故国的沙滩岩岸而流泪。

海水在远处澎湃，海水在近处澎湃，海水徒然地冲刷着这个古老民族的羞耻。

我木然地坐在许多石块之间，那些灰色的，轮流着被海水和阳光煎熬的小圆石。

那些岛上的人很幸福地过着他们的日子，他们在历史上从来不曾辉煌过，所以他们不必痛心，他们没有骄傲过，所以无须悲哀。他们那样坦然地说着日本话、给小孩子起日本名字，在国民学校旗竿上竖着别人的太阳旗，他们那样怡然地顶着东西、唱着歌，走在美国人为他们铺的柏油路上。

他们有他们的快乐。那种快乐是我们永远不会有也不屑有的。我们所有的只是超载的乡愁，只是世家子弟的那份茕独。

海浪冲逼而来，在阳光下亮着残忍的光芒。海雨天风，是在不放过旅人的悲思。我们向哪里去躲避？我们向哪里去遗忘？

小圆石在不绝的浪涛中颠簸着，灰白的色调让人想起流浪的霜鬓。我拣了几个，包在手绢里，我的臂膀遂有着十分沉重的感觉。

忽然间，就那样不可避免地忆起了雨花台，忆起那闪亮了我整个童年的璀璨景象。那时侯，那些彩色的小石曾怎样地令我迷惑。有阳光的假日，满山的拣石者挑剔地品评着每一块小石子。那段日子为什么那么短呢？那时侯我们为什么不能预见自己的命运？在去国离乡的岁月里，我们的箱箧里没有一撮故国的泥土。更不能想象一块雨花台石子的奢侈了。

灰色的小圆石一共是七块。它们停留在海滩上想必已经很久了，每一次海浪的冲撞便使它们更浑圆一些。

雕琢它们的是中国海的浪花，是来自上海的潮汐，日日夜夜，它们听着遥远的消息。

把七块小石转动着，它们便发出琅然的声音，那声音里有着一种神秘的回响，呢喃着这个世纪最大的悲剧。

“你拣的就是这个？”

游伴们从远远近近的沙滩上走了回来，展示着他们彩色缤纷的贝壳。

而我什么也没有，除了那七颗黯淡的灰色石子。

“可是，我爱它们。”我独自走开去，把七颗小石压在胸口上，直压到我疼痛得淌出眼泪来。在流浪的岁月里我们一无所有，而今，我却有了它们。我们的命运多少有些类似，我们都生活在岛上，都曾日夜凝望着一个方向。

“愁乡石!”我说，我知道这必是它的名字，它决不会再有其他的名字。

我慢慢地走回去，鹅库玛的海水在我背后蓝得叫人崩溃，我一步一步艰难地摆脱它。而手绢里的愁乡石响着，响久违的乡音。

无端的，无端的，又想起姜白石，想起他的那首八归。

最可惜那一片江山，每年春来时，全交付给了千林啼鴂。

愁乡石响着，响一片久违的乡音。

后记：鹅库玛系冲绳岛⑤极北端之海滩，多有异石悲风。西人设基督教华语电台于斯，以其面对上海及广大的内陆地域。余今秋曾往一游，去国十八年，虽望乡亦情怯矣。是日徘徊低吟，黯然久之。

一九六八年

作者简介：

张晓风（1941—　），台湾当代散文家，1949年随父母迁居台湾，台湾东吴大学文学硕士。散文创作极为出色。重要作品包括散文十二卷（《地毯的那一端》《愁乡石》《你还没有爱过》等）、戏剧十一卷（《武陵人》《和氏璧》等）、杂文三卷等，作品总是充满发于自我的真情至性，在台湾多次获奖。

【注释】

本文通篇都由一些小段落组成，多侧面分散描绘，巧妙穿插对比，但始终以一种内在的激情统摄全篇，洋溢着浓烈的思乡情绪，遣词造句富于个性和创造力，情绪与景物相互映衬，生动感人。

①啼鴂（jué）：伯劳鸟的古名，伯劳鸟在台湾地区较为常见。南北朝萧衍《东飞伯劳歌》中有“东飞伯劳西飞燕”的诗句。

②申包胥：春秋时楚国大夫。他为请秦王发兵救楚，在秦廷痛哭七昼夜，终于感动秦王。其爱国精神为后人所景仰。

③湖井头：烈屿地区的军事据点，设有一处心战喊话哨。后改建成战史馆，内有观测所，设置高倍率望远镜，可眺望故国河山。

④何厝（cuò）：（方言）房屋，现有何厝村，位于厦门岛东南海滨，背依

虎仔山，面临厦门港，与金门岛一水之隔。

⑤冲绳：史称“琉球”，明清时为中国的属邦。甲午战争后为日本占有，二战后美军于此建立军事基地。

思考与练习题：

1. 本文具有什么样的写作基调？作者是如何确立这样的写作基调的？
2. 分析本文对比手法的运用。
3. 本文选取大海作为抒情的背景，有何作用？

一棵开花的树

席慕蓉（蒙古族）

如何让你遇见我
在我最美丽的时刻　　为这
我已在佛前　求了五百年
求它让我们结一段尘缘

佛于是把我化作一棵树
长在你必经的路旁
阳光下慎重地开满了花
朵朵都是我前世的盼望

当你走近　　请你细听
那颤抖的叶是我等待的热情
而当你终于无视地走过
在你身后落了一地的
朋友啊　　那不是花瓣
是我凋零的心

作者简介：

席慕蓉（1943—　），原名穆伦·席连勃。蒙古族。生于重庆，祖籍内蒙古察哈尔盟明安旗，1949年迁至香港，后随家迁往台湾。其文学创作以诗著名，兼及散文。作品主要有：诗歌集《七里香》《无怨的青春》《时光九篇》；散文集《成长的痕迹》《画出心中的彩虹》《同心集》《写给幸福》《有一首歌》《写生者》等。

【注释】

这首诗是席慕蓉的代表作之一，采用“一棵开花的树”这一主要意象展现了一曲感伤情韵的歌。全诗犹如一场绚美的梦，经历了盼望、祈求、期待、再长久的期待，到达了希望的顶峰，最后，梦醒了，坠落、失望、伤心，在希望与失望中完成了抒情主人公形象的刻画。

思考与练习题：

1. 结合本诗体会作者寄托的情感，并谈谈它的现实意义。

2. 这首诗以感伤、忧郁为抒情基调，交织着对理想爱情的渴望、对机遇失之交臂的悔恨、对无情命运的怨艾等复杂情感。这些情感的抒发借助了哪些艺术手段？

神女峰

舒　婷

在向你挥舞的各色花帕中
是谁的手突然收回
紧紧捂住了自己的眼睛
当人们四散离去，谁
还站在船尾
衣裙漫飞，如翻涌不息的云
江涛
高一声
低一声

美丽的梦留下美丽的忧伤
人间天上，代代相传
但是，心
真能变成石头吗
为眺望远天的杳鹤
而错过无数次春江月明

沿着江岸
金光菊和女贞子的洪流
正煽动新的背叛
与其在悬崖上展览千年
不如在爱人肩头痛哭一晚

作者简介：

舒婷（1952—　），原名龚佩瑜，生于福建泉州。当代女诗人。1979 年 4 月发表《致橡树》，得到广泛好评。1981 年在福建文联从事专业创作。著有诗集《双桅船》《舒婷顾城抒情诗选》《会唱歌的鸢尾花》《舒婷的诗》及散文集

《心烟》等。曾两次获全国性诗歌奖，有的诗作被译成瑞典、德、法、日等国文字。

【注释】

《神女峰》写于1981年。神女峰在大多数的民间故事传说中都以神圣的形象出现——楚王云雨、渔人妻化望夫石等。而舒婷在这首诗中，将神女写成是血肉之躯，她也有生命的渴望，也有对爱情的渴望与追求。

思考与练习题：

1. 如何理解本诗所传达出来的对女性意识的呼唤；结合最后五行诗所透露出的新的价值观念，谈谈你的看法。

2. 该诗的排列形式自由，不用标点，是否属于“现代派”诗歌？谈谈你的看法。

蝴蝶泉

晓雪（白族）

从前有一个姑娘，
比南诏公主还要漂亮；
她迷人的脸儿像月亮，
她闪闪的眼睛会说话。

她还有一双能干的手，
会绣各种虫鱼鸟花；
她爱绣两只蝴蝶，
同采一朵牡丹花。

蝴蝶绣在枕头上，
枕头卖到员外家里；
蝴蝶绣在手巾上，
手巾送给自己的情郎。

员外想娶绣花的姑娘，
在路上害死了她的情人；
可怜的姑娘哭了三天三夜，
离开家庭逃到苍山上。

姑娘来到两棵大树下，
树下的清泉晶亮晶亮；
姑娘看见自己的面影，
是那样的消瘦无光。
洱海虽然蓝得透明，
有时也会被恶龙搅浑；

苍山虽然优美高峻，
却也逃不过可恶的有钱人。

微风吹来一阵喧哗，
员外的人已追到山脚下；
纯洁的白玉容不得半点灰尘，
姑娘跳进了清莹莹的泉水。

泉水更加明亮清莹，
它溶化了姑娘的爱情；
大树更加繁茂长青，
它要永远为姑娘作证……

天底下有多少种蝴蝶？
各种蝴蝶姑娘都绣过；
天底下有多少只蝴蝶？
所有的蝴蝶都飞来凭吊。

蝴蝶一串串栖在树枝上，
美丽的蝶影印满清泉，
清泉就是姑娘的眼睛，
她永远看着蝴蝶微笑……

作者简介：

晓雪（1935— ），原名杨文翰，白族，云南大理人。50年代中期开始诗歌创作。主要诗集有：《祖国的春天》《采花节》《苍山洱海》《晓雪诗选》等。并有多部诗论集、散文集和长篇小说《苦爱三部曲》。其长诗《大黑天神》、论著《我们当代少数民族诗歌》分别获全国少数民族文学创作优秀作品奖和评论奖；《晓雪诗选》获第二届全国优秀新诗奖。

【注释】

此诗写于1957年。它以白族民间传说为题材，在此基础上发展、创新。

诗人用朴素的语言，清纯的风格塑造了一位心灵手巧、善良、能干、刚烈的美丽的白族姑娘。诗歌将民族风情与现代意识相结合，给人以全新的感受。

思考与练习题：

1. 晓雪的诗富有民族地方色彩和生活情趣。该诗是如何体现这一特点的？

2. 晓雪曾说“我更喜欢朴素、单纯的风格。我想努力作‘到寓丰富于单纯之中’”请结合这句话来谈谈你对本诗艺术风格的理解。

《格萨尔王传》（降伏妖魔之部第二章之第一节）

（藏族英雄史诗）

第二章　大王欲去救梅萨　珠毛暗进健忘酒

这以后，有一天，格萨尔大王，到岭地的蕨麻海草场，把马群赶到草场的右边，把牛群赶到草场的左边，把羊群赶到草场的中间，自己以酣畅快乐环形寝卧方式，进入梦乡。这时，半空中，烟云缭绕，彩虹灿烂，天母阿内巩闷姐毛（注：她是格萨尔王天上的姨母），现身在烟云彩虹当中，威光压伏三界。唱了这样的一首歌，歌道：

翁木那埃，塔拉拉毛塔拉，
阿拉拉毛阿拉
金刚亥母妈妈呵！
勇父空行众神呵！[①]
请你们慈悲佑助我，
把一切众生转向法。
特别请发大慈悲，
保佑花花上岭尕。

这个地方你若是不认识，
这是那玛尔圹大草场。
天母我你若是不认识，
我是来自上面高天上，
名叫阿内玉巩闷，
我有话语同你讲。
我是侄儿你的预言神，
我经常守护你身旁。

这首歌词啥意义，

可能你还弄不清。
它是镇压三界曲，
它是照亮黑暗的灯，
它能统治三千大千世，
它能分清道理明如镜。
它是指示孩儿你，
让你把事情认分明。

在这里的壮士呵，
我的侄儿就是你！
顿珠尕[②]尔保孩子呵！
你别贪睡快些起！
快快起来到北方，
降伏老魔路赞去！
男儿睡眠如过多，
射起箭来不准当。
射箭如果射不准，
敌人就会更猖狂。
现在降妖时间到，
一切准备要停当。
侄儿顿珠尕尔保，
你和别人不一样。
不一样处在哪里，
听我跟你说端详。

你一人能降四方魔，
你一王能治三千世。
你是世界一宝珠，
你是降魔一雄狮。
你是菩萨转世身，
你是梵天好孩子。
你是代替莲花生[③]，

作救世主来救世。

你清早与天神作游戏，
午后与赞神玩骰子。
同宁神角力在正午，[4]
用套绳降魔在夜里。
你证神通得自在，
你能变化随心意。
你是佛教护法人，
你是天神下凡世。
你降伏路赞老妖魔，
你消灭白帐三兄弟。
你镇压毒水萨当王，
你征服边疆十八地。
降服除你雄狮王，
任何英雄无此力。
当前的仇敌是黑魔，
你要降伏路赞去。
把梅萨绷吉救回来，
把妖魔财宝运岭地。
了解此意是耳中的甘露，
不了解时要仔细去寻思。
孩子雄狮宝珠王，
要把我的话记心里！

王沂暖　译

【注释】

《格萨尔王传》是一部长期在藏族人民中广泛流传，结构宏伟的英雄史诗。史诗采用了藏族人民喜爱的“鲁”体和“谐”体的民歌形式，运用大量的藏族民间谚语和比喻，叙述古代藏族岭尕地方格萨尔王一生的英雄事迹，反映吐蕃王朝崩溃后三四百年间的社会生活。

《降伏妖魔》之部，叙述白岭国王格萨尔降伏北亚尔康恶魔路赞的故事——盘踞北亚尔康地区的魔王路赞，乘格萨尔外出闭关的时候，施妖法抢走了格萨尔王的次妃梅萨绷吉。格萨尔遵照天母的指示，前去降伏妖魔路赞，备历曲折，最后经过一场激烈的搏斗，降伏了魔王，搭救了梅萨。

①金刚亥母、空行，都是女神。勇父是男性神，是空行女神的配偶。

②尕（gǎ）：方言，意为小。

③莲花生：红教的祖师。

④赞神、宁神：都是地面上的一种神。骰（tóu）：骰子，一般叫“色（shǎi）子”，一种赌具。

思考与练习题：

1.《格萨尔王传》的语言运用富有民族特点，以此节诗为例试作分析。。

2. 你认为本诗最佳的艺术手法是什么？谈谈你的看法。

拣麦穗

张洁

当我刚刚能够歪歪咧咧地提着一个篮子跑路的时候，我就跟在大姐姐身后拣麦穗了。那篮子显得太大，总是磕碰着我的腿和地面，闹得我老是跌交。我也很少有拣满一个篮子的时候，我看不见田里的麦穗，却总是看见蚂蚱和蝴蝶，而当我追赶它们的时候，拣到的麦穗，还会从篮子里重新掉回地里去。

有一天，二姨看着我那盛着稀稀拉拉几个麦穗的篮子说："看看，我家大雁也会拣麦穗了。"然后，她又戏谑地问我："大雁，告诉二姨，你拣麦穗做啥?"我大言不惭地说："我要备嫁妆哩!"

二姨贼眉贼眼地笑了，还向围在我们周围的姑娘、婆姨们眨了眨她那双不大的眼睛："你要嫁谁嘛!"

是呀，我要嫁谁呢?我忽然想起那个卖灶糖的老汉。我说："我要嫁那个卖灶糖的老汉!"

她们全都放声大笑，像一群鸭子一样嘎嘎地叫着。笑啥嘛！我生气了。难道做我的男人，他有什么不体面的地方吗?

卖灶糖的老汉有多大年纪了？我不知道。他脸上的皱纹一道挨着一道，顺着眉毛弯向两个太阳穴，又顺着腮帮弯向嘴角。那些皱纹，给他的脸上增添了许多慈祥的笑意。当他挑着担子赶路的时候，他那剃得像半个葫芦样的后脑勺上的长长的白发，便随着颤悠悠的扁担一同忽闪着。

我的话，很快就传进了他的耳朵。

那天，他挑着担子来到我们村，见到我就乐了。说："娃呀，你要给我做媳妇吗?""对呀!"

他张着大嘴笑了，露出了一嘴的黄牙。他那长在半个葫芦样的头上的白发，也随着笑声一齐抖动着。"你为啥要给我做媳妇呢?"

"我要天天吃灶糖哩!"

他把旱烟锅子朝鞋底上磕着："娃呀，你太小哩。"

"你等我长大嘛!"

他摸着我的头顶说："不等你长大，我可该进土啦。"

听了他的话，我着急了。他要是死了，那可咋办呢？我那淡淡的眉毛，在满是金黄色的茸毛的脑门上，拧成了疙瘩。我的脸也皱巴得像个核桃。

他赶紧拿块灶糖塞进了我的手里。看着那块灶糖，我又咧着嘴笑了：“你别死啊，等着我长大。”他又乐了。答应着我：“我等你长大。”

“你家住哪哒呢？”

“这担子就是我的家，走到哪哒，就歇在哪哒！”

我犯愁了：“等我长大，去哪哒寻你呀！”

“你莫愁，等你长大，我来接你！”

这以后，每逢经过我们这个村子，他总是带些小礼物给我。一块灶糖，一个甜瓜，一把红枣……还乐呵呵地对我说：“看看我的小媳妇来呀！”

我呢，也学着大姑娘的样子——我偷偷地瞧见过——要我娘找块碎布，给我剪了个烟荷包，还让我娘在布上描了花。我缝呀，绣呀……烟荷包缝好了，我娘笑得个前仰后合，说那不是烟荷包，皱皱巴巴，倒像个猪肚子。我让我娘给我收了起来，我说了，等我出嫁的时候，我要送给我男人。

我渐渐地长大了。到了知道认真地拣麦穗的年龄了。懂得了我说过的那些个话，都是让人害臊的话。卖灶糖的老汉也不再开那玩笑——叫我是他的小媳妇了。不过他还是常带些小礼物给我。我知道，他真疼我呢。

我不明白为什么，我倒真是越来越依恋他，每逢他经过我们村子，我都会送他好远。我站在土坎坎上，看着他的背影，渐渐地消失在山坳坳里。

年复一年，我看得出来，他的背更弯了，步履也更加蹒跚了。这时，我真的担心了，担心他早晚有一天会死去。

有一年，过腊八的前一天，我约摸着卖灶糖的老汉，那一天该会经过我们村。我站在村口上一棵已经落尽叶子的柿子树下，朝沟底下的那条大路上望着，等着。那棵柿子树的顶梢梢上，还挂着一个小火柿子。小火柿子让冬日的太阳一照，更是红得透亮。那个柿子多半是因为长在太高的树梢上，才没有让人摘下来。真怪，可它也没让风刮下来，雨打下来，雪压下来。

路上来了一个挑担子的人。走近一看，担子上挑的也是灶糖，人可不是那个卖灶糖的老汉。我向他打听卖灶糖的老汉，他告诉我，卖灶糖的老汉老去了。

我仍旧站在那个那棵柿子树下，望着树梢上的那个孤零零的小火柿子。它那红得透亮的色泽，依然给人一种喜盈盈的感觉。可是我却哭了，哭得很伤心。哭那陌生的、但却疼爱我的卖灶糖的老汉。

后来，我常想，他为什么疼爱我呢？无非我是一个贪吃的，因为生得极其丑陋而又没人疼爱的小女孩吧？

等我长大以后，我总感到除了母亲以外，再也没有谁能够像他那样朴素地疼爱过我——没有任何希求，没有任何企望的。

我常常想念他，也常常想要找到我那个像猪肚子一样的烟荷包。可是，它早已不知被我丢到哪里去了。

作者简介：

张洁（1937— ），当代女作家。1978年发表第一篇小说《从森林里来的孩子》，获同年全国优秀短篇小说奖。著有作品集《张洁小说剧本选》，小说散文集《爱是不能忘记的》《方舟》，小说集《祖母绿》，长篇小说《沉重的翅膀》和《无字》（均获茅盾文学奖），《只有一个太阳》，散文集《在那绿草地上》以及《张洁集》等。

【注释】

文章围绕捡麦穗这个主题展开，通过人物白描与对话，在气氛的渲染中刻画人物的心理活动和情感状态，写尽了“我”（大雁）的天真、稚气；也衬托出了老人善良、孤寂的境遇。

思考与练习题：

1. 试分析本文在结构上的特点？
2. 本文如何用景物来渲染气氛的？
3. 谈谈你对本文主题的理解。

背影

张承志（回族）

成年以后，有时我会在恍惚中陷入一种若有所思的混沌中。有些儿时的影影绰绰的幻象，在那时明灭倏忽地掠过空茫的视野。我感到了一种诱惑和神秘；但我不能解释。那是什么呢？像一些匆匆而去的、避开我注视的背影！

那是在小学二年级还是三年级？——反正是在上学去的路上。我双手揣着兜，斜背着姐姐用过的旧书包，边走边踢着路上的石子儿。那天太阳照耀得炫目，我无意中眯着眼睛。突然，潮水浸漫般的人群中出现了母亲的背影。

她背朝着我，正大步笔直地赶着路。人潮缓缓地逆着她涌来，我觉得她的腰挺得又僵又硬。她的两腿好像迈不稳，但她走得又急又重。那一年我还不满十岁，经常因为淘气被她捆在桌子腿上。但是鬼使神差，我不再踢石子儿了，我默默地尾随着她，走了长长一程。骄阳照射着她的乱发，她的背影显得单薄又倔强。——不过那只是一小会儿的事；后来，究竟我傻乎乎地跟着她走到了哪里，又是怎样离开的她，我已经完全忘了。

差不多三十年过去了。

当然，三十年里，包括我的家在内，一切都变了。

前天下午，我为了休息一下疲惫的头脑，信步走出了家。明亮的阳光在拥挤的树枝和楼群间眩目地闪烁着，我漫步走着，脚下踢着一颗小石子。猛然间我看见了母亲——她正迎面走来，手里提着一捆青菜。她的步子一下下迈踏得急忙又沉重，像在僵硬地跺着路面。她穿过嘈杂，笔直地面对着我，我看见她的神情茫然又坚定。在那一刹之间，我被一阵难以名状的感动攫住了，我简直忍受不住这感动的冲撞。奇怪的是，在我眼中清晰而灼烫地走动着的，并不是她此刻银发苍颜的形象，而是一个恍如隔世的、充满神秘的背影。

三十年是一个轮回么？或者换一句话讲，是一个光阴么？然而，我所以感到激动，是因为我在记忆了差不多三十年的一个背影之后，终于看见了一个迎我而来的母亲。

——我像在说梦。

旧历三月二十七的前夜，我来到兰州赶尔麦里——追悼牺牲在清朝统治阶级屠刀下的亡人的集会。到达时兰州已是夜色苍茫，而我还在徘徊——我不知道尔麦里的地点。在夜幕静垂的兰州街上，我独自一人，走走停停。我无法寻人问路。我知道，如果听到我的来意，兰州会感到古怪的。

这时我看见了一群农民，一群农村来的回民。他们背对着我，披着黑棉袄，夹着麻包捆正走得匆忙。我看见那一片在夜雾中黯淡亮着的白帽子时，差点失声喊起来。可是我只是默默地跟上了他们。我已经成人了，我已经学会了藏起或抑制住心中的感情。他们笨拙硬直的背影在我的前面朦胧地晃着，我觉得我已经能从那姿势中感受到他们的戒备、他们的自尊、他们与这都市的隔膜以及他们固执地认准的目标。

他们拐进了一条小巷。没有路灯。我睁大眼睛辨认着他们那些黑黝黝的背影。一些白色的圆点在那些黑影上面像是启示的信号。我来了，我在心里悄声呼唤着。像你们一样，我也来啦。我跟定了前面那些古怪的背影，加快了步伐。

第二天，我的两眼看见了一个波澜壮阔的伟大场面。两万农民从陇东河西、从新疆青海奔涌汇集于此，人头攒动的海洋上尘土弥漫。无文的农民掀起了直入云霄的呼啸，为说谎的历史修订。当两万人汇成的大海在我眼前喧嚣沸腾，当我真真地看见了两万个终日躬耕荒山的背影在拥挤呼喊，当我震惊地知道自从乾隆四十六年三月二十七清朝刽子手使一腔血洒在兰州城墙以后，二百零四年之间无论腥风血雨苦寒恶暑，回回撒拉东乡各族的人民年年都要在此追悼颂念——我激动得不能自制。那染血的城墙早已荡然无存了；岂止乾隆年号，即使改朝换代也已有三次。二百零四年对于一个统治者来说，不仅是太长而且是一个恐怖的数字；而人民——我凝视着那两万背影我明白了：人民要坚持着心中沉重的感情直至彼世。

那一天我结束了自己漫长的求学。那一天我觉得自己拿到了一个没有硬皮证书的学位。

尔麦里结束了，我目送着农民们大股大股地涌出兰州。他们抹抹汗污的额头，把捆成小卷的黑棉袄一背，头也不回地径直去了。黑衣白帽的浪头急急地追逐着，只留给我一片斑驳闪幻的背影。我独自站在大街路口，一连几天目送着他们。最后我熟识的那家宁夏回民也走了。他们对我频频回首，但他们终于也走了。当我望着他们终于也化成了一些不可理喻的背影时，我从心底感到了孤独。

于是我慌忙追上了他们。

陇东、河州、运河、天山、济南府、焉耆镇，我追寻着他们的踪迹，追寻着我看到听到的一切在我心中激起的回声。我看惯了那些避开热气腾腾的食堂，蹲在车站一角嚼着干馍的旅人；看惯了那些匍匐着的苍老虔诚的脊背；看惯了在风沙弥漫的乡村大道上的、那些白帽子下面的坚忍眼神。我惊奇地感到：在奔波中目的似乎消失了，我像一片落叶，正在北方贫穷的黄土大山中悠悠地随波飘荡。

我看到了真正巨大的背影——

原来，这些黄土大山和原野村镇，连同它们怀抱中的那个默默人群从未向世间袒露自己。六盘山一字排成屏障，遮住了它背后的西海固。开都河眨闪着微笑般的粼波，隔开了隐蔽在绿荫中的村庄。黄河湍流上节节拦坝，消失了舟楫也消失了筏客子的传说。数不清的夯土墙蒿草丛掩护着，闭口不言殉教者的冤愤和鲜血的流淌。茫茫大西北黄褐色连着黄褐色；仔细听时，犁铧梿枷又只是循着成熟的节奏，你崇拜的人们只是日复一日地忙碌着生计。真实——真实被埋藏在心底的一个微乎的波动上，隔着一座伟大的背影。

每当远行将归的时候，我总是在别离的瞬间愣怔一下，心里总是在那一瞬闪过这个无法理解的背影。你什么时候才肯转过身来呢？生我养我的母族！要等到哪一次沧海桑田的时刻，你才肯从这世界上迎面而来呢？

我好不容易才听见了喊声。

妻子和小女儿正盯着我，她们的脸上挂着诧异的神情。小女儿奶声奶气地嚷道："爸爸，我叫你，你怎么不答应呢？"妻子也说："孩子喊你喊了好一阵工夫了，"她又补充道，"可是你一直背对着我们，不回头。"

我把小女儿搂紧在怀里。

"歇歇吧，爸爸！"女儿大人气地说。

妻子也说道："每天回来都见你这么背着脸坐着。你休息一会儿，和孩子玩玩吧。"

我想到了那个背影。

我在别人的眼中，也已经变得像一个背影了么？我回忆起有一次，我一路走着去车站。到了车站，突然有人猛击了我一掌：原来是个朋友。他大惊小怪地嚷道："嘿！一路走着跟着你，可是走了一路也没认出你！干瞧了一路你的后背！"——这么说，我变了。

我抱起我可爱的小女儿走上闹市。在一个路口我给她买了一盒冰激凌。走到一个小店我又给她买了两块山楂羊羹。我的心情沉重又快活，我觉得太阳晒得又温暖又深切。我和孩子说笑着，讲到小白兔、熊猫和大灰狼。她的晶莹的黑眸子显着醉人的天真和幸福，也偶然倏地闪灭一下，亮起一种永远激动我的神秘。

在街心绿地上，她兴奋地使劲叫嚷着来回奔跑。阳光突然被她搅得闪乱不定。我出神地凝望着她，仿佛看见了一个梦。在那浪涛般涌动不息、又像高原大山般遥远的背影上，此刻印上了一个在阳光中嬉戏的、新鲜的小生命。

我久久地望着，心里慢慢涨起庄严的潮。

作者简介：

张承志（1948— ），原籍山东济南，穆斯林，生于北京。迄今出版著作约六十部，主要有《黑骏马》《北方的河》《一册山河》《谁是胜者》《文明的入门》《鲜花的废墟》《心灵史》等，作品曾多次获奖。

【注释】

作者在广阔的社会历史背景下选择不同的背影组织材料，体现中心，采用象征和暗示的手法，从对亲人的爱扩展到对自己民族的爱，从小我走向大我，格调冷峻沉雄，思想深邃，富于历史感、哲理性和抒情色彩。

思考与练习题：

1. 本文是如何组织材料的？试作分析。

2. 谈谈本文象征和暗示手法运用的妙处。

3. 将此文与朱自清的《背影》比较，分析二者在构思和艺术表现上的差异。

静虚村记

贾平凹

如今，找热闹的地方容易，寻清静的地方难；找繁华的地方容易，寻拙朴的地方难，尤其在大城市的附近，就更其为难的了。

前年初，租赁了农家民房借以栖身。

村子南九里是城北门楼，西五里是火车西站，东七里是火车东站，北去二十里地，又是一片工厂，素称城外之郭。奇怪台风中心反倒平静一样，现代建筑之间，偏就空出这块乡里农舍来。

常有友人来家吃茶，一来就要住下，一住下就要发一通讨论，或者说这里是一首古老的民歌，或者说这里是一口出了鲜水的枯井，或者说这里是一件出土的文物，如宋代的青瓷，质朴，浑拙，典雅。

村子并不大，屋舍仄仄[①]斜斜，也不规矩，像一个公园，又比公园来得自然，只是没花，被高高低低绿树、庄稼包围。在城里，高楼大厦看得多了，也便腻了，陡然到了这里，便活泼泼地觉得新鲜。先是那树，差不多没了独立形象，枝叶交错，像一层浓重的绿云，被无数的树桩撑着。走近去，绿里才见村子，又尽被一道土墙围了，土有立身，并不苫瓦，却完好无缺，生了一层厚厚的绿苔，像是庄稼人剃头以后新生的青发。

拢共[②]两条巷道，其实连在一起，是个“U”形。屋舍相对，门对着门，窗对着窗；一家鸡叫，家家鸡都叫，单声儿持续半个时辰；巷头家养一条狗，巷尾家养一条狗，贼便不能进来。几乎都是茅屋，并不是人家寒酸，茅屋是他们的讲究：冬天暖，夏天凉，又不怕被地震震了去。从东往西，从西往东，茅屋撑得最高的，人字形搭得最起的，要算是我的家了。

村人十分厚诚，几乎近于傻味，过路行人，问起事来，有问必答，比比划划了一通，还要领到村口指点一番。接人待客，吃饭总要吃得剩下，喝酒总要喝得昏醉，才觉得惬意。衣着朴素，都是农民打扮，眉眼却极清楚。当然改变了吃浆水酸菜，顿顿油锅煎炒，但没有坐在桌前用餐的习惯，一律集在巷中，就地而蹲。端了碗出来，却蹲不下，站着吃的，只有我一家，其实也只有我一人。

我家里不栽花，村里也很少有花。曾经栽过多次，总是枯死，或是萎琐。一老汉笑着说：村里女儿们多啊，瞧你也带来两个！这话说得有理。是花嫉妒她们的颜色，还是她们羞得它们无容？但女儿们果然多，个个有桃花水色。巷道里，总见她们三五成群，一溜儿排开，横着往前走，一句什么没盐没醋的话，也会惹得她们笑上半天。我家来后，又都到我家来，这个帮妻剪个窗花，那个为小女染染指甲。什么花都不长，偏偏就长这种染指甲的花。

啥树都有，最多的，要数槐树。从巷东到巷西，三搂粗的十七棵，盆口粗的家家都有，皮已发皱，有的如绳索匝缠，有的如渠沟排列，有的扭了几扭，根却委屈得隆出地面。槐花开放，一片嫩白，家家都做槐花蒸饭。没有一棵树是属于我家的，但我要吃槐花，可以到每一棵树上去采。虽然不敢说我的槐树上有三个喜鹊窠、四个喜鹊窠，但我的茅屋梁上燕子窝却出奇地有了三个。春天一暖和燕子就来，初冬逼近才去，从不撒下粪来，也不见在屋里落一根羽毛，从此倒少了蚊子。

最妙的是巷中一眼井，水是甜的，生喝比熟喝味长。水抽上来，聚成一个池，一抖一抖地，随巷流向村外，凉气就沁了全村。村人最爱干净，见天[③]有人洗衣。巷道的上空，即茅屋顶与顶间，拉起一道一道铁丝，挂满了花衣彩布。最艳的，最小的，要数我家：艳者是妻子衣，小者是女儿裙。吃水也是在那井里的，须天天去担。但宁可天天去担这水，不愿去拧那自来水。吃了半年，妻子小女头发愈是发黑，肤色愈是白皙，我也自觉心脾清爽，看书作文有了精神、灵性了。

当年眼羡城里楼房，如今想来，大可不必了。那么高的楼，人住进去，如鸟悬案，上不着天，下不踏地，可怜怜掬得一抔黄土，插几株花草，自以为风光宜人了。殊不知农夫有农夫得天独厚之处。我不是农夫，却也有一庭土院，闲时开垦耕耘，种些白菜青葱。菜收获了，鲜者自吃，败者喂鸡，鸡有来杭、花豹、翻毛、疙瘩，每日里收蛋三个五个。夜里看书，常常有蝴蝶从窗缝钻入，大如小女手掌，五彩斑斓。一家人喜爱不已，又都不愿伤生，捉出去放了。那蛐蛐就在台阶之下，彻夜鸣叫，脚一跺，噤声了，隔一会儿，声又起。心想若是有个儿子，儿子玩蛐蛐就不用跑蛐蛐市掏高价购买了。

门前的那棵槐树，唯独向横里发展，树冠半圆，如裁剪过一般。整日看不见鸟飞，却鸟鸣声不绝，尤其黎明，犹如仙乐，从天上飘了下来似的。槐下有横躺竖蹲的十几个碌碡[④]，早年碾场用的，如今有了脱粒机，便集在这里，让人骑了，坐了。每天这里人群不散，谈北京城里的政策，也谈家里婆娘的针线，谈笑风生，乐而忘归。直到夜里十二点，家家喊人回去。回去者，扳倒头便睡的，是村人，回来捻灯正坐，记下一段文字的，是我呢。

来求我的人越来越多了，先是代写书信，我知道了每一家的状况，鸡多鸭少，连老小的小名也都清楚。后来，更多的是携儿来拜老师，一到高考前夕，人来得最多，提了点心，拿了水酒。我收了学生，退了礼品，孩子多起来，就组成一个组，在院子里辅导作文。村人见得喜欢，越发器重起我。每次辅导，门外必有家长坐听，若有孩子不安生了，进来张口就骂，举手便打。果然两年之间，村里就考中了大学生五名，中专生十名。

天旱了，村人焦虑，我也焦虑，抬头看一朵黑云飘来了，又飘去了，就咒天骂地一通，什么粗话野话也骂了出来。下雨了，村人在雨地里跑，我也在雨地跑，疯了一般，有两次滑倒在地，磕掉了一颗门牙。收了庄稼，满巷竖了玉米架，柴火更是塞满了过道，我骑车回来，常是扭转不及，车子跌倒在柴堆里，吓一大跳，却并不疼。最香的是鲜玉米棒子，煮能吃，烤能吃，剥下颗粒熬稀饭，粒粒如栗，其汤有油汁。在城里只道粗粮难吃，但鲜玉米面做成的漏鱼儿，搅团儿，却入味开胃，再吃不厌。

小女来时刚会翻身，如今行走如飞，咿哑学语，行动可爱，成了村人一大玩物，常在人掌上旋转，吃过百家饭菜。妻也最好人缘，一应大小应酬，人人称赞，以至村里红白喜事，必邀她去，成了人面前走动的人物。而我，是世上最呆的人，喜欢静静地坐着，静静地思想，静静地作文。村人知我脾性，有了新鲜事，跑来对我叙说，说毕了，就退出让我写，写出了，嚷着要我念。我念得忘我，村人听得忘归；看着村人忘归，我一时忘乎所以，邀听者到月下树影，盘脚而坐，取清茶淡酒，饮而醉之。一醉半天不醒，村人已沉睡入梦，风止月暝，露珠闪闪，一片蛐蛐鸣叫。我称我们村是静虚村。

鸡年八月，我在此村为此村记下此文，复写两份，一份加进我正在修订的村史前边，作为序，一份则附在我的文集之后，却算是跋了。

作者简介：

贾平凹（1953— ），原名贾平娃，陕西丹凤人，当代著名作家。1973 年开始发表作品，1983 年开始从事专业创作。主要著作有《废都》《怀念狼》《门》《动乱》《弈人》《佛事》《王满堂》《人病》《爱的踪迹》《故里》《浮躁》等。

【注释】

本文是贾平凹早期作品。作者用清淡的笔墨，表现西北乡土人生，再现现实生活里人们习以为常的景象，引人入胜。所见之物的平和，皆在突出回归自然的主旨。表现了作者在现代文明冲击下对传统文化的眷念。大量短句的运用，再以长短句巧妙的搭配，在散文的声韵上营造出诗词般的节奏。

①仄仄（zè）：倾斜。

②拢共：方言。意为“总共”。

③见天：方言。意为每天。

④碌碡（liù zhòu）：农具。一般用木框架和石磙子构成。用来轧谷物、平场。也叫石颠。

思考与练习题：

1. 作者追求回归自然的主旨和标题及本文的开头部分有什么关系？
2. 分析本文语言的节奏美。
3. 结合以前学过的贾平凹的散文作品，总结其散文创作的艺术特色。

受 戒[①]

汪曾祺

明海出家已经四年了。

他是十三岁来的。

这个地方的地名有点怪，叫庵赵庄。赵，是因为庄上大都姓赵。叫做庄，可是人家住得很分散，这里两三家，那里两三家。一出门，远远可以看到，走起来得走一会，因为没有大路，都是弯弯曲曲的田埂。庵，是因为有一个庵。庵叫苦提庵，可是大家叫讹[②]了，叫成荸荠庵。连庵里的和尚也这样叫。“宝刹何处?”——“荸荠庵。”庵本来是住尼姑的。“和尚庙”、“尼姑庵”嘛。可是荸荠庵住的是和尚。也许因为荸荠庵不大，大者为庙，小者为庵。

明海在家叫小明子。他是从小就确定要出家的。他的家乡不叫“出家”，叫“当和尚”。他的家乡出和尚。就像有的地方出劁猪的，有的地方出织席子的，有的地方出箍桶的，有的地方出弹棉花的，有的地方出画匠，有的地方出婊子，他的家乡出和尚。人家弟兄多，就派一个出去当和尚。当和尚也要通过关系，也有帮。这地方的和尚有的走得很远。有到杭州灵隐寺的、上海静安寺的、镇江金山寺的、扬州天宁寺的。一般的就在本县的寺庙。明海家田少，老大、老二、老三，就足够种的了。他是老四。他七岁那年，他当和尚的舅舅回家，他爹、他娘就和舅舅商议，决定叫他当和尚。他当时在旁边，觉得这实在是在情在理，没有理由反对。当和尚有很多好处。一是可以吃现成饭。哪个庙里都是管饭的。二是可以攒钱。只要学会了放瑜伽焰口[③]，拜梁皇忏，可以按例分到辛苦钱。积攒起来，将来还俗娶亲也可以；不想还俗，买几亩田也可以。当和尚也不容易，一要面如朗月，二要声如钟磬，三要聪明记性好。他舅舅给他相了相面，叫他前走几步，后走几步，又叫他喊了一声赶牛打场的号子：“格当得——”，说是“明子准能当个好和尚，我包了!”要当和尚，得下点本，——念几年书。哪有不认字的和尚呢！于是明子就开蒙入学，读了《三字经》《百家姓》《四言杂字》《幼学琼林》《上论、下论》《上孟、下孟》，每天还写一张仿。村里都夸他字写得好，很黑。

舅舅按照约定的日期又回了家，带了一件他自己穿的和尚领的短衫，叫明子娘改小一点，给明子穿上。明子穿了这件和尚短衫，下身还是在家穿的紫花裤子，赤脚穿了一双新布鞋，跟他爹、他娘磕了一个头，就随舅舅走了。

他上学时起了个学名，叫明海。舅舅说，不用改了。于是“明海”就从学名变成了法名。

过了一个湖。好大一个湖！穿过一个县城。县城真热闹：官盐店，税务局，肉铺里挂着成边的猪，一个驴子在磨芝麻，满街都是小磨香油的香味，布店，卖茉莉粉、梳头油的什么斋，卖绒花的，卖丝线的，打把式卖膏药的，吹糖人的，耍蛇的……他什么都想看看。舅舅一劲地推他：“快走！快走！”

到了一个河边，有一只船在等着他们。船上有一个五十来岁的瘦长瘦长的大伯，船头蹲着一个跟明子差不多大的女孩子，在剥一个莲蓬吃。明子和舅舅坐到舱里，船就开了。

明子听见有人跟他说话，是那个女孩子。

“是你要到荸荠庵当和尚吗？”

明子点点头。

“当和尚要烧戒疤呕！你不怕？”

明子不知道怎么回答，就含含糊糊地摇了摇头。

“你叫什么？”

“明海。”

“在家的时候？”

“叫明子。”

“明子！我叫小英子！我们是邻居。我家挨着荸荠庵。——给你！”

小英子把吃剩的半个莲蓬扔给明海，小明子就剥开莲蓬壳，一颗一颗吃起来。大伯一桨一桨地划着，只听见船桨拨水的声音：

“哗——许！哗——许！”

……

荸荠庵的地势很好，在一片高地上。这一带就数这片地势高，当初建庵的很会选地方。门前是一条河。门外是一片很大的打谷场。三面都是高大的柳树。山门里是一个穿堂。迎门供着弥勒佛。不知是哪一位名士撰写了一副对联：

大肚能容容天下难容之事
开颜一笑笑世间可笑之人

弥勒佛背后，是韦驮。过穿堂，是一个不小的天井，种着两棵白果树。天井两边各有三间厢房。走过天井，便是大殿，供着三世佛。佛像连龛才四尺来高。大殿东边是方丈，西边是库房。大殿东侧，有一个小小的六角门，白门绿字，刻着一副对联：

一花一世界

三藐三菩提

进门有一个狭长的天井，几块假山石，几盆花，有三间小房。

小和尚的日子清闲得很。一早起来，开山门，扫地。庵里的地铺的都是箩底方砖，好扫得很，给弥勒佛、韦驮烧一炷香，正殿的三世佛面前也烧一炷香、磕三个头、念三声“南无阿弥陀佛”，敲三声磬。这庵里的和尚不兴做什么早课、晚课，明子这三声磬就全都代替了。然后，挑水，喂猪。然后，等当家和尚，即明子的舅舅起来，教他念经。

教念经也跟教书一样，师父面前一本经，徒弟面前一本经，师父唱一句，徒弟跟着唱一句。是唱哎。舅舅一边唱，一边还用手在桌上拍板。一板一眼，拍得很响，就跟教唱戏一样。是跟教唱戏一样，完全一样哎。连用的名词都一样。舅舅说，念经：一要板眼准，二要合工尺。说：当一个好和尚，得有条好嗓子。说：民国二十年闹大水，运河倒了堤，最后在清水潭合龙，因为大水淹死的人很多，放了一台大焰口，十三大师——十三个正座和尚，各大庙的方丈都来了，下面的和尚上百。谁当这个首座？推来推去，还是石桥——善因寺的方丈！他往上一坐，就跟地藏王菩萨一样，这就不用说了；那一声“开香赞”，围看的上千人立时鸦雀无声。说：嗓子要练，夏练三伏，冬练三九，要练丹田气！说：要吃得苦中苦，方为人上人！说：和尚里也有状元、榜眼、探花！要用心，不要贪玩！舅舅这一番大法要说得明海和尚实在是五体投地，于是就一板一眼地跟着舅舅唱起来：

“炉香乍爇——”

“炉香乍爇——”

“法界蒙薰——”

“法界蒙薰——”

“诸佛现金身……”

“诸佛现金身……”

……

等明海学完了早经，——他晚上临睡前还要学一段，叫做晚经，——荸荠庵的师父们就都陆续起床了。

这庵里人口简单，一共六个人。连明海在内，五个和尚。

有一个老和尚，六十几了，是舅舅的师叔，法名普照，但是知道的人很少，因为很少人叫他法名，都称之为老和尚或老师父，明海叫他师爷爷。这是个很枯寂的人，一天关在房里，就是那“一花一世界”里。也看不见他念佛，只是那么一声不响地坐着。他是吃斋的，过年时除外。

下面就是师兄弟三个，仁字排行：仁山、仁海、仁渡。庵里庵外，有的称他们为大师父、二师父；有的称之为山师父、海师父。只有仁渡，没有叫他“渡师父”的，因为听起来不像话，大都直呼之为仁渡。他也只配如此，因为他还年轻，才二十多岁。

仁山，即明子的舅舅，是当家的。不叫“方丈”，也不叫“住持”，却叫“当家的”，是很有道理的，因为他确确实实干的是当家的职务。他屋里摆的是一张帐桌，桌子上放的是帐簿和算盘。帐簿共有三本。一本是经帐，一本是租帐，一本是债帐。和尚要做法事，做法事要收钱，——要不，当和尚干什么？常做的法事是放焰口。正规的焰口是十个人。一个正座，一个敲鼓的，两边一边四个。人少了，八个，一边三个，也凑合了。荸荠庵只有四个和尚，要放整焰口就得和别的庙里合伙。这样的时候也有过，通常只是放半台焰口。一个正座，一个敲鼓，另外一边一个。一来找别的庙里合伙费事；二来这一带放得起整焰口的人家也不多。有的时候，谁家死了人，就只请两个，甚至一个和尚咕噜咕噜念一通经，敲打几声法器就算完事。很多人家的经钱不是当时就给，往往要等秋后才还。这就得记帐。另外，和尚放焰口的辛苦钱不是一样的。就像唱戏一样，有份子。正座第一份。因为他要领唱，而且还要独唱。当中有一大段“叹骷髅”，别的和尚都放下法器休息，只有首座一个人有板有眼地曼声吟唱。第二份是敲鼓的。你以为这容易呀？哼，单是一开头的“发擂”，手上没功夫就敲不出迟疾顿挫！其余的，就一样了。这也得记上：某月某日、谁家焰口半台，谁正座，谁敲鼓……省得到年底结帐时赌咒骂娘。……这庵里有几十亩庙产，租给人种，到时候要收租。庵里还放债。租、债一向倒很少亏欠，因为租佃借钱的人怕菩萨不高兴。这三本帐就够仁山忙的了。另外香烛、灯火、油盐“福食”，这也得随时记记帐呀。除了帐簿之外，山师父的方丈的墙上还挂着一块水牌，上漆四个红字："勤笔免思"。

仁山所说当一个好和尚的三个条件，他自己其实一条也不具备。他的相貌只要用两个字就说清楚了：黄，胖。声音也不像钟磬，倒像母猪。聪明么？难说，打牌老输。他在庵里从不穿袈裟，连海青直裰也免了。经常是披着件短僧衣，袒露着一个黄色的肚子。下面是光脚趿拉着一对僧鞋，——新鞋他也是趿拉着。他一天就是这样不衫不履地这里走走，那里走走，发出母猪一样的声音："呣——呣——"。

二师父仁海。他是有老婆的。他老婆每年夏秋之间来住几个月，因为庵里凉快。庵里有六个人，其中之一，就是这位和尚的家眷。仁山、仁渡叫她嫂子，明海叫她师娘。这两口子都很爱干净，整天的洗涮。傍晚的时候，坐在天井里乘凉。白天，闷在屋里不出来。

三师父是个很聪明精干的人。有时一笔帐大师兄扒了半天算盘也算不清，他眼珠子转两转，早算得一清二楚。他打牌赢的时候多，二三十张牌落地，上下家手里有些什么牌，他就差不多都知道了。他打牌时，总有人爱在他后面看歪头胡。谁家约他打牌，就说"想送两个钱给你。"他不但经忏俱通（小庙的和尚能够拜忏的不多），而且身怀绝技，会"飞铙"。七月间有些地方做盂兰会，在旷地上放大焰口，几十个和尚，穿绣花袈裟，飞铙。飞铙就是把十多斤重的大铙钹飞起来。到了一定的时候，全部法器皆停，只几十副大铙紧张急促地敲起来。忽然起手，大铙向半空中飞去，一面飞，一面旋转。然后，又落下来，接住。接住不是平平常常地接住，有各种架势，"犀牛望月"、"苏秦背剑"……这哪是念经，这是耍杂技。也许是地藏王菩萨爱看这个，但真正因此快乐起来的是人，尤其是妇女和孩子。这是年轻漂亮的和尚出风头的机会。一场大焰口过后，也像一个好戏班子过后一样，会有一个两个大姑娘、小媳妇失踪，——跟和尚跑了。他还会放"花焰口"。有的人家，亲戚中多风流子弟，在不是很哀伤的佛事——如做冥寿时，就会提出放花焰口。所谓"花焰口"就是在正焰口之后，叫和尚唱小调，拉丝弦，吹管笛，敲鼓板，而且可以点唱。仁渡一个人可以唱一夜不重头。仁渡前几年一直在外面，近二年才常住在庵里。据说他有相好的，而且不止一个。他平常可是很规矩，看到姑娘媳妇总是老老实实的，连一句玩笑话都不说，一句小调山歌都不唱。有一回，在打谷场上乘凉的时候，一伙人把他围起来，非叫他唱两个不可。他却情不过，说："好，唱一个。不唱家乡的。家乡的你们都熟，唱个安徽的。"

姐和小郎打大麦，
一转子讲得听不得。
听不得就听不得，
打完了大麦打小麦。

唱完了，大家还嫌不够，他就又唱了一个：

姐儿生得漂漂的，
两个奶子翘翘的。
有心上去摸一把，
心里有点跳跳的。
……

这个庵里无所谓清规，连这两个字也没人提起。

仁山吃水烟，连出门做法事也带着他的水烟袋。

他们经常打牌。这是个打牌的好地方。把大殿上吃饭的方桌往门口一搭，斜放着，就是牌桌。桌子放好，仁山就从他的方丈里把筹码拿出来，哗啦一声倒在桌上。斗纸牌的时候多，搓麻将的时候少。牌客除了师兄弟三人，常来的是一个收鸭毛的，一个打兔子兼偷鸡的，都是正经人。收鸭毛的担一副竹筐，串乡串镇，拉长了沙哑的声音喊叫：

"鸭毛卖钱——！"

偷鸡的有一件家什——铜蜻蜓。看准了一只老母鸡，把铜蜻蜓一丢，鸡婆子上去就是一口。这一啄，铜蜻蜓的硬簧绷开，鸡嘴撑住了，叫不出来了。正在这鸡十分纳闷的时候，上去一把薅住。

明子曾经跟这位正经人要过铜蜻蜓看看。他拿到小英子家门前试了一试，果然！小英的娘知道了，骂明子：

"要死了！儿子！你怎么到我家来玩铜蜻蜓了！"

小英子跑过来：

"给我！给我！"

她也试了试，真灵，一个黑母鸡一下子就把嘴撑住，傻了眼了！

下雨阴天，这二位就光临荸荠庵，消磨一天。

有时没有外客，就把老师叔也拉出来，打牌的结局，大都是当家和尚气得鼓鼓的："×妈妈的！又输了！下回不来了！"

他们吃肉不瞒人。年下也杀猪。杀猪就在大殿上。一切都和在家人一样，开水、木桶、尖刀。捆猪的时候，猪也是没命地叫。跟在家人不同的，是多一道仪式，要给即将升天的猪念一道"往生咒"，并且总是老师叔念，神情很庄重：

"……一切胎生、卵生、息生，来从虚空来，还归虚空去，往生再世，皆当欢喜。南无阿弥陀佛！"

三师父仁渡一刀子下去，鲜红的猪血就带着很多沫子喷出来。

……

明子老往小英子家里跑。

小英子的家像一个小岛，三面都是河，西面有一条小路通到荸荠庵。独门独户，岛上只有这一家。岛上有六棵大桑树，夏天都结大桑椹，三棵结白的，三棵结紫的；一个菜园子，瓜豆蔬菜，四时不缺。院墙下半截是砖砌的，上半截是泥夯的。大门是桐油油过的，贴着一副万年红的春联：

向阳门第春常在

积善人家庆有余

门里是一个很宽的院子。院子里一边是牛屋、碓棚；一边是猪圈、鸡窠，还有个关鸭子的栅栏。露天地放着一具石磨。正北面是住房，也是砖基土筑，上面盖的一半是瓦，一半是草。房子翻修了才三年，木料还露着白茬。正中是堂屋，家神菩萨的画像上贴的金还没有发黑。两边是卧房。隔扇窗上各嵌了一块一尺见方的玻璃，明亮亮的，——这在乡下是不多见的。房檐下一边种着一棵石榴树，一边种着一棵栀子花，都齐房檐高了。夏天开了花，一红一白，好看得很。栀子花香得冲鼻子。顺风的时候，在荸荠庵都闻得见。

这家人口不多，他家当然是姓赵。一共四口人：赵大伯、赵大妈，两个女儿，大英子、小英子。老两口没得儿子。因为这些年人不得病，牛不生灾，也没有大旱大水闹蝗虫，日子过得很兴旺。他们家自己有田，本来够吃的了，又租种了庵上的十亩田。自己的田里，一亩种了荸荠，——这一半是小英子的主意，她爱吃荸荠，一亩种了茨菇。家里喂了一大群鸡鸭，单是鸡蛋鸭毛就够一年的油盐了。赵大伯是个能干人。他是一个"全把式"，不但田里场上样样精通，还会罩鱼、洗磨、凿砻、修水车、修船、砌墙、烧砖、箍桶、劈篾、绞麻绳。他不咳嗽，不腰疼，结结实实，像一棵榆树。人很和气，一天不声不响。赵大伯是一棵摇钱树，赵大娘就是个聚宝盆。大娘精神得出奇。五十岁了，两个眼睛还是清亮亮的。不论什么时候，头都是梳得滑滴滴的，身上衣服都是格挣挣的。像老头子一样，她一天不闲着。煮猪食，喂猪，腌咸菜，——她腌的咸萝卜干非常好吃，舂粉子，磨小豆腐，编蓑衣，织芦篚。她还会剪花样子。这里嫁闺女，陪嫁妆，磁坛子、锡罐子，都要用梅红纸剪出吉祥花样，贴在上面，讨个吉利，也才好看："丹凤朝阳"呀、"白头到老"呀、"子孙万代"呀、"福寿绵长"呀。二三十里的人家都来请她："大娘，好日子是十六，你哪天去呀？"——"十五，我一大清早就来！"

"一定呀！"——"一定！一定！"

两个女儿，长得跟她娘像一个模子里托出来的。眼睛长得尤其像，白眼珠鸭蛋青，黑眼珠棋子黑，定神时如清水，闪动时像星星。浑身上下，头是头，脚是脚。头发滑溜溜的，衣服格挣挣的。——这里的风俗，十五六岁的姑娘就都梳上头了。这两上丫头，这一头的好头发！通红的发根，雪白的簪子！娘女三个去赶集，一集的人都朝她们望。

姐妹俩长得很像，性格不同。大姑娘很文静，话很少，像父亲。小英子比她娘还会说，一天咭咭呱呱地不停。大姐说：

"你一天到晚咭咭呱呱"

"像个喜鹊！"

"你自已说的！——吵得人心乱！"

"心乱？"

"心乱！"

"你心乱怪我呀！"

二姑娘话里有话。大英子已经有了人家。小人她偷偷地看过，人很敦厚，也不难看，家道也殷实，她满意。已经下过小定，日子还没有定下来。她这二年，很少出房门，整天赶她的嫁妆。大裁大剪，她都会。挑花绣花，不如娘。她可又嫌娘出的样子太老了。她到城里看过新娘子，说人家现在绣的都是活花活草。这可把娘难住了。最后是喜鹊忽然一拍屁股："我给你保举一个人！"

这人是谁，是明子。明子念"上孟下孟"的时候，不知怎么得了半套《芥子园》，他喜欢得很。到了荸荠庵，他还常翻出来看，有时还把旧帐簿子翻过来，照着描。小英子说：

"他会画！画得跟活的一样！"

小英子把明海请到家里来，给他磨墨铺纸，小和尚画了几张，大英子喜欢得了不得：

“就是这样！就是这样！这就可以乱孱！”——所谓“乱孱”是绣花的一种针法：绣了第一层，第二层的针脚插进第一层的针缝，这样颜色就可由深到淡，不露痕迹，不像娘那一代绣的花是平针，深浅之间，界限分明，一道一道的。小英子就像个书童，又像个参谋：

“画一朵石榴花！”

“画一朵栀子花！”

她把花掐来，明海就照着画。

到后来，凤仙花、石竹子、水蓼、淡竹叶，天竺果子、腊梅花，他都能画。大娘看着也喜欢，搂住明海的和尚头：

“你真聪明！你给我当一个干儿子吧！”

小英子捺住他的肩膀，说：

“快叫！快叫！”

小明子跪在地下磕了一个头，从此就叫小英子的娘做干娘。

大英子绣的三双鞋，三十里方圆都传遍了。很多姑娘都走路坐船来看。看完了，就说：“啧啧啧，真好看！这哪是绣的，这是一朵鲜花！”她们就拿了纸来央大娘求了小和尚来画。有求画帐檐的，有求画门帘飘带的，有求画鞋头花的。每回明子来画花，小英子就给他做点好吃的，煮两个鸡蛋，蒸一碗芋头，煎几个藕团子。

因为照顾姐姐赶嫁妆，田里的零碎生活小英子就全包了。她的帮手，是明子。

这地方的忙活是栽秧、车高田水，薅头遍草、再就是割稻子、打场子。这几荐重活，自己一家是忙不过来的。这地方兴换工。排好了日期，几家顾一家，轮流转。不收工钱，但是吃好的。一天吃六顿，两头见肉，顿顿有酒。干活时，敲着锣鼓，唱着歌，热闹得很。其余的时候，各顾各，不显得紧张。

薅三遍草的时候，秧已经很高了，低下头看不见人。一听见非常脆亮的嗓子在一片浓绿里唱：

栀子哎开花哎六瓣头哎……

姐家哎门前哎一道桥哎……

明海就知道小英子在哪里，三步两步就赶到，赶到就低头薅起草来，傍晚牵牛“打汪”，是明子的事。——水牛怕蚊子。这里的习惯，牛卸了轭，饮了水，就牵到一口和好泥水的“汪”里，由它自己打滚扑腾，弄得全身都是泥浆，这样蚊子就咬不透了。低田上水，只要一挂十四轧的水车，两个人车半天就够了。明子和小英子就伏在车杠上，不紧不慢地踩着车轴上的拐子，轻轻地唱着明海向三师父学来的各处山歌。打场的时候，明子能替赵大伯一会，让他回家吃饭。——赵家自己没有场，每年都在荸荠庵外面的场上打谷子。他一扬鞭子，喊起了打场号子：

“格当嘚——”

这打场号子有音无字，可是九转十三弯，比什么山歌号子都好听。赵大娘在家，听见明子的号子，就侧起耳朵：

“这孩子这条嗓子！”

连大英子也停下针线：

“真好听！”

小英子非常骄傲地说：

“一十三省数第一！”

晚上，他们一起看场。——荸荠庵收来的租稻也晒在场上。他们并肩坐在一个石磙子，听青蛙打鼓，听寒蛇唱歌，——这个地方以为蝼蛄叫是蚯蚓叫，而且叫蚯蚓叫“寒蛇”，听纺纱婆子不停地纺纱，“吵——”，看萤火虫飞来飞去，看天上的流星。

“呀！我忘了在裤带上打一个结！”小英子说。

这里的人相信，在流星掉下来的时候在裤带上打一个结，心里想什么好事，就能如愿。

……

捺荸荠，这是小英最爱干的生活。秋天过去了，地净场光，荸荠的叶子枯了，——荸荠的笔直的小葱一样的圆叶子里是一格一格的，用手一捋，哔哔地响，小英子最爱捋着玩，——荸荠藏在烂泥里。赤了脚，在凉浸浸滑滑溜的泥里踩着，——哎，一个硬疙瘩！伸手下去，一个红紫红紫的荸荠。她自己爱干这生活，还拉了明子一起去。她老是故意用自己的光脚去踩明子的脚。

她挎着一篮子荸荠回去了，在柔软的田埂上留了一串脚印。明海看着她的脚印，傻了。五个小小的趾头，脚掌平平的，脚跟细细的，脚弓部分缺了一块。明海身上有一种从来没有过的感觉，他觉得心里痒痒的。这一串美丽的脚印把小和尚的心搞乱了。

……

明子常搭赵家的船进城，给庵里买香烛，买油盐。闲时是赵大伯划船；忙时是小英子去，划船的是明子。

从庵赵庄到县城，当中要经过一片很大的芦花荡子。芦苇长得密密的，当中一条水路，四边不见人。划到这里，明子总是无端端地觉得心里很紧张，他就使劲地划桨。

小英子喊起来：

“明子！明子！你怎么啦？你发疯啦？为什么划得这么快？”

……

明海到善因寺去受戒。

“你真的要去烧戒疤呀？”

“真的。”

“好好的头皮上烧十二个洞，那不疼死啦？”

“咬咬牙。舅舅说这是当和尚的一大关，总要过的。”

“不受戒不行吗？”

“不受戒的是野和尚。”

“受了戒有啥好处？”

“受了戒就可以到处云游，逢寺挂褡。”

“什么叫‘挂褡’？”

“就是在庙里住。有斋就吃。”

“不把钱？”

“不把钱。有法事，还得先尽外来的师父。”

“怪不得都说‘远来的和尚会念经’。就凭头上这几个戒疤？”

“还要有一份戒牒。”

“闹半天，受戒就是领一张和尚的合格文凭呀！”

“就是！”

“我划船送你去。”

“好。”

小英子早早就把船划到荸荠庵门前。不知是什么道理，她兴奋得很。她充满了好奇心，想去看看善因寺这座大庙，看看受戒是个啥样子。

善因寺是全县第一大庙，在东门外，面临一条水很深的护城河，三面都是大树，寺在树林子里，远处只能隐隐约约看到一点金碧辉煌的屋顶，不知道有多大。树上到处挂着“谨防恶犬”的牌子。这寺里的狗出名的厉害。平常不大有人进去。放戒期间，任人游看，恶狗都锁起来了。

好大一座庙！庙门的门坎比小英子的肐膝都高。迎门矗着两块大牌，一边一块，一块写着斗大两个大字：“放戒”，一块是：“禁止喧哗”。这庙里果然是气象庄严，到了这里谁也不敢大声咳嗽。明海自去报名办事，小英子就到处看看。好家伙，这哼哈二将、四大天王，有三丈多高，都是簇新的，才装修了不久。天井有二亩地大，铺着青石，种着苍松翠柏。“大雄宝殿”，这才真是个“大殿”！一进去，凉嗖嗖的。到处都是金光耀眼。释迦牟尼佛坐在一个莲花座上，单是莲座，就比小英子还高。抬起头来也看不全他的脸，只看到一个微微闭着的嘴唇和胖敦敦的下巴。两边的两根大红蜡烛，一搂多粗。佛像前的大供桌上供着鲜花、绒花、绢花，还有珊瑚树、玉如意、整根的大象牙。香炉里烧着檀香。小英子出了庙，闻着自己的衣服都是香的。挂了好些幡。这些幡不知是什么缎子的，那么厚重，绣的花真细。这么大一口磬，里头能装五担水！这么大一个木鱼，有一头牛大，漆得通红的。她又去转了转罗汉堂，爬到千佛楼上看了看。真有一千个小佛！她还跟着一些人去看了看藏经楼。藏经楼没有什么看头，都是经书！妈吔！逛了这么一圈，腿都酸了。小英子想起还要给家里打油，替姐姐配丝线，给娘买鞋面布，给自己买两个坠围裙飘带的银蝴蝶，给爹买旱烟，就出庙了。

等把事情办齐，晌午了。她又到庙里看了看，和尚正在吃粥。好大一个“膳堂”，坐得下八百个和尚。吃粥也有这样多讲究：正面法座上摆着两个锡胆瓶，里面插着红绒花，后面盘膝坐着一个穿了大红满金绣袈裟的和尚，手里拿了戒尺。这戒尺是要打人的。哪个和尚吃粥吃出了声音，他下来就是一戒尺。不过他并不真的打人，只是做个样子。真稀奇，那么多的和尚吃粥，竟然不出一点声音！他看见明子也坐在里面，想跟他打个招呼又不好打。想了想，管他禁止不禁止喧哗，就大声喊了一句：“我走啦！”她看见明子目不斜视地微微点了点头，就不管很多人都朝自己看，大摇大摆地走了。

第四天一大清早小英子就去看明子。她知道明子受戒是第三天半夜，——烧戒疤是不许人看的。她知道要请老剃头师傅剃头，要剃得横摸顺摸都摸不出头发茬子，要不然一烧，就会“走”了戒，烧成了一片。她知道是用枣泥子先点在头皮上，然后用香头子点着。她知道烧了戒疤就喝一碗蘑菇汤，让它“发”，还不能躺下，要不停地走动，叫做“散戒”。这些都是明子告诉她的。

明子是听舅舅说的。

她一看，和尚真在那里“散戒”，在城墙根底下的荒地里。一个一个，穿了新海青，光光的头皮上都有十二个黑点子。——这黑疤掉了，才会露出白白的、圆圆的“戒疤”。和尚都笑嘻嘻的，好像很高兴。她一眼就看见了明子。隔着一条护城河，就喊他：

“明子!”

“小英子!”

“你受了戒啦?”

“受了。”

“疼吗?”

“疼。”

“现在还疼吗?”

“现在疼过去了。”

“你哪天回去?”

“后天。”

“上午?下午?”

“下午。”

“我来接你!”

“好!”

……

小英子把明海接上船。

小英子这天穿了一件细白夏布上衣，下边是黑洋纱的裤子，赤脚穿了一双龙须草的细草鞋，头上一边插着一朵栀子花，一边插着一朵石榴花。她看见明子穿了新海青，里面露出短褂子的白领子，就说：“把你那外面的一件脱了，你不热呀!”

他们一人一把桨。小英子在中舱，明子扳艄，在船尾。

她一路问了明子很多话，好像一年没有看见了。

她问，烧戒疤的时候，有人哭吗？喊吗？

明子说，没有人哭，只是不住地念拂。有个山东和尚骂人：

“俺日你奶奶！俺不烧了!”

她问善因寺的方丈石桥是相貌和声音都很出众吗？

“是的。”

"说他的方丈比小姐的绣房还讲究?"

"讲究。什么东西都是绣花的。"

"他屋里很香?"

"很香。他烧的是伽楠香，贵得很。"

"听说他会做诗，会画画，会写字?"

"会。庙里走廊两头的砖额上，都刻着他写的大字。"

"他是有个小老婆吗?"

"有一个。"

"才十九岁?"

"听说。"

"好看吗?"

"都说好看。"

"你没看见?"

"我怎么会看见? 我关在庙里。"

明子告诉她，善因寺一个老和尚告诉他，寺里有意选他当沙弥尾，不过还没有定，要等主事的和尚商议。

"什么叫'沙弥尾'?"

"放一堂戒，要选出一个沙弥头，一个沙弥尾。沙弥头要老成，要会念很多经。沙弥尾要年轻，聪明，相貌好。"

"当了沙弥尾跟别的和尚有什么不同?"

"沙弥头，沙弥尾，将来都能当方丈。现在的方丈退居了，就当。石桥原来就是沙弥尾。"

"你当沙弥尾吗?"

"还不一定哪。"

"你当方丈，管善因寺? 管这么大一个庙?!"

"还早呐!"

划了一气，小英子说:"你不要当方丈!"

"好，不当。"

"你也不要当沙弥尾!"

"好，不当。"

又划了一气，看见那一片芦花荡子了。

小英子忽然把桨放下，走到船尾，趴在明子的耳朵旁边，小声地说:

“我给你当老婆，你要不要?”

明子眼睛鼓得大大的。

“你说话呀!”

明子说：“嗯。”

“什么叫‘嗯’呀！要不要，要不要?”

明子大声地说：“要!”

“你喊什么!”

明子小小声说：“要——!”

“快点划!”

小英子跳到中舱，两只桨飞快地划起来，划进了芦花荡。

芦花才吐新穗。紫灰色的芦穗，发着银光，软软的，滑溜溜的，像一串丝线。有的地方结了蒲棒，通红的，像一枝一枝小蜡烛。青浮萍，紫浮萍。长脚蚊子，水蜘蛛。野菱角开着四瓣的小白花。惊起一只青桩（一种水鸟），擦着芦穗，扑鲁鲁鲁飞远了。

……

一九八〇年八月十二日，写四十三年前的一个梦

作者简介：

汪曾祺（1920—1997），江苏高邮人。1943年毕业于昆明西南联大中国文学系。先后任中学国文教师、历史博物馆员。1958年被划成右派，1979年重新开始创作。80年代以后写了许多描写民国时代风俗人情的小说，受到很高的赞誉。出版了有《汪曾祺文集》5卷。比较有影响的作品有《大淖记事》《受戒》《异秉》等。所作小说多写童年、故乡记忆里的人和事，在浑朴自然、清淡委婉中表现和谐的意趣。

【注释】

《受戒》描写明海与英子由两小无猜到纯情萌生，风格清新，人与自然的和谐，僧俗不分、自由自在、其乐融融的景象，具有牧歌情调。小说传递作者的一种人性理想，也与传统文化中“天人合一”的观念相同

①菩提庵是与世俗世界无本质差异的地方。小说描写明海“受戒”，想要表现的却是“不受戒”的人生理想。小说文体风格既是沈从文、废名创作风格的延续，又有汪曾祺自己独特的精神内涵与形式技巧，体现了他儒雅的士大夫

性情。

②讹（è）：错误。

③焰口：佛教用语，形容饿鬼渴望饮食，口吐火焰。和尚向饿鬼施食叫放焰口。

④薅（hāo）住：用手拔（草）或揪。

思考与练习题：

1. 分析明子和小英子形象的典型意义？

2. 小说叙述了怎样一种独特的生存环境中奇异的人情风俗及其人群的生活方式？谈谈你对此的看法。

3. 体会小说的艺术特色。

4. 如何理解汪曾祺在本文结束后署“一九八〇年八月十二日，写四十三年前的一个梦”？

黑色的河流

吉狄马加（彝族）

我了解葬礼，
我了解大山里彝人古老的葬礼。
（在一条黑色的河流上，
人性的眼睛闪着黄金的光。）

我看见人的河流，正从山谷中悄悄穿过。
我看见人的河流，正漾起那悲哀的微波。
沉沉地穿越这冷暖的人间，
沉沉地穿越这神奇的世界。

我看见人的河流，汇聚成海洋，
在死亡的身边喧响，祖先的图腾被幻想在天上。
我看见送葬的人，灵魂像梦一样，
在那火枪的召唤声里，幻化出原始美的衣裳。
我看见死去的人，像大山那样安详，
在一千双手的爱抚下，听友情歌唱忧伤。

我了解葬礼，
我了解大山里彝人古老的葬礼。
（在一条黑色的河流上，
人性的眼睛闪着黄金的光。）

作者简介：

吉狄马加（1961—　），四川凉山人，彝族，当代诗人。毕业于西南民族大学中文系。主要诗集有：《初恋的歌》《吉狄马加诗选》等五部。诗集《罗马的太阳》获四川省少数民族优秀文学作品奖；《一个彝人的梦想》获第四届少数民族文学诗集奖；1994 年获庄重文文学奖。两度获四川省郭沫若文学奖荣誉奖。多篇作品被译为英、法、意、日、西、罗等国文字。

【注释】

《黑色的河流》写大山里“彝人古老的葬礼”，简单，质朴，但意蕴丰富。通过描写彝族古老的葬俗，展现彝族人民古老而美丽的灵魂。“人性的眼睛闪着黄金的光”写出了彝族人民的爱与坚强。因此有人评价其“像一幅庄严厚重的油画，又像一支低沉舒缓的乐曲，给人以忧郁、苍茫之感”（李云忠选编《中国少数民族现代当代文学作品选》）。

思考与练习题：

1. 吉狄马加说：“我是用彝人的感情和彝人的意识在写诗。我希望我的声音，是我的民族灵魂的回声”请结合本诗分析诗人这句话的含义。

2. 诗中两次提到“在一条黑色的河流上，人性的眼睛闪着黄金的光”请谈谈你对这句诗歌的理解。

3. 请分析该诗的艺术特点。

琥珀色的篝火①

乌热尔图（鄂温克族）

猎人尼库和他的儿子，还有妻子塔列走在山路上。

尼库高个儿头。他那被九月的太阳晒得发黑的脸，拉得挺长，显得很难看。秋卡头发蓬乱，牵着驯鹿，一窜一窜地跟在父亲身后，几乎在小跑。孩子的母亲骑在一头粗壮的驯鹿背上，弓着腰，垂着头，用深绿色的头巾包住额头。还有两头驮着炊具和行装的灰白色驯鹿，张着大嘴，晃着锯掉了茸角的光秃秃的脑袋，颠着碎步，跟在最后。

现在是黄昏，林子里倾斜的光线变成了玫瑰色。树枝上的鸟儿扯着嗓门叫着，发出各种悦耳动听的音调，可谁也没有兴趣理睬它们。

“爸爸！”

走在前面的尼库扭过头来，瞥了一眼儿子。

“太阳快下去了，还没到呀?”

尼库紧绷着脸，没说什么。他把目光投向妻子。他的妻子脸色苍白，眼神黯淡无光。他皱起眉头，心好象被什么东西揪了一下。他步子迈得更大了，两眼盯着前面淡褐色的山脊。

他们走得很快。走进又高又密的松林，尼库收住脚步，低头盯着一条野鹿走过的小径。这样的小径常被人当成小路。小径上果真留着一片杂乱的印迹，不知是什么人走的脚印。这些足迹还很新鲜，被它踩倒的嫩草冒着叶浆，地面上几片掀翻了的枯叶散发着湿乎乎的霉味。

“秋卡——过来!”尼库呼唤着儿子。他声音不高，嘴撇了一下，脸上的皱纹连在一起。

秋卡牵着驯鹿的缰绳，倚在一棵小树上，真累乏了。听到喊声，他扶了扶被病痛折磨的母亲，晃着又瘦又窄的膀子慢腾腾地走来。

“哪儿飞来这么几只鸟儿？真他妈的笨透了!”尼库低声骂了一句，顿了顿脚，在地上吐了口痰，继续朝前走去。

谁也没有再说计么。天快黑了，人太乏了。当跨过这片足迹的时候，塔列挺起精神，正在驯鹿背上皱着眉头朝下瞅了瞅。

太阳悄悄地溜走了，林子里已经看不见它的影儿。他们来到小河边。这是猎人常用的露营地。露营地是靠近河边的一块平地，平地中间有一堆残灰。尼库砍来一抱细软的树枝，铺在潮湿的地面。秋卡把母亲扶下驯鹿，扯过一张犴皮②铺在地上，让母亲躺在那里。秋卡忙了起来。他卸下驯鹿的鞍具，找来旧木绊，给每头驯鹿上妥蹄绊。然后，把它们撵进林子，让驯鹿自己去找苔鲜和蘑菇吃。

树枝上的鸟儿叫得真欢，这是几只喜欢熬夜的鸟儿，小河变得比白天还急躁，水流得哗哗响。天黑了。

篝火着了起来。尼库盘腿坐在火边，翻弄着木叉上的烧肉。吊锅里炖的肉粥咕咕地翻着气泡。从他背后传来塔刻的咳嗽声，伴随着低沉的呻吟。

“我们吃饭吧，秋卡。”尼库说。

他从身旁的皮驮袋里取出三个小碗，两个厚厚的烤饼，还有一包白糖。他抽出猎刀，把烤饼切成块，摊在新剥的桦树皮上。这张米黄色的桦树皮成了干净的地桌。

“我……不想吃……一点也不饿。”塔列有气无力地说。

“还是吃点好”尼库伸过粗硬的大手，在妻子额头上摸了摸，脸色阴沉，很难看。

“我……真挺不住了，驯鹿……都骑不稳，身子骨象散了架……咳……尼库，我胸口里有什么东西坏了，也许是烂了。”

“你累了，别瞎说。明天翻过前面的山脊，下午就能赶到公路。顺当的话，晚上就住上医院了。”

“医院也……”她的声音很低。

“上次你真不应该从医院跑回来。”

“在山上……我死了也不觉得难受……要不是怕你生气，这次我真不想下山……我真要死的话，早晚也得埋在山上。”

“你老说死，死！真烦人。秋卡，吃饱了吗？去把毛毯拿来。”

“你们一口都没吃！”秋卡站起身，映着火光的嫩脸变得暗淡，两片厚嘴唇撅了起来。

尼库上下打量着站在眼前的十四的儿子。他脸上虽然带着孩子气，可从他的眼神，全身的骨架，已经看得出将来他会成为有力气、有筋骨的猎手。尼库操起猎刀割块熏成暗红色的烤肉，填在嘴里，慢慢地嚼着。

秋卡双手抱膝躺在火堆边，小狗似的蜷卧在一块厚毛的獐子皮上，身上盖着毛毯睡着了。他眯着眼，半张着嘴，好象在梦里也在为谁担忧。

林子里真静。尼库紧闭着嘴，两眼只愣愣地盯着一个地方。塔列侧身倚着什么，半卧着，不时从她喉咙里发出一阵揪动人心的咳嗽声。

“尼库!”

“嗯。”

“你看星星，真多……天太晚了，你不想睡吗?”她望着头顶墨蓝色的夜空。

“我，不想睡。你睡吧。”

他抽了一块木桦[③]，扔在火堆上，两眼死死地盯着它，全身一动不动。这块灰白色的木桦先是被暗红的火炭熏烤，发出几声细微的脆裂声。隔了一会儿，呼地一闪，木桦由下而上窜起几缕淡红的火苗。火苗开始的时候很弱，闪动了几下，转眼间变大了，变成一团明亮的，欢快的火。现在，他感到了这块木桦发出的全部热量，脸和手被它烧得热乎乎的，他感到说不出的快慰，还有一股由远而近，由近而远的暖气。可这一段时间太短暂了，短得真像一眨眼的工夫，那灼人的火光，透人心底的暖气，减弱了，消失了。这块木桦的全部热量燃烧掉了。它裂成几块，变成淡黄色的火炭，无声地跌落在火堆中，他看呆了，眼圈变得湿润，抓起一块烤肉，扔进火堆，烤肉冒了一缕细微的烟丝，眼看着烧成一团黑炭。他又把一块烧饼扔在里面，虔诚地望着，瞧着这堆有自己生命的火，

“尼库!”

“ 哦。”

“你转过脸来，我想再说几句。”

“别说了，我不想听。你说一句话，比喝一口水都费劲。”

“尼库，你别这样。我想……告诉你，今天我从你身后，瞅着你的背，你的胳膀，你的两条腿，看你迈步，甩胳膊，我觉得心里真好受。我……想起，你第一次在桦树林里亲我，那时候我们真年轻。”

“塔列，你在说些什么?”他扭头瞅瞅自己的儿，“你是不是在说胡话?”

“这不是胡话。昨天晚上，我是说了胡话。可现在不是，我 ……想起，你亲我的时候，我的心是怎么跳的，还想起，从那以后，让我高兴的事儿。咳——咳——尼库，你那么能干，喝醉酒也不象别人那样打自己的老婆。你多爱我呀！从你那次亲我，谁也没偷去我的心。它是你的。可我，我还是觉得对不起你。”她的声音变得颤抖。

“算了。你说这些干啥？我们都老了，老了，真老了！”

“一路上，我把这一生高兴的事儿，都想起来了。”

“你别说了，好不好？”

“我知道你心烦。”

“我烦透了。塔列！”

“为什么？”

“为我。还为那些脚印！”

“你也看见了？那几只鸟儿，真是笨透了。离小路只有几步远，蹭着边走过，硬是没看见。妈的，看见他们没准我会用柳枝抽他们一顿。”

“尼库，你别那样，到了他们的城里，你也会迷路的。”

尼库扭过头去，盯着火，又垂下脑袋，神态十分苦恼。

“尼库，你想去。可你怕我……”塔列打起精神瞧着丈夫。在这个世界她是最了解他的人。

“可他们是三个人呀？是三个吗？那一阵儿，我头晕，两眼发花。”

“是三个人。这三个家伙拖着脚后跟，象受伤的野猪，可能……还没吃的，我在那儿瞧见他们的一滩屎，就像黑熊拉的。”

“你——去——吧！”

尼库很烦躁。他站起身，弯腰抱起几块木柈，哗地一声，压在火堆上，随后一屁股坐在那里，一句话也没说。火堆中响起木柴噼噼啪啪的爆裂声。

“咳——咳——尼库！我说话真费劲，心都跟着跳。你——去——吧。我知道你在等我这句话。”

尼库转过身来，凝视着妻子失去血色的脸。这张脸罩了一层桔黄色的火光。她年轻的时候多漂亮呵，他和她一起过了这么多年，从来也没觉得她难看。可现在，谁都感到自己老了，到了更加难离难舍的年纪了。他轻轻地抚摸着她那变得粗糙和松弛的脸，心里的血变得热乎乎的。他第一次这么强烈地体会到生命的美好，还有残存在心底的青春的气息。他觉得这一切并没有离开他。

“不要说这个好，那个好。你比谁都好……那你一定吃点东西。”他说。

“我吃。为了你，我也要吃一点。”

尼库轻轻地推了推睡得正香的儿子。“秋卡，你醒醒。”

秋卡睡意正浓。他翻个身，蹬了蹬腿，睁开眼睛，一挺腰，坐了起来。阴森森的冷气一吹，他打个哆嗦，急忙扯过毛毯裹在身上。

“秋卡，天亮你就把驯鹿赶回来。你听——在那片林子里，没走远。明早吃完东西就走，下午能到公路。堵一辆拉木头的汽车，就说是尼库的儿子，送妈妈下山看病，他们会把你们捎去的。”

“那你去哪儿？天这么黑!”

“去看那三个人。你在路上没看见他们的脚印？那是迷路了。”

孩子瞧着母亲，神色不安。

“不怕，孩子。给爸爸装点吃的。”塔列说。她的声音变得又低又哑。

秋卡借着闪动的火光取出食品，装在父亲的背夹子里。

“给你，斧子也得带。”

尼库站在火堆旁，挺直了腰身，默默地望着妻子和孩子。他觉得该走了，弯腰把背夹子搭在后背，左肩挎上猎枪，右手拎着砍刀。火光在他的脸上闪来闪去。

“把路指给他们，我就往回走。明天也许能撵上你们。”说完，他迈开双腿，朝黑沉沉的林子里走去。

秋卡裹着毛毯站在那里，呆呆地望着父亲黑黝黝的身影，这身影消失在一片昏暗中。他什么也看不见了，眼前是一堵黑色的墙，还有，从高高的墙顶透出的几块深蓝色的光斑。从那没有边沿的黑墙里传来一阵有节奏的砍树标的声音。渐渐地，声音越去越远了。

“这么黑，爸爸怎么看路?”秋卡站在那里一动不动。

“是呀，这时候野鹿的眼睛也不管用，它们要靠鼻子和耳朵。你爸爸，现在得靠他的脑袋。睡吧，孩子。”说完，她按着胸脯咳嗽起来，全身象痉挛似的抽动。

在林子里走夜路要比白天费，尼库正在横穿黑黝黝的密林。他把一只手臂探在脸前，防止干硬的树梢划伤眼睛。他认为眼睛是最值得保护的。天要放亮时，他走出很远。他走的方向与公路正好相反。为此，他在心里把三个迷路人又臭骂了一顿。

这一天真糟，太阳还没升起来，就被厚厚的云块围住了，天空中的乌云翻腾起来，象一群松鼠在撕咬，追逐。尼库在林子里大步跑起来。他闻到了暴雨的气息。

暴雨到来之前，他总算找到了那些脚印。他松了口气，站在一棵树干下，任狂风吹拂自己发热的胸脯。他琢磨着那些拖拖拉拉的足迹，揣想那几个可怜的迷路人准是在绕一个山包转圈，他知道，眼下，他们的处境很危险。

大雨泼下来了。林子里原有的声音消失了，只有大粒的雨珠噼噼啪啪地落在树叶上、岩石上、河水里，汇成气势无比的音响。雨越下越大。

尼库走得更快了。他被淋得浑身精湿。使全身颤抖的冷气，针刺般穿透胸脯，朝他的心底逼近。这样冷飕飕的秋雨是能冻死的。他的脑袋里闪出迷路人的影子：绝望的，饥饿的，僵硬的。眼前出现的变幻不定的情景，鞭子似的抽打着他的脊背。

他觉得这一天特别长。雨势弱下来的时候，他终于发现自己全力寻找的目标。三个迷路人蜷缩在一个陡峭的石壁下，铁青的岩石用冰冷的爪子，抓住了他们的肉体。

他站在他们面前。这是三个穿着野外作业服的陌生人。看来，是从很远的地方来的。也许为干件大事儿，甘心来冒这么大风险。他盯着一张年轻的脸，这还是个孩子。他那又厚又密的黑发，被冰冷的雨水粘在一起，有几缕垂在平滑的额头上。手臂搂着这个年轻人的是戴着眼镜的老头儿。他额头光秃，脸上的皱纹已经不少，有一个中年人，好象在做梦，脸上挂着青紫的笑纹。

他喘了口长气，甩了一把脸上的水珠，从肩上取下猎枪，倚放在一块岩石上，把背夹子一甩，砰地扔在地上，身子那件湿淋淋的上衣，也被他哗地一扯，抛在一旁。他凑上前去伸手摸了摸那一张张冰冷的脸，把手放在年轻人的嘴唇上。他感觉到一丝微弱的气息。他用力扯了一把，觉得这个活着的血肉像具由软变僵的新尸。他对准他的胸脯，猛捶一拳。年轻人哼了哼，声音那么微弱，眼神闪了闪，又被僵硬的眼皮遮住了。由于极度饥饿、疲乏引起的各种感觉，在他身上骤然消失了，一切都变得可以忍受，可以坚持。他解下背夹子上的斧，左右望了望。附近青紫色的冷雾中，有片被雨水冲洗得十分新鲜的松林。他摇晃着双肩，迈着沉重的脚步，朝那里走去。

他在林子里四处寻找。他找到一棵枯死的松树，这棵树没有枝杈、光秃秃的。他用斧背敲敲外表湿滑的树干，树干发出咚咚的声音。他挥起锋利的小斧，砍着树干的根部，树被砍倒了。失去根基支撑的树干猛地摔在岩石上，拦腰断成两截，从断裂处露出灰白的、干硬的木质。他又在林子里找了截碗口粗干枯的柳木，挟在腋下。他把半截树干扛在右肩，拎着小斧朝回走来。

他干的真猛，一会儿工夫，半截树干劈成一堆细长的木柈，木柈散发着松脂的清香。

他蹲在地上，抽出猎刀，削起那截柳木。柳木外表的湿皮被削掉了，露出里面干爽的木芯，木芯很快又削成了花瓣似的木屑。这一切他做得熟练，迅速。随后，他从贴身衣兜里掏出一个小巧的桦皮盒，打开木塞，抖出一盒火柴。嚓地一声，微小的火花在那堆木屑上跳了一下，冒起一缕青烟。紧接着，木屑变成火团，发出呼呼的燃烧声。他在火团上横竖交叉压了几块木柈。一堆篝火着了起来，火光是琥珀色的，很好看。在这满是水气、被暴雨糟踏的林子里，用这么短的时间生起一堆火，他觉得挺愉快。

他砍来树枝，散铺在火堆四周，把三个冻僵的迷路人拖到火堆边。

他忙着，奔来奔去。帐篷终于搭成了，完全是鄂温克式的。它圆椎形，尖顶，四周的围子是用爬松枝排满的。简易帐篷里的火很旺，热气逼人。

“妈的，我干的不错，真顺当！”他对自己很满意。“我还没老，就是小伙子们这样子，也要累瘫的。”他想。

他用最后一点力气，把三个迷路人的湿乎乎的外衣脱掉，挂在火堆上面的枝叉上。从背夹子里取出带来的烤饼、烤肉，摊在火堆边。他想，这些很快就会暖和过来的迷路人，会吃掉这些东西的。

他觉得再也支撑不住了，难以忍受的饥饿，极度的疲劳，使他头晕、想吐、心慌。他还想干点什么，可失去头脑支配的肉体，软软地瘫在火堆边。他仰起头，望见树梢间露出两颗浅黄色的星星。好像有道闪电在他眼前划过。他想起病重的妻子，还有十四岁的儿子。他真想像不出他们是怎样度过这场暴雨的。

“你们怎么样？塔——列！”

他用手臂支撑沉重的身体：“我要回去。回去，这就回去！”他命令自己。他太累了，脑袋越来越沉，全身松软无力。他身子一歪，昏睡过去。

不知睡了多久，朦胧中他感到难以忍受的饥渴。腰、腿，全身各部位，针刺般痛疼。他醒了，听见有人在耳边悄声细语。他睁开眼睛，天已经大亮。他眼前晃动着三个陌生人的面孔。他突然愣住了，仔细想想，才想起了昨天发生的一切。

戴眼镜的老汉坐在他身边。脸蛋有了血色的年轻人，握着他的手，一会儿攥紧，一会儿放松。

“醒了，他醒了！”年轻人嚷起来。

“哦——”他喘口长气。他嘴唇干裂，心里很不好受。

“您救了我们三个人的命！”戴眼镜的老汉嘴唇在抖，眼眶湿了。

他坐起来，瞅瞅他们，没说什么。他觉得没什么可说的。不论哪一个鄂温克人在林子里遇见这种事儿，都会象他这样干的。只不过有的干得顺当，有的干得不顺当。他转过脸去，朝火堆瞥了一眼。火已经变成一摊残灰，木柈早已烧光。放在火堆边的烤饼、烤肉，一块也没剩下。他觉得心里不舒服。他太想吃东西了，那怕是喝口水。他的眼神在这些陌生人脸上慢慢地滑过。那种不痛快的感觉消失了，他心里又觉得很顺畅。这是从大城市来的人呀！他们见过多少世面！现在，他们用这么恭敬的眼光望着他——一个鄂温克猎人。他发现自己被人推到一个尊贵的位置，这是难得的心灵里的位置。这是第一次！多漂亮的第一次呵！他很满意，很痛快，很高兴。

"你们——好了？"他问。

"好了，好了。就是饿了两天，身上还没劲儿。"年轻人说。

"您是猎人？"戴眼镜的老汉问，他点点头。

"鄂温克猎人？"

他又点点头脸上露出笑容。

"你们——在这个山转圈。"他提高了声音，汉语讲得生硬。"你们——住的帐篷——帆布的——在小洞边。我知道。"

"对，我们的帐篷是在小河边。"

"你们——这样走——那个桦树林——穿过去——看见小河——顺小河走。"

"往哪里走？"

"顺流水走——半天——半天就到了。"

"谢谢您！"

"真谢谢您！"

他站起身，肩膀晃了晃。他觉得腰、腿一夜之间变得十分僵硬。

"您饿了吧？"戴眼镜的老汉问。"真对不起！您带的饼和熟肉让我们吃光了。"

"光了好——我去打猎。"他扛起猎枪，晃着双肩，朝林子里走去。

这次出猎很顺利。走出不远，在桦树林里他发现狍子[4]的蹄印。这印迹新鲜，是刚走过去的。他放慢脚步，穿过树丛，瞧见那只狍子，它正在低头吃草，枪响了，狍子身子一抖，朝前窜了两步，栽倒在那里。他走过去，抽出猎刀，剖开它的胸膛，掏空内脏。他干得非常利落。三下两下就弄妥了。他一屁股坐在地上，在草丛里擦了擦手，用猎刀把新鲜的、热乎乎的狍肝切成块，用手抓着，大口大口地吃起来。他饿极了，吃得很香。他觉得肚子不空了，身上添了劲儿。出猎的鄂温克人打到狍子，谁不先尝新鲜的生狍肝。

他把猎物扛了回来。三个饿得发慌的迷路人，瞪大了眼睛焦急地等待着他。

他没有心思再去理睬他们的问话，脸色变得阴沉。他默默不语，弯腰收起斧头。割了块狍子肉，绑在背夹子里。弄妥行装，他站起身。

“我——回去了。”他对他们说。他的声音很慢，语气挺重。“你们——那个桦树林穿过去——找到小河——能到家。”说罢，他把背夹子搭在后背，操起猎枪，手中拎着砍刀。他最后望了他们一眼。他想：有一天，在他们的城里见面，能认出他来，就行了。不能再耽误了。他转过身去。

“大叔——”年轻人在他背后喊他。

“大叔——”戴眼镜的老汉也在这样称呼他。

“您——别走！我们还会迷路的。”这是那个中年人的声音。

他的心猛地被什么东西紧紧地拉住了。他转过身来，呆呆地站在那里。他盯着年轻人的脸。这两只眼睛湿漉漉的，眼神是真切、诚实的。他瞧瞧戴眼镜的老汉。老汉脸上每个微小的表情，都在表达一个希望。这个希望他理解了。最使他愉快的是老汉刚才那声称呼“大叔——”他心里想笑，因为他知道，眼前这位老汉比他的年岁要大。他又瞅了瞅那个中年人。他的脸像孩子似的，一下子变得这么哀愁。

他们站在那里，呆呆地对视着，彼此等待着。

尼库终于放弃走的念头。他摘下背夹子，猎枪。动作缓慢、沉重。

他笑了。他笑了。他也笑了。

尼库回到火堆旁，坐在那里，默默不语。不知为什么，他想起过去一些让他不愉快的事儿。他想起那次在小镇上喝醉了酒，舒舒服服地躺在路边的树荫下，一群孩子无缘无故朝他撇来一块块石头。他还想起，有一次，他扛着猎枪，穿着渍满血污的猎装，走在热闹的大街上，不少人用那样一种眼光盯着他，有的直躲。那种眼光他记得清清楚楚，好象他们在看一匹马，一头牛。他还想起，他走进招待所时，那个女服务员的神态。他记下了她扭歪了的小鼻子捂得很严的、难看的大嘴。他还想起什么…… 他想哭，找个没人的地方，放声哭一场；他又想笑，扯开自己的喉咙，大笑一通。他没有哭，也没有笑，仰起头，望着遥远的蓝天。它是那么蓝，那么干净，他觉得这块蓝天现在离他并不远，一点也不远。

他心情变得明朗，变得痛快，变得舒服了。他忘掉了一切忧愁。

“我们——做饭——我会烤肉——炖肉——不会炒肉。”他笑了。

几天没洗脸，他脸上留着几道污痕，笑起来反而很动人，很有神彩。

“我们连个锅都没有。”

“我会——我都会。”他很自信。

“太好了，我来帮你。”年轻人说。

他忙了起来。他从白桦林剥来大张的桦树皮，折成盆形，用细软的松树根再把它缝得严严实实。他从河边捧来一堆卵石，把这些卵石扔在火堆中。他做桦皮桶很快，只把一块桦树皮折了折。用松树根缝了几下就成了。不过这个桶没有提手，装了水只能搂在怀里。他在盆形的桦皮锅里放上水，添了肉，又撒点盐，再用木棍把扔在火堆里的卵石，一块块夹出来，放在桦皮锅里。顿时，冰冷的水翻起白色的气泡，水开得翻花，滚烫的卵石炸裂了，桦皮锅里的肉变了颜色。弄妥炖肉，又忙起烤肉。他把切成片的生肉串在木叉上，抹了盐面，竖插在火堆旁，让年轻人照看，他没停手、翻出狍子的胃囊，去水坑洗净，在里面装水，添肉，把口扎紧，放在火堆里。炭火不紧不慢地熏烤着胃囊，等到胃囊被烧焦，里面的肉也就炖熟了，尼库兴致很高，他把祖辈传授的古老的生活经验表演出来了，就凭一把猎刀，一双手。

肉熟了，四周飘着香味。这些肚子变得又空又瘪的人，围着火堆，手拿把抓，大口大口地吃起来。尼库瞧着他们。

时间过得真快。尼库抿着嘴角，不说，也不笑，可心里痛快极了，不知是什么东西使他忘记忧愁，把他的心同陌生人连在一起，竟变得难离难舍。他累了，躺在地上，头枕着一块石头。该动身了，他想。有什么响声？就在前面的林子里，声音微弱。他挺身坐起来，侧耳细听。那声音又传过来了，还是那么微弱，可又这么熟悉。他的心狠狠的被揪了一下。他腾地跳起来，拎起背夹子、猎枪、砍刀，直朝林子里跑去。幽幽山林变得灰灰蒙蒙的。

他一头冲进桦树林，呆立在那里。被树枝划伤脸蛋，撕破外衣的秋卡，可怜巴巴地站在他的面前。

“你来干什么？”他吼起来。

“爸爸……”

“你妈妈怎么样？”

“爸爸，桥断了，大水冲的。公路上一个汽车也没有。”

“你还小吗？不会想办法？笨东西！找木头，扎木排，坐木排过河！”

“爸爸，我连一把斧头也没带。”

“别说了，别说了。你妈妈怎么样？”

"……"

秋卡用手捂住眼睛，泪珠顺着手指缝里流出来。

"你说，你妈妈怎么样？快说！"

他随手折根木棍，举在半空，猛抽在孩子的腰上。

秋卡被打了个趔趄，撞在身后的小树上。他站在那里，既不躲，也不哀求，咬牙忍着疼痛，那泪汪汪的眼睛望着父亲。

"你哑巴了吗？"

"妈说：她哪儿也不去了，她说，她就死在那儿……"

"你来的时候，她还好吗？"

"妈说，等你回去，见你一面……才……才……"

"别说死，别说死。鬼东西！我问你：她还好吗？"

"好……"

"能说话吗？"

"能……可我一点也听不清了。"

"走！我们快点走！"

"爸爸，我走不动了。"

"鬼东西！我背你。走吧，我们快，快一点。你真笨，笨透了。"

尼库回头望了望。他知道那些迷路人很快就会找到自己的帐篷。

灰蒙蒙的密林像墨绿色的海，淹没了父子的身影。

"大叔——"

从他们背后传来喊声。这是那三个人的呼唤。大概是在林子里的缘故，他们的声音变了，变得清脆，像孩子充满渴望的、纯真的童音。

森林沉默了，倾听着他们的呼唤。

1983 年 5 月于贵州花溪

作者简介：

乌热尔图（1952— ），鄂温克族，是鄂温克族历史上第一个有影响的著名作家。1985 年调中国作家协会。创作主要为短篇小说。鄂温克民族独特的生活历史、民族心理素质的猎人和猎区大森林绚丽的自然风景，构成其短篇小说独有的世界。出版有《乌热尔图短篇小说选》。代表作《一个猎人的恳求》《七岔犄角的公鹿》《琥珀色的篝火》曾连续获得 1981—1983 年全国优秀短篇小说奖。

【注释】

小说以巧妙的构思和生动的细节描写，开掘了鄂温克猎民的善良本性，表现了社会主义时期新的民族情谊。艺术上，善于选择最具典型意义、富于强烈冲突的细节，在生命攸关的关键时刻着力展示人物的内心世界和美好灵魂，有较强的情感色彩和艺术感染力。

①原载《民族文学》1983 年第 10 期，《小说选刊》1983 年第 12 期。

②犴（àn）皮：一种走兽的皮。

③木柈（bǎn）：大块的劈柴。

④狍（páo）子：鹿的一种，耳朵和眼睛都很大，颈长，尾很短，后肢略比前肢长。冬季毛棕褐色，夏季毛栗红色，臀部灰白色，雄的有角。吃青草、野果和野菌。

思考与练习题：

1. 主人公尼库是一位怎样的鄂温克族人？
2. 试举例说说这篇小说艺术上的特色？
3. 谈谈小说的独特文化意义。

外国文学

独立宣言

[美] 杰弗逊 等

在人类历史事件的进程中，当一个民族必须解除其与另一个民族之间迄今所存在着的政治联系，而在世界列国之中取得那“自然法则”和“自然神明”所规定给他们的独立与平等的地位时，就有一种真诚的尊重人类公意的心理，要求他们一定要把那些迫使他们不得已而独立的原因宣布出来。

我们认为这些真理是不言而喻的：人人生而平等，他们都从他们的“造物主”那边被赋予了某些不可转让的权利，其中包括生命权、自由权和追求幸福的权利。为了保障这些权利，所以才在人们中间成立政府。而政府的正当权力，则系得自统治者的同意。如果遇有任何一种形式的政府变成损害这些目的的话，那么，人民就有权利来改变它或废除它，以建立新的政府。这新的政府，必须是建立在这样的原则的基础上，并且是按照这样的方式来组织它的权力机关，庶几就人民看来那是最能够促进他们的安全和幸福的。诚然，谨慎的心理会主宰着人们的意识，认为不应该为了轻微的、暂时的原因而把设立已久的政府予以变更；而过去一切的经验也正是表明，只要当那些罪恶尚可容忍时，人类总是宁愿默然忍受，而不愿废除他们所习惯了的那种政治形式以恢复他们自己的权利。然而，当一个政府恶贯满盈、倒行逆施、一贯地奉行着那一个目标，显然是企图把人民抑压在绝对专制主义的淫威之下时，人民就有这种权利，人民就有这种义务，来推翻那样的政府，而为他们未来的安全设立新的保障。

我们这些殖民地的人民过去一向是默然忍辱吞声，而现在却被迫地必须起来改变原先的政治体制，其原因即在于此。现今大不列颠国王（乔治三世）的历史，就是一部怙恶不悛、倒行逆施的历史，他那一切的措施都只有一个直接的目的，即在我们各州建立一种绝对专制的统治。为了证明这一点，让我们把具体的事实胪陈于公正的世界人士之前：

他一向拒绝批准那些对于公共福利最有用和最必要的法律。

他一向禁止他的总督们批准那些紧急而迫切需要的法令，除非是那些法令在未得其本人同意以前，暂缓发生效力；而在这样暂缓生效的期间，他又完全把那些法令置之不理。

他一向拒绝批准其他的把广大地区供人民移居垦殖的法令，除非那些人民愿意放弃其立法机关中的代表权。此项代表权对人民来说实具有无可估量的意义，而只有对暴君来说才是可怕的。

他一向是把各州的立法团体召集到那些特别的、不方便的、远离其公文档案库的地方去开会。其唯一目的就在使那些立法团体疲于奔命，以服从他的指使。

他屡次解散各州的议会，因为这些议会曾以刚强不屈的坚毅的精神，反抗他那对于人民权利的侵犯。

他在解散各州的议会以后，又长时期地不让人民另行选举；这样，那不可抹杀的“立法权”便又重新回到广大人民的手中，归人民自己来施行了；而这时各州仍然险象环生，外有侵略的威胁，内有动乱的危机。

他一向抑制各州人口的增加；为此目的，他阻止批准“外籍人归化法案”，他又拒绝批准其他的鼓励人民移植的法令，并且更提高了新的“土地分配法令”的限制条例。

他拒绝批准那些设置司法权力机关的法案，借此来阻止司法工作的执行。他一向要使法官的任期年限及其薪金数额，完全由他个人的意志来决定。

他滥设了许多新的官职，派了大批的官吏到这边来钳制我们人民，并且盘食我们的民脂民膏。

在和平时期，他不得到我们立法机关的同意，就把常备军驻屯在我们各州。

他一向是使军队不受民政机关的节制，而且凌驾于民政机关之上。

他一向与其他人狼狈为奸，要我们屈服在那种与我们的宪法格格不入，并且没有被我们的法律所承认的管辖权之下；他批准他们那些假冒的法案。

他把大批的武装部队驻扎在我们各州。

他是用一种欺骗性的审判来包庇那些武装部队，使那些对各州居民犯了任何谋杀罪的人得以逍遥法外。

他割断我们与世界各地的贸易。

他不得到我们的允许就向我们强迫征税。

他在许多案件中剥夺了我们在司法上享有“陪审权”的利益。

他是以“莫须有”的罪名，把我们逮解到海外的地方去受审。

他在邻近的地区废除了那保障自由的英吉利法律体系，在那边建立了一个横暴的政府，并且扩大它的疆界，要使它迅速即成为一个范例和适当的工具，以便把那同样专制的统治引用到这些殖民地来。

他剥夺了我们的“宪章”，废弃了我们那些宝贵的法令，并且从根本上改变了我们政府的形式。

他停闭我们自己的立法机关，反而说他们自己有权在任何一切场合之下为我们制定法律。

他宣布我们不在其保护范围之内并且对我们作战，这样，他就已经放弃了在这里的政权了。

他一向掠夺我们的海上船舶，骚扰我们的沿海地区，焚毁我们的市镇，并且残害我们人民的生命。

他此刻正在调遣着大量的外籍雇佣军，要求把我们斩尽杀绝，使我们庐舍为墟，并肆行专制的荼毒。他已经造成了残民以逞的和背信弃义的气氛，那在人类历史上最野蛮的时期都是罕有其匹的。他完全不配做一个文明国家的元首。

他一向强迫我们那些在海上被俘虏的同胞公民们从军以反抗其本国，充当屠杀其兄弟朋友的刽子手，或者他们自己被其兄弟朋友亲手所杀死。

他一向煽动我们内部的叛乱，并且一向竭力勾结我们边疆上的居民、那些残忍的印第安蛮族来侵犯。印第安人所著称的作战方式，就是不论男女、老幼和情况，一概毁灭无遗。

在他施行这些高压政策的每一个阶段，我们都曾经用最谦卑的词句吁请改革；然而，我们屡次的吁请，结果所得到的答复却只是屡次的侮辱。一个如此罪恶昭彰的君主，其一切的行为都可以确认为暴君，实不堪做一个自由民族的统治者。我们对于我们的那些英国兄弟们也不是没有注意的。我们曾经时时警告他们不要企图用他们的立法程序，把一种不合法的管辖权横加到我们身上来。我们曾经提醒他们注意到我们在此地移植和居住的实际情况。我们曾经向他们天生的正义感和侠义精神呼吁，而且我们也曾经用我们那同文同种的亲谊向他们恳切陈词，要求取消那些倒行逆施的暴政，认为那些暴政势必将使我们之间的联系和友谊归于破裂。然而，他们也同样地把这正义的、血肉之亲的呼吁置若罔闻。因此，我们不得不承认与他们有分离的必要，而我们对待他们也如同对待其他的人类一样，在战时是仇敌，在平时则为朋友。

因此，我们这些集合在大会中的美利坚合众国的代表们，吁请世界人士的最高裁判，来判断我们这些意图的正义性。我们以这些殖民地的善良人民的名义和权力，谨庄严地宣布并昭告：这些联合殖民地从此成为而且名正言顺地应当成为自由独立的合众国；它们解除对于英王的一切隶属关系，而它们与大不列颠王国之间的一切政治联系亦应从此完全废止。作为自由独立的合众国，它们享有全权去宣战、媾和、缔结同盟、建立商务关系或采取一切其他凡为独立国家所理应采取的行动和事宜。为了拥护此项“宣言”，怀着深信神明福佑的信心，我们谨以我们的生命、财产和神圣的荣誉互相共同保证，永誓不贰。(阮宗译)

作者简介：

托马斯·杰弗逊（1743—1826），出身于弗吉尼亚州阿尔贝马郡的一个种植园主家庭。1801年又当选为第三届总统，并连选连任两届至1809年。执政期间，他采取一系列措施，推进美国政治制度的民主化。退职后创建了弗吉尼亚大学。《独立宣言》代表了其政治思想中最有价值的部分。

【注释】

1776年6月7日，大陆会议弗吉尼亚代表提出北美各殖民地脱离英国的决议案。大陆会议选出托马斯·杰斐逊、约翰·亚当斯和本杰明·富兰克林等人组成委员会，起草独立宣言。杰斐逊起草了《独立宣言》的第一稿，富兰克林等人进行了润色。《独立宣言》发表于1776年7月4日，这一天后来成为美国的国庆日。坚实理论的铺垫，明确事实的罗列，宣言处处洋溢着理性的光辉。

思考与练习题：

1. 本文是如何一步步论证独立的正当性和合理性的？
2. 仔细体会本文理性光辉下的激情。

时 钟

［法］沙尔·波德莱尔

中国人从猫的眼睛里看时间。

有一天，一位传教士在南京郊区散步，发现忘记了戴表，就问旁边一个小男孩什么时间了。

那天朝[①]之子先是踌躇了一下。接着便改变了主意，回答说："我这就告诉您。"

过了一小会儿，那孩子出来了。手里抱着一只肥大的狸猫。他就像人们讲的那样，向猫眼里看了看 毫不犹豫地说："现在还没到正午呢。"

确实是如此。

而如果我向美丽的费利娜[②]凑近，它的名字是这样美妙，同时既是它那一种类的荣誉，又是我心中的骄傲和精神上的芳香，不管是白天还是黑夜在四射的光芒中还是在混浊的黑暗里，在它可爱的眼睛的深处，我总可以看到清楚的时间。永远专一的时间。空阔而庄严，像宇宙一样博大，没有分秒的分截——一个时钟上找不到的静止的时间，然而，这时间却轻柔得像一声叹息，迅速得像一道眼光。

当我把眼睛盯在这美妙的钟盘上时，如果某个不知趣的人来打扰我，某个不正派不可容忍的妖精或某个不识时务的幽魂和我说："你在看什么，那么仔细？你从这动物的眼睛里找什么呢？你看到时间了吗，浪荡鬼？"

我会马上回答说："是的，我看到了时间：那就是永恒！"

难道不是吗，太太？一首值得回忆的牧诗，如你本身那样奇妙。实际上，我十分愉快地向您吐出这矫饰的媚情，可我并不向您索取任何报酬。（亚丁译）

作者简介：

沙尔·波德莱尔（1821—1867），19世纪法国著名诗人、散文家和文学评论家。诗集《恶之花》开创了法国现代诗歌的新时代。他的作品常常绝妙地运用象征主义的手法，意象独特。国内已翻译出版《恶之花》《巴黎的忧郁》《1846年的沙龙》《我心赤裸》《波德莱尔美学论文选》等。

【注释】

本篇是一首歌颂爱情永恒的散文诗。作品按照“猫眼—时钟—永恒—人眼”的线索，由远而近，层层递进，展现了爱情永恒的深邃意境。构思巧妙，语言简练优美。

①天朝：西方人称古代中国为天朝。

②费利娜：法语中对猫科动物的称呼，另有妩媚、狡黠的意思。

思考与练习题：

1.“传教士”在本文中有怎样深层的含义？

2. 分析本文的构思以及写作线索。

3.“猫”这一意象在波德莱尔作品有何特定的含义？

蝉

[法] J · H · 法布尔

蝉的地穴

我有很好的环境可以研究蝉的习惯，因为我是与它同住的。七月初，它就占据了靠我屋子门前的那棵树。我是屋里的主人，门外就它是最高的统治者，不过它的统治无论怎样总是不会让人觉得舒服。

蝉初次被发现是在夏至。在行人很多，有太阳光照着的道路上，有好些圆孔，与地面相平，大小约如人的手指。在这些圆孔中，蝉的蛴螬①从地底爬出来，在地面上变成完全的蝉。它们喜欢特别干燥而阳光充沛的地方。因为蛴螬有一种有力的工具，能够刺透焙过的泥土与沙石。

当我考察它们的储藏室时，我是用手斧来开掘的。

最使人注意的，就是这个约一寸口径的圆孔，四边一点尘埃都没有，也没有泥土堆积在外面。大多数的掘地昆虫，例如金蜣，在它的窝巢外面总有一座土堆。蝉则不同，是由于它们工作方法的不同。金蜣的工作是在洞口开始，所以把掘出来的废料堆积在地面；但蝉蛴螬是从地底上来的。最后的工作，才是开辟门口的生路，因为当初并没有门，所以它不是在门口堆积尘土的。

蝉的隧道大都是深达十五至十六寸，一直通行无阻，下面的部分较宽，但是在底端却完全关闭起来。在做隧道时，泥土搬移到哪里去了呢？为什么墙壁不会崩裂下来呢？谁都以为蝉是用了有爪的腿爬上爬下的，而这样却会将泥土弄塌了，把自己房子塞住。

其实，它的举措简直像矿工或是铁路工程师一样。矿工用支柱支持隧道，铁路工程师利用砖墙使地道坚固。蝉的聪明同他们一样，它在隧道的墙上涂上水泥。这种黏液是藏在它身子里的，用它来做灰泥，地穴常常建筑在含有汁液的植物须上的，它可以从这些根须取得汁液。

能够很容易地在穴道内爬上爬下，对于它是很重要的，因为当它爬出去到日光下的时候，它必须知道外面的气候如何。所以它要工作好几个星期，甚至一个月，才做成一道坚固的墙壁，适宜于它上下爬行。在隧道的顶端，它留着手指厚的一层土，用以保护并抵御外面空气的变化，直到最后的一刹那。只要有一些好天气的消息，它就爬上来，利用顶上的薄盖，以便测知气候的状况。

假使它估计到外面有雨或风暴——当纤弱的蛴螬脱皮的时候，这是一件最重要的事情——它就小心谨慎地溜到隧道底下。但是如果气候看来很温暖，它就用爪击碎天花板，爬到地面上来了。

在他肿大的身体里面，有一种液汁，可以利用它避免穴里面的尘土。当它掘土的时候，将液汁倒在泥土上，使它成为泥浆。于是墙壁就更加柔软了。蛴螬再用它肥重的身体压上去，便把烂泥挤进干土的缝隙里。因此，当它在顶端出口处被发现时，身上常有许多湿点。

蝉的蛴螬，初次出现在地面上时，常常在附近徘徊，寻找适当的地点脱掉身上的皮——一棵小矮树，一丛百里香，一片野草叶，或者一枝灌木枝—找到后，它就爬上去，用前足的爪紧紧地握住，丝毫不动。

于是它外层的皮开始由背上裂开，里面露出淡绿色的蝉。当时头先出来，接着是吸管和前腿，最后是后腿与翅膀。此时，除掉身体的最后尖端，身体已完全蜕出了。

然后，它会表演一种奇怪的体操，身体腾起在空中，只有一点固着在旧皮上，翻转身体，使头向下，花纹满布的翼，向外伸直，竭力张开。于是用一种差不多看不清的动作，又尽力将身体翻上来，并且前爪钩住它的空皮，用这种运动，把身体的尖端从鞘中脱出，全部的过程大约需要半个小时。

在短时期内，这个刚被释放的蝉，还不十分强壮。它那柔软的身体，在还没具有足够的力气和漂亮的颜色以前，必须在日光和空气中好好地沐浴。它只用前爪挂在已脱下的壳上，摇摆于微风中，依然很脆弱，依然是绿色的。直到棕色的色彩出现，才同平常的蝉一样。假定它在早晨九点钟取得树枝，大概在十二点半，弃下它的皮飞去。那壳有时挂在枝上有一两月之久。

蝉的音乐

蝉是非常喜欢唱歌的。它翼后的空腔里带有一种像钹一样的乐器。它还不满足，还要在胸部安置一种响板，以增加声音的强度。的确，有种蝉，为了满足音乐的嗜好，牺牲了很多。因为有这种巨大的响板，使得生命器官都无处安置，只得把它们压紧到身体最小的角落里。当然了，要热心委身于音乐，那么只有缩小内部的器官，来安置乐器了。

但是不幸得很，它这样喜欢的音乐，对于别人，却完全不能引起兴趣。就是我也还没有发现它唱歌的目的。通常的猜想以为它是在叫喊同伴，然而事实明显，这个意见是错误的。

蝉与我比邻相守，到现在已有十五年了，每个夏天差不多有两个月之久，它们总不离我的视线，而歌声也不离我的耳畔。我通常都看见它们在筱悬木的柔枝上，排成一列，歌唱者和它的伴侣比肩而坐。吸管插到树皮里，动也不动地狂饮，夕阳西下，它们就沿着树枝用慢而且稳的脚步，寻找温暖的地方。无论在饮水或行动时，它们从未停止过歌唱。

所以这样看起来，它们并不是叫喊同伴，你想想看，如果你的同伴在你面前，你大概不会费掉整月的功夫叫喊他们吧！

其实，照我想，便是蝉自已也听不见所唱的歌曲。不过是想用这种强硬的方法，强迫他人去听而已。

它有非常清晰的视觉。它的五只眼睛，会告诉它左右以及上方有什么事情发生，只要看到有谁跑来，它会立刻停止歌唱，悄然飞去。然而喧哗却不足以惊扰它。你尽管站在它的背后讲话，吹哨子、拍手、撞石子。就是比这种声音更轻微，要是一只雀儿，虽然没有看见你，应当早已惊慌得飞走了。这镇静的蝉却仍然继续发声，好像没事儿人一样。

有一回，我借来两枝乡下人办喜事用的土铳，里面装满火药，就是最重要的喜庆事也只要用这么多。我将它放在门外的筱悬木树下。我们很小心的把窗打开，以防玻璃被震破。在头顶树枝上的蝉，看不见下面在于什么。

我们六个人等在下面，热心倾听头顶上的乐队会受到什么影响。“碰”枪放出去，声如霹雷。

一点没有受到影响，它仍然继续歌唱。它既没有表现出一点儿惊慌扰乱之状，声音的质与量也没有一点轻微的改变。第二枪和第一枪一样，也没有发生影响。

我想，经过这次试验，我们可以确定，蝉是听不见的，好像一个极聋的聋子，它对自已所发的声音是一点也感觉不到的！

蝉的卵

普通的蝉喜欢把卵产在干的细枝上，它选择最小的枝，粗细大都在枯草与铅笔之间。这些小枝干，垂下的很少，常常向上翘起，并且差不多已经枯死了。

蝉找到适当的细树枝，即用胸部尖利的工具，把它刺上一排小孔——这样的孔好像是用针斜刺下去的，把纤维撕裂，使其微微挑起。如果它不被打扰与损害，在一根枯枝上，常常被刺成三十或四十个孔。

它的卵就产在这些小孔里，这些小穴是一种狭窄的小径，一个个的斜下去。每个小穴内，普通的约有十个卵，所以总数约有三百或四百个。

这是一个蝉的很好的家族。然而它所以产这么多卵，其理由是为防御一种特别的危险，必须要生产出大量的蛴螬，预备将会被毁坏掉一部分。经过多次的观察，我才知道这种危险是什么。就是一种极小的蚋②，拿它们的大小相比较，蝉简直是庞然大物呢！

蚋和蝉一样，也有穿刺工具，位于身体下面靠近中部的地方，伸出来时和身体成直角。蝉卵刚产出，蚋立刻就会把它毁坏。这真是蝉的家族中的灾祸！大怪物只需一踏，就可轧扁它们，然而它们竟镇静异常，毫无顾忌，置身于大怪物之前，真令人惊讶之至。我曾见过三个蚋顺序地排列着，同时预备掠夺一个倒霉的蝉。

蝉刚装满一个小穴的卵，移到稍高处，另外做穴时，蚋立刻就会到那里去，虽然蝉的爪可以够得着它，然而它却镇静而无恐，像在自己家里一样，它们在蝉卵之上，加刺一个孔，将自己的卵产进去。蝉飞回去时，它的孔穴内，多数已加进了别人的卵，这些冒充的家伙能把蝉的卵毁坏掉。这种成熟得很快的蛴螬——每个小穴内一个——即以蝉卵为食，代替了蝉的家族。

几世纪的经验，这可怜的蝉的母亲仍一无所知。它的大而锐利的眼睛，并非看不见这些可怕的恶人，鼓翼其旁。它当然知道有其他昆虫跟在后面，然而它仍然不为所动，宁肯让自己做牺牲。它要轧碎这些坏种子是非常容易的，不过它竟不改变原来的本能，解救它的家族，以免遭破坏。

从放大镜里，我曾见过蝉卵的孵化过程。开始很像极小的鱼，眼睛大而黑，身体下面有一种鳍状物。由两个前腿连在一起组成。这种鳍有些运动力，可以帮助蛴螬冲出壳外。并且帮它走出有纤维的树枝，而这恰恰是比较困难的事情。

鱼形蛴螬到穴外后，立刻把皮脱去。但脱下的皮会形成一种线，蛴螬依靠它附着在树枝上。它在未落地以前，就在这里进行日光浴，用腿踢着，试试它的精力，有时则又懒洋洋地在绳端摇摆。

等到触须自由了，可以左右挥动，腿可以伸缩，在前面的能够张合其爪，身体悬挂着，只要有一点微风，就摇摆不定，在空气中翻跟斗。我所看到的昆虫中再没有比这个更为奇观的了。

不久，它就落到地面上来。这个像跳蚤一般大小的小动物，在它的绳索上摇荡，以防在硬地面上摔伤。身体渐渐地在空气中变硬。现在它开始该投入到严肃的实际生活中去了。

此时，它当前仍有着千重危险。只要有一点儿风，就能把它吹到硬的岩石上；或车辙的污水中；或不毛的黄沙上；或黏土上，硬得它不能钻下去。

这个弱小的动物，有如此迫切的需要藏身，所以必须立刻钻到地底下寻觅藏身之所。天气是冷起来了，迟缓一些就有死亡的危险。它不得不四处寻找软土，毫无疑问，它们之中有许多在没有找到合适的地方之前就死去了。

最后，它寻找到适当的地点，用前足的钩爬挖掘地面。从放大镜中，我看见它挥动斧头向下掘，并将土抛出地面。几分钟后，土穴完成，这个小生物钻下去，埋藏了自己，此后就再也看不见了。

未长成的蝉的地下生活，至今还是未发现的秘密，我们所知道的，只是它未成长爬到地面上来以前，地下生活经过了许多时间而已，它的地下生活大概是四年。此后，日光中的歌唱不到五个星期。

四年黑暗的苦工，一月日光中的享乐，这就是蝉的生活，我们不应厌恶它歌声中的烦吵浮夸。因为它掘土四年，现在忽然穿起漂亮的衣服，长起与飞鸟可以匹敌的翅膀，在温暖的日光中沐浴着。那种钹的声音能高到足以歌颂它的快乐，如此难得，而又如此短暂。

（程慧译）

作者简介：

法布尔（1823—1915），法国著名作家、生物学家，全名为让—亨利·卡西米尔·法布尔。其巨著《昆虫记》，长达10卷，先后被翻译成50多种文字。作品想象独特、文字生动，洋溢着作者对生命的尊重和热爱，作者因此获得“科学诗人”“昆虫世界的维吉尔”等桂冠。

【注释】

作品以生动笔触详尽地说明了蝉的生长过程和生活习性，形象生动，层次井然。运用拟人的手法，说明中兼用文艺的笔调，以人性观照虫性，将昆虫世界化作供人类获得知识、趣味、美感和思想的美文。

①蛴螬（qí cáo）：是鞘翅目金龟甲总科幼虫的总称。

②蚋（ruì）：昆虫，体长两毫米到三毫米，黑色。

思考与练习题：

1. 试用平实的语言改写本文一个片断，体会文字的不同之美。
2. 本文的视角和其他科普说明文有何不同？

白 鹅

[俄] 叶·诺索夫

要是把军衔授给飞禽的话，那么，这只鹅理当荣膺海军将军衔。它的一切一切——板正的姿势啦，步态啦，还有，和别的农村的鹅攀谈时的腔调啦，全是海军将军派头的。

它走起路来一丝不苟的，前后掂量着每一步。落步以前，白鹅总要先把脚掌朝雪白的制服上抬抬，再合上掌蹼，就像收起张开的扇面一样；然后摆一会儿这姿势，再不慌不忙把脚掌插进泥淖里去。它蹬过车辙凌乱的最泥泞的路时，也那么有办法，身上的任何一根细翎都沾不上一点污泥。

就是狗在身后追撵，这只鹅也决不举步奔跑。它总是高傲地、一动不动地挺着长长的脖子，好像头上顶着一缸子水。

其实，它看上去好像没有脑袋。头的位置上，直接嵌在脖子上的是一个硕大的、蒙着一层橙黄色硬壳的喙，上面一团东西不知是个松球还是鼻子上的角质物。这颗松球酷似军人的帽徽。

一当白鹅在浅水滩里直起身体，扇动两只长长的有力的翅膀时，水面上便泛起层层灰色的涟漪，岸边的芦苇也发出窸窸窣窣的响声。这时，它要是再亮亮嗓子喊上一声，草场里女挤奶员身边的蓄奶桶里还会发出尖细的响声呢。

总之，白鹅在整片备耕地上最引人注目。它因为在草场上拥有很高的地位，过得无忧无虑，自由自在。村里最漂亮的母鹅都对它频送秋波。浅水滩成了它独占的领地。这里，水藻、浮萍、贝壳和蝌蚪俯拾即是，没有任何地方可以与之媲美。让太阳晒得暖烘烘的沙滩属于它，草场里最多食的地方——也是它的。

可最糟糕的是，白鹅把我下了鱼饵的一片宽水面也划为自己的地盘。我们为这个水面打了好长时间官司。它根本没把我放在眼里。有时，它统领自己一伙的所有的鹅横成一字直奔鱼竿，而且还要赖在那里，猛地撞撞就要翻上水面的鱼漂；有时，它竟萌出全队洗澡的念头，而且刚好是在河对面的岸边上。它们洗起澡来可是连打带闹的，拍打翅膀，互相嬉戏，或者潜水藏猫，要不再来上一场与邻近鹅群的厮打。这以后，水面上好长时间都漂浮着撕咬下来的乱羽。要是赶上这场乱子，这样去炫耀实力，就甭想有鱼咬钩喽。

它好几次径直从盛鱼饵的罐头筒里吃食，拖走挂着鱼的钓绳；干这些事情它从来不偷偷摸摸，总是那么从从容容、不紧不慢的，自视为小河的主宰。显然，白鹅觉得这个世界上的一切之所以存在都只是为了它。大概，它要是知道了连它自己都属于一个农村孩子斯乔普卡、他愿意的话还会在刀案上砍下白鹅的脑袋、斯乔普卡的母亲还会用它和鲜白菜一起煮汤，那它可就要大吃一惊了。

这年春天，风刚刚把路面吹干，我便收拾好自行车，把一对鱼竿捆在车架上

去赶钓鱼的季节。路上，我拐进村里，请斯乔普卡给我挖些蚯蚓什么的送来当鱼饵。

白鹅当时已经在那儿了。我暂时忘掉了旧仇，端详起它来。它伫立在草场边沿的河岸上，身上洒满阳光。尖利的羽毛一根根那么般配，叫人觉得白鹅像是用一大块精制的冰糖塑就的。阳光洒在羽毛上，还要往里面钻，结果就仿佛从一块冰糖上放出折光。

白鹅看见我，贴着草皮弓起脖子，威胁地咕哝着迎面逼来。我好容易才用自行车把它隔开。

它用翅膀拍打一下自行车条，跳到一边，然后又是一下。

“喔——嘘，你个该死的！”

这是斯乔普卡的喊声。他拎着盛着鱼饵的罐头筒，顺小路跑来。

“喔——嘘，喔——嘘！”

斯乔普卡抓住鹅的脖子就拖。白鹅挣扎着，用翅膀使劲拍打着孩子，弄掉了他的帽子。

“它像狗一样看家了！”斯乔普卡把白鹅拖到更远的地方之后说，“谁它都不让过去。还没一百步就不让人靠近了。它有一群小鹅了，喏，就变得这么凶。”

直到这时我才看清，白鹅周围那些“蒲公英”生气勃勃挤成一个小堆，惊恐地从草丛里探出一个个黄色的小脑袋。

“它们的母亲呢？”我问斯乔普卡。

“它们是孤儿……”

“这是怎么回事？”

“母鹅让汽车轧死了。”

斯乔普卡在草丛里找到帽子便飞也似的顺着通往桥梁的小路跑去。他得去上学。

我下鱼饵的当口，白鹅和它的邻居已经打了好几架。后来，不知从哪儿跑来一只花褐色的牛犊，脖子套着一节绳子。白鹅又朝它扑去。牛犊尥一下蹶子，立刻逃走了。白鹅在后面追赶，鹅掌踩到那节绳子上，翻了个大筋斗。它好一阵仰面朝天，可怜巴巴地蹬踹着两腿。可是后来猛醒过来，变得更凶，跟在牛犊后面追了很长时间，从牛腿肚子上撕扯下一团团褐色的绒毛。有时，牛犊还要反抗。它大叉开前蹄，冲白鹅鼓起血红的眼睛。可是，白鹅刚刚扬起宽大的翅膀，它就再也无法支撑，落荒逃走。最后，牛犊拼命钻进荆棘丛生的柳丛，闷闷地喘着粗气。

“嘎——嘎!”白鹅大声向整个草场宣布胜利，晃晃短得难看的尾巴。

简而言之，草场上的打闹声、叫人忐忑不安的鸣叫声、翅膀的拍打声一刻也没有停息。斯乔普卡家的小鹅，胆怯地挤成一团，可怜地叽叽叫着，它们身上怎么也看不到它们父亲的那副傲岸的仪表。

“把你的小鹅都吓蒙了，傻家伙!”我也嗔怪起白鹅来。

“嘎——嘎!嘎——嘎!”小鹅们在河水里上下翻跳着答话。

“嘎——嘎”(就是说，好像不是我说的那么回事!)

“要是我们那儿你也这么胡闹，早就送民警局了。”

“嘎——嘎——嘎——嘎!”白鹅在讥笑我。

“你这个傻家伙!还是当爸爸的呢!少啰嗦，管你的孩子去吧……”

同鹅吵了一阵子，我就去收拾让汛潮搅乱的鱼饵，没有发觉乌云已经从树林后面低低压来。它翻滚着浓团，竖起一堵浅灰色的厚墙，没有一点缝隙，不透一丝光亮，缓慢执拗地大口吞噬着浩渺的天穹。这不，乌云的边缘已经翻滚着触碰到太阳，猛然间，云边放出熔铅时的炽光。太阳没有把整团的乌云熔完，就无声无息消失在乌云浅灰色的浓团里了。草场一片昏暗，像是到了黄昏时分。狂风骤起，托住鹅毛旋转着，把它们卷上天空。

鹅群抬起脑袋，不再啄弄青草。

第一阵雨点立刻把睡莲的蒡叶打得坑坑点点。周围马上响起了刷刷的雨声。草地泛起蓝色波浪，柳丛也被里朝外翻了个过儿。

我好不容易裹上雨衣，乌云已经绽裂开，用冰冷斜倾的大雨铺天盖地袭来，鹅群张开翅膀，伏在草地上，翅膀下面，一群群小鹅互相偎依着。草场上到处都是白鹅那些惊恐欲绝抬起的脑袋。

猛然间，什么东西狠狠地砸到我的帽檐上，自行车架也发出尖利的响声，一棵白色豆粒滚到我的脚边。

我从雨衣下面朝外看去。草地上，灰色的冰雹拖着长长的尾巴直泻地面。村子看不见了，不远的一片小树林也消失了。铅灰色的天空轰轰隆隆地响，发灰的河水一片哀怨，泛起片片泡沫，睡莲的蒡叶满身是伤，咔吧咔吧折断了。

草丛中，鹅群一片死气，时而互相发出一声声的哀鸣。

白鹅却蹲在地上，高高地伸长脖子。冰雹打到它的头上，白鹅哆嗦一下，微微合上眼睛。更大的冰雹冲到它的前顶上，它弯下脖子，抖抖脑袋，然后又挺直身子，一直看着乌云，小心地把头歪到一边。它大张着的翅膀下面，12只小鹅在静静蠕动。

乌云力量骤增，更加肆虐，看上去就像条口袋从底到口都绽裂开了。小路上，白色的冰豆蹦跳狂舞，落在地上反弹起来，你冲我撞的。

鹅群已经无法支撑，开始跑动，它们跑着跑着，慢慢被灰色的、狠狠抽打它们的一片片冰雹吞没了。冰雹很响地捶打着它们有些佝偻的后背。夹杂着冰雹的草丛里，时而这儿，时而那儿. 不时闪出雏鹅毛蓬蓬的小脑袋，传来它们呼救的尖叫。这叫声不时突然停止。一只让冰雹打得伤痕累累的黄色的“蒲公英”一头钻进草丛。

可是大鹅还是在跑，朝地面微微垂脑袋，像一块块沉重的石块，从陡岸上跳入水中，拼命钻到柳丛和岸的树墩下面。那些为数不多总算赶上来的雏鹅跟在它们身后，像小鹅卵石一样，纷纷扬扬落入水中。我把头也裹在雨衣里，滚动到我脚边的已经不是圆圆的豆粒，而是破碎的冰糖一样大小的成块冰雹。雨衣已经难

以招架，冰块把我的脊背敲得生疼。

小路上，牛犊飞跑着，那截湿绳子打了我的靴子以下，十步以外，便消失在冰雹灰色的帷幕之中了。

一只被困在柳丛里的鹅在什么地方叫了一声，挣扎一下。我的车架更吃力地发出金属的响声。

乌云就像袭来时那样，消失得也很突然。冰雹最后一次捶打我的脊背，在岸边的浅水滩上蹦跳着。河对岸的大树已经依稀可辨。太阳探头探脑的，已经把阳光倾洒到湿润的河岸，柳丛和草场上了。

我扯下雨衣。

太阳光下，眼前泛白的草场也是迷迷蒙蒙的，发黑发软。路面上蒙着许多

小水洼。倒伏潮湿的草地宛如一张网，上面凌乱地散落着被打得满是伤痕的雏鹅。它们差不多全死了。因而也就没能跑到河边。

被太阳烤热的草地重又青翠欲滴。只是中间一团白色的东西没有松软下来。我走到跟前。这正是那只白鹅。

它趴着；张着有力的翅膀，在草地上长长地伸着脖子，一动不动的灰眼睛凝视着远去的乌云，小小的鼻孔里顺着鹅喙流出一缕鲜血。

所有12只毛茸茸的“蒲公英”都完好无损，没有受伤。它们你碰我搡推推搡搡蜂拥而出，欢快地尖叫着。它们在草地上分散开，拨弄着没有融化的冰雹。一只后背有条黑道的小鹅笨拙地挪动宽宽的歪脚掌，想爬上公鹅的翅膀，可是每次都没有站稳就一头栽进草丛里。

小鹅生气了。它烦躁地蹬着小腿，然后从小草棵里挣扎出来，固执地往公鹅翅膀上爬。小鹅终于爬上父亲的脊背，然后一下呆住了—它从来没有爬过这么高。

它的眼前是一个令人惊讶的世界，这里到处都是发亮的青草和阳光。

作者简介：

叶·诺索夫（1925— ），俄罗斯作家。战后开始发表作品，大多以农村为题材。主要作品有：短篇小说集《在渔人的小路上》《三十粒种子》《凯旋门外的房子》《桥》，中篇小说《戴头盔的乌斯维亚持人》和《你的播种者和护卫者》。一九七五年因中短篇小说集《牛尾草沙沙响》获俄罗斯联邦共和国高尔基文学奖金。

【注释】

作者运用拟人和夸张的手法描写白鹅，语言风趣幽默，颇具情趣。白鹅自由自在，率性而行、爱子护子的个性特点让人印象深刻。

思考与练习题：

1. 仔细体会本文的语言特色。
2. 举例分析白鹅的个性特点。

致云雀

[英] 雪莱

你好啊，欢乐的精灵[①]！
你似乎从不是飞禽，
从天堂或天堂的邻近，
以酣畅淋漓的乐音，
不事雕琢的艺术，
倾吐你的衷心。
向上，再向高处飞翔，
从地面你一跃而上，
像一片烈火的轻云，
掠过蔚蓝的天心，
永远歌唱着飞翔，
飞翔着歌唱。

地平线下的太阳，
放射出金色的电光，
晴空里霞蔚云蒸，
你沐浴着明光飞行，
似不具形体的喜悦
刚开始迅疾的远征。

淡淡的紫色黎明
在你航程周围消融，
像昼空里的星星，
虽然不见踪影，
却可以听得清
你那欢乐的强音——

那犀利无比的乐音，
似银色星光的利箭，
它那强烈的明灯，
在晨曦中暗淡，
直到难以分辨，
却能感觉到就在空间。

整个大地和大气，
响彻你婉转的歌喉，
仿佛在荒凉的黑夜，
从一片孤云背后，
明月射出光芒，
清辉洋溢宇宙。

我们不知，你是什么，
什么和你最为相似？
从霓虹似的彩霞
也降不下这样美的雨，
能和当你出现时
降下的乐曲甘霖相比。

像一位诗人，隐身
在思想的明辉之中，
吟诵着即兴的诗韵，
直到普天下的同情
都被未曾留意过的
希望和忧虑唤醒[2]；
像一位高贵的少女，
居住在深宫的楼台，
在寂寞难言的时刻，
排遣她为爱所苦的情怀，

甜美有如爱情的歌曲，
溢出闺阁之外[③]；

像一只金色的萤火虫，
在凝露的深山幽谷，
不显露它的行踪，
把晶莹的流光传播，
在遮断我们视线的
芳草鲜花丛中[④]；

像一朵让自己的绿叶
荫蔽着的玫瑰，
遭受到热风的摧残，
直到它的芳菲
以过浓的香甜
使鲁莽的飞贼沉醉[⑤]；

晶莹闪烁的草地，
春霖洒落的声息，
雨后苏醒的花蕾，
称得上明朗、欢悦、
清新的一切，
都不及你的音乐。

飞禽或是精灵，有什么
甜美的思绪在你心头？
我从没有听到过
爱情或是醇酒的颂歌
能够迸涌出
这样神圣的极乐音流。

赞婚的合唱也罢，

凯旋的欢歌也罢，
和你的乐声相比，
不过是空洞的浮夸，
人们可以觉察，
其中总有着贫乏。

什么样的物象或事件，
是你欢乐乐曲的源泉？
什么田野、波涛、山峦？
什么空中陆上的形态？
是你对同类的爱，
还是对痛苦的绝缘？

有你明澈强烈的欢快，
倦怠永不会出现，
烦恼的阴影从来
近不得你的身边，
你爱，却从不知晓
过分充满爱的悲哀⑥。

是醒来或是睡去⑦，
你对死的理解一定比
我们凡人梦想到的
更加深刻真切，否则
你的乐曲音流，怎能像
液态的水晶涌泻⑧？

我们瞻前顾后，为了
不存在的事物自扰，
我们最真挚的笑，
也交织着某种苦恼，
我们最美的音乐

是最能倾诉哀思的曲调。

可是，即使我们能摈弃
憎恨、傲慢和恐惧，
即使我们生来不会
抛洒一滴眼泪，
我也不知，怎能接近于
你的欢愉。

比一切欢乐的音律
更加甜蜜美妙，
比一切书中的宝库
更加丰盛富饶，
这就是鄙弃尘土的你啊，
你的艺术技巧。

教给我一半，你的心
必定熟知的欢欣，
和谐、炽热的激情
就会流出我的双唇，
全世界就会像此刻的我
——侧耳倾听

作者简介：

雪莱（1792—1822），英国诗人、哲学家、改革家和散文家。他热爱人类、自然，崇尚理性，追求真理，主张改革，其诗歌充满革命的精神，几乎成为尚未成熟时期的英国工人运动的号角和旗帜。其诗歌最著名的有：《西风颂》《致云雀》《云》《伊斯兰的反叛》《致英国人民》《暴政的行列》《阿多尼斯》《我灵中之灵》等，以及诗剧《解放了的普罗米修斯》《钦契一家》等。

【注释】

此诗写于1820年。它为人们刻画了一个浪漫主义时代的美好的理想形象：

“永远歌唱着飞翔，飞翔着歌唱”的云雀，热爱自然、生命，不畏任何艰难，欢乐地在天空上自由飞翔着，向人间唱着最美的歌曲，传达着乐观与自信，表达了诗人执着于理想的追求。

①精灵：可指精神或灵魂，也可指精怪、神灵。按照雪莱的泛神论观点，世上各种事物都有灵魂。

②雪莱认为，诗人应该用值得关注而未被人留意过的希望和忧虑去唤醒人类的同情。他自称，他热爱全人类，写诗是为了唤起人与人之间的爱。

③诗人爱一切美好的事物，但他的爱在当时并不为人理解，因而诗人怀有一种为爱所苦的寂寞。

④萤火虫在花草丛中散发的流光因花草遮掩而不易察觉。

⑤此节意思指：玫瑰花的芬芳被暖风驱散，以至暖风也为之沉醉。

⑥雪莱对自己追求的真理爱得执着、强烈，却不被世俗理解而常感悲哀。

⑦这句意思是，世俗对死亡的理解：死是长眠或人生梦醒。

⑧这是指云雀参透了生死真谛，以豁达乐观的精神面对生死。

思考与练习题：

1. 本诗在赞颂云雀的同时，抒发了诗人怎样的艺术理想和抱负？

2. 这首诗中有许多充满哲思的诗句，试着从中找出2～3处，认真体会其深层含义，并谈谈你从中领略到了哪些人生体悟？

3. 本诗在形容云雀歌声时，出色地运用了“通感”的技巧。请找出用了“通感”技巧的诗句。

4. 诵读该诗，体味诗中洋溢的浪漫主义激情。

自然和艺术

［德］歌德

自然和艺术，好像在互相回避，[①]
刹那之间，它们又碰在一起；
我也不再感觉到对它的厌恶，[②]
两者好像对我有同样的吸力。

重要的只是在于切实的努力！
只要我们能勤奋地处心积虑，
在恰当时光完全献身给艺术，
自然又会燃烧在我们的心里。
对一切文化，情形也都是如此：
不受束缚的天才，它枉费苦心
要想获得完美的极高的造就。[③]

谁要成大事，就必须集中全力，
在限制中才显出大师的本领，[④]
只有规律才能够给我们自由。

作者简介：

歌德（1749—1832），德国诗人、戏剧家、小说家、自然哲学家。是德国文学“狂飚突进运动”的代表人物。主要诗集有《诗歌集》《宴歌集》《叙事歌》《悲歌》《十四行诗》《西东合集》。诗剧《浮士德》等，小说《少年维特之烦恼》及科学著作《颜色学》等都享有盛名。

【注释】

这首诗写于1802年，是一首说理性的抒情诗。歌德运用格律谨严的十四行诗体表达他对自然与艺术、自由与规律的关系的思考。主张自然（天才）与艺术（学习）的结合，强调掌握规律，发挥才能，切实努力学习的重要性。

①自然和艺术，即 Ingenium（天才）和 Studium（学习），好像不相和，实际上相辅相成。

②诗人在青年时代曾一度厌恶艺术，也曾把自己的科学著作看得高于他的诗歌，对颜色学、植物学、生物学都有出众的研究。

③歌德认为：光凭天才是不会有多大的成就，而应向前辈和同辈学习。这与贺拉斯在《诗艺》中说的“有人问：写一首好诗，是靠天才呢，还是靠艺术？我的看法是：苦学而没有丰富的天才，有天才而没有训练，都归无用；两者应该相互为用，相互结合”是一致的。

④常被引用的名句，即：巨匠是在严格的规矩中施展创造才能的。

思考与练习题：

1. 这首诗中有许多警句，特别是最后两行诗富有哲理性的思考，请谈谈你对这两句诗的理解。

2. “十四行诗”是西方诗歌格律中运用最广泛的一种诗体。任选一首莎士比亚的“十四行诗”与本诗对比，谈谈对“十四行诗”体式的认识。

3. 诵读该诗，体会诗中的哲理意蕴。

我愿意是急流……

[匈] 裴多菲

我愿意是急流，
山里的小河，
在崎岖的路上，
岩石上经过……
只要我的爱人
是一条小鱼，
在我的浪花中
快乐地游来游去。

我愿意是荒林，
在河流的两岸；
对一阵阵的狂风，
勇敢地作战……
只要我的爱人
是一只小鸟，
在我的稠密的
树枝间做巢，鸣叫。

我愿意是废墟，
在峻峭的山岩上，
这静默的毁灭
并不使我懊丧……
只要我的爱人
是青青的常春藤，
沿着我荒凉的额，
亲密的攀缘上升。

我愿意是草屋，
在深深的山谷底，
草屋的顶上
饱受风雨的打击……
只要我的爱人
是可爱的火焰，
在我的炉子里，
愉快地缓缓闪现。

我愿意是云朵，
是灰色的破旗，
在广漠的空中，
懒懒地飘来荡去，
只要我的爱人
是珊瑚似的夕阳，
傍着我苍白的脸，
显出鲜艳的辉煌。

1847 年 6 月 1 日—10 日之间

作者简介：

裴多菲（1823—1849），匈牙利诗人、革命家。一生写有大量抒情诗和 8 首长篇叙事诗。其诗歌内容洋溢着为自由独立而战斗的爱国主义激情；风格具有民歌传统，明快、朴实，生动活泼。主要作品有《诗集》《爱国者之歌》《反对国王》《自由与爱情》《把国王吊上绞架》《农村的大锤》《亚诺什勇士》《使徒》等。

【注释】

这首诗作于 1847 年，是裴多菲献给妻子森德莱·尤丽亚的爱情诗。诗中运用了两组比喻。以“急流”“荒林”“废墟”等荒凉、冷落的形象自比；以“小鱼”“小鸟”“青藤”等美好、欢快的形象比喻爱人，表达了诗人对理想爱情一往情深的追求。

思考与练习题：

1. 如何理解本诗的思想内涵即抒情主人公的爱情理想？

2. 你愿意作“废墟”上“青青的常春藤”还是作“橡树”旁边“一株高高的木棉树”？试比较舒婷《致橡树》与裴多菲《我愿是一条急流》中所体现的爱情观。

3. 本诗采用了博喻和对比的手法，形成独特的民歌特色，试作分析。

豹

——在巴黎动物园

［奥］莱纳·马利亚·里尔克

它的目光被那走不完的铁栏
缠得这般疲倦，什么也不能收留。
它好像只有千条的铁栏杆，
千条的铁栏后便没有宇宙。

强韧的脚步迈着柔软的步容，
步容在这极小的圈中旋转，
仿佛力之舞围绕着一个中心，
在中心一个伟大的意志昏眩。

只有时眼帘无声地撩起。——
于是有一幅图像侵入，
通过四肢紧张的静寂——
在心中化为乌有。

1903　（冯至译）

作者简介：

莱纳·马利亚·里尔克（1875—1926），奥地利诗人。早年入布拉格教会学校和军校学习。后入布拉格大学，又转入慕尼黑大学学习。早期诗歌受浪漫主义、自然主义和象征主义影响，有诗集《生活与诗歌》《祭神》《梦幻》等。后期诗歌受法国象征主义诗歌影响颇深，创作了不少以直觉形象象征人生及个人情感的诗作，结集为《新诗集》和《新诗续集》。还出版有中短篇小说、散文诗和长篇日记体小说《马尔特·劳里茨·布里格记事》。1950 年出版《里尔克全集》。

【注释】

这是一首流传甚广的咏物诗。诗歌借助描绘囚笼中豹子的意象，含蓄地表达了作者对人类生存困境的思考，反映其在探索人生意义时的迷惘、彷徨和苦闷的心情。诗歌将具体的感知与抽象的思想结合为一，呈现出“思想知觉化”的特点。

思考与练习：

1. 找出诗中使用隐喻的地方，并解释隐喻的意思。
2. 将此诗与牛汉的《华南虎》比较，指出二者象征意义的差异。

开会迷

[苏] 马雅可夫斯基

每天，当黑夜刚刚化为黎明，
我就看见：
有人去总署，
有人去委员会，
有人去政治部，
有人去教育局，
人们都分别去上班。
刚一走进房里，
公文就雨点儿似地飞来：
挑拣出五十来份——
都是最重要的公文！——
职员们就分头去开会。

每次来到，我都请求：
“能不能给我一个接见的机会？
我老早老早就来等候。”
“伊万·万内奇开会去了——
讨论戏剧部和饲马局合并的问题。”
一百层楼梯爬上了好几次，
心中厌烦透了。
可又对你说：
“叫你一个钟头以后再来。
在开会：
省合作社
要买一小瓶墨水。”
一个钟头以后，

男秘书，
女秘书全都不在这里——
室内空无一人！
二十二岁以下的青年
都在开共青团的会议。

当将近黄昏，我又爬上
七层楼的最高一层。
“伊万·万内奇同志来了没有？”
“正在出席
甲、乙、丙、丁、戊、己、庚、辛委员会。”

我愤怒万分，
像雪崩似地，
冲向会场，
一路上喷吐着野蛮的咒骂。
可是，我看到：
坐着的都是半截的人。
噢，活见鬼！
那半截在哪儿呢？
“砍死人了！
杀死人了！”
我满屋乱转着，大声叫唤。
这可怕的景象使我的理智失去了常轨。
这时，我却听见
秘书异常平静的声音：
“他们一下子要出席两个会。”

一天
要赶
二十个会。
不得已，才把身子劈开！

齐腰以上留在这里，
那半截
在那里。”

我激动得整夜都没有睡着觉。
一大清早，
我就满怀希望地去迎接黎明：
“噢，
假使
能再召开一次会，
来讨论根绝一切会议，那该多好。”

作者简介：

弗拉基米尔·弗拉基米罗维奇·马雅可夫斯基（1893—1930），苏联著名诗人。苏联革命诗歌的奠基人。写过许多热情昂扬的政治诗、讽刺诗。代表作有：长诗《列宁》《好》《穿裤子的云》等。《开会迷》是其讽刺诗的代表作。此外，还创作有电影剧本、儿童读物、抒情诗和讽刺剧。其诗歌被译成三十多种文字，在世界广泛流传。

【注释】

《开会迷》写于1922年。当时苏联国家机关开会成风，一个人甚至要同时“赶二十几个会”，分身乏术。“不得已，把身子劈开”去开会。诗人运用夸张的手法讽刺了苏维埃国家机关工作中的官僚主义和事务主义作风。

思考与练习题：

1. 谈谈这首诗歌的思想内涵并联系实际说说它的现实意义？

2. 谈谈你对该诗所运用的夸张手法的认识，它对全诗思想内容的揭示有什么好处？

3. 该诗在揭露“开会迷”的病态本质时，用想象创造了哪些形象和情景，请画出有关诗句并作分析。

舞会以后

[俄] 托尔斯泰

"你们说，一个人本身不可能了解什么是好，什么是坏，问题全在环境，是环境坑害人。我却认为问题全在偶然事件。就拿我自己来说吧……"

我们谈到，为了使个人变得完善，首先必须改变人们的生活条件，接着，人人尊敬的伊凡·瓦西里耶维奇就这样说起来了。其实，谁也没有说过人自身不可能了解什么是好，什么是坏，只是伊凡·瓦西里耶维奇有个习惯，总爱解释他自己在谈话中产生的想法，然后为了证实这些想法，讲起他生活里的插曲来。他时常把促使他讲述的原因忘得一干二净，只管全神贯注地讲下去，而且讲得很诚恳、很真实。

现在他也是这样做的。

"拿我自己来说吧。我的整个生活成为这样而不是那样，并不是由于环境，完全是由于别的原因。"

"到底是由于什么呢?"我们问道。

"这可说来话长了。要讲老半天，你们才会明白。"

"您就讲一讲吧。"

伊凡·瓦西里耶维奇沉思了一下，又摇摇头。

"是啊，"他说，"我的整个生活在一个夜晚，或者不如说，在一个早晨，就起了变化。"

"到底是怎么回事啊?"

"是这么回事：当时我正在热烈地恋爱。我恋爱过多次，可是这一次爱的最热烈。事情早过去了，她的女儿们都已经出嫁了。她叫Б——，是的，瓦莲卡·Б——"伊凡·瓦西里耶维奇说出她的姓氏，"她到了五十岁还是一位出色的美人。在年轻的时候，十八岁的时候，她简直能叫人入迷：修长、苗条、优雅、庄严——正是庄严。她总是把身子挺得笔直，仿佛她非这样不可似的，同时又微微仰起她的头，这配上她的美丽的容貌和修长的身材——虽然她并不丰满，甚至可以说是清瘦，——就使她显出一种威仪万千的气概，要不是她的嘴边、她的迷人的明亮的眼睛里以及她那可爱的年轻的全身有那么一抹亲切的、永远愉快的微笑，人家便不敢接近她了。”

“伊凡·瓦西里耶维奇多么会渲染!”

“但是无论怎么渲染，也没法渲染得使你们能够明白她是怎样的一个女人。不过问题不在这里。我要讲的事情出在四十年代。那时候我是一所外省大学的学生。我不知道这是好事还是坏事，那时我们大学里没有任何小组，也不谈任何理论，我们只是年轻，照青年时代特有的方式过生活，除了学习，就是玩乐，我是一个很愉快活泼的小伙子，而且家境又富裕。我有一匹剽悍的溜蹄马，我常常陪小姐们上山去滑雪（溜冰还没有流行），跟同学们饮酒作乐（当时我们只喝香槟，没有钱就什么也不喝，可不像现在这样改喝伏特卡）。但是我的主要乐趣在参加晚会和舞会。我跳舞跳得很好，人也不算丑。”

“得啦，不必太谦虚，”一位交谈的女伴插嘴道，“我们不是见过您一张旧式的银板照片吗？你不但不算丑陋，还是一个美男子哩。”

“美男子就美男子吧，反正问题不在这里。问题是，正当我狂热地恋爱她的期间，我在谢肉节的最后一天参加了本省贵族长家的舞会，他是一位忠厚长者，豪富好客的侍从官。他的太太接待了我，她也像他一样忠厚，穿一件深咖啡色的丝绒长衫，戴一条钻石头饰，她袒露着衰老可是丰腴白皙的肩膀和胸脯，好像伊丽莎白·彼得罗夫娜[①]的画像上面的那样。这次舞会好极了：设有乐队楼厢的富丽的舞厅，属于爱好音乐的地主之家的、当时有名的农奴乐师，丰美的菜肴，喝不尽的香槟。我虽然也喜欢香槟，但并没有喝，因为不用喝酒我就醉了，陶醉在爱情中了，不过我跳舞却跳得精疲力竭，——又跳得卡德里尔舞，又跳华尔兹舞，又跳波尔卡舞，自然是尽可能跟瓦莲卡跳。她身穿白衣，束着粉红腰带，一双白羊皮手套差点儿齐到她的纤瘦的、尖尖的肘部，脚上是白净的缎鞋。玛祖卡舞开始的时候，有人抢了我的机会：她刚一进门，讨厌透顶的工程师阿尼西莫夫——我直到现在还不能原谅他——就邀请了她，我因为上理发店去买手套，来晚了一步。所以我跳玛祖卡舞的女伴不是瓦莲卡，而是一位德国小姐，从前我也曾稍稍向她献过殷勤。可是这天晚上我对她恐怕很不礼貌，既没有跟她说话，也没有望她一眼，我只看见那个穿白衣服、束粉红腰带的修长苗条的身影，只看见她的开朗、红润、有酒窝的面孔和亲切可爱的眼睛。不光是我，大家都望着她，欣赏她，男人欣赏她，女人也欣赏她，显然她盖过了她们所有的人。不能不欣赏她啊。”

“照规矩可以说，我并不是她跳玛祖卡舞的舞伴，而实际上，我几乎一直都在跟她跳。她大大方方地穿过整个舞厅，径直向我走来，我不待邀请，就连忙站起来，她微微一笑，酬答我的机灵。当我们被领到她的跟前而她没有猜出我的代号[②]时，她只好把手伸给别人，耸耸她的纤瘦的肩膀，向我微笑，表示惋惜和安慰。当大家在玛祖卡舞中变出花样，插进华尔兹的时候，我跟她跳了很久的华尔兹，她尽管不断地喘息，还是微笑着对我说："再来一次。"于是我再一次又一次地跟着跳华尔兹，甚至感觉不到自己还有一个"沉甸甸的肉体"。

"咦，怎么会感觉不到呢？我想，您搂着她的腰部的时候，不但能够清楚地感觉到自己的肉体，还能感觉到她的哩。"一个男客人说。

伊凡·瓦西里耶维奇突然涨红了脸，几乎是气冲冲地叫喊道：

"是的，你们现代的青年就是这样。你们眼里只有肉体。在我们那个时代可不同。我爱得越强烈，就越是不注意她的肉体。你们现在只看到腿子、脚踝和别的什么，你们恨不得把所爱的女人脱个精光，而在我看来，正像阿尔封斯·卡尔[③]——他是一位好作家——说的：我的恋爱对象永远穿着一身铜打的衣服。我们不是把人脱个精光，而是要设法遮盖他的赤裸的身体，像挪亚的好儿子[④]一样。得了吧，反正你们不会了解……"

"不要听他的。后来呢？"我们中间的一个问道。

"好吧。我就这样尽跟她跳，简直没有注意时光是怎么过去的。乐师们早已累得要命，——你们知道，舞会快结束时总是这样，——翻来覆去地演奏玛祖卡舞曲，老先生和老太太们已经从客厅里的牌桌旁边站起来，等待吃晚饭，仆人拿着东西，更频繁地来回奔走着。这时是两点多钟，必须利用最后几分钟，我再一次选定了她，我们已经沿着舞厅跳到一百次了。"

"晚饭以后还跟我跳卡德里尔舞吗？"我领着她入席的时候问她。

"当然，只要家里人不把我带走。"她微笑着说。

"我不让带走。"我说。

"扇子可要还给我。"她说。

"舍不得还。"我说，同时递给她那把不大值钱的白扇子。

"那就送您这个吧，您不必舍不得了。"说着，她从扇子上撕下一小片羽毛给我。

我接过羽毛，只能用眼光表示我的全部喜悦和感激。我不但愉快和满意，甚至感到幸福、陶然，我善良，我不是原来的我，而是一个不知有恶、只能行善的超凡脱俗的人了。我把那片羽毛藏进手套中，呆呆地站在那里，再也离不开她。

"您看，他们在请爸爸跳舞。"她对我们说道，一面指着她的身材魁梧端正、戴着银色肩章的上校父亲，他正在跟女主人和其他的太太们站在门口。

“瓦莲卡，过来。”我们听见戴钻石头饰、生有伊丽莎白式肩膀的女主人的响亮的声音。

瓦莲卡往门口走去，我跟在她后边。

“我亲爱的，劝您父亲跟您跳一跳吧。喂，彼得·符拉季斯拉维奇，请。”女主人转向上校说。

瓦莲卡的父亲是一个很漂亮的老人，长得端正、魁梧，神采奕奕。他的脸色红润，留着两撇雪白的尼古拉一世式的蜷曲的唇髭和同样雪白的、跟唇髭连成一片的络腮胡子，两鬓的头发向前梳着，他那明亮的眼睛里和嘴唇上，也像他女儿一样，露出亲切快乐的微笑。他生成一副堂堂的仪表，宽阔的胸脯照军人的派头高挺着，胸前挂了几枚勋章，此外他还有一副健壮的肩膀和两条匀称的长腿。他是一位具有尼古拉一世风采的宿将型军事长官。

我们走进门口的时候，上校推辞说，他对于跳舞早已荒疏，不过他还是笑眯眯地把手伸到左边，从刀剑带上取下佩剑，交给一个殷勤的青年，右手戴上麂皮手套，“一切都要合乎规矩。”他含笑说，然后抓住女儿的一只手，微微转过身子来，等待着拍子。

等到玛祖卡舞开始的时候，他灵敏地踏着一只脚，伸出另一只脚，于是他的魁梧肥硕的身体就一会儿文静地从容地，一会儿带着靴底踏地声和两脚相碰声，啪哒啪哒地、猛烈地沿着舞厅转动起来了。瓦莲卡的优美的身子在他的左右翩然飘舞，她及时地缩短或者放长她那穿白缎鞋的小脚的步子，灵巧得叫人难以察觉。全厅都在注视这对舞伴的每个动作。我却不仅欣赏他们，而且受了深深的感动。格外使我感动的是他那被裤脚带箍得紧紧的靴子，那是一双上好的小牛皮靴，但不是时兴的尖头靴，而是老式的、没有后跟的方头靴。这双靴子分明是部队的鞋匠做的。“为了把他的爱女带进社交界和给她穿戴打扮，他不买时兴的靴子，只穿自制的靴子。”我想。所以这双方头靴格外使我感动。他显然有过舞艺精湛的时候，可是现在发胖了，要跳出他竭力想跳的那一切优美快速的；步法，腿部的弹力已经不够。不过他仍然巧妙地跳了两圈。他迅速地叉开两腿，重又合拢来，虽说不太灵活，他还能跪下一条腿，她微笑着理了理被他挂住的裙子，从容地抱住女儿的后脑，吻吻她的额头，随后把她领到我的身边，他以为我要跟她跳舞。我说，我不是她的舞伴。

“呃，反正一样，您现在就跟她跳吧。”他说，一面亲切地微笑着，把佩剑插进刀剑带里。

瓶子里的水只要倒出一滴，其余的便常常会大股大股地跟着倾泻出来，同样，我心中对瓦莲卡的爱，也激发了蕴藏在我内心的全部爱的力量。那时我真是用我的爱拥抱了全世界。我爱那戴着头饰、生有伊丽莎白式的胸部的女主人，也爱她的丈夫、她的客人、她的仆役，甚至也爱那个对我板着脸的工程师阿尼西莫夫。至于对她的父亲，连同他的自制皮靴和像她一样的亲切的微笑，当时我更是体验到一种深厚的温柔的感情。

玛祖卡舞结束之后，主人夫妇请客人去用晚饭，但是Б上校谢绝了邀请，他说他明天必须早起，就向主人告辞了。我唯恐连她也给带走，幸好她跟母亲留下了。

晚饭以后，我跟她跳了她事先应许的卡德里尔舞，虽然我似乎已经无限地幸福，而我是幸福还是有增无已。我们完全没有谈起爱情。我甚至没有问问她，也没有问问我自己，她是否爱我。只要我爱她，在我就足够了。我只担心一点——担心有什么东西破坏我的幸福。

等我回到家中，脱下衣服，想要睡觉的时候，我才看出那是绝不可能的事。我手里有一片从她的扇子上撕下的羽毛和她的一只手套，这只手套是她离开之前，我先后扶着她母亲和她上车时，她送给我的。我希望这两件东西，不用闭上眼睛，就能清清楚楚地回想起她来，或者是当她为了从两个男舞伴中挑选一个而猜测我的代号，用可爱的声音说出“骄傲？是吗？”并且快活地伸手给我的时候，或者是当她在晚餐席上一点一点地呷着香槟，皱起眉头，用亲热的眼光望着我的时候；不过我多半是回想她怎样跟她父亲跳舞，她怎样在他身边从容地转动，露出为自己和为他感到骄傲与喜悦的神情，瞧着啧啧赞赏的观众。我不禁对他和她同样生出柔和温婉的感情来了。

当时我和我已故的兄弟单独住在一起。我的兄弟向来不喜欢上流社会，不参加舞会，这时候又在准备学士考试，过着极有规律的生活。他已经睡了。我看了看他那埋在枕头里面、叫法兰绒被子遮住一半的脑袋，不觉对他动了怜爱的心，我怜悯他，因为他不知道也不能分享我所体验到的幸福。服侍我们的农奴彼得鲁沙拿着蜡烛来迎接我，他想帮我脱下外衣，可是我推开了他。我觉得他的睡眼惺忪的面貌和蓬乱的头发使人非常感动。我极力不发出声响，踮起脚尖走进自己房里，在床上坐下。不行，我太幸福了，我没法睡。而且我在炉火熊熊的房间里感到太热，我就不脱制服，轻轻地走入前厅，穿上大衣，打开通向外面的门，走到街上去了。

我离开舞会是四点多钟，等我到家，在家里坐了一坐，又过了两个来钟头，所以，我出门的时候，天已经亮了。那正是谢肉节的天气，有雾，饱含水分的积雪在路上融化，所有的屋檐都在滴水。当时Б家住在城市的尽头，靠近一片广大的田野，田野的一头是人们游息的场所，另一头是女子中学。我走过我们的冷僻的胡同，来到大街上，这才开始碰见行人和运送柴火的雪橇，雪橇的滑木触到了路面。马匹在光滑的木轭下有节奏地摆动着湿漉漉的脑袋，车夫们身披蓑衣，穿着肥大的皮靴，跟在货车旁边噗嚓噗嚓行走，沿街的房屋在雾中显得分外高大，——这一切都使我觉得特别可爱和有意思。

我走到Б宅附近的田野，看见靠游戏场所的一头有一团巨大的、黑乎乎的东西，而且听到从那里传来笛声和鼓声。我的心情一直很畅快，玛祖卡曲还不时在我耳边萦绕。而这一次却是另一种音乐，一种生硬的、不悦耳的音乐。

"这是怎么回事?"我想，于是沿着田野当中一条由车马辗踏出来的溜滑的道路，朝着发出声音的方向走去。走了一百来步，我才从雾霭中看出那里有许多黑色的人影。这显然是一群士兵。"大概在上操"我想，就跟一个身穿油迹斑斑的短皮袄和围裙、手上拿着东西，走在我前头的铁匠一起，更往前走近些。士兵们穿着黑军服，面对面地分两行持枪立定，一动也不动。鼓手和吹笛子的站在他们背后，不停地重复那支令人不快的、刺耳的老调子。

"他们这是干什么?"我问那个站在我身边的铁匠。

"对一个鞑靼[⑤]逃兵用夹鞭刑。"铁匠望着远处的行列尽头，愤愤地说。

我也朝那边望去，看见两个行列中间有个可怕的东西正在向我逼近。向我逼近来的是一个光着上身的人，他的双手被捆在枪杆上面，两名军士用这枪牵着他。他的身旁有个穿大衣、戴制帽的魁梧的军官，我仿佛觉得面熟。罪犯浑身痉挛着，两只脚噗嚓噗嚓地踏着融化中的积雪，向我走来，棍子从两边往他身上纷纷打下，他一会儿朝后倒，于是两名用枪牵着他的军士便把他往前一拉，一会儿他又向前栽，于是军士便把他往后一推，不让他栽倒。那魁梧的军官迈着坚定的步子，大摇大摆地，始终跟他并行着。这就是她的脸色红润、留着雪白的唇髭和络腮胡子的父亲。

罪犯每挨一棍子，总是像吃了一惊似的，把他的痛苦得皱了起来的脸转向棍子落下的一边，露出一口雪白的牙齿，重复着两句同样的话。直到他离我很近的时候，我才听清这两句话。他不是说话，而是呜咽道："好兄弟，发发慈悲吧。好兄弟，发发慈悲吧。"但是他的好兄弟不发慈悲，当这一行人走到我的紧跟前时，我看见站在我对面的一名士兵坚决地向前跨出一步，呼呼地挥动着棍子，使劲朝鞑靼人背上噼啪一声打下去。鞑靼人往前扑去，可是军士挡住了他，接着，同样的棍子又从另一边落在他的身上，又是这边一下，那边一下。上校在旁边走着，一会儿瞧瞧自己脚下，一会儿瞧瞧罪犯，他吸进一口气，鼓起腮帮，然后撅着嘴唇，慢慢地吐出来。这一行人经过我站立的地方的时候，我向夹在两个行列中间的罪犯的背部瞥了一眼。这是一个斑斑驳驳的、湿淋淋的、紫红的、奇形怪状的东西，我简直不相信这是人的躯体。

“天啊。”铁匠在我身边说道。

这一行人慢慢离远了，棍子仍然从两边落在那踉踉跄跄、浑身抽搐的人背上，鼓声和笛声仍然鸣响着，身材魁梧端正的上校也仍然迈着坚定的步子，在罪犯身边走动。突然间，上校停了一停，随后快步走到一名士兵跟前。

“我要让你知道厉害，”我听见他的气呼呼的声音，“你还敢敷衍吗？还敢吗？”

我看见他举起戴麂皮手套的有力的手，给了那惊慌失措、没有多大气力的矮个子士兵一记耳光，只因为这个士兵没有使足劲儿往鞑靼人的紫红的背部打下棍子。

“来几条新的军棍！”他一面吼叫，一面环顾左右，终于看见了我。他假装不认识我，可怕地、恶狠狠地皱起眉头，连忙转过脸去。我觉得那样羞耻，不知道往哪儿看才好，仿佛我有一桩最可耻的行为被人揭发了似的，我埋下眼睛，匆匆回家去了。一路上我的耳边时而响起鼓声和笛声，时而传来“好兄弟，发发慈悲吧”这两句话，时而又听见上校的充满自信的、气呼呼的吼叫声：“你还敢敷衍吗？还敢吗？”同时我感到一种近似恶心的、几乎是生理上的痛苦，我好几次停下脚步，我觉得我马上要把这幅景象在我内心引起的恐怖统统呕出来了。我不记得我是怎样到家和躺下的。可是我刚刚入睡，就又听见和看到那一切，我索性一骨碌爬起来了。

“他显然知道一件我所不知道的事情，”我想起上校，“如果我知道他所知道的那件事，我也就会了解我看到的一切，不致苦恼了。”可是无论我怎样反复思索，还是无法了解上校所知道的那件事，我直到傍晚才睡着，而且是上一位朋友家里去，跟他一起喝得烂醉以后才睡着的。

“嗯，你们以为我当时就断定了我看到的是一件坏事吗？决不。”既然这是带着那样大的信心干下的，并且人人都承认它是必要的，那么可见他们一定知道一件我所不知道的事情。”我想，于是努力去探究这一点。但是我无论多么努力，始终探究不出来。探究不出，我就不能像原先希望的那样去服军役，我不但没有担任军职，也没有在任何地方供职，所以正像你们看到的，我成了一个废物。”

“得啦，我们知道您成了什么‘废物’”，我们中间的一个说，“您还不如说：要是没有您，有多少人会变成废物。”

“得了吧，这完全是扯谈。”伊凡·瓦西里耶维奇真正懊恼地说。

“好，那么，爱情呢?”我们问。

“爱情吗?爱情从这一天起衰退了。当她像平常那样面带笑容在沉思的时候，我立刻想起广场上的上校，总觉得有点别扭和不快，于是我跟她见面次数渐渐减少了。结果爱情也消失了。世界上就常有这样的事情，使得人的整个生活发生变化，走上新的方向。你们却说……”他结束道。

作于雅斯纳雅·波梁纳

1903年8月20日

作者简介：

列夫·尼古拉耶维奇，托尔斯泰（1828—1910)，19世纪俄国最伟大的批判现实主义作家。他的长篇小说代表作有《战争与和平》(1864—1869)，《安娜·卡列尼娜》(1873—1877)，《复活》(1898—1899)。这三部巨著标志了他一生思想发展的几个阶段，也充分体现了他的人生观和世界观。他的中短篇代表作有《童年·少年·青年》《哥萨克》《伊凡·伊里奇之死》《舞会以后》等。

【注释】

小说写主人公伊凡在舞会上的恋爱故事。小说主题鲜明，通过对比描写舞会前和舞会后两个截然不同的场面，反映了沙俄军官对士兵惨无人道的虐待。揭露了沙皇专制制度的虚伪、黑暗。小说首尾呼应，前后比照，中间有伏笔，显得层次分明，结构严密。尤其是多处运用对比手法，收到了强烈的艺术效果。

①伊丽莎白·彼得罗夫娜：1741—1760年间的俄国女皇。

②代号：男舞伴给自己选定一个代号，如“英勇”“骄傲”等，跳舞以前，第三者将两个男舞伴引至女舞伴前，由女舞伴猜测男舞伴的代号，猜中者则可以与女舞伴跳舞。

③阿尔封斯·卡尔：19世纪法国作家。

④挪亚的好儿子：《旧约·创世纪》第九章载：挪亚有一次喝醉了酒，赤

身睡着了。他的儿子闪和雅弗便给他盖上衣服。

⑤鞑靼：此处指俄国境内的一种讲突厥语的少数民族。

思考与练习题：

1. 这篇小说叙述的爱情故事所表现的主题意义是什么？
2. 作品在展示两个对立世界时采用了怎样的结构？试作分析。
3. 简要分析小说在肖像描写和心理刻画方面采用的艺术技巧。

苦恼

——我拿我的烦恼向谁诉说[①]

[俄] 契诃夫

暮色晦暗。大片的湿雪绕着刚点亮的街灯懒洋洋地飘飞，落在房顶、马背、肩膀、帽子上，积成又软又薄的一层。车夫姚纳·波达波夫周身雪白，像个幽灵。他坐在车座上，一动也不动，身子向前伛着，伛到了活人的身子所能伛到的最大限度。哪怕有一个大雪落在他的身上，仿佛他也会觉得用不着抖掉似的……他的小母马也是一身白，也一动不动。它那呆呆不动的姿势、它那瘦骨嶙峋的身架，它那棍子一样笔直的四条腿，使得它活像一个小钱就能买到的马形蜜糖饼。它大概在想心事吧。不管是谁，只要被人从犁头上硬拉开，从熟悉的灰色景致里硬拉开，硬给丢到这个充满古怪的亮光、不停地喧哗、熙攘的行人的旋涡里，那他就不会不想心事……

姚纳和他的小马有好久没动了。还是在午饭以前，他们就走出了院子，至今还没拉到一趟生意。可是现在黄昏的暗影笼罩全城了。街灯的黯淡的光已经变得明亮生动，杂乱的街上也热闹多了。

“车夫，到维保区[②]去！”姚纳听见有人喊车。“车夫！”

姚纳猛地哆嗦一下，从粘着雪的睫毛望出去，看见一个军人，穿一件军大衣，头戴一顶兜囊[③]。

“到维堡区去！”军人又说一遍，“你是睡着了还是怎么的？拉到维堡区去！”

为了表示同意，姚纳抖了抖缰绳；这样一来，一片片的雪就从马背上和他的肩膀上纷纷掉下来……军人坐上了雪橇。车夫嘬起嘴唇，对那匹马发出啧的一响[④]，跟天鹅那样伸出脖子，在车座上微微挺起身子，与其说是由于需要还不如说是出于习惯地扬起鞭子。那小母马也伸出脖子，弯一弯像棍子一样笔直的腿，迟迟疑疑地走动了……

“你往哪儿闯啊，鬼东西？”姚纳立刻听见黑暗里有人嚷起来，一团团黑影在他跟前游过来游过去，“你到底是往哪儿走哪？靠右！”

“你不会赶车！靠右走！”军人生气地说。

一个赶四轮轿车的车夫朝他咒骂；一个行人穿过马路，肩膀刚好擦着马鼻子，就狠狠地瞪他一眼，抖掉袖子上的雪。姚纳坐在车座上局促不安，仿佛坐在针尖上似的，向他两旁撑开胳臂肘儿，眼珠乱转，就跟有鬼附了体一样，仿佛他不知道自己在哪儿，也不知道为什么在那儿似的。

“这些家伙真是混蛋！”军人打趣地说，“他们简直是极力跑来撞你，或者扑到马蹄底下去。他们这是预先商量好的。”

姚纳回头瞧着他的乘客，张开嘴唇……他分明想要说话，可是喉咙里没吐出一个字来，只是哼了一声。

“什么？”军人问。

姚纳咧开苦笑的嘴，嗓子里用一下劲，这才干哑地说出来：

“老爷，我的……嗯 ……我的儿子在这个星期死了。”

“哦！……他害什么病死的？”

姚纳掉转整个身子朝着乘客说：

“谁说得清呢？多半是热病吧……他在医院里躺了三天就死了……上帝的意旨哟。”

“拐弯呀，鬼东西！”黑暗里有人喊，“瞎了眼还是怎么的，老狗？用眼睛瞧着！”

“赶车吧，赶车吧……”乘客说，“照这样走下去，明天也到不了啦。快点赶车吧！”

车夫又伸出脖子，微微挺起身子，笨重而优雅地挥动他的鞭子。他有好几回转过身去看军官，可是军官闭着眼睛，分明不愿意再听了。姚纳把车赶到维堡区，让乘客下车，再把车子赶到一个饭馆的左边停下来，坐在车座上伛下腰，又不动了……湿雪又把他和他的马涂得挺白。一个钟头过去了，又一个钟头过去了……

三个青年沿着人行道走过来，两个又高又瘦，一个挺矮，驼背，他们互相谩骂，他们的雨鞋踩出一片响声。

“车夫，上巡警桥去！”驼背用破锣似的声音喊道，“我们三个人……二十个戈比！”

姚纳抖动缰绳，把嘴唇嘬得啧啧地响。二十戈比是不公道的，然而他顾不上讲价了。现在一个卢布也罢，五戈比也好，在他全是一样，只要有人坐车就行……青年们互相推挤着，骂着下流话，拥上雪橇，三个人想一齐坐下来。这就有了需要解决的问题：该哪两个坐着？该哪一个站着呢？经过很久的吵骂、变卦、责难，他们总算得出了结论：该驼背站着，因为他顶矮。

“好啦，赶车吧！”驼背站稳，用破锣般的声音说，他的呼吸吹着姚纳的后脑壳。“快走，你戴的这是什么帽子呀，老兄！走遍彼得堡，再也找不到比这更糟的了……”

“嘻嘻！……嘻嘻！……”姚纳笑，“这帽子本来不行啦！”

“得啦，本来不行了，你啊，赶车吧！你就打算一路上都照这样子赶车吗？啊？要我给你一个脖儿拐吗？……”

“我的脑袋要炸开了……”一个高个子说。“昨天在杜克玛索夫家里，华斯卡和我两个人一共喝了四瓶白兰地。”

“我真不懂你为什么胡说！”另一个高个子生气地说，“你跟下流人似地胡说白道。”

“要是我胡说，让上帝惩罚我！我说的是实在的情形嘛！……”

“要是这实在，跳蚤咳嗽就也实在罗。”

“嘻嘻！”姚纳笑了。“好有兴致的几位老爷！”

“呸，滚你的！……”驼背愤愤地喊叫，“你到底肯不肯快点走啊，你这老不死的？难道就这样赶车？给它一鞭子！他妈的！快走！结结实实地抽它一鞭子！”

姚纳感到了背后驼背的扭动的身子和抖动的声音。他听着骂他的话，看着这几个人，孤单的感觉就渐渐从他的胸中消散了。驼背一股劲地骂他，诌出一长串稀奇古怪的骂人话，直说得透不过气来，连连咳嗽。那两个高个子开始讲到一个名叫娜杰日达·彼得罗芙娜的女人。姚纳不住地回头看他们。等到他们的谈话有了一个短短的停顿，他又回过头去，叽叽咕咕地说：

“这个星期我……嗯……我的儿子死了！”

“大家都要死的，……”驼背咳了一阵，擦擦嘴唇，叹口气说。“算了，赶车吧！赶车吧！诸位先生啊，车子照这么爬，我简直受不啦！什么时候他才会把我们拉到啊？”

“那么，你给他一点小小的鼓励也好……给他一个脖儿拐！”

“你听见没有，你这老不死的？我要给你一个脖儿拐啦！要是跟你们这班人讲客气，那还不如索性走路的好！……听见没有，你这条老龙[⑤]？莫我们说的话你不在心上吗？”

于是姚纳，与其说是觉得，不如说是听见脖子后面啪的一响。

“嘻嘻……”他笑。“好有兴致的几位老爷……求上帝保佑你们！”

“赶车的，你结过婚没有?”一个高个子问。

“我？嘻嘻……好有兴致的老爷！现在我的老婆成了烂泥地啰……嘻嘻嘻！……那就是，在坟里头啦！这会儿，我儿子也死了，可我还活着……真是怪事，死神认错门了啦……它没来找我，却去找了我的儿子……”

姚纳回转身，想说一说他儿子是怎样死的，可是这汉儿驼背轻松地吁一口气，说是谢天谢地，他们总算到了。姚纳收下二十戈比，对着那几个玩乐的客人的后影瞧了好半天，他们走进一个漆黑的门口，不见了。他又孤单了，寂静又向他侵袭过来……苦恼，刚淡忘了不久，现在又回来了，更为有力地撕扯他的胸膛。姚纳的眼睛焦灼而痛苦地打量大街两边川流不息的人群：难道在这成千上万的人当中，连一个愿意听他讲话的人都找不到吗？人群匆匆地来去，没有人理会他和他的苦恼……那苦恼是浩大的，无边无际。要是姚纳的胸裂开，苦恼滚滚地流出来的话，那苦恼仿佛会淹没全世界似的，可是话虽如此，那苦恼偏偏没人看见。那份苦恼竟包藏在这么渺小的躯壳里，哪怕在大白天举着火把去找也找不到……

姚纳看见一个看门人提着一个袋子，就下决心跟他攀谈一下。

“现在什么时候了，朋友?”他问。

“快到十点了……你停在这儿做什么？把车子赶开!”

姚纳把雪橇赶到几步以外，伛下腰，任凭苦恼来折磨他……他觉得向别人诉说也没有用了。可是没过上五分钟，他就挺起腰板，摇着头，仿佛感到一阵剧烈的疼痛似的；他拉了拉缰绳……他受不住了。

“回院子里去!”他想。“回院子里去!”

他那匹小母马仿佛领会了他的想头似的，踩着小快步跑起来。过了一个半钟头，姚纳已经坐在一个又大又脏的火炉旁边了。炉台上，地板上，凳子上，全睡得有人，正在打鼾。空气又臭又闷……姚纳看一看那些睡熟的人，搔一搔自己的身子，后悔回来得太早了……

“其实我连买燕麦的钱还没挣到呢，”他想。“这就是为什么我会这么苦恼的缘故了。一个人，要是会料理自己的事……让自己吃得饱饱的，自己的马也吃得饱饱的，那他就会永远心平气和……”

墙角上，有一个年青的车夫爬起来，睡意蒙胧地嗽一嗽喉咙，走到水桶那儿去。

“想喝水啦?”姚纳问他。

“是啊，想喝水!”

"那就喝吧……喝点水，身体好……可是，老弟，我的儿子死了……听见没有？这个星期在医院里死的……真是怪事！"

姚纳看一下他的话生了什么影响，可是什么影响也没看见。那年青小伙子已盖上被子，蒙上头，睡着了。老头儿叹口气，搔搔自己的身子。……如同那个青年想喝水似的，他想说话。他儿子去世快满一个星期了，他却至今还没跟别人好好的谈过这件事……应当有条有理，有声有色地讲一讲……应当讲一讲他儿子怎样得的病，怎样受苦，临死以前说过些什么话，怎样去世的……他要描摹一下儿子怎样下葬，后来他怎样上医院里去取死人的衣服。他还有个女儿阿尼霞住在乡下……他也谈一谈她……他现在可以讲的话还会少吗？听讲的人应该哀伤，叹息，惋惜……倒还是跟娘们儿谈一谈的好，她们虽是些蠢东西，不过听不上两句话就会呜呜地哭起来。

"出去看看马吧，"姚纳想。"有的是工夫睡觉……总归睡得够的，不用担心……"

他穿上大衣，走进马棚，他的马在那儿站着。他想到燕麦，想到干草，想到天气……他孤单单一个人的时候，不敢想儿子……跟别人谈一谈倒还可以，至于想他，描出他的模样，那是会可怕得叫人受不了的……

"你在嚼草吗？"姚纳问他的马，看见它亮晶晶的眼睛，"好的，嚼吧，嚼吧……我们挣得钱既然不够吃燕麦，那就吃干草吧……对了……我呢，岁数大了，赶车不行啦……应当由我儿子来赶车才对，不该由我来赶了……他可是个地道的马车夫……要是他活着才好……"

姚纳沉默一忽儿，接着说：

"是这么回事，小母马……库兹玛·姚内奇下世了……他跟我说了再会……他一下子就无缘无故死了……打个比方，你生了个小崽子，你就是那个小崽子的亲妈了……突然间，比方说，那小崽子跟你告别……你不是要伤心吗？"

小母马嚼着干草，听着，闻闻主人的手……

姚纳讲得有了劲，就把心里的话统统讲给它听了……

作者简介：

契诃夫（1860—1904），19世纪末俄国伟大的批判现实主义作家，是情趣隽永、文笔犀利的幽默讽刺大师，短篇小说的巨匠，著名剧作家。主要小说作品有《第六病室》(1892)，《带阁楼的房子》(1896)，《新娘》(1903) 等。其小说简练冷峻，风格独特。契诃夫也是一位著名的戏剧家，戏剧作品有《万尼亚舅舅》(1897),《三姊妹》(1901) 等。其剧作含有浓郁的抒情味和丰富的潜台词，令人回味无穷，剧本故事虽取材于日常生活，情节朴素，但却富有深刻象征意义。

【注释】

作者以冷峻的笔触，揭示出19世纪沙皇统治下的社会下层小人物的悲惨处境和孤寂心态。通过姚纳的遭遇，反映了俄罗斯底层劳动人民的悲惨命运，以及人与人之间的冷漠无情。小说的细节描写独具匠心，肖像描写逼真传神，语言朴实无华。在简单的情节中反映出了重大的社会问题。

①这句话出自《旧约全书》。

②维保区：彼得堡的一个区名。

③兜囊：一种与大衣连在一起，可以折叠用作御寒的帽子。

④啧的一响：咂嘴声，吆喝马向前走。

⑤老龙：原文是“高里尼奇龙”，神话传说中的一条怪龙名，这里用作骂人的话。

思考与练习题：

1. 这篇小说结构单纯却容量很大，对此你如何理解？
2. 小说用了几个场景结构来反映人物关系的？试作分析。
3. 小说的环境描写有何特点？对刻画人物心理有何作用？

绳子的故事

[法] 莫泊桑

这是个赶集的日子．戈德维尔附近的每一条路上都要有农民带着娘儿们向镇上走来。男人们步履安闲，迈着弯曲的长腿，冉冉向前。繁重的田间劳动——左肩耸起又歪着身子扶犁，两膝分开立得稳稳地割麦，以及农村中所有中所有

做起来又慢又吃力的活，使他们的双腿变成了畸形。他们的蓝布罩衫浆笔挺，像上了凡立水①一样闪闪发光，袖口和领口用白线绣着花纹，鼓鼓囔囔地裹着瘦骨嶙峋的身五，活像个要腾空而起的气球，气球外面伸出一个脑袋，一双胳膊，两只脚。

有的人手里牵着一头奶牛或者一头牛犊。娘儿们跟在牲口后面，一手还拿着根还带着叶子的树枝，抽着牲口两胁，催促牲口向前，一手挽着大篮子，篮子口上东冒出个鸡头，西伸出个鸭头。比起她们的丈夫来，娘儿们的步子短小而急促。她们身体上干瘦，腰杆挺直，一条窄窄的小披肩用别针别在平坦的胸前，头上巾发裹着块白布，上面再戴一顶便帽。

一匹马驹以短促的快步拉着一辆大车驰过，摇得车上的两男一女前俯后仰。两个男的并排坐着，女的坐在车后，双手攥着车挡，以期缓和一下子车子激烈的颠簸。

戈德维尔的集市上，人群和牲畜混在一起，黑压压一片。只见牛的犄角，富裕农民的长毛绒高帽，农妇们的头巾在集市上攒

动。尖厉刺耳的杂声嗡嗡一片，持续不断，气息粗犷。不时还可听到一声从乡下人结实的胸脯里发出的开怀大笑，或者系在墙边的母牛的一声长哞。

整个集市都带着牛栏，牛奶，牛粪，干草和汗臭的味道。散发着种田人所特有的那种难闻的人和牲畜的酸臭气。

布雷奥戴村奥士高纳大爷刚刚到达戈德维尔，正在向集市广场走来。突然他发现地下有一小段绳子。奥士高纳大爷具有真正诺曼底人的勤俭精神，认为一切有用的东西都该捡起来。他弯下身子去，因为患风湿病而十分吃力。他从地上捡了那段细绳子，并准备绕绕好收起来这时他发现马具商马朗丹大爷在自

家门口瞅着他。他们过去为了一根络头[2]曾有过纠葛，双方怀恨在心，至今互不理睬。现在奥士高纳大爷在粪土里捡绳头，被自己的冤家对着看见了，颇感坍台[3]。他立即将绳藏进罩衫，接着又藏入裤子口袋。然后他又装模作样在地上寻找什么东西，但没有找到，于是便向市场走去，脑袋冲在前面，身子因风湿痛弓着。

他很快便消失在赶集的人群中了。赶集的人吵吵嚷嚷，慢慢吞吞，由于没完没了地讨价还价而有点激动。农民们用手拍拍奶牛，走开去又走回来，拿不定主意，总是怕上当，永远下不了决心，偷偷瞧着卖者眼色，总想识破卖者的诡计，发现牲口的缺点。娘儿们把后里的大篮子放在脚跟边，从里面拉出家禽，搁在地上。家禽的双脚缚着，两眼惊慌，鸡冠通红。

他们不动声色，面无表情，听任顾客还价，不肯松口，或者，突然决定接受顾客还的价钱，向慢慢走开去的顾客叫道：

“昂迪姆大爷，就这样吧，我卖给您了。”

随后，集市上的人群渐渐散去。教堂敲响了午祷的钟声。远道而来的农民纷纷走进镇上的各家客店。

朱尔丹掌柜的店堂里，坐满了顾客。大院里也停满了各式各样的车子：双轮马车，双轮轻便篷车，大马车，敞篷双座轻便马车，以及蹩脚的张篷马车，这些车子沾满黄土，东歪西斜，千补百衲。有的车辕翘到天上，像举着两只胳膊；有时车头冲地，车尾朝天。

在店堂的一边，大壁炉里火光熊熊。坐在右排的顾客，脊背被烤得暖洋洋。三把铁叉在炉上转动着，烤着小鸡、野鸽和肉。烤肉的香味，棕色肉皮上流着的油汁的香味，从炉膛里飘出来，闻得顾客们喜上眉梢，馋涎欲滴。

所有种田的老把式都在朱尔丹掌柜的店里吃饭，凶既是客店老板又是马贩子，是个手头宽裕的精明人。

餐肴和黄色的苹果酒端上来，吃光饮尽。各人谈着自己的生意买卖，相互打听收成的前景。天时对青苗生长有利，但对麦子不佳。

突然，客店前面的大院里响起了一阵鼓声。除少数几个漠不关心的人以外，大家唰地站起来，嘴里含着食物，手里拿着餐巾，向门口，窗口奔去。

传达通知的乡丁敲了一阵小鼓之后，拉开嗓门背诵起来，声音断断续续，重音读错，句子读破。

“戈德维尔的居民以及所……有赶集的乡亲们：今天早晨，九、十点钟……之间，有人在勃兹尔大路上遗失黑皮夹子一只，内装法郎五百，单据若干。请拾到者立即交到……乡政府，或者曼纳维尔村伏图内·乌勒布雷克大爷家。送还者得酬金法郎二十。特此通告。”

乡丁说完便走。远处隐隐约约又传来一次乡丁的击鼓和叫喊声。

于是大家就这件事议论开来，数说着乌勒布雷大爷寻找得到或者找不到皮夹子的种种可能。

午饭已经用毕。

大家正在喝着最后一点咖啡。这时，宪兵大队长突然出现在店堂门口。他问道：

“布雷奥戴村奥士高纳大爷在这儿吗?”

从在餐桌尽头的奥士高纳大爷回答说：

“在。”

于是宪兵大队找又说：

“奥士高纳大爷，请跟我到乡政府走一趟。乡长有话要对你说。”

这位农民既感到诧异又觉得不安。他一口喝完了杯子里的咖啡。起身上路，嘴里边边说“在，在。”他每当休息之后，起步特别困难，所以身子比早晨弓得更加厉害了。

他跟在宪兵大队找后面走了。

乡长坐在扶手椅里等着他。乡长是当地的公证人，身体肥胖，态度威严。说话浮夸。

“奥士高纳大爷，”他说，“有人看见你今天早上在勃兹维大路上拴到了曼纳维尔村乌勒布雷克大爷遗失的皮夹子。”

这位乡下人不知如何回答是好，瞅着乡长，自己也不知为什么，已经被这种对他的怀疑吓呆。

“我，我，我捡到了那只皮夹子?”

“是的，是您亲自捡到的。”

“我以名誉担保，我边皮夹子的影子也没有见到。”

“有人看见你啦。”

“有人看见我，我啦?谁看见的?”

“马朗丹先生，马具商。”

这时老人想起来了，时白了，气得满脸通红。

“啊！他看见啦，这个乡巴佬！他看见我捡起的是这根绳子。乡长先生，你瞧!”

他在口袋里摸了摸，掏出了那一小段绳子。

但是乡长摇摇脑袋，不肯相信。

“奥士高纳大爷，马朗丹先生是个值得依赖的人，我不会相信他把这根绳子当成了皮夹子。”

这位老农气呼呼地举起手来，向身边吐了一口唾沫，表示以名誉起誓，再次说：

“老天有眼，这可是千真万确，丝毫不假的啊，乡长先生。我再说一遍，这件事，我可以用我的良心和生命担保。”

乡长又说：

“你捡起皮夹子之后，甚至还在地上找了很久，看看是否有张把票了从皮夹子里漏了出来。”

老人又气又怕，连说都说不上来了。

“竟然说得出！……竟然说得出……这种假话来糟蹋老实人！竟然说得出！……”

他抗议也是白费，别人不相信他。

他和马朗丹先生当面对了质。后者再次一口咬定他是亲眼看见的。他们互相骂了整整一小时。根据奥士高纳大爷的请求，大家抄了他的身，但什么也没有抄着。

最后，乡长不知如何处理是好，便叫他先回去，同时告诉高纳大爷，他将报告检察厅，并请求指示。

消息已经传开了。老人一走出乡政府就有人围拢来问长问短。有的人确是出于好奇，有的人则是出于嘲弄癖，但都没有任何愤慨。于是老人讲起绳子的故事来。他讲的，大家听了不信，一味地笑。

他走着走着，凡是碰着的人都拦住他问，他也拦住熟人，不厌其烦地重复他的故事，重复他的抗议，把只只口袋都翻转来给大家看，表明他什么也没有。

有人对他说：

“老滑头，滚开!”

他生气，着急，由于别人不相信他而恼火，痛苦，不知怎么办，总是向别人重复绳子的故事。

天色将晚，该回去了。他和三位村邻一起往回走，把捡到绳子的地方指给他们看，一路不停地讲他的遭遇。

晚上，他在布奥戴村里走了一圈，目的是把他的遭遇讲给大家听，但是没有一个人相信他。

他为此心里难过了整整一夜。

第二天，午后一时左右，依莫维尔村的农民布列东大爷的长工马利于斯。博迈勒，把皮夹子和里面的钞票、单据一并送还给了曼纳维尔村的乌勒布雷克大爷。

这个长工声称确是在路上捡着了皮夹子，但他不识字，所以就带回去交给了东家。

消息传到了四乡。奥士高纳大爷得到消息后立即四出游说，叙述起他那有了结局的故事来。他胜利了。

“要知道，使我伤心的是，”他说，“根本不是那么回事，而是污蔑。由于污蔑而遭众人非难，这种事是再损人不过的了。”

他整天讲他的遭遇，在路上向过路的人讲，在酒馆向喝酒的人讲，星期天在教堂门口讲。不认识的人，他也拦住讲给人家听。现在他心里坦然了，不过他觉得有某种东西使他感到不自在。是什么东西，他也说不清楚。人家在听他讲故事时，脸上带着嘲弄的神气。看来人家并不信服。他好像觉得别人在他背后指指戳戳。

下一个星期二，他纯粹出于讲自己遭遇的欲望，又到戈德维尔来赶集。

马朗丹站在家门口，看见他走过来，笑了起来。为什么呢?

他朝克里格多村的一位庄稼汉走过去。这位老农民没有让他把话说完，在他胸口推了一把，冲着他大声说：“老滑头，滚开!”然后扭转身就走。

奥士高纳大爷目瞪口呆，越来越感到不安。为什么人家叫他“老滑头”呢?

他在朱尔丹的客店里坐下之后，又解释起来。

“好了，好了，老主顾，你那根绳子，我知道啦!”

奥士高纳大爷嘀咕道：

“皮夹子既然找到了嘛。”

但那个人接着说：

“老爹，别说了。有个人捡到了，又有个人还了。俗话说，没有见，没人晓，骗你也不知道。”

奥士高纳气得连话也说不上来。他终于明白了。人家指责他是叫一个同伙，一个同谋把皮夹子送回去的。

他想抗议。满座的人都笑了起来了。

他午饭没能吃完便在一片嘲笑声中走了。

他回到家里，又羞又恼。愤怒和羞耻使他痛苦到了极点。他特别感到狼狈，因为，凭他诺曼底人的刁钻，他是做得出别人指责他的事来的，甚至可以自夸手段高明。他门槛精[4]是出名的，所以他模模糊糊意识到他无法证明自己的清白的了。他遭到无端的怀疑，因而伤透了心。

于是，他重新向人讲述自己的遭遇，故事每天都长出一点来，每天都加进些新的理由，更加有力地抗议，更加庄严的发誓。这些都是他一人独处的时候编出来的，准备好的，因为他的心思专门用在绳子的故事上了。他的辩解越是复杂，理由越是多，人家越不相信他。

有人背后议论说："这都是骗人的歪理。"

别人的议论，他有所感。他闷闷不乐，用尽了力洗刷自己，还是白费。

他眼看着消瘦下去。

现在，爱开玩笑的人为了逗乐而请他讲绳子的故事，就像人家请打过仗的士兵讲他亲身经历的战斗故事一样。他那鼓到顶点的士气垮下来。将近年底的时候，他卧病不起。

年初，他含冤死去。监终昏迷的时候，他还在证明自己是清白无辜的，一再说：

"一根细绳子……一根细绳……乡长先生，你瞧，绳子在这儿。"

作者简介：

莫泊桑（1850—1893），法国19世纪著名小说家，曾拜著名作家福楼拜为师学习写作。1880年，莫泊桑发表了短篇小说《羊脂球》，一举成名。莫泊桑的文学成就以短篇小说最为突出，被称为"短篇小说之王"。著名的有《羊脂球》《项链》《骑马》和《绳子的故事》等。莫泊桑的短篇小说善于从生活中截取富有典型意义的横断面，文笔简练，构思新颖，人物形象栩栩如生，达到了很高的艺术成就。

【注释】

这是一篇描写法国诺曼底农村生活题材的小说，它通过一个诚实的农民因捡到一根绳子而被诬陷以致含冤而死的不幸遭遇，揭示了资本主义社会道德的沦丧。作者通过细节描写和外貌、动作、语言描写来刻画人物性格。集市气氛的描写，使作品更具艺术感染力。

①凡立水：英文Varmish的音译，即“清漆”。

②络头：用皮条或绳子做成的套在马匹头上用来系缰绳的马具，也称马笼头。

③坍台：丢脸，出丑。

④门槛精：指为人精明，爱占便宜，不肯吃亏。

思考与练习题：

1. 简要说明小说是如何体现批判现实主义文学特点的。

2. 分析奥士高纳的性格及其死因。

3. 谈谈小说开头的场景描写，采用了什么方法来巧妙处理环境与人物的关系的？

麦琪的礼物①

[美] 欧·亨利

一块八角七分钱。全在这儿了。其中六角还是零钱凑起来的。这些小钱是每次一个两个向杂货店、菜贩和肉店的老板硬扣下来的；人家虽然没有明说，自己总觉得这种掂斤播两的交易未免落个吝啬的恶名，当时羞得脸红。德拉数了三遍。数来数去还是一块八角七分钱。而第二天就是圣诞节了。

除了倒在那张破旧的小榻上大哭一场之外，显然没有别的办法。德拉就这么办了。这就使一种精神上的感慨油然而生，认为人生是由啜泣、抽噎和微笑组成的，其中抽噎占主导地位。

趁这家的女主人的悲伤逐渐地由第一级降到第二级的时候，让我们看一看她的家吧！一套备有家具的公寓，租金每周八元钱。虽然不能说绝对的难以形容，实际上，确实与贫民窟也相差无几了。

楼下的甬道里有一个信箱，但是永远不会有信件投进去；还有一个电铃，鬼才能把它按响。那里还贴着一张名片，上面写着"杰姆斯·狄林汉·杨先生"几个字。

"狄林汉"这个名号是主人先前富裕时，也就是每周赚三十元时，一时高兴，加在姓名之间的，现在进款减缩到二十元了，"狄林汉"几个字看起来有些模糊，仿佛它们正在慎重地考虑是否缩成一个质朴而谦虚的"狄"字为妙。但是每逢杰姆斯·狄林汉·杨先生回家上楼，走进房门时，杰姆斯·狄林汉·杨太太——就是前面已经介绍过的德拉——总是把他叫做"杰姆"，并且热烈地拥抱他。这当然是很好的。

德拉哭完了以后，小心地用破粉扑在面颊上扑了些粉。她站在窗前，呆呆地看着外面灰蒙蒙的后院里有一只灰色的猫在一个灰色篱笆上走着。明天就是圣诞节了，而她只能拿一块八角七分钱给杰姆买一件礼物。几个月来，她尽可能地节省了每一分钱，结果不过如此。每周二十元本来不经花。支出的总比她预算的多。总是这样。只有一块八角七分钱拿来给杰姆买礼物。她的杰姆。为了给他买一件好东西，德拉自得其乐地筹划了好些日子。要买一件精致、珍奇而真正有价值的东西——够得上给杰姆持有的东西固然很少，可是总得有些相称才成呀。

屋里两扇窗户中间有一面壁镜。读者也许见过房租八元钱的公寓里的壁镜。一个非常瘦小灵活的人，从一连串纵的片断的映像里，也许可以对自己的容貌得到一个大致不错的概念。德拉全靠身材纤细，才精通了这种艺术。

突然她从窗口转过身来，站在镜子前面。她的两眼晶莹明亮，但是在二十秒钟内她的脸失色了。她很快地把头发解开，叫它完全披散下来。

且说，杰姆·狄林汉·杨夫妇有两样东西是他们特别引以为自豪的。一样是杰姆三代祖传的金表。另一样是德拉的头发。如果希巴皇后[②]住在气窗对面的公寓里，德拉总会有一天把头发悬在窗外去晾干，只是为了使那位皇后的珠宝和首饰相形见绌。如果所罗门王[③]做了看门人，把他所有的财富都堆在地下室里，杰姆每次经过那儿时会掏出他的金表看看，让所罗门忌妒得吹胡子瞪眼。

这时德拉的美丽的头发披散在身上，像一股褐色的小瀑布一样，波浪起伏，金光闪闪。头发一直垂到膝盖下，仿佛给她披上一件衣服。她又神经质地很快地把头发梳起来。她踌躇了一会儿，静静地站在那里，有一两滴泪水溅落在破旧的红地毯上。

她穿上她那褐色的旧外套，戴上她那褐色的旧帽子。眼睛里还留着晶莹的泪光，裙子一摆，她飘然走出房门，走下楼梯，来到街上。

她走到一块招牌前停住了，招牌上面写着："莎弗朗尼娅夫人——经营各种头发用品"。德拉跑上一楼，一面喘着气，一面定下神来。那位夫人身躯肥大，肤色白得过分，一副冷冰冰的样子，和"莎弗朗尼娅"[④]这个名字太不相称。

"您要买我的头发吗?"德拉问道。

"我买头发，"夫人说，"把你的帽子脱下来，让我看看你的头发什么样儿!"

那股褐色的小瀑布泻了下来。

"二十块钱。"夫人用熟练的手法抓起头发说。

"赶快把钱给我。"德拉说。

啊！随后的两个钟头仿佛长了玫瑰色的翅膀似地飞掠过去了。请不要理会这种杂凑的比喻吧！总之，德拉为了给杰姆买礼物，搜索了所有的铺子。

最后，她终于把它找到了。它确是专为杰姆，不为别人制造的。她把所有的商店都搅翻了一遍，各家都没有像那样的东西。那是一条白金表链，式样简单朴素，只以货色来宣示它的价值，不凭什么俗不可耐的装潢——一切好东西都应该是这样的。它还真配得上那只金表。她一看到这表链就认为非给杰姆买下来不可。它简直像他的为人。文静而有价值——这句话拿来形容表链和杰姆本人都恰到好处。店里以二十一块钱的价格卖给了她，她带着剩下的八角七分钱匆匆地赶回家。杰姆有了这条表链，在任何场合都可以毫无顾虑地看看钟点了。那只表虽然华贵，可是因为他用一根旧皮条来代替表链，他有时只是偷偷地看一眼。

德拉回家以后，她稍稍用谨慎与理智来代替了陶醉。她拿出烫发铁钳，点起煤气，开始补救由于爱情加上慷慨而造成的灾害。那始终是一件艰巨的工作，亲爱的朋友们——简直是了不起的工作。

不出四十分钟，她头上布满紧贴头皮的小发鬈，变得活像一个逃学的小学生。她仔细而苛刻地对着镜子照了又照。

“如果杰姆看了我一眼不把我杀死才怪呢，”她自言自语地说，“他会说我是康奈岛游戏场里的卖唱姑娘。但是我有什么办法呢？——唉！只有一块八角七分钱，叫我有什么办法呢？”

到了七点钟，咖啡已经煮好了，煎锅也放在炉子后面热着，随时准备煎肉排。

杰姆一向准时回家。德拉把表链对折了握在手里，在他进来必经的门口的桌子角上坐下来。接着，她听到楼下梯级上响起了他的脚步声，她立刻脸色变白了。她有一个习惯，往往为了日常最简单的事情默祷几句，现在她悄声说：“求求上帝，让他认为我还是美丽的。”

门开了，杰姆迈步走进来把门关上。他很瘦削，非常严肃。可怜的人，他只有22岁——就担负起家庭的担子！他需要一件新大衣，手套也没有。

一进门杰姆就站住了，像一条猎犬嗅到鹌鹑似的纹风不动。他两眼盯着德拉，有一种她捉摸不透的表情，这使她大为惊慌。那既不是愤怒，也不是惊讶，又不是不满，更不是厌恶，不是她所预料的任何一种神情。他只是带着那种奇怪的神情死死地盯着她。

德拉忐忑不安地从桌上跳下来，走到他身边。

“杰姆，亲爱的，”她喊道，“别那样盯着我看。我把头发剪掉卖了，因为我不送你一件礼物，我过不了圣诞节。头发会再长起来的——你不会在意吧，是不是？我实在没办法才这么做的。我的头发长得快得要命。说句‘恭贺圣诞’吧！杰姆，让我们高高兴兴的。你猜不到我给你买了一件多么好——多么美丽的礼物。”

“你把头发剪掉了?”杰姆吃力地问道，仿佛他绞尽脑汁之后，还没有把那个显而易见的事实弄明白似的。

“非但剪了，而且卖了，”德拉说，“不管怎样，你还是一样地喜欢我，是不是?没有了头发，我还是我，不是吗?”

杰姆好奇地向房里四下张望。

“你说你的头发没有了?”他带着近乎白痴的神情问道。

“你用不着找了，”德拉说，“我告诉你，已经卖了——卖了，没有了。今天是圣诞前夜，亲爱的。好好地对待我，我剪掉头发为的是你呀。我的头发可能数得清，”她突然非常温柔地接下去说，“但是我对你的爱情谁也数不清。我把肉排烧上好吗?杰姆!”

杰姆好像忽然从恍惚中醒过来。他把德拉搂在怀里。为了不要冒昧，让我们花十秒钟工夫瞧瞧另一方面无关紧要的东西吧。每周八块钱的房租或者每年一百万块钱的房租——其中有什么区别?一个数学家或是一个滑稽家可能给你一个不正确的答复。麦琪带来了珍贵的礼物，但是其中没有那样东西。这句晦涩的话，下文将有说明。

杰姆从大衣口袋里掏出一包东西，把它扔在桌上。

“不要对我有任何误会，德儿，”他说，“不管是剪发、修脸、洗头，我对我的姑娘的爱情是绝不会减低一分的。但是，你一打开那包东西，就会明白，刚才你为什么把我愣住了。”

白皙的手指敏捷地撕开了绳子和包皮纸。接着是一声狂喜的叫喊；紧接着，哎呀!突然转变成女性神经质的眼泪和号哭，立刻需要公寓的主人用尽办法来安慰她。

因为摆在眼前的是那套插在头发上的梳子——全套的发梳，两鬓用的，后面用的，应有尽有；那是百老汇路一个橱窗里的、德拉渴望了好久的东西。纯玳瑁做的、边上镶着珠宝的美丽的发梳——配那已经失去的美发，颜色恰恰合适。她知道这套发梳是很贵重的，她心向神往了好久，但从来没有存过占有它的希望。现在居然为她所有了，可是用来装饰那一向向往的装饰品的头发却没有了。

但是她还是把它紧紧地抱在怀中，隔了好久，她才能抬起迷蒙的泪眼，含笑对杰姆说：“我的头发长得多快啊，杰姆!”

接着，德拉像一只挨了烫的小猫似地跳了起来，喊道：“噢!噢!”

杰姆还没有看到送给他的美丽礼物呢！她热切地把它托在自己掌心上递给他。这无知无觉的贵重金属似乎闪闪地反映着她的快活和热诚的神情。

“漂亮吗，杰姆？我跑遍了全城才找到它。现在你每天要把表看上一百次了。把你的表拿给我。我要看看它配上是什么样子！”

杰姆并没有照她的话去做，却倒在小榻上，双手枕着头，微笑着。

“德儿，”他说，“让我们把圣诞节的礼物搁在一边，暂时保存起来。它们实在太好了，现在用了未免可惜。我是卖了金表换了钱给你买的发梳。现在请你煎肉排吧！”

那三位麦琪，读者都知道，全是有智慧的人——非常有智慧的人——他们带来礼物，送给生在马槽里的圣婴耶稣。他们首创了圣诞节馈赠礼物的风俗。他们既然有智慧，他们的礼物无疑也是聪明的，可能还附带一种碰上收到同样的东西时可以交换的权利。我的拙笔在这里向读者叙述了一个没有曲折、不足为奇的故事：那两个住在一间公寓里的笨孩子，极不聪明地为了对方牺牲了他们家里最宝贵的东西。但是，让我对目前一般聪明人说一句最后的话，在所有馈赠礼物的人当中，他们两个是最聪明的。在一切授受礼物的人当中，像他们这样的人也是最聪明的。他们就是麦琪。

作者简介：

欧·亨利（1862—1910），美国著名的短篇小说家，原名威廉·西德尼·波特。出生于美国北卡罗来纳州的一个医生家庭。他一生写了近三百篇短篇小说，代表作有《麦琪的礼物》《警察和赞美诗》《最后的落叶》等。他的小说以诙谐幽默见长，寓悲于喜，形成了“含泪的微笑”的独特风格。小说情节生动，构思巧妙，结局往往出人意料，却又在情理之中，历来为人们所称道。

【注释】

本文通过对一对贫困的年轻夫妇互赠圣诞礼物而忍痛卖掉各自心爱的长发和手表的故事，反映了当时美国下层人民生活的艰苦。赞美了人的善良本性和纯真的爱情。小说采用双线结构，对人物心理活动刻画细腻。典型的“欧·亨利”式结尾。

①选自《欧·亨利市民小说》（上海文艺出版社 1997 年版）。麦琪，指《圣经》所载耶稣降生时东方来朝拜的三个王。

②希巴皇后（Queen of Sheba）：希巴古国在阿拉伯西南，就是今日的也

门。希巴皇后以美貌著称。

③所罗门王（King Solomon，前1033—前975）：以色列国王，以聪明和富豪著称。

④莎弗朗尼娅（Solomon）：意大利诗人塔索（Torquato Tasso，1544—1595）写的以第一次十字军东征为题材的史诗《被解放的耶路撒冷》中的人物，她为了拯救耶路撒冷全城的基督徒，承认了并为犯过的罪行，成了舍身救人的典范。

思考与练习题：

1. 结合小说的构思，谈谈“欧·亨利手法”在文中的艺术效果？
2. 该小说的悲剧意味和喜剧色彩是如何巧妙地糅为一体？试分析之。
3. 作者在叙述时常常采用比喻、夸张和渲染，谈谈这样写的好处。
4. 小说在情节安排上是怎样运用“双线并行”的手法，这样写有什么作用？

快乐王子

[英] 奥斯卡 · 王尔德

快乐王子的雕像高高地耸立在城市上空一根高大的石柱上面。他浑身上下镶满了薄薄的黄金叶片，明亮的蓝宝石做成他的双眼，剑柄上还嵌着一颗硕大的灿灿发光的红色宝石。

世人对他真是称羡不已。"他像风标一样漂亮，"一位想表现自己有艺术品位的市参议员说了一句，接着又因担心人们将他视为不务实际的人，其实他倒是怪务实的，便补充道："只是不如风标那么实用。"

"你为什么不能像快乐王子一样呢？"一位明智的母亲对自己那哭喊着要月亮的小男孩说，"快乐王子做梦时都从没有想过哭着要东西。"

"世上还有如此快乐的人真让我高兴，"一位沮丧的汉子凝视着这座非凡的雕像喃喃自语地说着。

"他看上去就像位天使，"孤儿院的孩子们说。他们正从教堂走出来，身上披着鲜红夺目的斗篷，胸前挂着干净雪白的围嘴儿。

"你们是怎么知道的？"数学教师问道，"你们又没见过天使的模样。"

"啊！可我们见过，是在梦里见到的。"孩子们答道。数学教师皱皱眉头并绷起了面孔，因为他不赞成孩子们做梦。

有天夜里，一只小燕子从城市上空飞过。他的朋友们早在六个星期前就飞往埃及去了，可他却留在了后面，因为他太留恋那美丽无比的芦苇小姐。他是在早春时节遇上她的，当时他正顺河而下去追逐一只黄色的大飞蛾。他为她那纤细的腰身着了迷，便停下身来同她说话。

"我可以爱你吗？"燕子问道，他喜欢一下子就谈到正题上。芦苇向他弯下了腰，于是他就绕着她飞了一圈又一圈，并用羽翅轻抚着水面，泛起层层银色的涟漪。这是燕子的求爱方式，他就这样地进行了整个夏天。

"这种恋情实在可笑，"其他燕子吃吃地笑着说，"她既没钱财，又有那么多亲戚。"的确，河里到处都是芦苇。

等秋天一到，燕子们就飞走了。

大伙走后，他觉得很孤独，并开始讨厌起自己的恋人。"她不会说话，"他说，“况且我担心她是个荡妇，你看她老是跟风调情。”这可不假，一旦起风，芦苇便行起最优雅的屈膝礼。“我承认她是个居家过日子的人，”燕子继续说，“可我喜爱旅行，而我的妻子，当然也应该喜爱旅行才对。”

“你愿意跟我走吗？”他最后问道。然而芦苇却摇摇头，她太舍不得自己的家了。

“原来你跟我是闹着玩的，”他吼叫着，“我要去金字塔了，再见吧！”说完他就飞走了。他飞了整整一天，夜晚时才来到这座城市。“我去哪儿过夜呢？”他说，“我希望城里已做好了准备。”

这时，他看见了高大圆柱上的雕像。

“我就在那儿过夜，”他高声说，“这是个好地方，充满了新鲜空气。”于是，他就在快乐王子两脚之间落了窝。

“我有黄金做的卧室，”他朝四周看看后轻声地对自己说，随之准备入睡了。但就在他把头放在羽翅下面的时候，一颗大大的水珠落在他的身上。“真是不可思议！”他叫了起来，“天上没有一丝云彩，繁星清晰又明亮，却偏偏下起了雨。北欧的天气真是可怕。芦苇是喜欢雨水的，可那只是她自私罢了。”

紧接着又落下来一滴。

“一座雕像连雨都遮挡不住，还有什么用处？”他说，“我得去找一个好烟囱做窝。”他决定飞离此处。

可是还没等他张开羽翼，第三滴水又掉了下来，他抬头望去，看见了——啊！他看见了什么呢？

快乐王子的双眼充满了泪水，泪珠顺着他金黄的脸颊淌了下来。王子的脸在月光下美丽无比，小燕子顿生怜悯之心。

“你是谁？”他问对方。

“我是快乐王子。”

“那么你为什么哭呢？”燕子又问，“你把我的身上都打湿了。”

“以前在我有颗人心而活着的时候，”雕像开口说道，“我并不知道眼泪是什么东西，因为那时我住在逍遥自在的王宫里，那是个哀愁无法进去的地方。白天人们伴着我在花园里玩，晚上我在大厅里领头跳舞。沿着花园有一堵高高的围墙，可我从没想到去围墙那边有什么东西，我身边的一切太美好了。我的臣仆们都叫我快乐王子，的确，如果欢愉就是快乐的话，那我真是快乐无比。我就这么活着，也这么死去。而眼下我死了，他们把我这么高高地立在这儿，使我能看见自己城市中所有的丑恶和贫苦，尽管我的心是铅做的，可我还是忍不住要哭。”

“啊！难道他不是铁石心肠的金像?”燕子对自己说。他很讲礼貌，不愿大声议论别人的私事。

“远处，”雕像用低缓而悦耳的声音继续说，“远处的一条小街上住着一户穷人。一扇窗户开着，透过窗户我能看见一个女人坐在桌旁。她那瘦削的脸上布满了倦意，一双粗糙发红的手上到处是针眼，因为她是一个裁缝。她正在给缎子衣服绣上西番莲花，这是皇后最喜爱的宫女准备在下一次宫廷舞会上穿的。在房间角落里的一张床上躺着她生病的孩子。孩子在发烧，嚷着要吃桔子。他的妈妈除给他喂几口河水外什么也没有，因此孩子老是哭个不停。燕子，燕子，小燕子，你愿意把我剑柄上的红宝石取下来送给她吗？我的双脚被固定在这基座上，不能动弹。”

“伙伴们在埃及等我，”燕子说，“他们正在尼罗河上飞来飞去，同朵朵大莲花说着话儿，不久就要到伟大法老的墓穴里去过夜。法老本人就睡在自己彩色的棺材中。他的身体被裹在黄色的亚麻布里，还填满了防腐的香料。他的脖子上系着一圈浅绿色翡翠项链，他的双手像是枯萎的树叶。”

“燕子，燕子，小燕子，”王子又说，“你不肯陪我过一夜，做我的信使吗?那个孩子太饥渴了，他的母亲伤心极了。”

“我觉得自己不喜欢小孩，”燕子回答说，“去年夏天，我到过一条河边，有两个顽皮的孩子，是磨坊主的儿子，他们老是扔石头打我。当然，他们永远也别想打中我，我们燕子飞得多快呀，再说，我出身于一个以快捷出了名的家庭；可不管怎么说，这是不礼貌的行为。”

可是快乐王子的满脸愁容叫小燕子的心里很不好受。“这儿太冷了，”他说，“不过我愿意陪你过上一夜，并做你的信使。”

“谢谢你，小燕子，”王子说。

于是燕子从王子的宝剑上取下那颗硕大的红宝石，用嘴衔着，越过城里一座连一座的屋顶，朝远方飞去。

他飞过大教堂的塔顶，看见了上面白色大理石雕刻的天使像。他飞过王宫，听见了跳舞的歌曲声。一位美丽的姑娘同她的心上人走上了天台。“多么奇妙的星星啊，”他对她说，“多么美妙的爱情啊”。

“我希望我的衣服能按时做好，赶得上盛大舞会，”她回答说，“我已要求绣上西番莲花，只是那些女裁缝们都太慢了。”

他飞过了河流，看见了高挂在船桅上的无数灯笼。他飞过了犹太区，看见犹太老人们在彼此讨价还价地做生意，还把钱币放在铜制的天平上称重量。最后他来到了那个穷人的屋舍，朝里面望去。发烧的孩子在床上辗转反侧，母亲已经睡熟了，因为她太疲倦了。他跳进屋里，将硕大的红宝石放在那女人顶针旁的桌子上。随后他又轻轻地绕着床飞了一圈，用羽翅扇着孩子的前额。“我觉得好凉爽，”孩子说，“我一定是好起来了。”说完就沉沉地进入了甜蜜的梦乡。

然后，燕子回到快乐王子的身边，告诉他自己做过的一切。“你说怪不怪，”他接着说，“虽然天气很冷，可我现在觉得好暖和。”

“那是因为你做了一件好事，”王子说。于是小燕子开始想王子的话，不过没多久便睡着了。对他来说，一思考问题就老想困觉。

黎明时分他飞下河去洗了个澡。“真是不可思议的现象，”一位鸟禽学教授从桥上走过时开口说道，“冬天竟会有燕子!”于是他给当地的报社关于此事写去了一封长信。每个人都引用他信中的话，尽管信中的很多词语是人们理解不了的。

“今晚我要到埃及去，”燕子说，一想到远方，他就精神百倍。他走访了城里所有的公共纪念物，还在教堂的顶端上坐了好一阵子。每到一处，麻雀们就叽叽喳喳地相互说，“多么难得的贵客啊!”所以他玩得很开心。

月亮升起的时候他飞回到快乐王子的身边。“你在埃及有什么事要办吗?”他高声问道，“我就要动身了。”

“燕子，燕子，小燕子，”王子说，“你愿意陪我再过一夜吗?”

“伙伴们在埃及等我呀，”燕子回答说，“明天我的朋友们要飞往第二瀑布，那儿的河马在纸莎草丛中过夜。古埃及的门农神安坐在巨大的花岗岩宝座上，他整夜守望着星星，每当星星闪烁的时候，他就发出欢快的叫声，随后便沉默不语。中午时，黄色的狮群下山来到河边饮水，他们的眼睛像绿色的宝石，咆哮起来比瀑布的怒吼还要响亮。”“燕子，燕子，小燕子，”王子说，“远处在城市的那一头，我看见住在阁楼中的一个年轻男子。他在一张铺满纸张的书桌上埋头用功，旁边的玻璃杯中放着一束干枯的紫罗兰。他有一头棕色的卷发，嘴唇红得像石榴，他还有一双睡意蒙胧的大眼睛。他正力争为剧院经理写出一个剧本，但是他已经给冻得写不下去了。壁炉里没有柴火，饥饿又弄得他头昏眼花。”

“我愿意陪你再过一夜，”燕子说，他的确有颗善良的心。“我是不是再送他一块红宝石?”

“唉！我现在没有红宝石了。”王子说，“所剩的只有我的双眼。它们由稀有的蓝宝石做成，是一千多年前从印度出产的。取出一颗给他送去。他会将它卖给珠宝商，好买回食物和木柴，完成他写的剧本。”

“亲爱的王子，”燕子说，“我不能这样做，”说完就哭了起来。

“燕子，燕子，小燕子，”王子说，“就照我说的话去做吧。”

因此燕子取下了王子的一只眼睛，朝学生住的阁楼飞去了。由于屋顶上有一个洞，燕子很容易进去。就这样燕子穿过洞来到屋里。年轻人双手捂着脸，没有听见燕子翅膀的扇动声，等他抬起头时，正看见那颗美丽的蓝宝石放在干枯的紫罗兰上面。

“我开始受人欣赏了，”他叫道，“这准是某个极其钦佩我的人送来的。现在我可以完成我的剧本了。”他脸上露出了幸福的笑容。

第二天燕子飞到下面的海港，他坐在一震大船的桅杆上，望着水手们用绳索把大箱子拖出船舱。随着他们“嘿哟！嘿哟！”的声声号子，一个个大箱子给拖了上来。“我要去埃及了！”燕子略道，但是没有人理会他。等月亮升起后，他又飞回到快乐王子的身边。

“我是来向你道别的，”他叫着说。

“燕子，燕子，小燕子，”王子说，“你不愿再陪我过一夜吗?”

“冬天到了，”燕子回答说，“寒冷的雪就要来了。而在埃及，太阳挂在葱绿的棕榈树上，暖和极了，还有躺在泥塘中的鳄鱼懒洋洋地环顾着四周。我的朋友们正在巴尔贝克古城的神庙里建筑巢穴，那些粉红和银白色的鸽子们一边望着他们干活，一边相互倾诉着情话。亲爱的王子，我不得不离你而去了，只是我永远也不会忘记你的，明年春天我要给你带回两颗美丽的宝石，弥补你因送给别人而失掉的那两颗，红宝石会比一朵红玫瑰还红，蓝宝石也比大海更蓝。”

“在下面的广场上，”快乐王子说，“站着一个卖火柴的小女孩。她的火柴都掉在阴沟里了，它们都不能用了。如果她不带钱回家，她的父亲会打她的，她正在哭着呢。她既没穿鞋，也没有穿袜子，头上什么也没戴。请把我的另一只眼睛取下来，给她送去，这样她父亲就不会揍她了。”

“我愿意陪你再过一夜，”燕子说，“但我不能取下你的眼睛，否则你就变成个瞎子了。”

“燕子，燕子，小燕子，”王子说，“就照我说的话去做吧。”

燕子是他又取下了王子的另一只眼珠，带着它朝下飞去。他一下子落在小女孩的面前，把宝石悄悄地放在她的手掌心上。“一块多么美丽的玻璃呀！”小女孩高声叫着，她笑着朝家里跑去。

这时，燕子回到王子身旁。“你现在瞎了，”燕子说，“我要永远陪着你。”

“不，小燕子，”可怜的王子说，“你得到埃及去。”

“我要一直陪着你，”燕子说着就睡在了王子的脚下。

第二天他整日坐在王子的肩头上，给他讲自己在异国他乡的所见所闻和种种经历。他还给王子讲那些红色的朱鹭，它们排成长长的一行站在尼罗河的岸边，用它们的尖嘴去捕捉金鱼；还讲到司芬克斯，它的岁数跟世界一样长久，住在沙漠中，通晓世间的一切；他讲到那些商人，跟着自己的驼队缓缓而行，手中摸着狼牙做的念珠；他讲到月亮山的国王，他皮肤黑得像乌木，崇拜一块巨大的水晶；他讲到那条睡在棕榈树上的绿色大蟒蛇，要20个僧侣用蜜糖做的糕点来喂它；他又讲到那些小矮人，他们乘坐扁平的大树叶在湖泊中往来横渡，还老与蝴蝶发生战争。

“亲爱的小燕子，”王子说，“你为我讲了好多稀奇的事情，可是更稀奇的还要算那些男男女女们所遭受的苦难。没有什么比苦难更不可思议的了。小燕子，你就到我城市的上空去飞一圈吧，告诉我你在上面都看见了些什么。”，

于是燕子飞过了城市上空，看见富人们在自己漂亮的洋楼里寻欢作乐，而乞丐们却坐在大门口忍饥挨饿。他飞进阴暗的小巷，看见饥饿的孩子们露出苍白的小脸没精打采地望着昏暗的街道，就在一座桥的桥洞里面两个孩子相互搂抱着想使彼此温暖一些。“我们好饿呀！”他俩说。“你们不准躺在这儿，”看守高声叹道，两个孩子又蹒跚着朝雨中走去。

随后他飞了回来，把所见的一切告诉给了王子。

“我浑身贴满了上好的黄金片，”王子说，“你把它们一片片地取下来，给我的穷人们送去。活着的人都相信黄金会使他们幸福的。”

燕子将足赤的黄金叶子一片一片地啄了下来，直到快乐王子变得灰暗无光。他又把这些纯金叶片一一送给了穷人，孩子们的脸上泛起了红晕，他们在大街上欢欣无比地玩着游戏。“我们现在有面包了！”孩子们喊叫着。

随后下起了雪，白雪过后又迎来了严寒。街道看上去白花花的，像是银子做成的，又明亮又耀眼；长长的冰柱如同水晶做的宝剑垂悬在屋檐下。人人都穿上了皮衣，小孩子们也戴上了红帽子去户外溜冰。

可怜的小燕子觉得越来越冷了，但是他却不愿离开王子，他太爱这位王子了。他只好趁面包师不注意的时候，从面包店门口弄点面包屑充饥，并扑扇着

翅膀为自己取暖。

然而最后他也知道自己快要死去了。他剩下的力气只够再飞到王子的肩上一回。“再见了，亲爱的王子!”他喃喃地说，“你愿重让我亲吻你的手吗?”

“我真高兴你终于要飞往埃及去了，小燕子，”王子说，“你在这儿呆得太长了。不过你得亲我的嘴唇，因为我爱你。”

“我要去的地方不是埃及，”燕子说，“我要去死亡之家。死亡是长眠的兄弟，不是吗?”

接着他亲吻了快乐王子的嘴唇，然后就跌落在王子的脚下，死去了。

就在此刻，雕像体内伸出一声奇特的爆裂声，好像有什么东西破碎了。其实是王子的那颗铅做的心已裂成了两半。这的确是一个可怕的寒冷冬日，

第二天一早，市长由市参议员们陪同着散步来到下面的广场。他们走过圆柱的时候，市长抬头看了一眼雕像，“我的天啊! 快乐王子怎么如此难看!”他说。

“真是难看极了!”市参议员们异口同声地叫道，他们平时总跟市长一个腔调。说完大家纷纷走上前去细看个明白。

“他剑柄上的红宝石已经掉了，蓝宝石眼珠也不见了，他也不再是黄金的了，”市长说，“实际上，他比一个要饭的乞丐强不了多少!”

“的确比要饭的强不了多少，”市参议员们附和着说。

“还有在他的脚下躺着一只死鸟!”市长继续说，“我们真应该发布一个声明，禁止鸟类死在这个地方。”于是市书记员把这个建议记录了下来。

后来他们就把快乐王子的雕像给推倒了。“既然他已不再美丽，那么也就不再有用了，”大学的美术教授说。

接着他们把雕像放在炉里熔化了，市长还召集了一次市级的会议来决定如何处理这些金属，当然，我们必须再铸一个雕像。”他说，“那应该就是我的雕像。”

“我的雕像，”每一位市参议员都争着说，他们还吵了起来。我最后听到人们说起他们时，他们的争吵仍未结束。

“多么稀奇古怪的事!”铸像厂的工头说，“这颗破裂的铅心在炉子里熔化不了。我们只好把它扔掉。”他们便把它扔到了垃圾堆里，死去的那只燕子也躺在那儿。

“把城市里最珍贵的两件东西给我拿来，”上帝对他的一位天使说。于是天使就把铅心和死鸟给上帝带了回来。

"你的选择对极了，"上帝说，"因为在我这天堂的花园里，小鸟可以永远地放声歌唱，而在我那黄金的城堡中，快乐王子可以尽情地赞美我。"

作者简介：

奥斯卡·王尔德（1854—1900）是19世纪后期英国著名的作家、诗人、剧作家，唯美主义的代表人物。王尔德一生只为世人留下了9篇童话，分别收录在1888年出版的《快乐王子故事集》和1891年出版的《石榴之家》。他的第一部童话集问世之后，人们才真正将他视为有影响的作家。英国《典雅》杂志将他和安徒生相提并论，说他的《自私的巨人》堪称"完美之作"，整本童话集更是纯正英语的结晶。

【注释】

本篇童话讲述性的特点很强，让人觉得，这位生活在19世纪维多利亚时代的伟大作家，依然在和我们娓娓交谈。作者笔触细腻，通过语言、外貌描写将一个善良、悲悯的快乐王子形象呈现在读者面前，将王子的善良和议员的势力庸俗形成鲜明对比，表达了对善良和同情心的强烈呼唤。

思考与练习题：

1. 本文的人物对话描写有什么特色？对塑造人物形象起了什么作用？

2. 快乐王子多次对燕子说"你不愿再陪我过一夜吗？"这个问句在故事发展中起到了怎样的作用？

3. 为什么上帝认为铅心和死鸟是城市里最珍贵的东西？谈谈你是如何理解小说的最后一段的。

第三只鸽子的故事

［奥］斯特凡·茨威格

《创世记》里讲过第一只鸽子的故事和第二只鸽子的故事：当天空关住了闸门，地球上洪水已开始消退的时候，人类的祖先挪亚就把这两只鸽子从方舟中放出来，让它们去打探消息。可是第三只鸽子飞向了何方，它的命运又如何，却从来没有谁讲过。

方舟终于在阿拉腊山的峰顶上搁住了。在这只拯救生灵的大船的肚子里，藏着全部没有被洪水淹死的飞禽走兽。这当儿，祖先挪亚从桅杆瞭望远方，只见巨浪滚滚，水天茫茫。于是，他便放出一只鸽子，第一只鸽子，让它去探看情况，以便弄清楚在这云开雾散的天宇下，是否有哪儿已现出陆地。

据《创世记》讲，第一只鸽子就腾空而起，振翅飞去。它飞到东，又飞到西，飞到哪儿看见的都仍然是水。它飞累了，找不到任何休息的地方，翅膀渐渐便失去了力量。它不得已又飞回方舟，飞回这世界上唯一的藏身之地。它绕着搁在山顶上的大船来回飞着，直到挪亚伸出手接它回舟中去。

挪亚又等了七天；七天中一滴雨没下，洪水更往下落了。这时他重新放出一只鸽子，第二只鸽子，让它去打探情况。这只鸽子早上飞出去，傍晚便飞了回来，嘴里还衔着一片橄榄叶——大地已获解放的第一个迹象。如此一来挪亚就知道树梢已伸出水面，考验也已经受住了。

又过了七天，他再放出一只鸽子，第三只鸽子。这只鸽子飞向了世界远方，早上飞出去，晚上却没有飞回来。挪亚等了一天又一天，也不曾等到它。这时挪亚明白了：大地已经露出来，洪水已完全消退。可是那只鸽子，第三只鸽子呢，他却再没有听见任何消息，人类也没有听见任何消息。时至今日，再没有谁讲起过它的故事。

可在下面，我就要告诉你这第三只鸽子的去向和遭遇。

那天早上，它飞出了闷气的船舱。当时舱里黑洞洞的，动物们挤挤挨挨，蹄子爪子互相磕碰，大家都不耐烦地叫唤起来，咆哮声、狂吠声、吱吱声，乱成一片。第三只鸽子离开拥挤的船舱，飞进了广阔的世界，从黑暗中来到了光明里边。此刻，它在给雨水冲洗得清新明净的空气中振翅飞翔，自由托负着它，无边的宇宙的恩惠包围着它。大海在它脚下远远地闪着光；森林像湿润的苔藓似的绿得发亮；白色的晨雾从草地上冉冉升起；鲜花盛开的草地弥漫着甜蜜的芳香。天空反射下来明亮的光辉；初升的朝阳给群山撞碎了，化作了万朵红霞；海水被映照得像血一样鲜红；大地在阳光照射下欣欣向荣，蒸蒸日上。这是一幅多么壮丽的复苏景象呵！鸽子幸福地看着这一切，舒展双翅，滑翔在万紫千红的世界上空，越过块块陆地，片片海洋，像在梦里似的飞啊，飞啊，不知不觉自己也化作了一个轻梦。跟上帝本身一样，它首先看见这个获得了解放的世界；它真是怎么也看不够呐。方舟上那个白胡子老头儿以及他所托付的事，他早给忘了；晚上还得回去，它也早给忘了。要知道世界如今已成为它的家，天空已成为它的住房。

第三只鸽子，祖先挪亚的不忠实的信使，它就这么继续飞呀，飞呀，飞过空旷的世界；幸福犹如一股强劲的风，托着它往下降，翅膀软弱得耷拉下来，终于擦到了潮湿的树梢。于是，第二天傍晚，它便落进了一座森林。和世纪之初的一切一样，这座森林也没有名字。鸽子藏在密林深处，进行长途飞行后的休息。枝叶覆盖着它的身体，轻风为它唱歌催眠。白天，树荫下凉爽舒适；夜里，繁枝间充满暖意。不久它便忘记了长空的雄风和远方的诱惑；绿色的穹宇庇护着它，不计其数的光阴从它身边流逝过去。

迷途的鸽子定居在那座森林，离我们的世界不远；只是当时还无人踏访，在孤寂中鸽子自己也渐渐变成了一个梦。它躺在绿色的窠巢里，年复一年，甚至已被死神忘记。因为从每种见过那次太古洪荒之前的第一个世界的动物中，都得保存一只下来；它们既不会老死，也不可能遭到任何猎人伤害。这些动物密藏在地球的衣褶里，人眼见不到，就如我们这只躲在密林深处的鸽子。自然，偶尔它也隐隐约约感觉出附近有人类存在，例如有时传来一声枪响，在绿色的高墙中引起无数的回音；有时伐木工人砍伐树干，使黑暗的密林发出轰鸣；有时一对情人紧紧相偎着走向幽会地，从树丛后送来咯咯的轻笑；有时孩子们来林中采摘草莓，远远地回荡着他们的歌声，这时候，被深深缠绕在叶簇和梦境里的鸽子，它偶尔也会留神听一听这些来自人世间的声音，但在听见以后并不害怕，而仍旧静静待在自己那个黑暗的角落里。

然而，最近一些日子，整个森林却突然轰隆隆响个不停，像是大地要裂开了似的。只见空中飕飕飞过无数钢铁的黑家伙，掉在哪儿，那儿的泥土便飞腾起来，一片片大树就跟麦秸似的被砍倒在地。身穿不同颜色服装的人们，互相投掷着死亡。从一些可怕的机器中，喷吐出一道一道的火光，一片一片的火焰。闪电从地里蹿出来，直冲云霄，紧跟着便是阵阵雷声，那情形就像地要蹦上天去。天要掉下地来似的。鸽子从梦中惊起，发现死亡和毁灭已临到头上；就像当初洪水淹没了整个大地，如今世界是一片火海。它猛地鼓动双翅，飞到空中，要离开这个即将毁灭的森林，去另找一个居住的地方，一个和平的地方。

高高地飞着，飞遍了我们的整个世界，为了寻找和平；可是，它无论飞到哪儿，那儿都有这种人为的闪电和霹雳，那儿都有战争。人世间又降临了二次大洪荒，整个地球已变成一片血和火的汪洋。它急急忙忙飞过我们所有的国家，想找一个歇息的地方，然后好再飞到人类的祖先那儿去，把象征希望的橄榄叶送给他。但是在这些日子里，哪儿也找不到一片橄榄叶啊。毁灭的洪水越涨越高，人类眼看就要被淹没了，世界正不断被火海吞噬。直到今天，鸽子仍未找到歇息的地方，人类仍未找到和平；而在这之前，鸽子就永远回不去，永远得不到休息。

任何人都没看见过它，没有看见过这只迷失归途的神秘的鸽子，这只在我们的时代寻找和平的鸽子；可尽管如此，它却飞在我们头顶上，心里充满恐惧，翅膀已软弱无力。只有很少的时候，当人们半夜里从梦中惊醒，才会听见黑暗的空中有扑喇喇的声音，这便是鸽子在不停地飞动，在仓皇地逃逸。在它那翅膀上，系挂着我们的全部忧思；在它的恐怖中，激荡着我们的全部希望。这只在天与地之间战栗地飞翔着的鸽子，这只迷失了方向的鸽子，它现在将向它背叛过的人类祖先报告的，已是我们自己的命运。就像几千年前一样，世界眼下又期待着一个人向它伸出手来，并且告诉它：考验已经够了。

作者简介：

斯蒂芬·茨威格（1881—1942），奥地利著名小说家、传记作家，出身于富裕的犹太家庭。茨威格在诗、短论、小说、戏剧和人物传记写作方面均有过人的造诣，尤以小说和人物传记见长。代表作有小说《最初的经历》《马来狂人》《恐惧》《一个陌生女人的来信》《象棋的故事》《一个女人一生中的二十四小时》《危险的怜悯》等；传记《三位大师》《同精灵的斗争》《三个描摹自己生活的诗人》等。

【注释】

本文从取材圣经的故事。以第三只鸽子的经历为线索，揭露了现实世界存在的种种不和谐。表达了作者对和平的强烈向往。作者手法娴熟的场景描写，将第二只鸽子与第三只鸽子的所见形成鲜明对比，突现出来现实世界的冲突和灾难。

思考与练习题：

1. 作者是从哪几个方面描写第三只鸽子的。

2. 结合作者的写作背景，概括本文的中心思想。

3. 你怎样理解文章的最后一句话“就像几千年前一样，世界眼下又期待着一个人向它伸出手来，并且告诉它：考验已经够了”。

世界上最美丽的溺死者①

[哥]马尔克斯

一团黑乎乎的东西静悄悄地从海上漂来。发现那堆东西的孩子们最初以为那是一条敌人的船，后来看到它既没有旗号也没有桅杆，又认为那是一条鲱鱼。但是直到那团东西被冲到沙滩上、拿掉挂在上头的马尾藻、水母的丝状体、死鱼和破船残片后，才真相大白：原来是一个被淹死的人。

孩子们把死者埋进沙地，又扒出来，扒出来又埋进去，翻来覆去把他折腾了一个下午。直到傍晚才被一个成年人发现，把消息带进了村里。

几个男人把死者抬到最近的居民家。他们觉得他的尸体比他们抬过的一切尸体都重，简直像一匹死马。他们心想，这也许是因为尸体在水里泡得太久了，海水渗进了死者的骨骼。当把死者平放在地上时，他们发现他比一切男人的个子都高得多，因为房间勉勉强强搁得下他。但是他们认为，此人死后继续生长的力量是某些溺死者的天性。他身上散发着海水的气味。只有它的形状能够让人猜想它是一具人的尸体，因为它的皮上覆盖着一层鲫鱼鳞和海泥巴。

不用把他的面孔擦干净就知道他是一个外乡的死者。村里只有大约二十幢木板房，庭院是石铺的，没有花草，房子集中在村庄荒凉的一隅。土地少得可怜。母亲们总是担心孩子们会被狂风卷走。被岁月夺去生命的人往往被抛到悬崖峭壁下面去。但是大海是和善的，慷慨的。村里的男人七条小船就可以装下，所以，当他们碰到这个死者时，只要你看看我、我看看你就可以知道，他们的人数一个不少。

那个夜晚，他们没有出海。男人们分头到邻村去查问是不是少了人，妇女们留在村里看守那个溺死者。她们用茅草刷子刷掉死者身上的泥巴，把死者头发上的海蒺藜摘掉，用刮鱼鳞的铁器把死者身上鲫鱼鳞刮去。在做这些工作时，她们发现死者身上的植物只有遥远的海洋和深水里才有；他的衣服破破烂烂，仿佛在珊瑚的迷宫里穿行过似的。她们还发现，死者的脸上显露着视死如归的表情，他没有被海水淹死的人那种孤独面色，也没有被河水淹死的人那种肮脏而憔悴的面容。但是，直到她们把死者的全身清理干净后才看清楚他是一个什么样的男人；此刻，她们都惊呆了：他不仅是她们从未见过的最高大、最结实、最刚毅、最强健的人，而且即使眼睁睁地望着他也还是难以相信。

村中找不到一张大床来停放死者，也找不到一张结实桌子来为他守灵。村里最高的男人节日穿的长裤，最胖的男人星期日穿的衬衫和最大的男鞋，他都穿不了。妇女们为他的魁伟身躯和美貌所吸引，决计用一块大帆布为他做一条裤子，用新娘的“不拉奔”亚麻布为他做一件衬衫，好让他体面地进入阴间。当她们围成一圈缝衣服、不时地瞅一瞅尸体时，觉得风儿刮得从没有像这个夜晚这么紧，加勒比海也从没有像这个夜晚这么汹涌。她们猜想，这些变化一定跟这个死人有关系。她们想，这个不平常的男人要是在她们村里住的话，他家的房门肯定特别宽，屋顶特别高，地板相当牢固，床架是用带螺栓的最好的骨架做成的，他妻子准是最幸福的女人。她们还想，他的威力一定很大，只需呼唤鱼儿的名字就能捕到它们；他的劳动热情也一定很高，既能够让泉水从最干涸的石头中间冒出来，也能让悬崖峭壁长出花草来。她们暗自把他同自己的男人做比较，认为他们一辈子也干不了这个人一个夜晚所干的事情，最后竟觉得他们像世界上最肮脏、最渺小的人那么可憎。正当她们这样着迷地胡思乱想时，只听那个年纪最老的女人——因为最老，所以觉得死者并不那么可爱，而只觉得他十分可怜——叹道：“他好像叫埃斯特万。”

她说对了。大多数妇女只要再仔细瞧瞧他就可以明白，他不可能叫别的名字。最固执的妇女——她们是年轻的——却坚持她们的幻想：给他穿上衣服，让他躺在花丛中，脚穿一双黑皮鞋，他是可以叫洛塔罗的。但是这个幻想落了空。亚麻布不够用，裁剪得不好、缝得更糟的裤子太瘦小了；他的体内蕴藏的力量把衬衫的纽扣崩掉了。半夜过后，风的呦哨声减弱了，大海陷入了深沉的昏睡状态。寂静打消了最后的疑问：他是埃斯特万。给他穿衣服的女人，给他梳头的女人，给他剪指甲和刮胡子的女人，不得不顺从地让他躺在地上的时候，再也克制不住怜悯的战栗心情。这时她们方才明白这个异乎寻常的死者遭受到了多少不幸，直到死后还要受到折磨。她们看见他进门时不得不侧着身子，脑袋撞在门楣上，进屋后也只能站着，不知把他那双像海豹那么柔嫩的、玫瑰色的手放在哪儿，女主人却在胆战心惊地寻找着最坚固的椅子，央求他说：“坐在这儿，埃斯特万，请坐在这儿。”他倚着墙壁，微笑着说：“没关系，太太，我这样很好。”他露着脚后跟，脊背红红的。每次走访时都照样重复这句话：“没关系，太太，我这样很好。”他这样说只是为了不把椅子坐坏，免得出丑。也许他并不知道那些对他说“你别走哇，埃斯特万，等咖啡烧好，喝一杯再走”的人，等他走后会喃喃地嘟哝说：“这个大傻瓜走了，好极了，这个傻乎乎的美男子终于走了。”这是看管他的妇女们天亮前的想法。天亮后，当她们用一块毛巾盖住他的面孔免得光线照得他难受时，发现他双目紧闭，永不生还，毫无自卫能力，和她们的男人十分相像。是她们的男人使她们的心灵裂开了流淌泪水的口子。有一位最年轻的女人抽泣起来。在彼此影响下，其他妇女也由叹息变为悲伤，抽泣得愈紧就愈是想哭，因为这个溺死者愈来愈像埃斯特万，最后她们竟泣不成声，死者似乎成了世界上最孤苦无靠的人，最善良的人，最受大家欢迎的人。所以，当男人们回来说溺死者也不是邻村的人时，她们简直破涕为笑了。

“感谢上帝。”她们舒了口气，“他是我们的！”

男人们相信，这种喜出望外的言语不过是女人的轻薄表现。经过一夜的转弯抹角的调查奔波，他们已经精疲力竭，他们唯一的愿望就是赶快摆脱这个死者为他们带来的麻烦，不要等到那干旱无风的一天的炎炎烈日升上蓝天。他们临时用旧桅杆和帆布片做了一副担架，把担架系在桅座上，使它能够把沉重的尸体拖到悬崖脚下。他们想把一只商船用的铁锚缚在死者的脚腕上把死者沉到鱼儿有眼看不清、潜水员有家难还乡的最深的海底去，再也不会像其他死者那样被不祥的海水冲到海边来。男人们愈是着急，妇女们的事就愈多，变着法儿地拖延时间。她们像胆小的母鸡鸽啄[②]大货箱上的航海护符似的，有的在这儿碍事，因为她们想为死者裹上一条披肩，好防备大风；有的在那儿碍事，因为她们想给他戴上一只手镯。结果遭到一顿呵斥：“躲开，女人，别在这儿碍我的事，你瞧，差点儿叫我倒在死人身上！”男人们感到大惑不解，不满地抱怨起她们来：干吗把那么多主祭坛上的铁制品献给一个外乡的死者，无论让他带走多少帆布钉和圣水器，都会被鲨鱼嚼碎的。但是妇女们仍然忙忙碌碌，跌跌撞撞地搬着她们那不值钱的圣物，同时把眼泪化为叹息表达着她们的悲哀。到末了，男人们终于忍不住叫骂起来：为了一个漂来的死人，一个来历不明的溺死者，一堆臭烘烘的腐肉，何必如此折腾！有一位妇女听到这许多冷漠的言语不能忍受，一气之下把死者脸上的手帕扯了下来，男人们不禁怔住了。

他是埃斯特万。不用多费口舌他们也会承认的。如果他们对她们说他叫沃尔特·雷利先生的话，也许她们会为他的洋腔洋调，肩上的红鹦鹉，杀死野兽的火枪感到不安的。但是埃斯特万只是世界上的一个人，现在他正像一条鲱鱼似地躺在那里，没有穿短统靴，只穿一条短小的裤子，石片似的硬脚指甲只能用刀子削。只要把他脸上的手帕拿开就能够知道，他感到羞愧，他长得这么高大，这么沉重，这么美丽，这不是他的过错；他倘若知道会闹到这步田地，他会找个更僻静的地方溺死的，“不是说笑话，我会自个儿把大帆船用的铁锚挂在脖子上，神不知鬼不觉地爬上陡峭的悬崖跳海的，正像你们说的，‘免得现在用这个臭烘烘的死人妨碍人，用这堆肮脏的、跟我毫不相干的腐肉讨人厌。’”他那副惨状是那么真切，连最多疑的男人，担心自己的妻子宁肯梦见溺死者也不愿再梦见自己的男人，夜里在海上感到痛苦的男人，以及其他更为残酷无情的男人，也都怀着对埃斯特万的真挚感情从内心深处发颤了。

他们就这样为他举行了能够为一个被遗弃的溺死者举办的最隆重的葬礼。一些到邻村去寻找鲜花的妇女和另外一些不相信关于溺死者的传闻的妇女一起回来了。这些妇女亲眼看到死者后，也去寻找鲜花了。她们找来了许多许多的花朵；花卉摆了一地，村民密密层层，几乎没法走路了。当最后把孤苦伶仃的死者送回大海的时候，人们都难过极了。大家在最好的人们中间替他选认了父亲母亲，剩下的人就做他的兄弟姐妹，叔伯表亲。这样一来，全村的居民彼此也就成了亲戚。有一些海员听到远方传来哭声，不知来自何方。一位掌管主桅缆索的海员回想起了关于美人鱼的古老故事，大家才明白。当人们争先恐后将死者顺着陡坡抬上悬崖的时候，由于失去了他们这位光彩而美丽的溺死者，男人和女人们第一次感觉到他们的街道是多么凄凉，他们的庭院是多么荒芜，他们的梦幻是多么狭隘。没有给死者缚铁锚就把他丢进了大海，好让他再回来，如果他愿意的话或愿意的时候。当尸体慢慢悠悠地落到悬崖下的时候，大家一直屏着气息。无须彼此相望就都明白，他们的成员已经不完全了，而且永远也不会完全了。但是他们还知道，从此以后，一切都会发生变化，他们的房门将加宽，他们的屋顶将加高，他们的地板将加固，好让埃斯特万的幽灵能够走进各家各户而不会碰到任何障碍，将来谁也不会窃窃私语：“大傻瓜已经死了，真可惜，美丽的呆子已经死了。”因为他们将用悦目的色彩粉饰门面，永远纪念埃斯特万；他们还将累断脊梁骨，在石头中间挖泉水，在悬崖上面栽花卉，好让未来的大轮船上的乘客们早晨在远方的海上被这浓郁的花香所熏醒，船长不得不穿着他那华丽的制服，拿着他的观象仪和指南针，佩戴着他那串大勋章从指挥塔上走下来，指着加勒比海地平线上那长满玫瑰花的海岬，用十四种语言说：你们瞧那里，现在那儿风平浪静，阳光灿烂耀眼，向日葵不知道向何方旋转，不错，那里就是埃斯特万的家乡。

朱景冬　译

作者简介：

加夫列尔·加西亚·马尔克斯（1928— ），哥伦比亚作家。18岁时入国立波哥大大学学习法律。上学期间开始为报刊撰写文章和尝试文学创作。后到罗马进修电影艺术，使其在后来的导演电影和写作电影剧本时，善于把电影技巧用于文学创作。1971年获美国哥伦比亚大学名誉文学博士称号。曾先后获拉美文学最高奖——委内瑞拉“罗慕洛·加列戈斯”国际文学奖、哥伦比亚国家文学奖，1982年获诺贝尔文学奖。主要作品有长篇小说《残叶》《恶时辰》《百年孤独》《家长的没落》《霍乱时期的爱情》，中篇小说《没有人给写信的上校》《一桩事先张扬的人命案》，短篇小说集《蓝宝石般的眼睛》《格兰德大妈的葬礼》以及电影剧本《绑架》等。其作品的主要特色是现实与幻想巧妙结合，运用魔幻现实主义的表现手法反映现实社会生活。

【注释】

小说描写了加勒比海小岛的岛民为一个外乡溺水者举办隆重葬礼的故事。这个溺水者唤起了人们对美的渴求，小村变得更美更有文明气息。小说通过描写岛民举办葬礼过程中的心态行为，反映了封闭落后的小岛现实和岛民善良、质朴、天然的人性之美。小说中的“溺水者”具有丰富的象征意味。故事虽采用白描手法，却酝酿出如真似幻的艺术氛围。

①选自《外国短篇小说百年精华》，人民文学出版社，2003年出版。

②鸲啄：鸟啄物。

思考与练习题：

1. 小说中的“溺水者”被给予了大量细致而美饰的描写，其用意是什么？
2. 这篇小说具有丰富的思想意蕴，试做分析。
3. 你认为此小说最能体现马尔克斯创作的那些特点？

附录一 文学基础

散文及其赏析

我国是一个散文大国，散文历史源远流长，散文作品浩如烟海。千年的积淀和传承，使得散文这棵大树根深叶茂，生生不息。在我国古代文学中，散文与诗歌共同分享着文学正宗的美誉。从“先秦诸子、战国史家、马班雄才、魏晋名士，到唐宋大家、公安竟陵、桐城阳湖”，可谓高手林立，繁星满天。他们记历史，议国事，写人生，绘山川，“笼天地于形内，挫万物于笔端”；突显的写作个性，形成了斑斓的文章风格，或恣肆，或犀利，或简约，或富丽，或柔婉，或雄健，可谓气象万千。

随着时代的变迁，“五四”以后的散文，在现代历史的进程中得以发展、充实和完善。散文作家们一方面继承古代散文的优良传统，一方面吸收西方现代散文的精华，确立了写实求真、抒情言志、张扬个性，自由独创的现代立场，创作了大量具有现代特质的优秀散文。鲁迅、朱自清、郁达夫、冰心、许地山、徐志摩、周作人、丰子恺等，都以自己个性化的创作，表现了社会和人生的方方面面，以不同的散文样式，不同的风格流派，开辟了中国散文的新时期。建国后的散文创作经历了沉沉浮浮的十七年，杨朔、秦牧、刘白羽等一批散文家们，或酿造生活的诗意，或描绘山川秀色，或歌颂时代英雄，或反映新人新事，大大地拓展了现代散文的创作空间。

新时期以来，散文进入了又一个发展的新时期。在新时代的反思和探索中，作者以现代观念审视人生，品味人生，诉说人生。作家们感应时代变革，发掘文化精神，开启女性空间，叙写地域乡土，多侧面、多角度、多层次地反映了生活的丰富多彩，表现了作家的智慧和胆识。两岸的文化交流，更是促成了当代散文的多元格局，乡土散文、都市散文、女性散文、学者散文、文化散文、现代散文等类型繁多，且成绩不俗。新生代散文的出现也值得我们关注和期待。二十一世纪，我们对中国散文的发展更加充满信心。

一、散文的概念

散文是与诗歌、小说、戏剧并列的一种文学体裁，它有广义和狭义之分。

中国古代把韵文、骈文以外的文章都称作"散文"，是"散行文字"的意思，包括除韵文以外的一切文章，没有文学与非文学之别，这就是广义的散文。今天我们所说的"散文"概念，是专指与诗歌、小说、戏剧并列的文学样式，即狭义散文。狭义的散文包括报告文学、传记文学、文艺通讯、人物传记、抒情小品、杂文、游记、序跋、回忆录等，但随着文学体裁的发展，报告文学、传记文学和杂文越来越突显出它们的独特的个性，渐渐从散文家族中分离出来。

二、散文的分类

根据文章的抒情方式和内容，我们把散文分为叙事类散文、状物类散文和议论类散文。

（一）叙事类散文

这类散文有的以写人为主，有的以记事为主，有的截取生活中的一两个片段，借以抒发情怀，有的有较为完整的情节，作者的诗情弥漫于字里行间。如：欧阳修的《祭石曼卿文》、方苞的《左忠毅公逸事》，柳宗元的《种树郭橐驼传》、贾平凹的《静虚村记》、李国文的《卖书记》等。

（二）状物类散文

指状物绘景、叙写山川风物一类的散文。作者或托物言志，抒发情怀；或融情于景，营造意境。如：黄河浪的《故乡的榕树》、王禹偁的《黄州新建小竹楼记》、曾巩的《墨池记》、郦道元的《水经注·孟门山》。

（三）议论类散文

以具体的事物或现象为由，生发感受，融情于理，形成情理交融的境界；或借形象说话，融逻辑性、形象性和抒情性为一体。这类散文看似以议论为主，但主观抒情的意味很浓。如：王安石的《答司马谏议书》、丘迟的《与陈伯之书》、波特莱尔的《时钟》、朱光潜的《选择与安排》等。

三、散文的特点

（一）题材多样，形式自由

世间万事万物，几乎都可以成为散文的题材范畴，大至太空宇宙，小至花鸟鱼虫，都可以成为散文的描写对象。鲁迅认为："散文的体裁，其实是大可以随便的。""题材应听其十分自由选择，风景静物，虫鱼，即一花一草均可……"[③]小题材在散文家的笔下，往往有大作为。其实，散文不论题材大小，重在境界高低。冰心就极善于从小题材中写出人间大爱。《一只木屐》，一个《背影》，一粒《花生米》，一抹《黄昏》，一分《钱》，一只《天鹅》，作家们都写得文情并茂，栩栩如生。同时，散文也可以表现大题材。大题可以小作，可以从侧面切入，从小处入手，一样可以写得精彩深刻。可以《论权威》，可以发表《独立宣言》，也可以讨论怎样《选择与安排》，还可以在《文化苦旅》中发《千年一叹》。

与其他文学样式相比，散文的体式更简短自由。短则三、五百字，长则两三千字。可以写得富有诗情画意，如朱自清《桨声灯影里的秦淮河》，也可以写得像小说一样扣人心弦，如三毛《撒哈拉沙漠》中的故事。它不是诗，也不是小说，但它可以在诗与小说之间自由地穿行，虽然偶尔也会“出位”，但无伤大雅。

（二）抒写真情，富于理趣

好散文总是不乏情趣和理趣的。“情”是散文中的重头戏，无论是叙事类的散文、状物类的散文，还是议论类的散文，其中都是贯穿着情的。但光是有情还不够，高明的作家还要努力营造出情趣来。有的散文激情漫溢，当情动于衷需要形之于文时，往往笔之所至，成自然流淌之势。欧阳修的《祭石曼卿文》，虽然写作年代久远，但今人读来，仍不免为文中一气呵成的抒情所感染。有的散文又温情暗隐。黄河浪的《故乡的榕树》也是写乡情乡愁的佳作。作者以榕树为媒介，自然引出对故乡风土人情的描写，特别是在榕树下度过的美好的童年时光。文中弥漫的悠悠乡情，随着“我”的远游，而越积越浓。从以上的分析中可以看出，散文中的情，大都不是直露的，毫不掩饰的，而常常是依附于叙述、描写和议论的。散文重在写真情，写实情，而不能有虚情，更不要滥情。

理趣之美也是散文作者的一种自觉追求。同议论文逻辑严密，论据充分的说理不同，散文的理趣，是隐含在写人、叙事和描景中的。或渗透，或点化，水到渠成，自然成趣。文中的理趣，有时使读者在读完全篇之后，似有所悟；有时使读者边读边露出会心的微笑；有时则需读者掩卷沉思之后，方才豁然开朗。理趣无论隐显，都是作者智慧、趣味和情感的结晶，总能给人启迪和审美享受。梁实秋先生是最擅长经营理趣的，《猫的故事》记的人和猫的趣事，几乎没有直接的议论，但读完之后才明白，其中蕴含的是大道理：母爱是伟大的，在这一点上，人和动物是没有区别的。在梁先生的散文集里，这样的文章比比皆是。贾平凹的《静虚村记》，俨然一篇现代版的《桃花源记》，在自然朴实的叙述中，在那些虚虚实实的生活场景的描写中，读者是否能隐隐地感到

"我"想要的并非是真正的静，而是一种渴望被承认、被需要的满足，原来的生活圈子给不了"我"。

（三）构思精巧，文笔优美

散文因篇幅短小，不能依赖完整的故事情节和过多的人物描写去反映社会生活，比起小说等文学体裁，自有它的局限。但只要精心构思，散文仍然可以在有限的篇幅中容纳纵深宽广的内容，对社会生活作高度集中、凝练的概括，这就要求作者用心寻求视角，选好焦点。1. 好的角度通常是大处着眼，小处落笔的角度。从一花一叶中去感知季节更替、风云变幻，从一沙一石中去领略潮起潮落、云舒云卷，从普通的一景一物中，看出不平凡来。《岳阳楼记》想来是应该重点写楼的，但作者却惜墨如金，一笔带过，而用大量的笔墨去表现洞庭湖。没想写景写到兴致正酣时，作者笔锋一转，发出慨叹，引出议论："先天下之忧而忧，后天下之乐而乐"，这一千古名句，透出的乃是人生的大境界，一篇写景的文章顿生光彩。这样的构思可谓真巧。2. 好的角度，也可以是把小题作深的角度。柳宗元的《种树郭橐驼传》写的本是小人物的小事情，文中的人物连个完整的名字都没有，只有个外号。事情也简单，是关于种树的一问一答，可在这看似不经意的问答之间，渐渐地从种树、养树的道理自然地引申到了"养人"的层面，官吏应该怎样治理民政的道理，不言自明。文中批评"吏治不善"的种种表现，都是从"养树"不善中暗示出来的。其构思可谓高妙。3. 好的角度，还应该是能抓住表现焦点的角度。古代的散文大家们大都是这方面的高手，他们注重从立意上设置文眼，使读者在阅读中不知不觉渐入佳境。曾巩的《墨池记》、柳宗元的《种树郭橐驼传》皆属这一类。

语言之美，对散文来说尤其重要。因为散文是写真性情的美文，而见情见性的语体，最能给人以直接的美感。首先，优美的语言应该是朴实无华的，能以简朴的文字写出韵味来，才是大家。周作人的散文是极平淡的，但他的语言之淡并不流于贫薄，反而能显出深厚来。他的散文《故乡的野菜》开篇一句："我的故乡不止一个，凡我住过的地方都是故乡。"平常的语言后面是很个性化的观念，相比之下，倒显得比"四海为家"更洒脱，更包容了。接下来由妻子买回荠菜，引出对故乡野菜的回忆，什么季节吃什么野菜，什么野菜长什么样，古书上对这些野菜有什么说辞，儿歌怎么唱等等，都是些家常话，可是等读完全篇才发现，故乡的风土人情都在其中了。原来自然、简朴的语言是要有博学、博览和博识做后盾的。其次，优美的语言应该是富有诗意的，用余光中的话来说，就是有"弹性""密度"，语言的张力大。他的散文《塔》中有这样一段：

但此刻，天上地下，只剩下他一人。鸦已栖定。落日已灭亡。剩下他，孤悬于回忆和期待之间，像伽利略的钟摆，向虚无的两端逃遁，而又永远不能逸去。剩下他，血液闲着，精液闲着，泪腺汗腺闲着，愤怒的呐喊闲着。剩下他，在恐惧之后回顾恐惧，危险之前预期危险。

这是一个身处异乡的游子刻骨铭心的孤独。短短的几句话里，交织着多种复杂的感情，足以引起读者多向的思考。诗人出身的余光中，不知不觉中便把一腔的诗情融入了散文语言之中。另外，从这段文字我们还可以看出富有诗意的语言，往往能形成一种含蓄的效果。再次，优美的语言总是不排斥幽默的。早在先秦诸子散文和历代的民间笑话里，就不乏幽深的哲理和活泼的情趣。幽默的语言体现着作者的博识与机智。有幽默感的文章是有吸引力的，而幽默又是通过语言来表现的，语言风格不同，幽默的风格有别。如林语堂、梁实秋、余光中等人的散文中常常妙语连珠，幽默风趣，却各有各的风格与情趣。

四、散文的欣赏

读散文有些像品茶，要有闲情逸致，要心平气和，心绪不宁的时候不宜去读，即使勉强去读，也是读不出味道来的。读散文之前，一定不要先去读别人的分析文章，否则一来会有喝二道茶的感觉，不够味，二来会被别人的思想牵着走。欣赏散文主要从两个方面入手：

（一）感受散文的情意之美

散文无论记人、叙事，还是写景、议论，“情”这条主脉始终或隐或显的在文中流淌着。散文更强调感情的自然流露，它不像诗那样强化感情，而常常是把强烈的情感与淡化的抒情统一起来，造成一种特别的艺术效果。这样比直接抒情效果要好。高明的作家，大都不会轻易在文章中直接抒情。他们十分清楚如果作家情感的能量一旦耗尽，读者的想象就难以激活了。所以，我们在阅读时，要特别留心。优秀的散文，不论是娓娓道来，谈笑风生，还是幽默风趣，义正词严，文字的背后总会有深邃的思想和丰富的情感作支撑的。千古名篇《出师表》和《陈情表》，都是以真情取胜的佳作，情意之美是它们能传之后世，并粲然于文苑的原因。前者写的是至忠至爱之情，后者写的是至孝至亲之情，但文中的情不是袒露的，是蕴含在理中的。这种令人回肠荡气的情意之美，正是它们能传之后世，并粲然于文苑的原因。当代学者型散文家余秋雨的散文，也是极富个性的一类。正如余光中所说“比梁实秋、钱钟书晚出三十多年的余秋雨，把知性融入感性，举重若轻，衣袂飘然地走过了他的《文化苦旅》。"《文化苦旅》中的名篇《道士塔》，以敦煌石窟为背景，以史料的基础，展开想象，再现了敦煌国宝遭遇劫难的历史画面，并进一步追问造成这场历史大悲剧的原因以及敦煌留给国人的深深的伤痛。文中的情感看似比较张扬，但因为有大量的细节描写和场面展示为基础，作者的情感被一步步的推向高潮，激情喷发已势不可挡，读来十分过瘾。尽管如此，作者的抒情仍是有控制的。与余秋雨的抒情风格大不相同的是张洁的《拣麦穗》，表面上看文章的叙述平淡，冷静，波澜不兴，而细细品味，其中淡淡的情愫，同样有较强的感染力。由此可见，散文的情意之美是多元呈现的，欣赏时要特别留心。

（二）领略散文的意境之美

对散文的读解是一种对作品的审美把握，读者凭借着想象，突破现实世界的局限，在作者创造的"这个"文本世界中漫游，才会有"悠然心会"的收获。散文的意境的蕴含不是单一的，所以我们在阅读时，应在阅读的同时，展开想象，积极参与文本的再创造，尽量用文学的眼光去欣赏，不要被表面的文字所束缚，用心去体会言外之旨，象外之意。欧阳修的《醉翁亭记》就是一篇充满诗情画意，格调清丽的好散文。创造优美的意境是散文家的审美理想和审美追求。意境包含着"意"和"境"两个范畴，它是饱含着作者主观情感的艺术画面，是来自作者"心灵的图画"。放情于自然，醉心于山水，这是文中之"意"，有了"意"，就要有与之相谐的"境"，于是缘情造境，情景交融，便有了这篇优美的散文。欧阳修营造的美境主要有四个特点：一是山与泉相依相映之美，二是朝暮更替之美，三是四季变幻之美，四是动静对比之美。这样多面观照，多角度的对比，使得散文的意境绘形绘声，山光、水色、人情融为一体，把醉翁之"乐"写到了极致，具有极强的感染力。这样"意"在画中，画中有"意"，境界就不一般了。领略意境之美，关键要把握作者的意图，拨开文字表面的云遮雾罩，这样才能读出画外之音来。

欣赏散文的方法应该是既能"入乎其内"，又能"出乎其外"。"入"是走进作品，体察作者用心，感受作品美质，"出"是站在作品之外的回味、思索和综合。另外，诵读、熟读，也是必要的。

诗歌及其赏析

一、诗歌的概念

根据诗歌反映生活的方式、抒情的手法和美学特征来看，诗歌是作者运用丰富的想象、凝练的语言与和谐的韵律，创造诗歌形象和意境，表达内心情绪，反映社会生活的一种抒情文学样式。

诗歌分类有不同的标准。从内容表达上可分为叙事诗和抒情诗；从诗的表现形式上可分为格律诗、自由诗、民歌体和散文诗等。

（一）叙事诗

叙事诗是以描绘人物形象、叙述故事情节来抒发感情，反映社会生活的诗体。叙事诗的情节比较概括，人物刻画简略，环境描绘简练，叙事时注重情景交融、情事交融，叙事方式有较大的跳跃性。我国藏族史诗《格萨尔王传》、白居易的《长恨歌》等都是具有浓郁诗意美的著名叙事诗。

（二）抒情诗

抒情诗是诗人通过直抒胸臆或托物寄兴来抒发内心体验、情绪，表达对客观社会的认识，展示内心世界的一种诗体。它没有完整的故事情节或人物形象，对人物和事件的描绘依靠传神的点染勾勒，其抒情手法可以是借景抒情、托物言志，或因事缘情、融情于景，或直抒胸臆，或驰骋想象。吉狄马加《黑色的河流》以写意的手法勾勒彝族送葬的画面，亦真亦幻的画面交织着诗人对自己民族历史和民族性格的认识，表达了对人生、友情、未来、善与灵等永恒性、人类性问题的关注，所寄寓的内在情绪厚重而深沉。

（三）格律诗

这是一种在形式上有固定的格式和韵律，按一定的规律严密地组织起来的诗体。我国古典诗歌多是格律诗。如律诗、绝句、词、曲等，其格式和韵律都有严格规定，每首的句数，每句的字数及平仄、押韵、对仗等都有固定规律。少数民族诗歌中也有特定的格律诗体，如《祖国，我生命的土壤》即属于维吾尔族诗歌中被称为“格则勒”的格律诗，其格律为每两行为一联，每首诗三至十二联，首联两行同韵，以后隔行押韵，一韵到底。

（四）自由诗

自由诗的形式不拘一格，在语言节奏的安排、用韵、诗行与诗节的划分等方面都不受一定格律的限制。它是根据作者反映生活的意图或抒发感情的需要来安排表现形式。

（五）民歌体

民歌体是一种吸收人民的口头创作而形成的歌谣形式的诗体。民歌体诗歌在表现形式上一般是三、五、六、七、九字句；词句用特定的生活俗语；多用反复重叠和比兴手法；排列形式多为二行或四行，二、四句或一、二、四句押韵的较多。我国各民族都有反映自己生活的民歌，许多有成就的诗人都从民歌中汲取了丰富的养料而形成了具有民族特色的诗风。

（六）散文诗

是一种兼有诗与散文特点的诗体。它具有散文的外观和描写性特点，但比散文更凝练。其散文性细节富有诗意，又具有诗的情绪与幻想。有内在的音乐美与节奏感，比一般的诗更灵活。高尔基的《海燕》、鲁迅的《秋夜》都是著名的散文诗作品。

二、诗歌的特点

（一）高度的集中与概括

高度的集中与概括是诗歌的基本特点。诗歌篇幅短小，以抒情为主要目的。因此，它反映生活时只能摄取简单的客观物象或集丝丝缕缕的情绪于一体，经营意象，构筑意境，表达感情。在叙述事件、描绘景物、构造意象时多用白描的手法勾勒物象的本质特点和典型场景及情节；在抒发情感时着力于典型而强烈的情绪宣泄。集中可使诗歌反映的生活单纯化，从而突出诗歌抒情的感染力；概括则可使诗歌反映的生活典型化，从而增强诗歌艺术的表现力。

（二）强烈的抒情性

抒情性是诗歌的灵魂，也是诗歌与其他文学样式最明显的区别。诗人用抒情的方式反映生活，表达认识和感受，感染读者。抒情性不仅是指抒情诗，即使是叙事诗也必然包含浓郁的感情，也要通过事件、人物来反映诗人内心的感受和情绪。如白居易的《长恨歌》，虽然刻画了人物，叙述了事件，完整地反映了一定的社会生活，但是，这些事件、人物和画面所渲染的情感，仍深深感染读者。

诗歌的抒情性是由诗歌本身的特点决定的。诗歌形式短小，不能像小说、戏剧那样全面、完整、细致地层示过程，结构故事，用抒情来显示自己的艺术力量和审美价值，是其唯一可行的道路。优秀的诗歌无不饱含丰富而真实的情感。

(三) 丰富的想象和联想

想象艺术是概括生活的重要手段，它可以使感情强烈、生活集中、形象升华、意境美好。其他文学样式的想象都以表现具体的社会生活为主，是依照客观生活的图景来想象。而诗歌的想象则要融进诗人的感情，要随着诗人的抒情思路或情感活动的线索而产生、发展、变化的，具有更浓厚的主观色彩。如郭沫若的《炉中煤》，将祖国想象成一个年轻聪俊的女郎。这种想象是诗人对祖国无比热爱、无比眷念的炽热之情的结晶，为了恣意宣泄爱国之情，一个可以尽情倾诉衷肠的意象——年青的女郎才在郭沫若心中升起。

联想是想象的土壤。诗人创作时，为了捕捉生活的某种体验和感受，创造诗的形象和画面，常常由事物的某点联想到另一事物的相似之点，创造出新的形象和画面，或者摄取时间、空间位置关系之间的相近点用联想来反映一种情绪和心理；或者取事物的对立面，通过联想形成强烈对比，反映事物的本质特征和诗人的强烈感情。凡意味隽永，韵味醇厚的诗作都具有想象和联想丰富的特点。

(四) 凝练的语言

诗歌要以短小的篇幅反映广阔的社会生活和丰富强烈的感情，必须采用最少的字句，最凝练的语言。诗歌语言的凝练表现为简洁、生动、形象。

简洁，是指诗歌语言精粹而丰富，具有极大容量。如艾青的《雪落在中国的土地上》，诗中用了“雪落在中国的土地上，寒冷在封锁着中国呀……”这样大容量的语言来概括战争给中国人民带来的痛苦和不幸，传达诗人悲怆而沉郁的感情。“雪”这一物象，既指自然之雪，更指战争与痛苦，包含了丰富而深刻的含意。

生动，是指诗歌语言应高度情化。一般采用拟人、拟物、象征、比喻、夸张、婉曲、双关、反衬和情志寄托等修辞及表现手法，将诗情灌注在语言表达中，使描写的物象发生变异，更生动，更具色彩，更有感染力。如雪莱的《致云雀》，采用了拟人、拟物、夸张、象征等多种修辞和表现手法，模拟云雀展翅高翔的形态、欢歌啭语的姿势，尽情表达诗人乐观昂扬的精神和追求美好未来的理想。

形象，是指诗人抽象的感情需要具象化，使读者产生观感、触感、通感等，才能获得共鸣和美感。因此，诗歌采取赋形着色、化静为动、状形摹态等手段使诗歌语言形象化。如辛弃疾的《水龙吟·登建康赏心亭》“遥岑远目，献愁供恨，玉簪螺髻”三句，以赋形着色、化静为动的手法，明写长江以北沦陷区的山形峰态，暗写词人山河破碎，故园今非的愁与恨。由山的“献愁供恨”将词人内心深蕴的情感和盘托出。词人的情感借山形情态表达得形象而深刻。

（五）和谐的韵律和鲜明的节奏

诗歌是最富音乐性的语言艺术。诗歌的抒情常借助韵律和节奏实现。和谐的韵律由诗歌声音的高低长短、抑扬顿挫的韵脚的和谐配合而形成。通过韵脚的串联，关上粘下，使诗句间、诗行间回环相应，构成整体，优美动听。诗歌的节奏由不同高低、轻重、长短的音调和一定时间的间歇而形成。新诗的节奏是行与行、节与节大体整齐；诗句中的音步大体一致，音组多少大致相当。而律诗的节奏则是音节平仄相间，句与句之间平仄相对。诗歌韵律和谐、节奏鲜明，有利于抒发丰富强烈的感情，增强诗歌的表现力和感染力。

三、诗歌的赏析

诗歌的赏析是读者通过欣赏分析诗歌的诸种美学构成因素，而对诗歌进行的审美思维活动。这一审美思维活动是作者借助于想象力，对诗歌的美学因素给予补充、发展和再创造，使诗歌的美学价值、内在意蕴得以充分的体现和展示。上述诗歌特点的综合，构成了诗歌美的诸种要素，其核心要素是诗歌的抒情美，意象美和语言美。因此，赏析诗歌要抓住这三个核心要素，运用想象、思考、分析、咏吟等手段去捕捉并发掘诗歌的美学意义和美学特征。具体可以参照以下环节和方法赏析。

1. 调动想象，感受意蕴。丰富的想象和联想是诗歌的基本特征之一，是诗人创作必须的手段。诗歌赏析中想象是欣赏者充实和发展诗歌内在意蕴，对诗歌之美进行再创造的必由之路。读者阅读诗歌时，要充分调动想象力，将抽象的语辞还原成具体的艺术形象图景，从音乐性的韵调中抽取出生动的感情形象，从而进一步体会出诗歌表现的美学价值和思想内涵，从中发现诗人对生活的某些本质的认识。我们读李瑛的《哨所鸡啼》，从一个个词汇、一句句诗句里看到了雄鸡引颈高唱的身姿，由雄鸡的身姿联想到雄鸡司鸣，忠于职守的特点，这一特点借助想象，同哨所战士忠于职守，热爱祖国的品格联系起来。于是，想象使原诗提供的形象图景获得了升华，读者感受到的不仅仅是一幅艺术图景，而且感受到了诗歌内蓄的思想意蕴与诗人对战士的赞颂之情。

2. 组接形象，分析意象。诗歌是形象思维的产物。欣赏诗歌自然应从形象入手。由于诗歌必须高度地概括生活，精炼地表现生活，其外在形式和表达方式都有一定限制，因而诗句常打破语法常规——或者改换词语位置、词语性质，或者省略说明性的中间环节、系词等，使诗歌结构之间形成较大的跳跃性，艺术形象的联系不如小说、散文那样紧凑、连贯，语辞意义之间常常出现一定的空白。这就需要读者扩展想象，将形象与形象组接起来，破译诗歌空白点的美学含义。同时调动思维，寻找形象间的相互联系，分析诗人的创作意图和诗歌形象代表的真实意义，将散在的艺术形象组接成一个连贯的富有逻辑的艺术片断或艺术整体，从中寻找到诗人隐伏其间的思想脉络和感情潜流，寻找到诗歌意象的真实含义，从而真正读懂诗。比如，戴望舒的《雨巷》描写了一组形象画面——“一个丁香一样的结着愁怨的姑娘”、悠长寂寥的雨巷、颓圮的篱墙和迷蒙的细雨等，细细分析这一组意象，可以发现，它们透出一种凄清、惆怅的情绪和朦胧、忧郁的美感。这种情绪和美感将各个散在的形象贯穿起来，结合诗歌创作的背景，并通过读者的想象和思维将它们组接成一幅完整的艺术画面——在这寂寥、凄淡、迷蒙的背景衬托下一个理想破灭而希望不灭，既对前途迷茫，又对未来执着的抒情主人公正在人生道路上彷徨。空寂无人的小巷寄予着抒情者的空虚寂寞；颓圮败坏的篱墙衬出抒情者对现实厌倦的情绪；迷蒙的细雨让人的心境笼罩着迷茫、失落；暗示了抒情主人公找不到人生方向又苦苦寻觅的心境。这组形象画面表达出连贯的情绪——迷惘、落寞、惆怅。其画面和情绪，使这首诗的语言空白得以填补充实，带给读者的审美感受是多种复杂情感的冲击。

3. 领略意境，注意寄托。诗人内在激情与艺术形象有机统一的艺术境界是作者创作诗歌时精心营造的意境。赏析诗歌要突破诗歌原有的、表象的、有限的种种定式，对诗歌形象作假定的、间接的、无限的思考分析，根据诗人所创造的外在之像，寻索领会诗人原来的内在之意，从诗歌提供的意境中去感受诗歌的感情特征，发现鲜明的艺术画面，获得美的享受。领略诗歌的意境，应从诗歌表现的整个艺术画面中找到一个中心，即诗人感情最强烈，寄寓的思想最深刻的诗句，这些诗句往往最富形象性，最具概括力，最能给人启迪，给人回味。舒婷的《双桅船》在提出一种建立于人格独立基础上的爱情理想时，塑造了双桅船和海岸的艺术形象来体现作者的爱情观：人格独立，信任尊重，互相依存又互相扶持。全诗意境的核心是“你在我的行程上，我在你的视野里”这一句极其概括、极其形象地表达了诗人的爱情理想与人格准则，引发读者去思考爱情的真谛。领略诗歌的意境，还要从作品的思想高度、概括强度、艺术精度、认识深度等多方面分析思考，掌握诗歌意境的特征、格调、意境创造的方法等，由此对诗歌意境的高下优劣给予客观的认识和评价。

有的诗歌表面意思很简单，但深入分析就会发现，貌似简单浅显的内容却别有一番深意，这番深意就是作者的寄托。如，辛笛的《风景》，表面似在写列车上看到的风景，结合作者写作该诗的社会背景、心境和一贯的创作技法，不难发现，诗人是把自己对客观事物的感受置于具体的形象之中，将铁轨喻肋骨，由节节车厢联想到一连串的社会问题，从而抒发对丑恶现实的愤懑之情。有的诗歌常用典故或别具匠心的词语，甚至标题等来表达作者的寄托。因此，欣赏诗歌，不能停留于诗歌表面的艺术画面或艺术形象，而要注意发掘诗歌内在的意蕴和情感，注意寄托，言外求意，像外求意。

4. 知人论世，体验构思。知人论世和体验构思是从分析诗歌的角度进行诗美鉴赏。知人论世是指要了解作者的思想、感情、气质，修养、经历，诗歌创作的时代背景及有关知识。我们若不了解郭沫若在日本留学时的时代环境，不知道被伤害了民族自尊心的诗人胸中蕴蓄着“眷念祖国的情绪”，不了解五四运动给诗人的冲击和震撼，不了解诗人热情奔放的性格气质，就很难读懂诗人在《炉中煤》里抒发的炽热情感，也难把握诗的意象的内涵，而会将这首意境深远、感情强烈、寄托深刻的爱国主义诗作，肤浅地看成浪漫诗人的热情恋歌。

构思是作者对诗歌的内容和形式作全面安排。构思的成败关系着诗歌的质量。欣赏一首诗歌必须注意分析其构思情况。具体分析时，要从诗歌的取材、表现角度、形象和意境的配置、表现手法的运用、语言的锤炼等方面，寻找诗人在作品中展示出的艺术设计思路，体会作品艺术安排的巧妙之处。比如，分析作品的表现手法，就要看诗人运用赋、比、兴、联想，夸张、排比、重迭、比喻等手法的正确与娴熟程度，技巧的优劣，以及这些手法对全诗思想表达的影响，对诗歌艺术力量所起的作用等。徐志摩《雪花的快乐》构思就极其巧妙。诗人以雪喻人，将雪花人格化，以雪花的飞有定向，沾衣附人，黏附而溶的自然特性来巧妙地传达诗人的爱情理想——追求真挚而专一的爱情。

5. 反复吟咏，品味情韵。诗歌是最富音乐美的艺术。诗歌的语言具有和谐的韵律和鲜明的节奏。好诗读起来总是抑扬顿挫，回环婉转、和谐流畅。而且，诗歌常借助韵律和节奏抒情。我们咏诵“雪落在中国的土地上，寒冷在封锁着中国啊……”寒冷会随眷诗句浸透我们的心。诗人对诗歌语言的巧妙选择与黏合使本身并不整齐，并不押韵的诗句形成了沉郁顿挫又极富音乐性的旋律和伤感忧愤的感情基调，深深地打动我们，感染我们。余光中的《乡愁四韵》

明白晓畅的语言依靠新格律体式——大体整齐又有规则地参差排列的形式和复沓的手法，构成了回环往复、简洁和谐的韵律，点化出柔肠寸断的思乡之情。所以诗歌的抒情美与音乐美是互相依存不可分割的。

阅读诗歌既是咀嚼诗歌情感又是品味诗歌乐韵的审美活动。赏析诗歌不仅要阅读，更要反复吟咏。反复吟咏朗诵诗歌是真正了解诗歌内涵，理解诗歌语言，体会诗歌美的最佳方式。诗歌的抒情美、音乐美在默读中是难以体会到的，必须读出声来，或低吟浅唱，或放声咏诵，才能品味出诗歌的情韵，获得诗歌的均齐之美、抑扬之美、回环之美、抒情之美。在吟咏朗诵时，要注意把握诗歌的语调、吐词、节奏，以便准确传达诗歌的内蕴和情趣。

诗歌赏析是人的审美能力、认识能力、分析能力的综合体现。要成为一个诗歌的真正欣赏者，还应具备多种艺术修养，注意培养读诗的兴趣与能力，长期坚持多读诗，读好诗，多读诗评、诗论类的文章著作，增加欣赏诗美的参照物，提高审美水平，就能在诗歌的海洋中尽情欣赏诗歌之美。

小说及其赏析

一、小说的含义与分类

小说是一种叙事性的文学体裁，它以塑造人物形象为中心，通过展开故事情节，具体描绘环境反映社会生活，使读者在审美中获得教益。

小说根据篇幅容量的大小、人物的多少、结构的繁简可以分为长篇小说、中篇小说、短篇小说和微型小说。按小说的内容来说，可以划分为历史小说、科幻小说、推理小说、武侠小说、言情小说和纪实性小说等。从小说的表现形式来划分，可以分为意识流小说、心理小说和抒情小说等。

二、小说的要素

小说能够细致地刻画人物思想性格，展现人物关系和命运的变化，能够更为完整地表现错综复杂的生活事件和矛盾冲突，能够更加广阔地反映社会生活。人们在分析小说构成的组成要素时，区分出人物、情节和环境三种要素。

（一）人物

一切事件都是人和人之间的关系推动的，人物是事件的核心。现实生活中的人是丰富的统一体，七情六欲并具，感情复杂微妙，不光有神态、语言和行为的外表表现，而且有思维、意识的心理活动。另一方面，人又是一切社会关系的总和，在实际生活中，人必定会与不同性格，不同命运和不同思维和不同思想、不同地位的人形成关系。小说就是要对人物作多方面的细致的描写。因此，小说就要着力地塑造好人物的性格。由于小说有自身的优势，可以不受时间和空间的限制。

小说是一门研究人的学问。小说可以凭借各种艺术手法，从各个角度对人物进行肖像描写、心理描写、对话描写、行为描写，既能展现人物音容笑貌、言谈举止和衣着服饰等外在形态，也能呈现人物心理和思维感情等内在活动，还能完整展现人物与环境的关系。从物质生活到精神领域，从个人性情到社会关系，作家都可以根据需要而加以具体细致的刻画。如《苦恼》先刻画人物的肖像：他“周身白色，像个幽灵。他坐在车座上一动也不动，身上向前伛着……”我们看到的是一个不堪冰雪凌虐而被压弯身子的老马车夫形象。再写人物的动作：从午饭前就出了院子直到黄昏还没拉到一趟生意的老车夫，听到有人喊车，就猛地“哆嗦”一下，“跟着鬼附了体一样”；他想说话，但“张开”嘴来，只含混地“哼”了一声，终于“咧开”了“苦笑”着的嘴，在嗓子里“用一下劲”，这才“干哑”地说出他的儿子在这个星期里死去的事。还写了老车夫试图向三个“玩乐的”年青乘客诉说自己的苦恼，但遭到的却是奚落和谩骂。小说就是这样通过多角度地细致描写，渲染了老车夫姚纳的苦恼，揭露了残酷的现实。

（二）情节

与其他叙事文学样式相比较，小说的情节更加完整生动。所谓情节，是由一系列能展示人物之间、人物与环境之间的关系的事件、细节所组成的。情节一般包括开端、发展、高潮和结局，有的还有序幕和尾声。作品一般依据人物的经历，按顺序展开情节，构成完整的故事。有的作品按时间顺序展开；有的作品按事件因果关系展开；有的作品打破了叙述描述的单一方法，而通过不同角度，运用各种技巧描写，体现情节的完整。如《麦琪的礼物》，全篇以头发与金表为焦点，展开了迂回曲折的故事情节。开端交代女主人公经济的拮据和圣诞节迫在眉睫，并在诙谐的对比中突出这一矛盾，为她卖头发做出铺垫。小说的发展部分集中描绘了这个家庭引以为自豪的两样东西：美发和金表。作者把情节的聚头灯聚焦于德拉的头发，曲折有致地描写了她卖头发、买表链的过程，使矛盾似乎基本上得到解决。但情节的发展出人意料，新的矛盾使情节推向了高潮，杰姆买了德拉一心向往的美丽发梳却没有了德拉的美发，事情还不到结束。一波刚平，一波又起。当杰姆知道了德拉的礼物是贵重的表链时，他也没有了配挂它的金表了。小说的这个高潮可以说是几经跌宕，柳暗花明，待到重要关节全部亮底，故事也就戛然而止。

（三）环境

环境是人物活动的根据，是事件发生的场地，因而小说表现人物、叙述事件，就必须具体地描绘环境，人物活动的环境，可以是自然的，也可以是社会的，不过这两者通常总是结合在一起的。也就是说，小说的环境包括了人物所处的时代环境、人与人之间复杂关系形成的社会环境和具体的活动场所、周围景物等自然环境。

任何一部小说都离不开时代的大环境，因为小说描写的人物事件，必定是在某一时代具体背景下展开的。一定的时代，就规定了人物和事件的特定环境，因为任何人物不可能孤立地存在，必然要和外界发生联系，这些联系就构成了人物的社会环境。作为环境组成部分的自然景物，一般都要赋予一定的情感色调，这种景物或烘托，或反射，或象征，以表现人物的思想性格或情感。

小说这三个要素不是孤立的，而是密切联系的，三者互为作用，构成了完整的小说。正因为这样，欣赏小说也就应该根据小说的基本要素，去把握作品的内容和艺术特色。

三、如何欣赏小说

读者阅读和作家写作是个逆向的过程。作家在某些因素的触动下对事物有了认识，也就是说作者想表达的主题是最先出现的。然后组织材料，构造要素，创作成我们看到的小说。读者阅读，最先看到的是小说的要素，然后通过分析，理解作者要表达的主题。

那么，小说鉴赏就可以从理清三要素入手：即从分析故事情节入手，进而分析人物形象，然后欣赏小说的艺术手法。

（一）把握故事情节

人物形象虽然是小说的中心，但是人物形象是建立在一定的故事情节的基础上的，因此，阅读鉴赏小说必须从故事情节这个环节开始，只有熟悉故事情节，才能把握人物性格，分析人物形象。

小说文体感的产生、小说与其他文学文体的最根本的区别，就在于小说细节的叙述与描写上，把一系列的细节连接起来就构成了一条有机的情节链，小说情节的实质就是一系列展示人物性格的各种细节连贯有序的艺术组合。小说情节有客观的内容因素，也有主观的形式因素。说它是客观的，是因为小说情节的各个细节的内容来源于现实生活；说它又具有主观的形式因素，是因为小说作家并不按照现实生活的原有形态来排列组合，它根据小说作家的创作意图和审美理想加以重新结构。

小说的故事情节是有线索贯穿起来的，所以阅读鉴赏小说的第一步应该是理清线索。如莫泊桑的《绳子的故事》，全文以拾绳子→被诬陷→四处辩解→含冤死去组成全文的故事情节；又如《林黛玉进贾府》一文是以“林黛玉进贾府的行踪”为线索展开故事情节的，全文依次介绍了林黛玉进贾府拜见贾母→初见王熙凤→拜见两位舅父→宝黛相会等情节。

大多数小说全文只有一条线索，而有的小说则有两条线索组成。如《麦琪的礼物》就是有明、暗两条线索，以德拉卖掉长发为丈夫买表链的故事为明线，以杰姆卖掉金表为妻子买发梳的故事为暗线组织材料，展开故事情节的。直到故事终结，明暗两条线索才汇合相交。

（二）分析人物形象

小说的艺术可以说是刻画人物的艺术，失去了对人物及其人与人之间的描写，就无法反映具体、生动的社会生活图画。欣赏小说中塑造的人物形象要看人物的个性是否鲜明独特。正如世界上没有两片相同的树叶一样，社会生活中也绝没有两个一模一样的人。鲜明独特的个性是指人物生动活脱，有血有肉，呼之欲出。

莫泊桑在塑造人物方面是非常成功的，在《绳子的故事》中主要人物形象鲜明，个性突出。作品中写道马具商这个人物。一共出现三次，每次只寥寥数言，但作者就把这个农村小奸商的狡诈、阴险、毒辣跃然于纸上。第一次作者写他发现奥士高纳大爷捡了一条绳子，没有什么更多的行动和语言，只写他在自家门前“瞅着”，顺便交代了他与奥士高纳也曾经有过纠葛。第二次出现在乡政府，他到那里作证。明明看到奥士高纳大爷捡的绳子，却一口咬定是黑皮夹子。这就不难想象，他第一次的“瞅”而不语。实际上已经在盘算着怎样报复陷害自己的冤家。第三次是在伏图内·乌勒布雷克大爷的皮夹子找到以后，作者再次把笔锋转向马具商，但也只是写他站在自家门口，看见奥士高纳大爷走过，他“笑”了起来。为什么笑？作者没做回答，却出其不意的自己提出问题“为什么呢?”马具商的描写到此为止，以后再也没有出场。但是通过以后的情节的发展，读者不难想象，马具商这一“笑”是奸笑，“阴险”的笑，因为他一步下重重陷阱，并预测到自己必定的胜利。

奥士高纳大爷是法国北方诺曼地区一个勤俭、诚实的农民，由于长年累月的农村劳动伤害了身体，得了关节炎，但作者着重描写的不是他的物质生活的贫穷，而是精心刻画他精神上所受的折磨。作者紧紧扣住他的“诚实”性格这一特征，写出了他由于“诚实”，当受冤枉时，气得连话都说不出来，面对着乡长的审问，直瞪瞪的“愁着乡长，自己不知为什么，已经被这种对他的怀疑吓呆”；由于诚实，以为用“良心”“生命”等所谓人生的荣誉来担保，就能博得众人的信任；诚实而执拗，就一再的要把事实真相告诉别人，希望得到了解，反而越弄越糟，精神痛苦逐渐加重。他的激烈的思想矛盾是在事情的真相大白以后。起初，他满以为自己“胜利了”，他抱着老实人的天真想法，信心十足地整天给人们讲自己的遭遇，但事实与他的想法恰恰相反，众人还是不相信他。作者写道，他虽然心里“坦然了”，但又觉得“有某种东西使他感到不自在”，是什么东西，又“说不清楚”，他的思想斗争开始激烈起来，面对着人家叫他“老滑头”，他“目瞪口呆”，百思不得其解，越来越感受到“不安”；

在遭到众人的嘲笑、奚落之后，他感到“又羞又恼”，因受到“无端的怀疑”而“伤透了心”；渐渐的，他“模模糊糊地意识到无法证明自己是清白的”。一个个沉重的打击，使得这个诚实的农民越来越感到自己无力反抗，他意识到，要用尽自己的气力来洗刷自己也是“白费”，于是他在“闷闷不乐”中消瘦下去，卧病不起，最后忧郁而死。这里，奥士高纳大爷的性格发展，心理变化，写得细致生动，合乎人物性格，自然而无雕琢，他的悲惨的遭遇和凄凉的结局令人同情。

当然欣赏作品中的人物形象，就要注意分析作者运用各种艺术手段刻画人物的技巧，包括人物的外貌、行动、语言、心理描写等方面。如《麦琪的礼物》中描述德拉站在镜子前决定卖掉自己的秀发时，她的心理活动是非常复杂的，开始她突然想到可以卖掉自己的头发换钱以解决圣诞节送给丈夫礼物的困境而兴奋，接着她因自己将要失去心爱的秀发而留恋和痛苦，到最后毅然决定卖掉秀发。这一连串的心理活动，都是通过德拉的外在动作和表情来显现的。小说通过鉴定外貌描写和行动描写将德拉的善良和对丈夫深厚的爱，生动形象地呈现在了读者面前。

（三）鉴赏环境描写

环境描写是小说的三要素之一，是小说鉴赏不可缺少的环节。环境描写包括自然环境描写和社会环境描写。自然环境描写主要包括人物活动的时间、地点、景物等。如鲁迅的小说《药》开头“秋天的后半夜，月亮下去了，太阳还没有出来，只剩下乌蓝的天……”这一自然环境描写，既勾勒出黎明前黑暗时刻的特征，同时也渲染了夏瑜就义时肃杀、悲凉的气氛。还有“太阳出来了，在他面前，显出一条大道，直到他家中……”这一环境描写刻画了老栓买到药后的兴奋心情，从而揭示了人物愚昧、麻木、落后的心理。在小说《风波》开头两段，作者以白描手法，抓住事物特征简洁勾勒，生动地描绘出了一幅江南水乡的风景、风俗图。这一环境描写，写出了江南农村夏日黄昏的恬静气氛，不仅交代了故事发生的具体环境，而且以静衬动，为下文“风波”作了铺垫。小说结尾一段环境描写说明，“风波”过后，一切又恢复到从前，首尾照应，揭示了辛亥革命的不彻底性。

再如吴组缃的小说《菉竹山房》中生动、细腻而逼真的景物描写，就营造出了一种阴森、恐怖、带有鬼气的氛围。小说从记忆中的菉竹山房描写开始，作品以较多的笔墨来描写景物：去二姑姑家的路上、二姑姑的家即菉竹山房的里里外外。山峦、流水，“一缕太阳光也晒不下来”，“竹子一半是绿色，一半已开了花，变成槁色”。菉竹山房内“石阶，地砖，柱础，甚至板壁上，都染涂着一层深深浅浅的黯绿，是苔尘。一种与陈腐的土木之气混合的霉气扑满鼻官。”……“偌大屋子如一座大古墓。”特定的环境、特定的氛围，为二姑姑可怕的身世做出了强烈的衬托。一个生活在这种地方的人，岂不就会沾染鬼气？

小说除自然环境描写之外还有社会环境描写。如《绳子的故事》开头一段的场景描写，在作品中一开始就用不多的笔墨，把我们带入了法国北方的一次赶集的景象中：集市上人们欢乐的心情，路上开怀的谈笑，交换货物是吵闹，人畜混杂的集市广场，大院里放满各式各样的车辆、坐满顾客的客店，寥寥数笔，栩栩如生；但作家并没有忘记告诉人们，资本主义社会农村的落后和农民生活贫困的情景，他在这幅“欢乐图”里点出了他们的不幸。这些赶集的农民，虽然欢欢喜喜的穿起浆得笔挺的蓝布罩衫，女人们梳妆的整整齐齐，披着披肩，戴着便帽，比平时不大一样，然而由于他们积年累月的繁重劳动，营养不良，男人身体都变了形，女人个个“身体干瘦”。男人在“骨瘦如柴”的身子上穿着新浆洗的衣服，“鼓鼓囊囊”的活像个要腾空而起的“气球”；女人们的披肩只能用别针别在“平坦”的胸前。农村的生活条件也十分恶劣，尽管是集市，仍然到处散发出一种难闻的酸臭气味，停在各店的车辆，有的是“蹩脚”的马车，有的已经“千补百衲”。这种落后的农村面貌与十九世纪后期整个资本主义大工业的迅速发展是多么不协调。

可见在小说鉴赏中，必须了解作品故事发生的时代背景，社会环境，才能理解作品描写的生活、风俗和习惯，理解人物的行为、思想和事件的性质，并在读完后能够判断作品描写的生活、人物是否真实可信，作品思想内容在当时是否具有进步意义。假如欣赏者不能进入小说世界的规定情景，那就容易误解作品。

（四）领悟小说主题

理清了小说三要素，我们对小说就有了比较清晰的认识，但要想真正理解一篇小说，仅找到三要素是不够的。要想真正读懂小说，要透过人物形象和描写人物形象的具体材料（细节、情节）、领悟和体味作者在人物形象和故事情节中寄寓的主题，这就是要理解人物形象背后的艺术底蕴。文学的主题是作者在创作题材中提炼出来的对生活的理性认识，是从作品描写的具体内容中概括出来的思想意义。小说的主题则是小说作家在描写、叙述人物性格、人物命运时显示出的对生活的理解和认识。张天翼的小说《华威先生》就通过华威先生这一形象，有力地抨击了国民党统治者以抗战为名行反人民之实，在当时产生了广泛的社会影响。华威先生性格的核心是狂热的权力攫取欲，他无孔不入地以权谋私的行为，从一个侧面暗示出统一战线内部争夺领导权问题的严重性具有巨大的警醒作用。

作家组合细节和情节是有意的、机智的，他把哪些细节有序地组合为情节链，他将哪些没有时空联系的事情连接在一起，完全受到他的创作意图和在作品中表达的主题的制约。

小说作家这种有意地、机智地组合，使得细节与细节、事件与事件之间建立了一种因果关系。小说读者在把握有着因果关系的细节和事件时，看出了小说作家对生活事件的理解和认识。张天翼的小说《华威先生》关于华威先生的故事，连他的年龄、籍贯、生平、学历等都没有交代，只是描写了他赴三个会和为两个会居然没邀请他而大发其火的场面。总共 5 个小小的人生片断，一个官僚型的文化人形象就仿佛在读者面前奇迹般地构成了。当然这些鉴赏技巧需要我们在学习中不断总结，这样才能提高我们的鉴赏水平。

中国古代文学史述要

中国有着悠久的历史和灿烂的文化，中国古代文学也有着光辉的成就。这种成就从上古时期开始，就以不同的文学样式和风格，多姿多彩地呈现在我们面前。

先秦时期的文学是我国文学史上光辉灿烂的第一页。在这个时期，诗与文都取得了垂范后世的巨大成就。我国文学现实主义的源头——历史上第一部诗歌总集《诗经》，收录了自西周初期至春秋中叶五百多年的社会各个阶层创作的诗歌305篇，其作品中所体现出来的“赋比兴”的艺术表现手法，“饥者歌其食，劳者歌其事”的现实主义精神，为后世文学的发展奠定了坚实的基础。继《诗经》之后，出现了我国浪漫主义文学的远祖——楚辞。“楚辞”是伟大的爱国诗人屈原在学习民歌的基础上创造的新诗体，具有鲜明的楚文化特色，主要作家为屈原和宋玉等。屈原的《离骚》，是我国第一首长篇抒情诗，全诗洋溢着悲愤炽烈的感情，表现了崇高的政治理想，想象丰富、辞采瑰丽。以“国风”为代表的《诗经》与以《离骚》为代表的楚辞，并称“风骚”。

先秦的历史散文对后世叙事文有极其深远的影响。《左传》、《国语》、《战国策》等都是这一时期的优秀典籍。《左传》是配合《春秋》的编年史，情节曲折生动，剪裁详略得当，有很高的艺术性。《国语》为国别史，分别记载周王朝及诸侯各国之事，主要在记言。《战国策》的基本内容是战国时代谋臣策士纵横捭阖的斗争及其有关的谋议或辞说。它保存了不少纵横家的著作和言论，特点是最长于说事，夸张渲染，充分发挥，畅所欲言，具有很强的说服力。

春秋末期到战国时代诸子散文蓬勃发展，其散文包括了各种不同的学术流派和政治观点。据《汉书·艺文志》记载，共有儒、道、阴阳、法、名、墨、纵横、农、杂、小说十家。其中最重要的是儒、墨、道和法诸家。《论语》、《孟子》、《荀子》、《墨子》、《老子》、《庄子》、《韩非子》分别代表儒、墨、道、法家的著作。其中以《庄子》文学性最强。

秦汉时期，赋、文、诗都有了进一步的发展。

汉赋承继与楚辞关系密切的骚体赋而来，在西汉鼎盛时期，亦达到了汉大赋的辉煌的顶峰。辞赋的铺张扬厉、辞藻华丽、排比堆砌的特点吻合了强大的汉帝国的需要，出现了众多的辞赋家，司马相如为其中的佼佼者，其《子虚》、《上林》成为汉赋扛鼎之作。

散文方面以司马迁所作《史记》成就最高，全书记载了上自传说中的黄帝时代，下至汉武帝元狩元年，共3000多年的历史。是中国第一部纪传体通史。运用真实的历史材料成功地塑造出众多的性格鲜明的人物形象。叙事简明生动，极少用排比铺张的骈文，形成一种朴素简练、通俗流畅，既舒缓从容、庄谐有致，又富于变化的语言风格。《史记》的语言历来被奉为"古文"的最高成就。鲁迅称其为"史家之绝唱，无韵之离骚"。

乐府，原指汉代为采集民间歌诗和乐曲所建立的机关，后来人们便把这个机关所采集的民间歌诗称作乐府。汉乐府歌诗都可以入乐歌唱，其思想内容最基本的特征是"感于哀乐，缘事而发"，形式多为五言叙事诗。《孔雀东南飞》是汉乐府叙事诗的高峰。《古诗十九首》所代表的东汉后期无名氏文人创作的五言诗，标志着五言诗歌形式从叙事为主的乐府民歌发展到抒情为主的文人创作，已经成熟。这些诗大多反映中下层士子的苦闷和愿望，具有独特的表现手法和艺术风格，在齐、梁已获得高度的评价，刘勰称之为"五言之冠冕"，锺嵘誉之为"惊心动魄，可谓几乎一字千金"。对后世影响甚为深远。

魏晋南北朝时期，开始了中国文学的自觉时代。五七言诗的兴盛，乐府民歌的发展，抒情小赋的蓬勃，文学理论及文学批评的繁荣，显示出各种文学样式都得到了充分的发展。以曹氏父子、建安七子为代表的邺下文人的诗文作品，形成了具有"慷慨任气"的时代特色的风格。而其后以阮籍、嵇康等人的作品为代表的正始文学，则用比兴的手法，隐晦曲折地抒发感慨、批判现实，形成了与建安文学不同的风貌。东晋玄言诗大行其道，但以写田园诗为主的陶渊明是这一时期成就最高的诗人。南北朝民歌呈现出不同的情调与风格。南朝民歌清丽缠绵，更多地反映了人民真挚纯洁的爱情生活；北朝民歌粗犷豪放，广泛地反映了北方动乱不安的社会现实和人民的生活风习。南朝民歌中的抒情长诗《西洲曲》和北朝民歌中的叙事长诗《木兰诗》，分别代表着南北朝民歌的最高成就。抒情小赋的发展及其所采取的骈俪形式，使汉赋在新的条件下得到发展。魏晋南北朝的志怪小说和志人小说是中国小说史上的重要作品，干宝《搜神记》、刘义庆《幽明录》、《世说新语》等一大批著作，虽然篇幅短小、叙事简单，只是初具小说的规模，但在对后世笔记小说的发展起着筚路蓝缕的重要作用。这一时期的文学理论和文学批评也异常地繁荣，曹丕《典论·论文》、陆机《文赋》、刘勰《文心雕龙》、锺嵘《诗品》等论著以及萧统《文选》、徐陵《玉台新咏》等文学总集的出现，形成了文学理论和文学批评的高峰。

唐代是我国历史上最为辉煌的时期之一，文学的繁荣，表现在诗、文、小说、词的全面发展上。

唐代文学的最高成就是诗，是有唐一代文学的标志。初唐四杰以及陈子昂的出现，使得唐诗从宫廷台阁走向社会，贴近现实。他们也在诗歌的情思格调和表现形式上做出了新的开拓与探索，带动了诗歌革新与发展。开元、天宝年间，无论是情思格调、意境兴象，还是声律形式，唐诗都已经取得了充分的发展，唐诗繁荣的条件已经成熟，出现了一大批成就卓越的诗人。其中有山水田园派，以王维、孟浩然等为代表，表现山水田园的明秀优美，具有很高的审美价值；有边塞诗派，以高适、岑参等为代表，把边塞及军旅生活写得瑰奇壮伟、豪情慷慨。还有中国诗歌史上最伟大的双子星座，被称为诗仙的浪漫主义诗人李白和诗圣的现实主义诗人杜甫，也都崛起在这一时期。李白以其旷世才华，纵情歌唱祖国大好山河，意气风发抒发个人理想，诗风雄奇豪放，想象丰富，行云流水而又变幻莫测。杜甫亲身经历了八年安史之乱，他以深沉的感情，直笔时事，其作品集中表现战火中的人间灾难、生民血泪，具有丰富的社会内容、强烈的时代色彩和鲜明的政治倾向，真实深刻地反映了安史之乱前后一个历史时代政治时事和广阔的社会生活画面，具有沉郁顿挫的风格。此后到贞元、元和年间，政治改革的同时，诗坛上也出现了革新的风气。韩愈、孟郊等人，受到杜甫奇崛、散文化、炼字的影响，崇尚险怪，以理入诗，形成韩孟诗派。白居易、元稹、张籍、王建等，则注重诗歌的社会现实作用，主张“文章合为时而著，歌诗合为事而作”，形成元、白诗派，掀起了一场新乐府运动。长庆以后，随着政治中兴化为泡影，诗歌气格也趋于卑弱。最有成就的诗人是被冠以“小李杜”之称的杜牧、李商隐。杜牧擅写七绝，风格俊爽自然。李商隐最擅七律，以其细腻丰富的感情，运用多种创作手法，表现朦胧情思与朦胧境界，揭示、体现心灵深层世界，创造了唐诗最后的辉煌。

唐初骈体文占主要地位。天宝后期，李华、萧颖士等人提倡古文，但成效不大。直到中唐，韩愈、柳宗元出提出文以明道，以复古为号召，从内容到形式上对文体提出了革新的要求，形成巨大的声势，最终，反映现实、内容充实的散体文取代了骈体文，占据文坛。这就是后人所称道的“古文运动”。晚唐，以皮日休、陆龟蒙、罗隐等人创作的犀利的小品文成为这一时期散文的代表。

社会和文学的发展，使得新文体的出现成为可能。唐代在魏晋南北朝志怪小说和杂史杂传的基础上，诞生了传奇小说，标志着文言小说走向成熟。唐传奇以讽世小说和爱情小说成就最高，沈既济《枕中记》、李公佐《南柯太守传》、蒋防《霍小玉传》、白行简《李娃传》等等，都是这一时期的优秀篇章。而由于燕乐的盛行，唐代也出现了词这种新的诗歌体式，并在晚唐五代时期得到了长足的发展，特别是在西蜀和南唐，出现了由赵崇祚编写的第一部文人词总集《花间集》。五代词成就最高者为南唐后主李煜，王国维《人间词话》说："词至李后主而眼界始大，感慨遂深，遂变伶工之词为士大夫之词。"

宋代文学取得了辉煌的成就，在中国文学史上占有重要的地位。作为有宋一代文学之胜的是宋词。在词史上，宋词占有无与伦比的巅峰地位。

宋词流派众多，名家辈出。晚唐五代词，大多是风格柔婉的艳词，宋初词人继承并改造了这个传统，晏殊、晏几道父子基本延续了花间派的风格，范仲淹开始开拓了词的题材，柳永创制了自成一派的慢词，而到了苏轼，词风一变而为境界开阔、豪放疏朗，为宋词的发展注入了新的活力。北宋时期，还有秦观、黄庭坚、贺铸、李清照等著名词人，在不同的方面对宋词的发展做出了贡献。南宋早期，张孝祥、张元幹等人继承并发展了苏轼的风格，其后出现了爱国词人辛弃疾，他进一步扩大了词的表现范围，手法多样，使得宋词的思想境界和精神面貌上升到了一个新的高度。宋末亦出现了一批宗法周邦彦的词人，如姜夔、吴文英、史达祖等人，他们多精通音律，注重风雅，偏重于形式，对宋词词体的建设做出了一定的贡献。按照传统的观点，宋词大略分为两类，以柳永、李清照、秦观、周邦彦等人为代表的婉约派和以苏轼、辛弃疾等人为代表的豪放派。宋词的题材范围非常广阔，咏物词、咏史词、田园词、爱情词、赠答词、送别词、谐谑词，应有尽有。艺术风格上，也是争奇斗艳，婉约与豪放并存，清新与秾丽相竞。无论是题材还是风格，后代词人很少能超出宋词的范围。

宋诗是在唐诗的基础上发展起来的，但又自具特色。宋诗比较温和内敛，平淡瘦劲，其长处在于思理。北宋初期，宋诗基本上沿袭唐风。主要流派有以王禹偁为代表的白居易体（简称白体），魏野、林逋为代表的晚唐体和杨亿、刘筠、钱惟演为代表的西昆体等。其后梅尧臣、苏舜钦、欧阳修等将宋诗向着平淡、重理的方向发展，使之成为宋人对生活的深沉思考的文学表现。北宋诗坛上最有影响力的诗人是苏轼和黄庭坚，苏轼发展了宋诗好议论、散文化的倾向，黄庭坚是江西诗派的宗主，重视诗歌语言的创造，以杜甫为宗。南宋时期，出于江西诗派的陆游、杨万里、范成大等人成为诗坛成就的巅峰人物。

北宋欧阳修为代表的一批文人掀起了诗文革新运动，使得宋代散文的成就却超过了唐代。"唐宋八大家"中有六人出于宋代。而且北宋的王禹偁、范仲淹、晁补之、李格非、李廌，南宋的胡铨、陆游、吕祖谦、陈亮等人，也都堪称散文名家。宋代散文作家的阵容比唐代更为壮大。宋代的政论文和学术论文特别发达，从王安石、曾巩到胡铨、吕祖谦，散文的议论功能臻于完善。欧阳修的史论在议论中渗入强烈的感情色彩，苏轼的亭台记把叙事与议论结合得天衣无缝。《秋声赋》、《赤壁赋》等散文名篇更堪称典范。

先后与宋王朝对峙的辽、金都是北方少数民族建立的政权，其社会文化形态呈现出契丹、女真民族的原有文化与汉文化相融合的特色，而游牧民族特有的豪放、刚健的民族性格则对辽、金诗歌有着深刻的影响。辽诗所存作品不多，以契丹诗人的创作为主。金诗则作者众多，作品繁盛，在诗学理论上也相当成熟。尤其重要的是金代出现了元好问这位杰出的诗人。

辽代第一个较有名的契丹诗人是耶律倍。契丹女诗人萧观音、萧瑟瑟的成就也颇可观。萧观音的诗作比较多样化，既有雄豪俊爽，颇见北地豪放气概之诗，也有委婉深曲之作。辽诗所存作品虽然不多，但它既表现出契丹人的民族性格及其社会生活状况，又体现出他们逐步接受汉化的过程，具有较高的历史价值和艺术价值。

金在灭辽侵宋以后，占据了淮河以北的广大地区，在文化上比辽有显著的进步。封建化进程发展很快，其文学成就更远远超过了辽代。金代诗坛，诗人辈出，作品繁多。不少诗人写出了反映动乱现实的诗篇，如赵元的《修城去》写金国人民在蒙古侵扰下的灾难，宋九嘉的《途中出事》写兵荒马乱中的流民生涯，都堪称写实的佳作。最具代表性的诗人首推元好问，他全面地继承了中国古典诗歌的优秀传统，熟练地掌握了各种诗体的艺术形式。他的创作使金诗的成就飞跃到一个崭新的境界。元好问是金代最重要的诗人，也是杰出的诗论家。

元代最具代表性的文学样式是元杂剧，这一时期是我国戏曲史上的黄金时代，当时有姓名可考的杂剧作家，有八十余人，见于书面记载的作品，约有五百余种。元杂剧最兴盛的时期是在前期。在南方还是以诗词为主要文学样式的时候，北方就出现了关汉卿、王实甫等杂剧作家，涌现了许多优秀的文学剧本，如关汉卿的《窦娥冤》、王实甫的《西厢记》等。同时，文坛上又出现一种新样式，这就是散曲。散曲作品具有浓厚的通俗色彩，作者如林，作品繁多，内容涉及歌咏男女爱情，描绘江山景物，感慨人情世态，揭露社会黑暗，抒发隐逸之思，乃至怀古咏史，刻画市井风情等等方面。元代前期代表散曲作家为关汉卿、马致远等，其风格以豪旷居多，真率自然。后期为张可久、贯云石、乔吉等，风格以婉丽居多。马致远的小令，睢景臣的套曲《哨遍高祖还乡》，是散曲中的杰出作品。

明代散文、诗词比起以往来说是处在一种衰退的状态，而小说、戏曲和民间文学则产生了很多优秀的作品，成为明代文学的主流。

明代出现了长篇章回小说。杰出的作家罗贯中、施耐庵在三国、水浒故事长期、广泛流传和有关的话本、杂剧的基础上，写成了《三国演义》《水浒传》这两部划时代的作品，其后又出现了吴承恩创作的神魔小说《西游记》，这些小说中思想和艺术上都达到了很高的成就，塑造了一系列英雄形象，具有强大的艺术魅力，他们有力地鼓舞、教育着当时和后代的劳动人民，并给后来文学以多方面的影响。

短篇小说是明代小说创作领域内的另一个重要方面，其主要形式是拟话本，是当时文人模仿民间话本所作，以冯梦龙“三言”和凌蒙初“二拍”为典型代表。它们是宋元话本的继承和发展，但其思想内容要比宋元话本复杂，体现着时代的特色；艺术上也更趋成熟，在题材、故事情节和艺术手法上对以后的小说、戏曲都有一定的影响。

戏曲方面，明后期在杂剧方面出现了优秀的作家徐渭和康海，前者作品有《四声猿》，后者有《中山狼》。传奇方面成就更为辉煌。明传奇在戏曲史上是继元杂剧之后又一个新的发展阶段，汤显祖就是那时期杰出的作家。他的代表作《牡丹亭》，是我国戏曲史上最优秀的作品之一，它的强烈的反封建精神，成功地塑造了追求理想、反封建的光辉的杜丽娘形象，使它在人民群众中有着深远的影响。汤显祖创作的牡丹亭/还魂记、紫钗记、邯郸记、南柯记并称临川四梦。其他传奇作家作品还有李开先《宝剑记》、梁辰鱼《浣纱记》等。

诗文相对于小说、戏剧等成就来说，较为逊色。明代出现了不少文学流派，基本上是在拟古派和反拟古派的反复斗争中曲折地前进的，几乎没有出现杰出的作家作品。后期“唐宋派”中的归有光散文多有可观。其后公安派提出“独抒性灵，不拘格套”的进步文学主张，对当时和以后的文学创作都发生很大的影响。晚明小品文也颇有成就，如张岱《陶庵梦忆》《西湖梦寻》等。

清代小说取得了巨大成就，突出体现在长篇章回小说《红楼梦》《儒林外史》和具有独特风格的短篇小说集《聊斋志异》上。吴敬梓《儒林外史》的出现标志着讽刺文学发展的新阶段，它刻画了一批封建知识分子的丑陋形象，深刻地揭露现实黑暗，显现社会病态，突出多种矛盾，对近代谴责小说有极大的影响。曹雪芹的《红楼梦》以爱情婚姻悲剧为中心，描写了封建末世贵族阶层由盛而衰的过程，它汲取了前代文学如《水浒》《金瓶梅》以及戏曲中的《西厢记》《牡丹亭》等多方面的创作经验，塑造出一大批形态各异的典型形象，达到了小说创作的艺术高峰。蒲松龄的《聊斋志异》继承了六朝志怪小说的成果，通过对非人类的花妖狐魅的故事述说，曲折反映现实，抨击时弊。这些作品，对封建制度和统治阶级的揭露批判达到了新的高度，艺术表现上也有着显著的提高。

清代传奇、杂剧是明代戏曲发展的继续。孔尚任《桃花扇》继承并发扬了明中叶作品的现实主义传统；洪昇《长生殿》继承传奇创作中的现实主义传统，也吸收了《牡丹亭》等戏曲的浪漫主义手法。它们都抒发了作者的兴亡之感，反映了当时的社会现实，在文学史上占有重要的地位。

清代在诗、词、散文、骈文的领域里出现了众多的作家和不同的流派，几乎历代盛行的各种文学体裁均有所继承和发展。但大多数作家基本上没有跳出拟古主义和形式主义的圈子，很少取得新的成就。在诗文方面，也仍不乏反映社会矛盾、暴露现实黑暗的作品，某些具有进步思想和民族意识的作家的诗文中，现实主义的传统始终在不绝如缕地继续着。

清代诗话、词话、文论、曲话等理论著作十分丰富，对历代创作作了一定的总结；文学书籍的整理也取得较大的成绩，选本的数量颇为可观；文学理论批评成果也值得重视和发掘。

中国现当代文学史述要

"五四"新文化运动和文学革命，是中国现代文学史的伟大的开端。1917年1月，《新青年》刊出胡适的《文学改良刍议》，2月的《新青年》发表了陈独秀的《文学革命论》，高举起文学革命的大旗。"五四"文学革命的主要内容是反对封建蒙昧主义和专制主义，提倡科学和民主；反对文言文，提倡白话文。"五四"文学革命向封建旧文学展开的猛烈的进攻，中国文学从内容到形式都发生了巨大的变化。

1921年以后，新文学运动有了进一步的发展。新起的文学社团如雨后春笋，文艺刊物在各地纷纷出现。新文学从一般革新运动中分离出来而形成独立的队伍，并孕育出不同的流派。

在新文学创作中，新诗走在最前列。开风气之先的是胡适，他创作于1916年8月的《蝴蝶》等8首诗，是最早的一批现代白话诗，其地位不容忽视。胡适的《尝试集》是中国第一部新诗集；在胡适之后，沈尹默、刘半农等相继响应。而当时在日本留学的郭沫若，其诗集《女神》表现了"五四"时期狂飙突进的时代精神，具有典型的浪漫主义风格；郭沫若以天马行空的不羁之才，使新诗大放异彩。抒情诗人冯至，他的诗既讲艺术又富于想象，克服了郭沫若的缺点，又继承了郭沫若的长处。闻一多、徐志摩为代表的新格律诗派和李金发为代表的象征诗派，各自有鲜明的特点。同样受象征主义诗风影响的有现代派诗人戴望舒，以早年诗作《雨巷》最为著名。1920年后期，"新月派"崛起，其主要意图是使自由诗格律化，代表诗人是闻一多；他的诗集《红烛》、《死水》中不少作品，涌动着火热的爱国激情，具有震撼人心的艺术力量。1930年"左联"成立后，新诗的现实主义精神得到发扬，殷夫、蒋光慈、胡也频等人以极大热情写作革命诗歌，讴歌无产者的光辉形象；在"左联"领导下，产生了现代文学史上第一个革命诗歌团体——中国诗歌会，成员有穆木天、杨骚等。当时著名的诗人还有艾青、田间、臧克家，出现了艾青的《大堰河——我的保姆》，田间的《致战斗者》，臧克家的《罪恶的黑手》等有名的诗作。1942年，毛泽东发表《在延安文艺座谈会上的讲话》后，抗日根据地和解放区的诗歌创作特别活跃，有李季的《王贵与李香香》，阮章竞的《漳河水》

等；国统区也有“七月诗派”胡风等一批诗人以诗歌为战斗武器，对国民党反动统治下的种种腐朽没落社会现象揭露和抨击。

其次，小说创作领域获得了丰收。鲁迅的《狂人日记》是中国文学的第一篇具有真正现代意义的小说。鲁迅的短篇小说集《呐喊》和《彷徨》，以深刻的思想性和丰富多样的艺术手法，为后来的新文学小说家们的创作树立了典范，也为中国现代小说的发展奠定了坚实的基础。自 1921 年后，小说创作进入了作家群聚、流派众多的繁荣时期。在众多的文学社团中，以“文学研究会”和“创造社”的影响最大。“文学研究会”主张“为人生”的文学，倾向于现实主义，有成就的小说家有冰心、叶圣陶、王统照等；“创造社”主张“为艺术”的文学。其中郁达夫的成就较高，他的自传体小说《沉沦》，开了中国现代抒情小说和自叙传小说的先河。30 年代文学以小说创作的成就最高，尤其以标志着一个时代的文学成就的长篇小说最为突出。茅盾的长篇小说《子夜》、叶圣陶的《倪焕之》、王统照的《山雨》、李劼人的《死水微澜》、萧军的《八月的山村》、萧红的《生死场》、巴金的《家》、老舍的《骆驼祥子》、沈从文的《边城》等，都为中国现代长篇小说的成熟做出了贡献。抗战时期，沦陷区和国统区小说创作成绩突出，张天翼的《华威先生》，沙汀的《淘金记》，艾芜的《山野》，茅盾的《腐蚀》，老舍的《四世同堂》，巴金的《寒夜》，反映出现实的黑暗和腐朽；而路翎的《饥饿的郭素娥》，钱钟书的《围城》，张爱玲的《金锁记》等则呈现出不同的生活画面，体现出独特的艺术价值。在抗日根据地和解放区，文学运用农民喜闻乐见的形式和大众化语言方式创作的中长篇小说，反映了中国共产党领导下广大农村的历史性变革，工农兵作为“新人”在作品中取得了主人公的地位。著名的有丁玲的《太阳照在桑乾河上》，周立波的《暴风骤雨》，赵树理的《小二黑结婚》《李有才板话》，孙犁的小说集《白洋淀纪事》等。

“五四”时期较有成就的作家，基本上都是散文家。最早出现的散文作品，是议论时政为主的杂感杂文。以陈独秀、鲁迅、周作人、钱玄同等的杂感文影响较大，其中最具有代表性，成就最高的是鲁迅。十七部杂文集。他的回忆散文集《朝花夕拾》，散文诗集《野草》，都是玲珑隽永的散文精品。优秀的散文作家还有冰心（《往事》）、朱自清（《背影》《荷塘月色》）等。30 年代各种体式的散文都取得了一定的成就，游记、传记、抒情、叙事、哲理散文都出现了优秀之作。如何其芳的《画梦录》，丰子恺的《缘缘堂随笔》，郁达夫的《屐痕处处》等。而周作人、林语堂提倡“幽默小品”与“趣味小品”，他们擅长写抒情性散文和游记、随笔等散文小品，艺术风格也比较多样。报告文学也兴盛发展起来。它是在现代产生的一个散文新品种，最优秀的报告文学作品无疑是夏衍的《包身工》与宋之的的《一九三六年春在太原》。此外，现代文学史上的重要作家如郭沫若、茅盾、巴金、老舍、叶圣陶、徐志摩、沈从文等，都有精彩的散文流传至今。

现代话剧在“五四”时期再度兴起。五四先驱者们对传统旧剧的批判中倡导建立中国现代戏剧理论，同时大量翻译与改编西方的名剧，介绍外国戏剧理论。20年代初期，话剧团体纷纷成立，涌现出一批专门从事现代话剧创作的戏剧家，欧阳予倩、熊佛西、洪深、田汉等的社会问题剧。郭沫若和丁西林的话剧创作也独具一格。随着民主革命的深入，“中国的戏剧运动盛况空前”，戏剧家队伍中又增添了一批有才华的作者，出现了一批有影响的剧作。其中有曹禺的《雷雨》、《日出》，夏衍的《上海屋檐下》，于伶的《夜上海》，陈白尘的《岁寒图》等。抗战时期的历史剧创作以郭沫若的《屈原》、陈白尘的《太平天国》、阳翰笙的《天国春秋》、欧阳予倩的《忠王李秀成》等较为著名。解放区文艺是从戏剧开始发展起来的。在文艺为工农兵服务方向的指引下，新秧歌剧和新歌剧得以勃兴，贺敬之、丁毅执笔的《白毛女》，在广泛的继承借鉴中创造了新型现代民族歌剧的经典。

1949年7月，第一次全国文学艺术工作者代表大会在北平召开，标志着中国新文学以此为起点，进入当代文学阶段。会议明确了文艺为人民服务、为工农兵服务的方向，倡导社会主义现实主义创作方法。这一时期文学的基本特征是：表现当代社会现实生活，尤其是以工农兵为主体的社会变革的风貌，表现中华民族的时代精神。

新中国成立后的十七年，小说创作继承了“五四”新文学的传统，以革命现实主义为主潮，在历史和现实题材方面，取得了突出的艺术成就。长篇小说以写革命历史题材的作品较多，如杜鹏程的《保卫延安》、罗广斌和杨益言的《红岩》、吴强的《红日》、梁斌的《红旗谱》、曲波的《林海雪原》、杨沫的《青春之歌》。短篇小说，如王愿坚的《党费》和《七根火柴》等，描写了中国共产党所领导的各个历史阶段的革命斗争，回响着革命英雄主义的主旋律。与历史题材相辉映的现实题材方面，又以反映农村生活的小说最为醒目。如赵树理的《登记》和《三里湾》、周立波的《山乡巨变》、柳青的《创业史》、李准的《李双双小传》、浩然的《艳阳天》等小说充分表现了我国从土地改革到农业合作化，从大跃进、人民公社到党对农村政策的调整等十七年中农村的一系列变革，折射出农民伦理道德观念与文化心理的巨大变化。另一类是王蒙的《组织部新来的青年人》大胆干预生活正视现实矛盾，以及萧也牧的《我们夫妇之间》、邓友梅《在悬崖上》等打破表现人情、人性禁区之作。

这一阶段诗歌创作的成就主要体现在政治抒情诗、长篇叙事诗以及具有民歌味的爱情诗创作等方面。李季的长篇叙事诗《杨高传》、闻捷的《天山牧歌》、郭小川的政治抒情诗《致青年公民》、贺敬之的《回延安》、《雷锋之歌》等政治抒情诗歌与时代和现实紧密联系，反映了社会主义革命和建设的伟大斗争，热情歌颂祖国的新时代新生活。从内容到形式对诗歌艺术探索中获得重大的收获，为新诗的民族化大众化做出了贡献。

散文创作则在整体上超越了 40 年代解放区的散文，散文创作队伍庞大，揭开了社会主义时期散文创作的新篇章。秦牧的《社稷坛抒情》、叶圣陶的《游了三个湖》、巴金的《手》等；徐迟、郭小川、峻青等诗人、吴晗、邓拓等人的杂文专栏“三家村札记”等。这一时期，以杨朔、秦牧、刘白羽等中年散文家为骨干的散文作家群，积极推动散文走向繁荣。艺术成熟的作品有《东风第一枝》《花城》《红玛瑙集》等。这一时期的通讯报告、抒情散文、报告文学、杂文等比其他文学体裁更迅速、更直接地反映了新时代新生活。邓拓的《燕山夜话》是同期杂文中难能可贵的收获。同时，散文创作者在艺术形式和表现手法上的突破，使得十七年散文园地更加充满生机和绚丽色彩。

新中国成立后十七年的戏剧创作，继承和发扬了解放区戏剧的现实主义传统，成绩较显著。这一时期戏剧创作题材广泛、品种繁多，有话剧、歌剧、戏曲和改编的传统剧。其中话剧成就最大。如老舍的《龙须沟》《茶馆》，曹禺的《明朗的天》《胆剑篇》，郭沫若的《蔡文姬》、田汉的《关汉卿》等有着很高的思想艺术成就。《茶馆》享有极高的世界声誉，被欧洲戏剧界称赞是“东方戏剧的奇迹”。

1966 年 5 月至 1976 年 10 月“文化大革命”期间，文学作品更明确地被赋予了特定时期的政治意义，政治观念和政治意图更直接地表露出来。“文化大革命”时期的主流文学直接受制于政治，作品在公开出版物上发表；另一类是秘密或半秘密状态写作和传播的作品，通常称为“地下文学”。公开出版的文学创作，基本上遵循着文学激进派所确立的创作原则和方法，“文化大革命”时期的小说、诗歌、戏剧，其艺术经验，主要来自五六十年代，其重要特征是：政治直接“美学化”。

“文革”时期的小说创作方面，代表性作家作品有浩然的长篇小说《艳阳天》、《金光大道》。作品运用“三突出”的创作原则塑造高大完美的英雄形象，在艺术上贯彻当时倡导的“典型化”的创作方法。无论是作品中人物的个体意义，还是作家的体验本身，都被整合到小说所认同的“文革”统一的历史叙述中。

“文革”期间，戏剧在诸种文艺样式中居于中心地位。“样板戏”的创作，被描述为是与“旧文艺”决裂的产物。代表作品有《红灯记》《沙家浜》《智取威虎山》等八个“样板戏”。“样板戏”最主要的特征，是文化生产与政治权力机构的关系，文艺生产完全地纳入政治体制之中。

从“文化大革命”结束后到1986年十年间的文学，被称为“新时期文学”。在十一届三中全会第四次文代会精神指导和鼓舞下，新时期文学出现了繁荣发展的局面。文艺工作总的口号是：文艺为人民服务、为社会主义服务；百花齐放，百家争鸣。文艺思想的讨论异常活跃，积极探索文艺的新观念。新时期的文学发展中先后交错或并行出现了多种文学潮流，表现了文学多元发展多向分流的可喜局面。

新时期文学的小说创作成就突出，其中尤以中篇小说的成绩最为显著。1977年，刘心武的短篇小说《班主任》打破当时创作的僵滞局面，开“伤痕文学”的先河，起到思想解放先声的巨大作用，同时为社会主义传统的恢复立下了功劳。此后的“反思文学”是“伤痕文学”的深化，作者试图站在较高的历史角度来思考“文革”的教训，作品在题材、主题、人物以及艺术表现等方面都有收获。代表性的作品如高晓声的《李顺大造屋》、茹志鹃的《剪辑错了的故事》等。1979年蒋子龙的《乔厂长上任记》的发表，标志着“改革文学”的出现。之后，反映我国现实改革的佳作相继出现，如张洁的《沉重的翅膀》、谌容的《人到中年》、贾平凹的《鸡窝洼人家》、陆文夫的《围墙》，以及张洁的《爱，是不能忘记的》、铁凝的《哦，香雪》、高晓声的《陈奂生上城》等，对生活各个层面问题的反映，把现实主义精神向前推进了一大步。1985年前后，开始出现多角度、全方位地表现社会的“文化寻根小说”的全新创作观念。作家们力图从民族文化的意义上寻求文学观念解放，重铸民族精神。如阿城的《棋王》、韩少功的《爸爸爸》、莫言的《红高粱》等。与此同时出现的“现代派小说”，它重在借鉴西方现代派文学的表现技巧和手法，表现现实与精神的错位所带来心理上的冲击和痛苦。如刘索拉的《你别无选择》、徐星的《无主题变奏》、残雪的《山上的小屋》等。稍后出现的“先锋小说”，重视叙述、形式，对内容、意义的解构，对性、死亡、暴力的关注。如马原的《虚构》、洪峰的《奔丧》、余华的《四月三日事件》、格非的《迷舟》、孙甘露的《信使之函》等重要作品。这一阶段是个真正多元、全方位的文学阶段，并在沿着社会主义总方向上迈出了坚实的步伐。20世纪90年代以来形成一个“长篇小说热”，小说数量大增。如王蒙的“季节系列四部曲”、余华的《活着》、王小波的《黄金时代》、陈忠实的《白鹿原》、王安忆的《长恨歌》、苏童的《米》、池莉的《水与火的缠绵》等。随着网络科技的发展，网络小说也引起广泛影响，如安妮宝贝的《告别薇安》、宁肯的《蒙面之城》等。

新时期诗歌则出现了题材多样、形式多样和表现手法多样化的局面，诗歌恢复和发展了现实主义的传统。一是艾青、李瑛、公刘、流沙河等老诗人复出，唱出了“归来的歌”。二是青年诗人的“朦胧诗”创作，一大批青年诗人以他们对生活的新鲜感受和表现美的作品成为诗坛的重要力量。如北岛的《一切》、舒婷的《会唱歌的鸢尾花》《致橡树》，顾城的《一代人》等。20世纪80年代后期以来的诗歌，先锋性和探索性仍受到关注。海子、西川、欧阳江河、翟永明、伊沙、于坚等人的创作，对诗歌的形式做出了新探索。

新时期散文的复苏，是由挽悼性散文开始的。随着思想解放运动的深入，各种题材的叙事抒情散文大量出现，它们继承和发扬了“五四”散文以作家个体为本位的散文传统。或追悼、怀念亲友，或抒写个人经历，传达深沉而凝重的思考，如巴金、孙犁、杨绛的散文。巴金的《随想录》开创了新时期“讲真话”的美学原则。代表新时期散文创作的重大成就的是报告文学的繁荣。徐迟的《哥德巴赫猜想》、黄宗英的《大雁情》、鲁光的《中国姑娘》等是本时期很有成就的报告文学作家和作品。20世纪90年代以来的散文，学者式文化散文影响力很大，形成“散文热”。余秋雨的《文化苦旅》、史铁生的《我与地坛》、张承志的《荒芜英雄路》、王安忆的《重建乌托邦》等，注重人的生存意义与价值的探寻，保持着一种“精英”立场，试图寻求反抗商业社会的实用主义和功利主义的精神资源。同时，生活随笔散文，女性散文等成为人们喜爱的散文样式。

新时期的戏剧，特别是话剧大多是与“文革”有关的“社会问题剧”。如宗福先等的《于无声处》、崔德志的《报春花》等在题材开拓上取得了较大的成就；也有在形式创新上的尝试，如高行健的《绝对信号》和《车站》。90年代以来的戏剧，风格多样，形式多元，林兆华、孟京辉等是代表人物；出现小剧场戏剧如《留守女士》等，影响很大。

总之，中国当代文学以现实主义为基础，与时代紧密联系，在由单一到多元，由封闭到开放的过程中，逐渐走向成熟。

汉语语法知识述要

现代汉语语法举要

一、句子

句子是言语交际的基本单位，能够表示一个相对完整的意思，带有一个表示结束的语调。

（一）句法成分

句法成分指句子的组成成分。句法成分有以下几类：

1. 主语：谓语陈述的对象。如：大家讨论。书是人类进步的阶梯。

2. 谓语：陈述主语的成分。如：经济繁荣。他的态度很坚决。

3. 动语：支配、关涉宾语的成分。如：爱干净。关心集体。

4. 宾语：动作所支配、关涉的对象。如：喜欢看书。热爱学习。

5. 定语：名词性短语里中心语前面的修饰语。如：优秀作品。客人的到来。

6. 状语：谓词性短语里中心语前面的修饰语。如：非常刻苦。努力工作。

7. 补语：动词、形容词性短语里中心语后面的补充成分。如：跑得快。安排好。

8. 中心语：状中短语、定中短语、中补短语中的中心成分。他已经来了。国家的发展。站起来。

（二）句型

根据句子的结构特点，句子可以归纳为若干结构类型，简称句型。句子首先可以分为单句和复句两大类：

1. 单句：由一个词或一个短语构成。单句又可分为：

①主谓句：由主谓短语构成的句子，可以分出主语和谓语两部分。如：他很瘦。他在看电视。一块钱三斤。

②非主谓句：分不出主语和谓语两部分。如：1990 年春天。起风了。请爱护公物！

2. 复句：由两个或更多的单句结构复合而成的。充当复句成分的单句结构叫分句，分句如果加上独立的句调，就是单句，但在复句中没有独立的句调，只是复句的一个组成部分。根据分句间的意义关系，复句可以分为三大类：

①并列类复句。

并列复句：表示并列关系，不分时间先后，也没有递进关系。如：我们既要学习好，又要身体好。

连贯复句：各分句表示先后发生的行为动作。如：我一上车，就看到了他。

递进复句：表示递进关系。如：他不但能操纵机器，而且非常熟练。

选择复句：表示选择关系。如：不是鱼死，就是网破。

②因果类复句。

因果复句：客观陈述事物现象之间的因果关系。如：因为昨天下了雨，所以河水涨了许多。

假设复句：根据某种假设断定某种结果。如：如果不互相尊重，爱也难以持久。

条件复句：根据某种条件断定某种结果。如：只要多读多写，作文就会有进步。

目的复句：说明某种行为要得到某种结果。如：走快点，免得迟到。

③转折类复句。

转折复句：表示一般并列性逆转关系。如：麻雀虽小，五脏俱全。

让步复句：先让步后逆转。如：即使你不说，我也知道。

假转复句：表示假如不这样会有什么结果。如：幸亏你得来及时，否则后果不堪设想。

（三）句类

句子按交际功能可分若干功能类型，简称句类。句类可分为：

1. 陈述句：陈述一件事情，带有陈述语调，一般是句末音高平直稍降，书面上一般用句号。如：我知道这件事。他不是学生。

2. 疑问句：提出一个疑问，带有疑问语调或疑问词，一般是句末音高上升，有疑问词时，音高也可与陈述句相同，书面上用问号。疑问句又可分为：

①是非问句：一般可用“是”或“不是”作简短回答。如：你去么？你喜欢么？

②特指问句：用疑问代词表示疑问，要求就疑问代词的内容作出回答。

如：谁是负责人？他去哪里了？

③选择问句：提供几个并列选项，要求从中选择某项作出回答。如：他是老师还是学生？你明天来还是后天来？

3. 祈使句：发出命令或提出请求，带有祈使语调，一般是句末音高下降，书面上一般用感叹号或句号。如：请让一让。请勿吸烟！

4. 感叹句：抒发说话人的某种感情，带有感叹语调，一般是句末音高先升后降，书面上一般用感叹号。太好了！好大的雨啊！

二、常见的语法错误

（一）搭配不当

由于不理解词义配合而造成句法成分在意义上搭配不当。

1. 主语和谓语搭配不当。

它每年的发电量，除了供给重庆使用外，还向四川、湖北等地输送。

主语“发电量”与谓语“输送”搭配不当，应改为“发的电”。

2. 动词和宾语搭配不当。

他主动挑起了三门新开课程的主讲任务。

动词“挑起”与宾语“任务”搭配不当，应改为“承担”。

3. 修饰语和中心语搭配不当。

中学时代打下的坚实的基础知识，为他进一步学习创造了条件。

定语“打下的”与中心语“知识”搭配不当，应改为“掌握的”。

我们要注意团结跟自己合不来、看不惯的同志。

状语“跟自己”与中心语“看不惯”搭配不当，应改为“自己看不惯的同志”。

他问清了原因，沉默了少许，慢慢走了过来。

补语“少许”与中心语“沉默”搭配不当，应改为“片刻”。

（二）成分残缺

句子里缺少了某些必不可少的成分，造成句法成分残缺。

1. 由于滥用介词“对于、由于、关于、在、当”等而造成主语残缺。

由于这篇文章，使我们认识到吸烟的害处有多大。

介词“由于”多余，应删去。

2. 暗中更换主语，造成主语残缺。

我们一再恳求，终于答应了，并且发给我们工作服，多么高兴啊！

第二、三分句主语残缺，应当补出。

3. 谓语残缺。

每个学生都应该成为德育、智育、体育的一代新人。

应在“德育、智育、体育”后加上谓语“全面发展”。

4. 宾语残缺。

企业应在国家政策允许的范围内，通过增加生产、扩大经营、降低物耗来增加职工工资。

在“降低物耗”后应补出宾语“等合法途径”。

（三）成分多余

句子里多出来某些绝不能有的成分。

1. 主语多余。

我们一年级的同学，在上课的时候，我们都能认真听讲。

后一个“我们”是多余的主语，应删。

2. 谓语多余。

回到家里已经三个多月过去了。

“过去”是多余的谓语，应删。

3. 宾语多余。

全国人民决心以实际行动热烈庆祝中华人民共和国成立五十周年国庆节的到来。

宾语“到来”多余，应删。

4. 滥用“使”字。

看了学生的习作展览，使他很兴奋，感到了我们的事业后继有人。

“使”字多余，应删。

（四）语序不当

句中各个成分的位置安排得不恰当也会造成结构上的混乱。

1. 定语错放在状语的位置上。

丰富的实践，使他广阔地接触了社会生活。

“广阔”应放在“社会生活”前作定语。

2. 状语错放在定语的位置上。

飞快的K284次列车向上海奔驰。

“飞快的”应放在动词“奔驰”前作状语。

（五）句式杂糅

1. 两句混杂：同一个意思，说法可能不止一种，下笔的时候，既想用这种说法，又想用那种说法，结果把两种说法混杂在一起，造成结构上的混乱。

住了几天，大家发觉，这个村为什么北山上采石叮叮当当，田地里生产却冷冷清清？

“发觉”后应用陈述语气，却用了疑问语气。应删去“为什么”，改问号为句号。

2. 前后牵连：把前一句的后半句作后一句的开头，硬把两句连成一句，造成前后牵连。

我们有数千年的伟大的古典文学遗产成为我们汲取不尽的滋养。

“数千年的伟大的古典文学遗产”既是前一句“有”的宾语，又是后一句的主语，两句牵连在一起。应在“遗产”后加一逗号，然后在“成为”之前加上“这”，使两句分开。

三、修辞

修辞是为了获得最佳表达效果而对言语形式进行选择的活动。

(一) 句式的选择

如何有效地表达思想感情，关键在于对各种表达方式的精确而恰当的选择。

1. 长句和短句。

长句指词语多，结构复杂的句子。长句的修辞效果是表意周密严谨、精确细致。短句指词语少，结构简单的句子。短句的修辞效果是表意简洁明快。

2. 整句和散句。

整句指结构相同或相似的一组句子。整句形式整齐，气势贯通，意义鲜明，适合于表达丰富的感情。散句指结构不整齐，各式各样的句子交错运用的一组句子。散句散而不乱，灵活自由，容易避免单调呆板，能取得生动活泼的效果。

3. 主动句和被动句。

主动句指用施事作主语的句子。以施事作陈述的对象，宜用主动句，动词没有限制。被动句指用受事作主语的句子。以受事作陈述的对象，宜用被动句，动词有限制，一般表示不怎么情愿的意思。

4. 肯定句和否定句。

肯定句指对事物作出肯定判断的句子。否定句指对事物作出否定判断的句子。一般说来，肯定句语气较强，否定句语气较弱。

5. 口语句式和书面语句式。

口语句式指在口语里经常出现的句式。口语句式结构简单松散，多用短句，少用关联词语。书面语句式指在书面语里经常出现的句式。书面语句式结构复杂严谨，多用长句，多用关联词语。

（二）修辞格

修辞格又称辞格、修辞方式，是为了提高修辞效果而运用的组织语言材料的方法。常见的修辞格有：

1. 比喻：用本质不同但又有相似点的事物描绘事物或说明道理。比喻里被比方的事物叫“本体”，用来打比方的事物叫“喻体”，联系二者的词语叫“喻词”。

①明喻：本体、喻体、喻词（像、如、若、似、似的、好像、一样等）都出现。如：每朵花都像一团烧得正旺的火焰。

②暗喻：本体、喻体出现，喻词不出现。如：一切反动派都是纸老虎。

③借喻：本体、喻词都不出现，而是借用喻体直接代替本体。如：鲁迅在一篇文章里，主张痛打落水狗。

2. 比拟：根据想象把物当作人写或把人当作物写，或把甲物当作乙物来写。

①拟人：把物当人来写，赋予“物”以人的行为或思想感情。如：太阳的影子躺在波浪上，黎明摇着棕榈叶，摇着蓝色的光。

②拟物：把人当物写，使人具有物的情态或动作，或把甲物当作乙物写。如：那肥大的荷叶下面，有一个人的脸，下半截身子长在水里。

3. 借代：不直接说某人或某事物的名称，而借同它密切相关的名称去代替。

①特征代本体：用人或物的特征去代替本体事物的名称。在这群光头、毡帽、长衫、马褂中间，他有种鹤立鸡群的气度。

②部分代整体：用事物的一部分代替本体事物。无数的眼睛在注视着我们。

③专名代泛称：用具有典型性的人或事物的专称代替本体事物的名称。在广大人民群众中，实在有成千上万的“诸葛亮”。

④具体代抽象：用具体事物代替概括抽象事物。中国人民用小米加步枪，打垮了帝国主义在中国的统治。

4. 夸张：故意言过其实，对客观的人、事物作扩大或缩小的描述。

①扩大夸张：有意把一般事物往大、多、快等方面说。如：隔壁千家醉，开坛十里香。

②缩小夸张：有意把一般事物往小、少、慢等方面说。如：他虽说身经百战，可身上一根汗毛也没伤过。

5. 双关：利用语音或语义条件，有意使语句同时关顾表面和内里两种意思，言在此而意在彼。

①语音双关：利用语音上的相同或相近构成的双关。如：孔夫子搬家——尽是书（输）。

②语义双关：利用词句的多义构成的双关。新事业从头做起，旧现象一手推平（理发店对联）。

6. 对偶：把字数相等、结构相同或基本相同的两个语句对称地排列起来，表达平列、对照或顺承的语义内容。

①正对：由两个意思相关的对称的句子组成。如：两个黄鹂鸣翠柳，一行白露上青天。

②反对：由两个意思相反的对立的句子组成。如：横眉冷对千夫指，俯首甘为孺子牛。

③串对：由两个意思连贯的对称句子组成。如：才饮长沙水，又食武昌鱼。

7. 排比：把结构相同或相似、语气一致、意思密切关联的句子成分排列起来，借以加强语意，增强语势。如：生产多么需要科学！革命多么需要科学！人民多么需要科学！

8. 对比：把两种不同事物或者同一事物的两个方面放在一起相互比较，造成鲜明的对照。如：有的人活着，他已经死了；有的人死了，他还活着。

9. 设问：无疑而问，自问自答，以引导读者注意和思考问题。如：是谁创造了人类世界？是我们劳动群众。

10. 反问：用文句的形式表达对事物的判断，从肯定方面问，意在否定；从否定方面问，意在肯定。如：这比山高比海深的情谊，我们怎么会忘记？

古代汉语语法举要

一、常用虚词

（一）介词

1. 以：

①引进动作行为的工具、手段，可译为“用、拿”。

若无罪而就死地，故以羊易之也。《孟子·梁惠王上》

②引进动作行为的条件、依据，可译为“凭借、依靠”。

臣闻昔汤武以百里昌，桀纣以天下亡。《战国策·庄辛说楚襄王》

③引进动作行为连带的人，这是一种行为的方式，可译为“率领”。

项梁乃以八千人渡江而西。《史记·项羽本纪》

④引进动作行为发生的原因，可译为“因为、由于”。

闻其声，不忍食其肉。是以君子远庖厨也。《孟子·梁惠王上》

2. 于：

①引进动作行为的处所，可译为“在、到”。

遂置姜氏于城颍。《左传·郑伯克段于鄢》

②引进动作行为的时间，可译为“在、从、自”。

于是使人发驺，征庄辛于赵。《战国策·庄辛说楚襄王》

③引进比较的对象，可译为“比”。

冰，水为之，而寒于水。《荀子·劝学》

④引进动作行为的原因，可译为“因为、由于”。

业精于勤，荒于嬉。韩愈《进学解》

⑤引进动作行为的主动者，可译为“被”。

及寡人之身，东败于齐，长子死焉。《孟子·梁惠王上》

3. 为：

①引进动作行为服务的对象，可译为“替、给”。

及庄公即位，为之请制。《左传·郑伯克段于鄢》

②引进动作行为涉及的对象，可译为“跟、对、向”。

臣请为王言乐。《孟子·梁惠王下》

③引进动作行为的原因，可译为“因为”。

然则一羽之不举，为不用力焉。《孟子·梁惠王下》

④引进动作行为的主动者，可译为“被”。

先即制人，后则为人所制。《史记·项羽本纪》

（二）连词

1. 而：

①表示并列关系，可译为“又、并且”，也可不译出。

清声而便体，秀外而惠中。韩愈《送李愿归盘谷序》

②表示在时间上紧相承接或事理上有递进、因果、条件和方式等关系，可译为“又、就，而且、因而”。

昌黎韩愈，闻其言而壮之。韩愈《送李愿归盘谷序》

③表示在事理上是不一致的、相反的，构成了转折关系，可译为“却、然而、可是”。

与之驰骋乎高蔡之中，而不以国家为事。《战国策·庄辛说楚襄王》

④接状语和中心语，表示偏正关系。一般不译出。

项王瞋目而叱之，赤泉侯人马俱惊，辟易数里。《史记·项羽本纪》

2. 以：

①表示并列关系，可译为“又”。

夫夷以近，则游者众；险以远，则至者少。王安石《游褒禅山记》

②表示后一动作行为是前一动作行为的目的，可译为“以便”。

命子封帅车二百乘以伐京。《左传·郑伯克段于鄢》

③表示前项动作行为是后项动作行为进行的条件、方式，可译为“来”，也可不译。

交戟之卫士欲止不内，樊哙侧其盾以撞，卫士仆地。《史记·项羽本纪》

④连接状语和中心语，表示偏正关系。一般不译出。

挟太山以超北海。《孟子·梁惠王上》

3. 则：

①表示两个分句在事理上是条件和结果的关系，可译为“那么、那么就”。

欲与大叔，臣请事之；若弗与，则请除之。《左传·郑伯克段于鄢》

②表示两种动作行为或两件事在时间上相承接，可译为“就、便”。

大丈夫不遇於时者之所为也，我则行之。韩愈《送李愿归盘谷序》

③表示转折关系，可译为“却、反而、可是”。

曲则全，枉则直，洼则盈，敝则新，少则得，多则惑。《老子·道德经》

（三）“之”字

1. 用作代词，在句中充当动词或介词宾语。可译为“他（们）、它（们）”。

爱共叔段，欲立之。《左传·郑伯克段于鄢》

2. 用作助词，用在定语和中心语之间，相当于现代汉语的“的”。

都城过百雉，国之害也。《左传·郑伯克段于鄢》

3. 用作助词，用在主谓语之间，使一个主谓结构成为一个名词性成分，可不译出。

此天之亡我，非战之罪也。《史记·项羽本纪》

4. 用作足句虚词，可不译。

知之为知之，不知为不知，是知也。《论语·为政》

二、词类活用

（一）使动用法

1. 动词的使动用法，就是主语所代表的人物并不施行这个动词所表示的动作，而是使宾语所代表的人或事物施行这个动作。

庄公寤生，惊姜氏。《左传·郑伯克段于鄢》

惊姜氏：使姜氏吃惊。

2. 形容词的使动用法，就是使宾语所代表的人或事物具有这个形容词的性质或状态。

是以君子远庖厨也。《孟子·梁惠王上》

远庖厨：使庖厨远。

3. 名词的使动用法，就是使宾语成为该名词所表示的人或物，或者发生与该名词有关的动作行为。

制海内，子元元，臣诸侯。《战国策·秦策一》

臣诸侯：使诸侯成为臣。

（二）意动用法

1. 形容词的意动用法，就是主语主观上认为这个形容词后面的宾语带有该形容词所表示的性质和状态。

少仲尼之闻而轻伯夷之义。《庄子·秋水》

少仲尼之闻：认为孔子的见识很少；轻伯夷之义：认为伯夷的节义很轻。

2. 名词的意动用法，就是把宾语所代表的人或事物看成这个名词所表示的人或事物。

孟尝君客我。《战国策·齐策四》

客我：把我当作客人。

（三）名词用作动词

在古代汉语中，名词时常用作动词。

1. 两个名词连用，如果不是并列关系或修饰关系，其中必有一个活用为动词。

五十者可以衣帛矣。《孟子·梁惠王上》

衣帛：穿帛制成的衣服。

2. 名词放在助动词、副词后面，一般活用为动词。

今京不度，非制也。《左传·郑伯克段于鄢》

非制：不合于制度。

3. 名词在代词“之、我”等前面时，一般活用为动词。

马童面之，指王翳曰：“此项王也！”《史记·项羽本纪》

面之：仔细观察他。

4. 名词用连词“而”连接时，活用为动词。

保民而王，莫之能御也。《孟子·梁惠王上》

保民而王：安抚人民而成就王业。

（四）名词用作状语

在古代汉语中，名词可以直接用在动词前面，充当状语。

1. 表示比喻。

狐鸣呼曰：“大楚兴，陈涉王。”《史记·陈涉世家》

狐鸣：像狐狸一样鸣叫。

2. 表示对人的态度。

君为我呼人，我得兄事之。《史记·项羽本纪》

兄事：像对待兄长一样对待他。

3. 表示动作行为的处所。

君王宜郊迎。《史记·陆贾列传》

郊迎：到郊外迎接。

4. 表示动作行为的工具。

群臣后应者，臣请剑斩之。《汉书·霍光传》

剑斩：用剑斩杀。

三、特殊句式

（一）判断句

古代汉语的判断句和现代汉语不同，一般不用系词“是”，而是在谓语后加语气词“也”帮助判断，或者用“者”在主语后起加强语气的作用。主要有以下几种：

1. 主谓＋谓语＋也

制，严邑也。《左传·郑伯克段于鄢》

制是个险要的城邑。

2. 主语＋者＋谓语＋也

廉颇者，赵之良将也。《史记·廉颇蔺相如列传》

廉颇是赵国的优秀将领。

3. 主语＋者＋谓语

天下者，高祖天下。《史记·魏其武安侯列传》

天下是高祖的天下。

4. 主语＋乃（或即，副词）＋谓语＋也

吾乃梁人也。《战国策·赵策三》

我就是梁国人。

梁父即楚将项燕。《史记·项羽本纪》

项梁的父亲就是楚国的将领项燕。

（二）被动句

古代汉语常见的表示被动意义的被动句式，主要有以下几种：

1. 及物动词＋于（介词）＋施事者

劳心者治人，劳力者治于人。《孟子·滕文公上》

治于人：被别人统治。

2. 为（介词）＋施事者＋及物动词

不为酒困《论语·子罕》

为酒困：被酒所困扰。

3. 见（助动词）＋及物动词＋于（介词）＋施事者

吾长见笑于大方之家。《庄子·秋水》

见笑于大方之家：被大方之家所笑。

4. 为（介词）＋施事者＋所（助动词）＋及物动词

先即制人，后则为人所制。《史记·项羽本纪》

为人所制：被别人所制服。

（三）宾语前置句

在古代汉语中，在下列三种情况下，宾语要放在动词或介词的前面：

1. 疑问句中，疑问代词作宾语前置。

敢问何谓也？《左传·郑伯克段于鄢》

何谓：谓何，说的是什么。

2. 否定句中，指示代词或人称代词作宾语前置。

是以后世无传焉，臣未之闻也。《孟子·梁惠王上》

未之闻：未闻之，没有听说过这事。

3. 叙述句中，宾语用代词（是、之）复指前置。

其是之谓乎？《左传·郑伯克段于鄢》

是之谓：谓是，说的就是这个。

附录二 应用文写作述要

行政公文

行政公文是一种特殊的应用文体。它是行政机关实施领导、履行职能、处理公务的具有特定效力和规范体式的文书，是传达、贯彻方针政策，公布法律法规，指导、布置和商洽工作，请示和答复问题，报告、通报和交流情况等的重要工具。从某种程度上说，它是国家法律法规的延续和补充。它由法定作者制发，具有法定的权威性和现行效用，也有特定的处理程序。

据《党政机关公文处理工作条例》（中办发〔2012〕14 号），公文的主要种类共计 15 种，除了四种最常用的通知、通报、报告、请示之外，其余十一种分列如下，略作说明：

1. 决议。适用于会议讨论通过的重大决策事项。

2. 决定。适用于对重要事项作出决策和部署、奖惩有关单位和人员、变更或者撤销下级机关不适当的决定事项。

3. 命令（令）。适用于公布行政法规和规章、宣布施行重大强制性措施、批准授予和晋升衔级、嘉奖有关单位和人员。

4. 公报。适用于公布重要决定或者重大事项。

5. 公告。适用于向国内外宣布重要事项或者法定事项。

6. 通告。适用于在一定范围内公布应当遵守或者周知的事项。

7. 意见。适用于对重要问题提出见解和处理办法。

8. 批复。适用于答复下级机关请示事项。

9. 议案。适用于各级人民政府按照法律程序向同级人民代表大会或者人民代表大会常务委员会提请审议事项。

10. 函。适用于不相隶属机关之间商洽工作、询问和答复问题、请求批准和答复审批事项。

11. 纪要。适用于记载会议主要情况和议定事项。

公文的格式有非常严格的要求。一般由份号、密级和保密期限、紧急程度、发文机关标志、发文字号、签发人、标题、主送机关、正文、附件说明、发文机关署名、成文日期、印章、附注、附件、抄送机关、印发机关和印发日期、页码等组成。

公文的起草必须符合国家法律法规和党的路线方针政策，完整准确体现发文机关意图，并同现行有关公文相衔接。必须一切从实际出发，分析问题，实事求是，所提政策措施和办法切实可行。必须深入调查研究，充分进行论证，广泛听取意见。

从应用文写作的角度而言，公文起草必须做到所选文类正确，格式规范，内容简洁，主题突出，观点鲜明，结构严谨，表述准确，文字精练。公文语言总的要求是庄重、平实、概括。公文语言功夫的核心是选词。一要根据所反映的客观实际需要，二要符合明晰、确切、简练的标准，三要根据具体的语言环境，为避免上下文重复而选择不同的词语，注意公文涉及对象和阅读对象。要多用书面语和文书用语，少用形象性和描绘性词语及口语，不用方言土语。

下面就四种最常见的行政公文进行重点说明。

一、通知

适用于发布、传达要求下级机关和有关单位周知或者执行的事项，批转、转发公文。通知适用公文的一般格式。其类别又可分为批示性通知、指示性通知、告知性通知等。批示性通知细分为颁发、转发、批转三类，各自有其内容和行文方面的具体差异。指示性通知针对上级机关宣布要求下级机关办理或执行，但限于发文机关的权限或因内容而不能命令或指示的事项，这类通知又称规定性通知或布置性通知。告知性通知用于告知某一具体事项，这类通知是机关日常工作经常用到的公文文种；会议通知是告知性通知的一个重要类别，其正文部分应写明召开会议的名称、须知事项两部分。

【例】

四川省人民政府办公厅
关于深化收费公路制度改革取消高速公路省界收费站的通知

川办发〔2019〕39号

各市（州）人民政府，省政府各部门、各直属机构，有关单位：

为贯彻落实《国务院办公厅关于印发深化收费公路制度改革取消高速公路省界收费站实施方案的通知》（国办发〔2019〕23号）精神，进一步深化收费公路制度改革，确保2019年底前取消全省9处高速公路省界收费站，实现不停车快捷收费，经省政府同意，现将有关事项通知如下。

一、重点工作任务

按照《交通运输部办公厅关于大力推动高速公路ETC发展应用工作的通知》（交办公路明电〔2019〕45号）要求，明确2019年市（州）车辆电子不停车收费系统（ETC）发行目标任务，确保2019年底前各市（州）在籍汽车ETC安装率达80%以上，全省高速公路通行车辆ETC使用率达90%以上。……

二、工作保障措施

……

坚持转岗不下岗原则，多渠道分流安置收费人员，保障其合法权益。各地各有关部门（单位）要加强相关政策宣传解读，正确引导社会预期，及时回应公众关切，营造良好舆论氛围，确保社会和谐稳定。

四川省人民政府办公厅

2019年6月4日

二、通报

通报适用于表彰先进，批评错误，传达重要精神或者情况。它具有严肃性、教育性、典型性、时效性的特点。表彰性通报，其正文一般包括介绍先进事迹、宣布表彰决定、发出学习号召和提出希望要求等几项内容。批评性通报的正文包括叙述错误事实，指明危害，分析错误性质，申明通报决定，提出引以为戒的要求和切实可行的防范措施等几项内容。此外还有一般的情况通报。

【例】

国务院办公厅关于部分地方优化营商环境典型做法的通报

国办函〔2018〕46号

各省、自治区、直辖市人民政府，国务院各部委、各直属机构：

党中央、国务院高度重视优化营商环境工作，作出重要部署。各地区、各部门认真贯彻落实，坚持问题导向和需求导向，持续深化简政放权、放管结合、优化服务改革，加快政府职能深刻转变，降低制度性交易成本，着力打造国际一流、公平竞争的营商环境，取得积极成效，创造和积累了一系列好的经验做法。为促进各地区、各部门交流互鉴，进一步推动形成竞相优化营商环境的良好局面，经国务院同意，现将开展企业投资项目承诺制改革等28项优化营商环境的典型做法通报如下。

一、部分地方优化营商环境典型做法

（一）改革投资审批等制度方面8项：企业投资项目承诺制改革、“多规合一”和完善工程建设项目审批体系改革、并联审批和“多图联审”等改革、区域评估改革、“标准地”改革、限时联合验收改革、强市放权改革、制定政府部门内部审批事项清单。

（二）便利企业开办和经营方面3项：“一照多址”和“一证多址”改革、涉税业务“全市通办”、以“线上税银互动”缓解企业融资难题。

……

二、工作要求

各地区、各部门要坚决贯彻落实党中央、国务院决策部署，深刻认识优化营商环境的重要性、紧迫性，以更大决心、更强力度、更实举措推进“放管服”改革，持续优化营商环境，聚焦市场主体和人民群众办事创业的痛点难点，突出重点，把该放的权放给市场主体，营造公平竞争的市场环境，更大限度激发市场活力、调动人的积极性和社会创造力。

……

国务院办公厅

2018年7月24日

三、报告

报告适用于向上级机关汇报工作，反映情况，答复上级机关的询问。报告按性质可以分为综合报告和专题报告，按行文目的可分为呈报型报告和呈转型报告。报告适用公文的一般格式，其标题可以是“发文机关＋事由＋文种”，也可以是“事由＋文种”。呈报型报告的正文，开头一般概括情况，提起下文，主体部分具体陈述情况，指明工作中的经验和教训，提出意见和打算，结尾常用“以上报告妥否，请指示”“特此报告，请审阅”等规范用语。呈转型报告开头一般概括介绍情况、说明原因；主体部分汇报工作或反映情况，提出意见或建议，并写明具体的措施和办法；结语常用“以上报告如无不妥，请批转各地执行”等。

四、请示

适用于向上级机关请求指示、批准。下级机关的请示事项，如需以本机关名义向上级机关请示，应当提出倾向性意见后上报，不得原文转报上级机关。请示应当尽量做到一文一事，要避免多头请示，避免越级请示，不得在报告等非请示性公文中夹带请示事项。

【例】

西北农林科技大学关于修建图书馆的请示

教育部：

我校由陕西杨凌的原西北农业大学、西北林学院等七个教学、科研单位合并组建而成，但只有原西北农业大学有一个能同时容纳 2000 人的图书馆。而我校现有师生人数将近 4 万人，远远满足不了师生借阅需求。为此，我校正规划在实验楼前的空地上新建一座 10 万平方米的图书馆，经预计每平方米造价 1000 元，共需资金 1 亿元。

……

以上请示妥否，请批示。

西北农林科技大学

二〇一二年五月二十三日

事务文书

事务文书主要是党政机关、企事业单位和社会团体等用于日常事务的文体。这种文体主要涉及信息沟通、情况总结、问题探讨或工作指导等。事务文书对于日常工作和事务具有较强指导性，语言形式较之于行政公文更为灵活。以下我们主要从计划、总结、简报、调查报告这四种事务文书来进行介绍。

一、计划

计划是机关、企事业单位、社会团体或个人常用的一种事务文书。它主要是单位或个人围绕某种目标或者任务制订的安排、规划或方案。计划对于工作或学习起着至关重要的作用，所谓“凡事预则立，不预则废”。因此，提早进行计划可以减少未来工作或学习之中的盲目性。

在结构上，计划分为标题和正文两大部分。

1. 完整的标题包括单位名称、时间限制、计划的内容和种类等，比如《××大学 2019 年招生工作计划》《××保险代理公司 2019 年销售计划》。

2. 完整的正文包括前言、目标、任务以及措施和步骤。

①前言主要指制订计划的缘由和背景。比如：为了贯彻××精神，根据××文件，结合本单位实际情况，特制订××计划。

②目标和任务主要指制订计划是为了做什么事情。在目标方面，写作遵循具体性原则，不能含糊其词。比如高校某学院的工作计划“本学期的目标是提高毕业生的就业率和升学率”这样的目标就不够明确。就业率和升学率要提升到什么程度？需要补充清晰的、可量化的指标作为参照。

③措施和步骤指的是本计划如何具体落实。在措施制订方面，遵循可操作性原则，细化措施的每个步骤和方案。同时还要充分考虑计划之外的情况。所以，措施的制订还要有弹性，为意外情况留出余地。

【例】

关于××企业生产销售非法食品的采访计划书

8 月 22 日—25 日，省督查组到我市检查指导打击食品非法添加和滥用食品添加剂专项整治工作。督查组对我市打击食品非法添加和滥用食品添加剂专项整治工作给予了充分肯定，同时要求，有关部门要履行好食品流通环节安全监管职责，严格审查经营主体资格，强化抽样检验，坚决打击非法添加和滥用食品添加剂行为，全力保障人民群众食品消费安全。

然而近日却有群众反映我市知名A食品企业在生产、销售含有非法添加剂的食品，我新闻单位决定对其进行深入跟踪报道。

一、采访目的

了解群众所反映的A食品企业生产、销售含有非法添加剂的食品的情况是否属实，若情况属实，则深入挖掘具体情况并第一时间曝光，以此对其他有类似情况的食品企业敲响警钟，以此敦促我市食品药品监管局加强监管力度，最终目的是为了保障人民群众食品消费安全。

二、采访步骤和方法

（一）初期：收集资料，了解背景。

（二）实施：联系采访对象，深入事件背后。

（三）后期：整理材料，核对事实。

（四）注意事项及采访失败的补救说明。

三、采访中最大的困难是A食品企业负责人可能会对群众反映的这个问题避而不谈，觉得我们的采访并非友好，而拒绝我们的采访。

我们的处理方法是刚柔并济，既本着一个对消费者负责的刚硬态度，告知A食品企业必须要对自己企业在食品添加剂方面的使用情况做出一个公开、透明的告白，同时，态度又要柔和，告知A企业如果他们能积极配合我们的采访工作，说明现在的公司相关具体情况，不仅可以打消消费者内心的疑虑，而且可以借此机会重树品牌形象。

（整理自刘长海《例谈新闻采访计划书的写作方法》，载于《应用写作》2015年第2期）

二、总结

总结是机关、企事业单位、团体组织或个人对之前所做的工作或思考的问题进行的归纳、分析和反思的文体。其目的是在总结的基础之中找到工作或思想中值得肯定的地方，同时发现存在的问题和不足。总结经验教训，可以为下一步工作起到指导和规划的作用。总结与计划是一对可以互相参照的文书。计划重点是在事物未做时的设想和打算，总结则是事情做完之后的回顾和反思。

总结的基本结构如下：

1. 标题。完整的标题主要由单位、时间、事务内容和文种构成。比如《××公司年终总结》《××老师赴美国访学总结》。拟标题可以较为灵活，可分正副标题，比如《争做生态环境的保护者——××学院师生2019年开展植树造林活动总结》。

2. 正文。正文作为主体，需要对具体事情进行详细的梳理和客观的评价，从而得出经验或者教训。正文主体部分包括：事实陈述、经验成绩、问题教训和改进方向。

①“事实陈述”部分，主要是作基本情况交代：在什么时间段、什么背景之下，基于什么原因做了什么事情。这部分要突出实践的整体情况，遵循概述性原则，给读者一个总体印象。比如：“回顾2019年对专业课《畜牧学概论》的学习，我的学习体会是：一、……；二、……；三、……。”

②“经验成绩”部分是总结的关键部分，遵循客观性原则。这部分需要对经验和成绩进行客观自评，分类提炼和概括，并归纳出所做事情之中的一些普遍性规律，以供后来借鉴采纳。比如：“在班主任和科任老师的帮助下，我个人在2019年取得了不错的进步。一、端正了学习态度；二、改进了学习方法；三、遵守学校各项规定和纪律。”

③“问题教训”部分同样是总结的核心，也遵循客观性原则。写作者需要对工作或学习之中的不足进行客观陈述，并寻找到造成这些问题的原因。比如：“在肯定本次书法活动成绩的同时，我们必须清醒看到活动中还存在诸多问题，如：书法练习过程本身的枯燥性，导致部分同学书法学习积极性不高；参与活动的同学的书法基础不一；同学们对书法的历史和基本知识掌握不足。”

④“改进方向”部分，是针对上面“问题教训”部分提出的整改措施、努力方向和今后打算。比如：“根据现在存在的学习效率的问题，鉴于高三学习的特殊性，我们建议：一、缩短上课时间为6小时，同时延长午休时间；二、为学生提供定期的缓压培训；三、将每天半小时的体能训练作为学生生活的常态；四、对学科学习进行科学化的调整与合理化的安排。”

3. 落款。落款主要涉及进行总结的单位或个人以及总结的时间。

【例】

中国感光学会 2018 年工作总结

中国感光学会秘书处

2018 年，中国感光学会（以下简称学会）在中国科协的指导下，在支撑单位的支持下，在各单位会员和广大个人会员的努力下，以党的十九大精神为指导，团结带领广大科技工作者，按照 2018 年工作计划积极组织和开展工作，在学术交流、组织建设、编辑出版、学科发展研究、科学普及、继续教育、产学研结合厂会协作等方面取得了一定的成绩，比较好地完成了 2018 年工作任务。现将 2018 年工作总结如下：

一、主要工作成绩及综合数据

……

二、学术活动

……

（引自《影像技术》2019 年第 3 期）

三、简报

简报是机关、企事业单位和社会团体内部用于汇报工作、沟通情况、交流信息的简明事务文书，它某种程度上具有新闻性质，只不过简报是内部交流用的，故而常被称为“内部参考”“快讯”和“动态”等。简报简短地反映单位内部最新的工作情况或者问题情况，实现政策的互通：向上可以争取上级部门的指导和帮助，即“下情上达”；平级可以互相分享信息，协同工作；向下可以宣传和贯彻政策，即“上情下达”。简报主要分为工作简报和会议简报两类。工作简报，顾名思义是对本单位常规工作的简明报道。会议简报则专门报道各种会议的进程、观点或组织情况等。简报的结构一般为：报头、标题和正文。

1. 报头需要有名称、期数、单位、日期、密级等，比如“××大学学生创新暨实验室工作信息简报/2018—2019 年第 5 期（总第 23 期）/教务处（教学质量管理中心）主办/2019 年 5 月 10 日”。

2. 标题。简报标题拟定与新闻标题接近，比较自由灵活。比如《文学院学生电影短片获得 2018 年中国大学生电影节金奖》。

3. 正文。正文可以采用新闻体、归纳体、分析体或者汇编体等。根据活动实际情况和单位工作目的，简报主体部分写作也较为自由灵活。

【例】

河南荥阳明代周懿王墓发掘简报

孙 凯 许鹤之 刘其山
河南省文物考古研究院；荥阳市文物保护管理中心

2016 年 7~12 月，为配合郑州豫能热电有限公司 2×660MW 燃煤供热机组项目的建设工作，河南省文物考古研究院经报请国家文物局批准，对位于河南省荥阳市贾峪镇的鲁庄墓地进行考古发掘，共清理多个时期墓葬 115 座。较为重要的是发现了明代周懿王墓及其寝园。寝园坐北朝南，由于早期破坏，其范围不甚明确，根据相关遗迹和遗物的分布情况推测，寝园南北长至少 190 米，东西宽约 100 米。寝园内发现主墓周懿王墓及其祔葬墓和寝园建筑。周懿王墓位于寝园北部，是与其王妃王氏的合葬墓，编号 2016XJLM70（以下简称 M70），地理坐标为东经 113°29′38.87″，北纬 34°41′58.10″，海拔 178 米。（图一，图二）虽然该墓被盗掘严重，但仍具有重要意义。现将 M70 的考古发掘情况简报如下，其他材料另文发表。

一、墓葬形制

……

二、出土遗物

……

三、结语

1. 关于周懿王墓的位置

……

2. 关于玄宫形制

……

3. 关于随葬品

……

4. 关于墓室壁画

……

5. 关于墓志改刻

……

（引自《华夏考古》2019 年第 2 期）

四、调查报告

调查报告是在对工作和学习之中的新现象、新情况、新问题或新事件进行系统性的调研之后客观地写出来的书面报告。调查报告的目的在于提供有用的信息、揭露事实真相或分享工作经验等。调查报告可以分为情况调查报告、问题调查报告、经验调查报告等。调查报告的信息采集方法主要有座谈、访谈、问卷调查、资料阅读等。调查报告不同于计划、总结和简报的地方，主要在于它不仅要陈述客观的情况或者汇报客观的数据，还要进行深刻的分析和研究，从而揭示出表象背后的深层规律。调查报告的结构分为：标题、前言、主体和结语。

1. 标题需要概括整个调查报告涉及对象或问题的核心关键信息或内容。比如《关于博广成企业文化建设的调查报告》《中国私家车购买真的被共享汽车行业颠覆了吗?》。

2. 前言部分为读者阅读提供背景性的介绍，使读者能够更充分地理解主体部分的内容。前言介绍为何要写本调查报告，或者调查报告从哪些角度切入。比如《中国内地方便面市场调查报告》前言这样写道："我国内地方便食品消费市场巨大，其中，方便面的消费世界第一。……根据权威机构预测，到××××年，内地方便面消费会急剧下滑。今年，我研究院对××省方便面市场进行了一次市场调查，根据数据统计，我们对调查结果进行详细分析。"这种导言比较易为人接受，也符合阅读习惯，可以顺利地导向主体的写作。

3. 主体部分对调查者实地调查所得的各种资料进行数据整理和材料归纳，并逻辑清晰地通过平行并列式或者层层深入型的方式将结论呈现出来。平行并列式是将调查对象涉及的问题分为几大方面，并列地呈现；层层深入式是通过问题的追问，将事件和事件之间的因果关系明晰地清理出来，最后提出深刻的解释或者答案。比如《中国内地方便面市场调查报告》的主体部分分为三个方面：第一，国家食品新标准的出台；第二，流动人口的减少带来的社会结构变化；第三，人口老龄化加剧人口结构变化；第四，饮食习惯的变化。这是一种并列的调查报告结构，对一个问题从多个维度进行分析。

4. 结语分为三种：第一种是以简练的语言归纳整篇调查报告的核心思想；第二种是提出新的问题或者建议；第三种是对未来情况进行预测。

【例】

河南省中小学学生课业负担调查报告

陈天顺

……中小学学生过重的课业负担，严重损害了中小学生身心健康，正在成为影响人民群众美好生活的重大问题。……

本调查在河南省各地市分城市、城镇、乡村3类地区，选取了28所小学，2438名小学生；31所初中，2058名初中生；25所高中，2068名高中生。采用问卷调查、访谈、田野调查等方法，通过课题组负责人亲自调研、委托他人及借助互联网平台进行调查3种方式对家长、教师、教育管理者进行专题调查，对河南省中小学学生课业负担问题进行了调查统计分析。调查结果显示，大多数小学生认为课业数量合理，课业时间适中，个体感受和身心状态良好，只有少数小学生认为课业负担较重；中学生课业负担过重问题突出，“减负”效果不能令人满意。

一、调查的基本情况

……

二、河南省小学生的课业负担状况

……

三、河南省中学生的课业负担状况

四、小结

通过以上调查分析，本研究发现：(1) 我省小学生的课业负担过重问题基本得到有效遏制，但中学生课业负担过重问题比较严重；(2) 小学生课业负担在性别、年级和生源地上的差异不显著，中学生课业负担在性别、年级和生源地上的差异显著；(3) 中小学生的校内课业负担有所减轻，但来自校外的课业负担越来越重；(4) 减负并没有达到预期的效果，要从根本上解决这一问题，必须构建一种低竞争、低控制、低评价的全新教育生态。

（引自《信阳师范学院学报》2019年第3期）

财经文书

财经文书是人们在财经活动过程中为解决活动内容的实际问题，对某一特定事物或对象进行描述、说明、告知、交流的一种实用文体形式，具有专业性、时效性、标的性、务实性等特点，一般有较为固定的格式。

根据用途，财经文书可分为财税工作类、生产经营类、企业管理类与信息交流类等类型。

要撰写一份财经文书，必须进行深入研究，掌握真实材料，在熟悉相关法律法规与经济政策的基础上，使用正确的财经文书格式对内容进行准确表述。

下面重点介绍财经文书中的合同与广告。

一、合同

（一）合同的定义

根据《中华人民共和国合同法》第一章第二条：合同是平等主体的自然人、法人、其他组织之间设立、变更、终止民事权利义务关系的协议。

（二）合同的分类

从广义上理解，合同包括所有法律部门中确定权利、义务关系的协议。《中华人民共和国合同法》在分则中规定了买卖合同、赠与合同、借款合同、租赁合同、承揽合同等15种合同类型，此处不赘述。

（三）合同的要素

根据《中华人民共和国合同法》第二章第十二条规定，合同的内容由当事人约定，一般包括以下条款：

1. 当事人的名称或者姓名和住所；
2. 标的；
3. 数量；
4. 质量；
5. 价款或者报酬；
6. 履行期限、地点和方式；
7. 违约责任；
8. 解决争议的方法。

当事人可以参照各类合同的示范文本订立合同。

以上8个要素在合同拟定过程中应特别注意不能遗漏。在此基础上，当事人也可以自行约定一些条款，但自行约定条款内容不能与法律法规的强制性规定相违背。

【例】

租房合同

出租方：______________ 身份证号码：______________

承租方：______________ 身份证号码：______________

为明确出租方与承租方的权利义务关系，现经双方协商一致，达成租房合同如下：

第一条 房屋情况

房屋地址________________，共___室___厅___厨___卫___阳台，面积__________平方米。

第二条 租赁期限

租赁期限___年零___月，即出租方从___年___月___日起将出租房屋交付承租方使用，至___年___月___日收回。

第三条 租金与缴纳时间

租金每年______元（人民币），承租方按照每___为一支付周期支付房租，先支付后入住。第一次租金交付在房屋交付的同时进行，第二次及以后的租金，承租方应提前___付清。

第四条 租赁期间房屋修缮

出租方对房屋及其设备应每隔___认真检查、修缮一次，以保障承租方居住安全和正常使用。

第五条 租赁期间其他约定事项

____

第六条 违约责任

双方中任一方有违约情况发生的，违约方应向守约方支付违约金，违约金为______元，损失超过违约金时，须另行追加赔偿。

第七条 免责条件

房屋如因不可抗力的原因导致毁损和造成承租方损失的，双方互不承担责任。

第八条　争议的解决方式

本合同在履行中如发生争议，双方应协商解决；协商不成时，任何一方均可向工商局经济合同仲裁委员会申请调解或仲裁，也可以向人民法院起诉。

本合同一式2份，出租方与承租方两方各执1份，具有同等法律效力。

出租方（签字、盖章）__________　承租方（签字、盖章）__________

地址：____________　联系电话：____________

开户银行：______________________

账号：__________________________

联系电话：______________________

签约地点：____________　鉴（公）证意见____________

经办人____________

签约时间：______年______月______日

有效期限至______年______月______日

二、广告

（一）广告的定义

广告，即为了某种目的，广泛地向大众告知某事件或事物的文书。广义上可以将广告理解是为一切向公众发布的告知性信息，如政府公告、公益广告、宣传海报、寻人启事等。狭义的广告以营利为目的，又称商业广告，通常是有偿的，由既定出资人通过各种媒介向一定的目标受众传递有关商品的信息，以达到促成受众购买和强化认知的目的。

（二）广告的构成要素

一则完整的广告，主要由广告主题与广告文案两大部分构成。

广告主题是广告的核心，是一则广告的灵魂，文案围绕主题进行设计。

广告文案是指广告中的语言、文字符号、图像等其他因素的综合运用。广告文案设计要求对产品描述准确到位、突出特性、简洁易记、形象生动。

（三）广告的基本原则

1. 真实性原则；
2. 大众性原则；
3. 效益性原则；
4. 艺术性原则；

5. 科学性原则。

（四）广告例文

1. 人头马 X.O. 广告语："人头马一开，好事自然来。"

这10个字的广告语展示品牌名称，并赋予品牌"好运吉利"的形象定位，充分激起消费者购买欲望。

2. M&M巧克力豆："只溶在口，不溶在手。"

这则广告语既反映了产品特点，又寓意产品的香甜美味令人恨不得马上吃掉它，而决不允许它停留在手里。

3. 戴比尔斯钻石："钻石恒久远，一颗永流传。"

这则广告语将钻石与爱情紧密联系，恒久远的爱情符合人们的期待，同时也体现了产品的恒久价值。

礼仪文书

礼仪文书即是为礼仪目的或在礼仪场合使用的文书，是常用的应用写作文体之一，具有交往性、礼节性、情感性和规范性的特点。礼仪文书大致包括庆贺类、交往类、邀聘类、推荐类四种。

一、庆贺类礼仪文书

（一）概念及分类

庆贺类礼仪文书，指用于祝贺的礼仪文书，包括贺电、贺信、祝酒词等。

（二）文体格式

庆贺类礼仪文书由标题、称谓、正文、结束语、落款组成。

1. 标题。标题写于第一行居中位置。有两种写法：一是简单地写“贺电”“贺信”“祝酒词”；二是具体写明是谁向谁、出于何种事由的祝贺。

2. 称谓。称谓写于第二行顶格位置。如是单位，要写全称；如是个人，要写明姓名、职务成尊称。对一般人，则用“朋友们”“女士们”“先生们”来称呼，视关系亲疏、年龄长幼、地位高低等，前面可加上“亲爱的”“尊敬的”等修饰语。

3. 正文。正文从第三行开始写起，起头空两格。正文主要写明事由及意义。贺电、贺信一般要对取得的成绩给予充分肯定，热情赞扬。祝酒词要根据具体场合，表达赞美、感谢等。

4. 结束语。结束语在正文下面一行空两格开始写，表示美好的祝愿。

5. 落款。落款居右，首先注明写作文书的单位全称或个人姓名，另起行署日期。

【例】

祝酒词

亲爱的同学们：

时间过得很快，毕业××年，在此相聚，圆了我们每一个人的同学梦。感谢发起这次聚会的同学！回溯过去，同窗四载，情同手足，一幕一幕，就像昨天一样清晰。

窗外满天飞雪，屋里却暖流融融。愿我们的同学之情永远像今天大厅里的气氛一样，炽热、真诚；愿我们的同学之情永远像今天窗外的白雪一样，洁白、晶莹。

现在，让我们共同举杯：为了学生时代的情谊，为了今天的相聚：干杯！

×××

××××年×月×日

二、交往类礼仪文书

（一）概念及分类

交往类礼仪文书指在比较隆重的聚会场合发表的欢迎词、欢送词或答谢词。

（二）文体格式

交往类礼仪文书由标题、正文、结尾组成。

1. 标题。标题写于第一行居中位置。有两种写法：一是简单地写“欢迎词”“欢送词”“答谢词”；二是写出交往场合的具体内容，如：“在新生见面会上的欢迎词”。

2. 称谓。顶格写称呼。如果对方是单位，要写单位全称，并加尊称或敬语；如果是个人，要在姓名前加“尊敬的”“敬爱的”“亲爱的”等修饰语，在姓名后写上“先生”“女士”等礼貌用语。

3. 正文。正文首先要写明缘由，接下来是欢迎、欢送或答谢的具体内容。

4. 结尾。在结尾部分要真切表达自己的美好愿望和祝福。

最后，最好在右下方写明时间。

【例】

教育部中西部地区中小学骨干教师培训项目开幕式欢迎词

尊敬的各位老师，各位朋友：

大家上午好！

首先，请允许我代表××学院，向莅临今天开幕式并指导工作的教育厅领导、校领导及教师培训学院领导、全省各地中小学骨干教师们，表示最热烈的欢迎与慰问！

根据教育部办公厅《关于组织实施中西部地区中小学骨干教师培训项目的通知》中的要求，由××省教育厅指导，我院具体承办的“中西部中小学骨干教师培训项目”，即将开始。本项目聘请了国内知名专家10名，将举行现场授课及观摩教学、现场指导、参与式研讨、实践教学等内容。除了本校课堂授课外，还将在其他多所中小学现场培训，并组织学员赴××博物馆、××遗址实地考察，利用历史博物馆、考古遗址等地方课程资源为教学服务。

本次“中西部地区中小学骨干教师培训项目”由我校承办，这是××省教育厅对我校及我院的信任，也是××省教育厅对我校及我院的新要求。

我相信，在××省教育厅的指导下，本次“中西部地区中小学骨干教师培训项目”必将胜利完成！

老师们，朋友们，为期十天的培训马上就要开始了，预祝培训圆满成功！

××××年×月×日

三、邀聘类礼仪文书

（一）分类

邀聘类礼仪文书分聘请和邀请两类。

（二）文体格式

邀聘类礼仪文书由标题、称谓、正文、结尾、落款组成。

【例】

邀请函

××先生：

今年是我校建校70周年。兹定于×月×日上午8时在我校南区新星剧场举行校庆典礼，敬请您莅临指导。

××××大学××周年校庆筹备组

××××年×月×日

聘　书

兹聘请×××老师任×××大学××学院市场营销专业客座教授，任期×年，自××××年×月×日起至××××年×月×日止。

此聘

××学院院长×××（印章）

××××年×月×日

四、推荐类礼仪文书

（一）概念及分类

推荐信，是向国家机关、企事业单位等用人单位推荐人才的书信体应用文，一般包括他人推荐和自我推荐两类。

（二）文体格式

推荐信通常由标题、称谓、正文、结束语、署名、附录几个部分组成。

1. 标题。在首页最上方居中位置写“推荐信”或“自荐信”。

2. 称谓。在标题下一行顶格写用人单位的全称或单位领导。如写给单位领导，需在其姓名后加上职务或尊称。

3. 正文。正文着重介绍被推荐人（自荐书则是自己）的基本情况，含知识结构、业务能力、实践经历、工作成绩等。

4. 结束语。推荐（或自荐）完后，常写上“本人乐意推荐他（她）到贵单位工作”或表达期待答复等。结束语后提行空两格，写上“此致”，再提行顶格写“敬礼”。

5. 署名。署名写上推荐者（自荐者）的姓名，如是以单位名义推荐的，还需加盖单位公章，并写上日期。

6. 附录。不是所有推荐信（自荐信）都需要附录。但如果信中有未完全介绍到的履历、才艺、获得奖项等，可在附录中进行详细展示。

【例】

自荐信

尊敬的领导：

您好！感谢您在百忙中抽出宝贵时间来阅读本人的自荐信！

我叫××，女，22岁，即将从××大学计算机专业毕业。四年的大学生涯让我学到了很多。本人现已熟练掌握了计算机的各种技能，精通计算机调试、计算机硬件和系统/软件维护、计算机网络，熟悉计算机销售；除此之外，还能熟练综合运用 Word、Excel、WPS 等软件编排报纸、杂志、文稿等，运用 FrontPage、Dreamweaver、Photoshop、Flash、CuteFTP 等系列软件独立完成网站规划、建设和维护。本人有很强的动手操作能力，适合在计算机硬件、软件应用以及销售等行业工作。

找到一个适合自身特点，能充分发挥自身潜力的工作岗位是我梦寐以求的，能在贵公司拥抱明天的辉煌，将是我莫大的荣幸！我也将用我的成绩向您证明我的实力！

最后，十分感谢您对本人自荐信的审阅。下页附个人求职简历，期待您的回音！

此致

敬礼！

×××

××××年×月×日

学术论文与学位论文

根据《科学技术报告、学位论文和学术论文的编写格式》(GB 7713—87)，学术论文是："某一学术课题在实验性、理论性或观测性上具有新的科学研究成果或创新见解和知识的科学记录；或是某种已知原理应用于实际中取得新进展的科学总结，用以提供学术会议上宣读、交流或讨论；或在学术刊物上发表；或作其他用途的书面文件。"学术论文可以分为不同的种类：如根据研究学科和内容的差异，可分为人文社会科学论文和自然科学论文；如根据研究方法的区别，可分为理论性论文、实验性论文、描述性论文和设计性论文等。

根据《学位论文编写规则》(GB/T 7713.1—2006)，作为学术论文重要形式的学位论文，是作者从事学位相应要求的研究取得创造性成果和创新见解，并以此为内容撰写而成，用于申请授予相应的学位的学术论文。学位论文包括学士学位论文、硕士学位论文和博士学位论文。学士学位论文亦称本科毕业论文，有毕业论文和毕业设计两种形式，是高等学校本科教学计划中不可缺少的环节。

一、写作学术论文和学位论文的目的

学术论文是对科学研究实践过程的描述、展示和总结，是人类知识积累和科学创新的重要环节；是科研工作者学术水平的重要衡量依据，是学术交流的重要载体；是科研工作者解决职称晋升问题的有效工具，是确立其在学术界地位的重要凭证。简言之，撰写学术论文是科学研究的本质体现，是科研工作的内在要求。

学位论文则是评价学生是否达到与学位相称的学力的重要标准。相较于学术论文和博士、硕士学位论文在成熟性和创新性上的严要求和高标准，本科毕业论文具有鲜明的习作性，侧重于科学研究规范的基本训练，要求熟悉专业基本理论、知识和技能，有一定的分析问题和解决问题的能力。尽管一些媒体和学者提议取消本科毕业论文，但是国家教育部门从未放松对本科毕业论文的严格要求，始终将毕业论文视作本科教学水平评估中的核心指标。

二、学术论文的主要内容

学术论文一般包括题目、摘要和关键词、正文、参考文献。

题目，是论文之眼，用于点明论题。取题原则，首先应力求准确，是对作者意图和论文主旨的精准概括；其次应力求简洁，一般不超过 20 字，如果主标题不能将论题、主旨表达清楚，也可使用副标题加以补足。

摘要和关键词一般置于题目、作者署名之后，正文之前。摘要又称内容提要，是对题目的充分展开和对正文的准确概述，也是对研究目的、内容、方法、结论的简要呈现。中文摘要一般在 200—300 字，且不应使用图表、冗长公式和其他非公用的符号。关键词是置于摘要之下的多个词语或词组，目的在于便于文献检索。一般每篇论文可选择 3—5 个关键词。

【例】

论“中等收入陷阱”

厉以宁

内容提要：中等收入陷阱包含了三个陷阱：发展的制度陷阱，要靠改革来避免；社会危机陷阱，要靠缩小城乡与地区收入差距和社会管理创新来避免；技术陷阱，要靠技术创新和资本市场创新来解决。中国完全可以绕开或越过中等收入陷阱。

关键词：中等收入陷阱　发展中国家　发展经济学

（《经济学动态》2012 年第 12 期）

“杀马特”现象的社会学解读

张　乐　常晓梦

摘　要：“杀马特”现象，作为当前中国社会青年亚文化，具有独特的群体特征，展现出强烈的群体归属诉求与小众的亚文化风格。该现象在更深层面上反映出部分青少年对于成人世界和主流精英文化的抵抗，以及当代中国日益明显的社会区隔。本文认为，主流社会唯有充分理解和善意的接纳，才有可能促使其健康的发展。

关键词：杀马特　青少年　亚文化

（《中国青年研究》2014 年第 7 期）

正文是论文的主体。正文在形式上一般由引论（引言、绪论）、本论、结论（结尾）三个部分组成。引论要求说明课题的研究背景，综述课题相关研究文献，介绍论证展开的理论依据或实验设备条件。引论一般要求开门见山，突出重点。本论是对作者观点或发现的描述、呈现、分析和论证，是整篇学术论文或学位论文的核心部分。“文无定法”，学术论文亦复如是。因为科学研究涉及的学科专业、选题对象、研究方法、工作进程、表达形式、个人趣味等都有很大的差异，所以不可能对正文的内容和形式做统一的规定。一般认为理论型论文的本论包括论点、论据和论证三个部分；实践型论文的本论包括理论分析，实践资料、手段和经过，实践结果分析和讨论三个部分。结论是对前文提出问题的呼应、对全文主旨的归纳、对研究意义或影响的合理延伸，其表述应精练、集中、鲜明。

参考文献是论文写作过程中参考或引证的文献资料，反映了研究者对研究对象的熟悉、对科学研究的严谨、对前人成果的尊重。参考文献类型及标识代码分为：普通图书［M］、会议记录［C］、报纸［N］、期刊［J］、学位论文［D］、报告［R］、标准［S］、专利［P］、数据库［DS］、计算机程序［CP］、电子公告［EB］等。参考文献，既可集中附于文末（也称尾注），也可以分别录于页下（也称脚注），根据学术论文发表载体和学位授予机构的具体要求而定。此处仅引用《中国高等学校社会科学学报编排规范》（修订版），对常见参考文献的著录格式进行举例示范。

【例】

1. 引用专著、论文集、学位论文、报告的格式：

［1］周振甫. 周易译注［M］. 北京：中华书局，1991.

［2］陈崧. 五四前后东西方文化问题论战文选［C］. 北京：中国社会科学出版社，1985.

［3］陈桐生. 中国史官文化与《史记》［D］. 西安：陕西师范大学文学研究所，1992.

［4］白永秀，刘敢，任保平. 西安金融、人才、技术三大要素市场培育与发展研究［R］. 西安：陕西师范大学西北经济发展研究中心，1998.

2. 引用期刊、报纸文章的格式：

［5］何龄修. 读顾诚《南明史》［J］. 中国史研究，1998，（3），167—173.

［6］谢希德. 创造学习的新思路［N］. 人民日报，1998—12—25（10）.

3. 引用论文集中的析出文献：

[7] 瞿秋白. 现代文明的问题与社会主义 [A]. 罗荣渠. 从西化到现代化 [C]. 北京：北京大学出版社，1990. 121-133.

三、撰写本科毕业论文的方法

我国的本科毕业论文属于教学计划中的实践性教学环节，采用非课堂的教学指导模式，普遍做法是根据师生双选、满员调整的方式，将一组学生划归一名教师（一般具有博士学位或讲师及以上职称），学生在教师指导下完成论文撰写。根据学生所在院校的《本科毕业论文（设计）基本工作流程》，毕业论文（设计）主要环节和注意事项如下：

1. 选题指导。学生在指导老师的指导下确定选题，完成开题报告。选题可由学生根据个人研究兴趣选择，也可由指导教师根据学生个人情况指定。选题应有现实意义或一定的学术价值，较容易获取参考文献和研究成果，且是学生经过努力后能够完成的。

2. 撰写大纲。学生根据选题，参考各类文献，撰写大纲，提交给指导教师审定。大纲要求立足资料，结构完整，思路清晰。

3. 撰写初稿。学生遵照所在院校的《毕业论文（设计）撰写规范》，立足大纲，明确观点，充分论证，完成初稿。初稿撰写是从预设到论证、从朦胧到清晰的思考过程，其间充满自我否定和自我确证的反复纠葛，因而可能会对大纲拟定题目、章节甚至思路有所调整。

4. 修改论文。学生根据指导教师的修改意见完善论文，一般每篇毕业论文要经过三次及以上修改，方能定稿。论文应严格遵守学术规范，充分尊重已有学术成果，合理使用引文。凡引用他人观点、方案、资料、数据等，无论发表与否、无论发表载体，均应详加注释。不得伪造、篡改文献和数据。

5. 查重并提交论文。论文修改完成后，交送学校相关部门进行查重。通过查重检测后，可提交答辩申请。目前，国内部分高校本科毕业论文的“查重率”要求已从原来的30%降低到20%以内。

6. 论文评审和答辩。指导老师对学生论文写作过程及论文质量进行评审，分别给出评语和评分，合格者获得答辩资格。毕业论文成绩由指导老师评价、评阅人评价和答辩评价三部分组成。

敬告作者

为了提高大学生的语文水平，增强人文素养，针对民族院校大学生的学习实际情况，本教材选用了一部分中外优秀文学作品。我们与收入本教材作品的作者进行了广泛的联系，获得了他们的大力支持，在此，深表感谢。由于客观原因，目前还有部分作者未能联系上。烦请各位有著作权的作者与我们联系，以便支付稿酬。谨致谢忱！

联系地址：四川成都一环路南四段16号西南民族大学文学院

联系人：向 宁

邮编：610041

电话：028－85523952 85522952